古典文獻研究輯刊

三五編

潘美月・杜潔祥 主編

第 7 冊

詩經世本古義
（第三冊）

陳 開 林 校證

國家圖書館出版品預行編目資料

詩經世本古義（第三冊）／陳開林 校證 -- 初版 -- 新北市：
花木蘭文化事業有限公司，2022〔民111〕
目 2+272 面；19×26 公分
（古典文獻研究輯刊 三五編；第 7 冊）
ISBN 978-626-344-109-5（精裝）
1.CST：詩經 2.CST：研究考訂
011.08   111010303

ISBN-978-626-344-109-5

古典文獻研究輯刊
三五編　第 七 冊　　　　　　ISBN：978-626-344-109-5

詩經世本古義（第三冊）

作　　者　陳開林 校證
主　　編　潘美月、杜潔祥
總 編 輯　杜潔祥
副總編輯　楊嘉樂
編輯主任　許郁翎
編　　輯　張雅淋、潘玟靜、劉子瑄　美術編輯　陳逸婷
出　　版　花木蘭文化事業有限公司
發 行 人　高小娟
聯絡地址　235 新北市中和區中安街七二號十三樓
　　　　　電話：02-2923-1455／傳真：02-2923-1452
網　　址　http://www.huamulan.tw 信箱 service@huamulans.com
印　　刷　普羅文化出版廣告事業
初　　版　2022 年 9 月
定　　價　三五編 39 冊（精裝）新台幣 98,000 元　　　版權所有·請勿翻印

詩經世本古義
（第三冊）

陳開林　校證

詩經世本古義卷之十〔註1〕

閩儒何楷玄子氏學

周成王之世詩五十篇

何氏小引

《閔予小子》，武王既葬而祔主於廟，嗣王朝於廟也。

《匏有苦葉》，邶人刺管叔之詩。

《鴟鴞》，周公救亂也。成王未知周公之志，公乃為詩以遺王。

《狼跋》，美周公也。周公雖遭疑謗，然所以處之不失其常，故詩人美之。

《伐柯》，周人商迎周公也。

《九罭》，迎周公歸自東也。

《假樂》，讚美武王之德，為祭武王之詩。

《載見》，成王免喪朝諸侯，率以見於武王廟。助祭既畢而慰勞之〔註2〕。

《烈文》，成王初見於武王廟，諸侯來助祭。事畢將歸國，君臣交相勅戒之辭。

《訪落》，成王除武王之喪，將始即政而朝於廟，與群臣謀於廟也。

〔註1〕按：四庫本卷十分為上中下。《閔予小子》至《思文》為卷十之上，《生民》
　　　至《吉日》為卷十之中，《振鷺》至《凱風》為卷十之下。

〔註2〕《載見》正文此處有「詩」字。

《小毖》，嗣王求忠臣助己之所歌也。為《訪落》之第二章。

《敬之》，《訪落》之第三、四章也。群臣進戒成王，王乃答群臣見戒之意。

《東山》，周公伐武庚，既克而歸，勞其從行之士，故作此詩。

《破斧》，美周公也。從軍之士以前篇周公勞己之勤，故言此以答其意。

《泮水》，頌伯禽允文允武也。伯禽就封於魯，初作泮宮，遂服淮夷，魯人為之頌。

《常棣》〔註3〕，管、蔡失道，周公於合宗族之時作此詩以閔之。

《大明》，訓成王也〔註4〕。言周家世有賢聖之君，德合乎天，天予以賢聖之配，生聖子而成伐功也。

《文王有聲》，詠文、武遷都豐、鎬之事，而重歎美之，以訓〔註5〕成王。

《生民》，郊祀后稷，以祈穀也。禮：啟蟄之月，上辛之日，祈穀於上帝，以后稷配，為田功所自始也。

《我將》，宗祀文王於明堂，以配上帝之樂歌。

《絲衣》，祭靈星也。靈星，農祥也。先王祀之而配以后稷，歌此〔註6〕詩以樂之。

《楚茨》，秋祫嘗之禮也。〔註7〕

《信南山》，冬祫烝之禮也。

《潛》，薦魚於寢廟之樂歌。與《月令》「季冬，漁人始漁」同。

《桑扈》，饗諸侯之禮也。諸侯春見曰朝，天子饗之。〔註8〕

《蓼蕭》，諸侯繼世嗣封，天子與之燕而歌此。

《湛露》，諸侯朝正於王，王行饗禮畢，而燕之於寢，於是乎〔註9〕賦此。

〔註3〕《常棣》正文此處有「周公作也。」

〔註4〕「訓成王也」，《大明》正文無。

〔註5〕「訓」，《文王有聲》正文作「戒」。

〔註6〕「此」，《絲衣》正文作「絲衣之」。

〔註7〕《楚茨》正文此處有「疑即九夏中之《祴夏》，又名《采薺》」。

〔註8〕《桑扈》正文此處有「疑即九夏中之《鷔夏》」。

〔註9〕「乎」，《湛露》正文無。

《彤弓》，諸侯敵王所愾而獻其功，王賜之彤弓，[註10] 歌此詩以饗之。

《緜蠻》，諸侯貢士也。亦名《崇丘》[註11]。

《吉日》，成王蒐岐陽也。

《振鷺》，[註12] 微子來助祭於祖廟，先習射於澤宮，周人作詩以美之。

《有瞽》，成王大祫也。合諸樂於太廟奏之，微子以客禮來助祭，詩人紀述其事。

《武》，《大武》一成之歌。首紀北出伐商之事，為《武》樂六成之始，故專得武名。[註13]

《酌》，告成《大武》也。周公所作，言能斟勺先祖之道也。是為《大武》之再成，象武王滅商之事。[註14]

《賚》，武王滅殷，南還於周，遍封諸侯，命之大賚。是為《大武》之三成。

《般》，述武王巡守之事，為《大武》之四成。所謂「南國是疆」者也。

《時邁》，[註15] 為《大武》之五成，巡行方岳後，分周公左、召公右之事也。

《桓》，武志也，是為《大武》之六成。復綴以崇天子之所歌也。武亂，皆坐周、召之治也。

《有客》，微子來[註16] 助祭於周，畢事而歸，王使人燕餞之，而作此詩。

《文王》，周公陳文王受命作周，以告成王也。[註17]

《蟋蟀》，唐風也。成王十年，封弟叔虞於唐，其國風如此。

[註10] 《彤弓》正文此處有「而」字。
[註11] 「亦名《崇丘》」，《緜蠻》正文作「疑即《崇丘》」。
[註12] 《振鷺》正文此處有「周成王時」。
[註13] 《武》正文此處有「在九夏中，疑即《納夏》亦名為《遏》」。
[註14] 《酌》正文此處有「亦名《武宿夜》」。
[註15] 《時邁》正文此處有「一名《肆夏》」。
[註16] 「來」，《有客》正文無。
[註17] 《文王》正文此處有「疑即九夏中之《王夏》」。

《天保》，祝王也。成王遣周、召二公營雒邑，既成報命，因致其祝願之意。

《清廟》，雒邑既成，諸侯朝見宗祀，文王之所歌也。

《維天之命》，《清廟》之第二章也。以太平告。

《維清》，《清廟》之第三章。奏《象舞》時之所歌也。

《斯干》，落新宮也。詩作於肇建雒邑之時。〔註18〕

《泂酌》，召康公教成王以豈弟化庶殷也。豈以強教之，弟以悅安之。

《卷阿》，召康公戒成王任賢保治也。成王三十三年遊於卷阿，召康公從，因王之歌，作此以為戒。

《凱風》，衛七子自責也。能盡孝道，以慰母心焉。

閔予小子

《閔予小子》，武王既葬而祔主於廟，出殷大白《詩經副墨》。嗣王朝於廟也。出《序》。○「嗣王」者，成王也。「朝於廟」者，朝於武王所祔之廟，則王季廟是也。《左傳》云：「凡君薨，卒哭而祔，祔而作主。」《禮·檀弓》篇云：「卒哭曰成事。是日也，以吉祭易喪祭。明日祔於祖父。殷練而祔，周卒哭而祔。」《儀禮·士虞禮》篇云：「將旦而祔，則薦。卒辭曰：『哀子某，來日某，隮祔爾於爾皇祖某甫。尚饗！』明日以其班祔，曰：『孝子某，孝顯相，夙興夜處，小心畏忌，不惰其身，不寧。用尹祭、嘉薦、普淖、普薦、溲酒，適爾皇祖某甫，以隮祔爾孫某甫。尚饗！』」賈公彥云：「欲使死者祔於皇祖，又使皇祖與死者合食，故須兩告之。」尹祭者，脯也。嘉薦者，菹醢也。普淖者，黍稷也。普薦者，鉶羹也。溲酒者，釀酒也。此詩首三句明在喪中之辭。又有「皇祖夙夜」之語，大都與《儀禮》合。其為既葬卒哭、隮祔於廟之祭，無可疑矣。

閔予小子，遭家不造，皓韻。叶宥韻，祖候翻。嬛嬛石經、豐氏本俱作「笎笎」。《漢書》、崔靈恩本俱作「煢煢」。《文選注》俱作「惸惸」。在疚。宥韻。《說文》、陸德明本俱作「㽪」。於音烏。後同。乎皇考，皓韻。永世克孝。叶宥韻，許候翻。念茲皇祖，陟《山堂詩考》作「徙」。降《山堂

〔註18〕《斯干》正文此處有「亦名《新宮》」。

詩考》作「肇」。**庭**叶經韻，他定翻。《漢書》作「廷」。**止。維予小子，夙夜敬**叶經韻，讀如徑，吉定翻。**止。於乎皇王**，陽韻。**繼**豐本作「鬒」。**序思不忘**。陽韻。○賦也。「閔」，通作「憫」，《說文》云：「痛也。」鄭玄云：「悼傷之言也。」李氏云：「《左傳》言『寡君少遭閔凶，予不能文』，是閔者居喪之稱。」《曲禮》云：「天子未除喪，曰予小子遭。」《說文》云：「遇也。」「造」，《說文》云：「就也。」鄭云：「猶成也。」「嬛」，本作「嬛〔註19〕」，《說文》云：「材緊也。」字從女，乃女之輕便者，故取以為渺小纖弱之名。此成王自稱也。「疚」，《爾雅》云：「病也。」按：《說文》無「疚」字，當作「㞢」。李氏云：「《左傳》有『在疚』之文，亦是居喪之稱也。」言遭逢此時，我家父子不為造物所成就，大統方集，武王遽崩，使我渺弱之身失所依怙，正在憂病之中，未知攸濟也。「於乎」，歎聲，如烏之籲呼也。「皇考」，解見《雝》篇。鄭云：「武王也。」「永世克孝」，蘇轍云：「終身能孝也。」愚按：時武王將祔祖廟，故特舉其孝而言，世德作求，善繼善述，皆武王克孝之實。「念茲皇祖」四句，告皇祖之辭也。「念」者，成王思念之也。「茲」，此也。「皇祖」，以昭穆之序推之，則王季也。按：古者祔廟之禮，孫必祔於祖，以孫與祖昭穆之位同，所謂以其班祔也。自太祖而下，昭穆相間，祖為昭則父為穆，而己身復為昭；祖為穆則父為昭，而己身復為穆。周之世次，太王、文王皆穆，王季、武王皆昭。《書》稱文王為穆考，《詩》稱武王為昭考是也。太王，文王之子，為昭。王季，武王之子，為穆。《左傳》曰：「太王之昭」、「王季之穆」、「文之昭」、「武之穆」是也。祔之為言附也。祔祭者，告其祖父當遞遷於向上之廟，而新死之主當入此廟也。《儀禮》祝辭稱死者之祖父為皇祖，故知為王季也。「陟」，升。「降」，下也。「庭」，《說文》云：「宮中也。」「止」，通作「只」，《說文》云：「語已辭也。」後同。「陟降庭止」者，顏師古謂「鬼神上下臨其廷」。朱子引《楚辭》「三公穆穆，登降堂只」，與此文勢正相似。「夙夜敬止」，即《儀禮》祝辭言「夙興夜處，小心畏忌」之意。成王於祔祭之日，祗告王季之廟，言我思念皇祖之神靈，時時往來於此廟廷之中，如在其上，如在其左右。今我小子將以皇考隮祔於廟，夙夜畏忌，不敢寧居。蓋愛敬交至之辭也。「於乎皇王」二句，成王自鳴其思慕也。「皇王」，武王也。《文王有聲》篇稱武王為皇王，可據。以武王自居王位，故稱皇王。若大王、王季、文王乃追王耳。「繼序」，指祔廟言，繼昭穆之序也。「思不忘」者，言

〔註19〕按：當據《說文》作「嬛」。

武王功德盛大，天下人思慕之，皆不能忘也。《書》曰：「七世之廟，可以觀德。」武王永世克孝，身創鴻業，異日者將為我周世世不祧之主，豈徒如今日之繼序，以其班祔己乎？《烈文》之詩曰：「無競維人，四方其訓之。不顯維德，百辟其刑之。於乎，前王不忘！」《大學》曰：「君子賢其賢而親其親，小人樂其樂而利其利，此以沒世不忘也。」是皆「思不忘」之義疏也。徐光啟云：「凡子孫不類者，統承大業，便〔註20〕謂可以佚蕩自恣。觀此詩，何等悲愴怨慕，即此便是守成之本。」

《閔予小子》一章。十一句。《前漢書》：「元帝時，匡衡上疏曰：『昔者成王之嗣位，思述文武之道，以養其心，休烈盛美，皆歸之二后，而不敢專其名，是以上天歆享，鬼神祐焉。其詩曰：念我皇祖，陟降庭止。言成王常思祖考之業而鬼神祐助其治也。』元帝崩，成帝即位，衡復上疏曰：『陛下秉至孝，哀傷思慕，不絕於心，未有遊虞弋射之燕，誠隆於慎終追遠，無窮已也。竊願陛下雖聖性得之，猶復加聖心焉。《詩》云：嬛嬛在疚。言成王喪畢思慕，意氣未能平也。蓋所以就文武之業，崇大化之本也。』」此說流傳，遞相祖述。鄭玄、蔡邕皆云：「成王除武王之喪，將始即政，朝於廟也。」《申培說》則云：「成王免喪，始朝先王之廟，作詩以自警。」朱子則云：「成王免武王之喪而朝於廟，玩其辭，知其哀未忘也。」〔註21〕又說者亦皆以皇祖指文王，謂「念茲皇祖」者，言武王能念文王，即上文所謂「克孝」者也。惟武王能念文王，故成王今日亦不忍忘武王。其曰「夙夜敬止」者，即文王之敬止，武王之敬勝，以心法為家法也。「繼序」者，繼其一統相承之次序而為天子也。似此鋪敘，其於文理亦順。惟發首三句終非免喪之語。《禮》：「居喪不祭。」既未免喪，則必無朝廟之事，而此詩亦不宜載之頌中矣。愚故以《儀禮》「皇祖夙夜」等語為據，而斷以為卒哭祔祭之詩，讀者試一諷詠，定知不妄。《子貢傳》闕文。

匏有苦葉

《匏有苦葉》，邶人刺管叔之詩。出《申培說》。○鄭玄云：「邶，殷紂畿內地名。」范曄云：「朝歌，紂所都居，南有牧野，北有邶國。」羅泌云：

〔註20〕「便」，四庫本作「使」。徐光啟《毛詩六帖講意》卷四《周頌・閔予小子》作「便」。

〔註21〕見《呂氏家塾讀詩記》卷第三十《閔予小子》引「朱氏曰」。

「邶，武庚之封潮是也。今滑之白馬有邶水。」《孟子》云：「周公使管叔監殷。管叔以殷畔。」《子貢傳》云：「管叔以殷畔，邶人風之，賦《匏有苦葉》。」今按：《子貢傳》、《申培說》二書皆後人贋託，而愚獨於是詩有取者，以其語意較《序》旨為近。且是詩固邶詩也，通章皆寓言，與枚乘《諫吳王書》相類。

匏《周禮注》作「苞」。有苦葉，韻。濟有深涉。叶韻。深則厲，霽韻。亦叶屑韻，力薛翻。《說文》、豐氏本俱作「砅」。淺則揭。霽韻。亦叶屑韻，丘傑翻。○比也。「匏」者，苦匏也。陸佃云：「長而瘦上曰瓠，短頸大腹曰匏。《傳》曰：『匏謂之瓠。』誤矣。蓋匏苦瓠甘，復有長短之殊，定非一物也。子曰：『吾豈匏瓜也哉？焉能繫而不食？』繫而不食，苦故也。」《魯語》：「諸侯伐秦，及涇，不濟。叔向見叔孫穆子，穆子曰：『豹之業，及《匏有苦葉》矣。』叔向曰：『苦匏不材於人，共濟而已。魯叔孫賦《匏有苦業》，必將涉矣。』」韋昭《注》謂「匏不可食，但佩之可以渡水」，是也。《詩義疏》云：「匏葉小時可以為羹，又可淹煮，極美。河東及播州常食之。八月中堅強，不可食，故云苦葉。」嚴粲云：「苦匏經霜，其葉枯落，然後乾之，腰以渡水。今匏尚有苦葉，則其匏未堅，不可用也。」「濟」，朱子云：「渡處也。」「深」者，淺之對。朱子云：「行渡水曰涉。」又，陸佃云：「匏記時也。言匏有苦葉，則濟有深涉矣。《莊子》以為『秋水時至，百川灌河』，秋水漲之時也。冬水縮之時也，匏亦在〔註22〕以濟水，故詩以紀濟，有深涉之時。」「厲」，通作「砅」，《說文》云：「履石渡水也」，字「從水從石」，會意。「淺」，《說文》云：「不深也。」「揭」，《說文》云：「高舉也。」褰裳渡水之稱。詩人之意，言匏未用，而渡處之水方深，則尚難以徒行而涉也。有人焉，曰：我於深處則累石以涉之，我於淺處則褰裳以涉之。不問水之淺深，惟期於渡而已。則亦冥行不顧之甚矣。以比殷無復興之理，周無可圖之機。管叔以殷畔，亦如無匏而涉深者然，不自致殞身不止也。《論語》荷蕢之譏，孔子曰：「莫己知也，斯已而已矣。『深則厲，淺則揭。』」意亦同此，蓋譏其可已而不已，非度量淺深之說也。○有瀰濟盈，庚韻。有鷕雉鳴。庚韻。濟盈不濡軌，叶有韻，已有翻。雉鳴求其牡。有韻。○比也。「瀰」，本作「瀰」，《說文》云：「滿也。」「濟」即上章「濟有深涉」之濟。「盈」，滿也。「鷕」，《說文》

云：「雌雉聲」，字「從鳥唯」。趙頤光云：「唯者，應聲也。雄唱雌和，故從唯。」「雉」，野雞也。徐鍇曰：「雉夯夯然介直貌。」《春秋運斗樞》云：「璣星散為雉。」羅願云：「雉，耿介之禽，應義氣，其鳴以頸相勾。」沈萬鈳云：「雉，火畜也，感於陽而有聲，先鳴而後鼓翼。」《化書》云：「雉不再合，信也。」詳見《雄雉》篇。「濡」，毛《傳》云：「漬也。」「軌」，《說文》云：「車轍也。」轍者，車跡也，車輪所輾跡也。又，《詩詁》云：「轊也。車軸之端貫轂者名為轊，轂末之小穿容轊者名為軹。」《少儀注》謂「軌與軹於車同謂轊」，《考工記注》謂「軹、轊二名，俱非軌」，皆非也。羅中行云：「車輪廣狹高下皆定於軌，軌同則轍跡亦同，後人因謂車轍亦曰軌。《曲禮》『塵不出軌』，以高下言。《中庸》『車同軌』，以廣狹言。蓋車輪崇六尺六寸，軌居輪中，若濡軌，則水深三尺三寸也。」毛《傳》則謂「輈輨以上為軌〔註23〕」。按：《說文》：「軌，從車九聲。」軓音范，車軾前也，從車凡聲。經文軌、牡相叶，非凡聲也。然軌有二義，當以《說文》之解為正。「牡」，《說文》云：「畜父也。」《爾雅》云：「飛曰雌雄，走曰牝牡。」濟盈無不濡之理，而涉者貪於必進，謬謂不能濡轍，以比不義之人自以其所行為無傷而為之也。雌雉喻管叔。管叔為周同姓，當忠於周。今乃挾武庚以叛，是求其異類之牡也。張學龍云：「諸家以牡雞雄狐為證，言飛走通也，殊不識詩人之意曰當濡其轍，今乃不濡其轍跡，是大可怪也。當求其雄，今乃求其牡獸，是大異常也。如此尋之，則得詩人之意矣。」○雝雝《爾雅》、《埤雅》作「噰噰」。今《石經》作「雍雍」。鳴鴈，叶翰韻，魚旰翻。《開元五經文字》音「岸」。《史記》「鴈門」《正義》云：「鴈當為岸聲之誤也。」《說文》本作「雁」，從佳從人廠聲。其從鳥作雁者，鵝也。徐鍇云：「從雁省聲，偽物也。鵝鵒似雁而德不然，故凡以偽亂真者曰雁。」《韓非子》：「齊伐魯，索讒鼎，魯人以其鴈往。齊人曰鴈，魯人曰真。」今文以鴈為贋，而以雁為鴈。《鹽鐵論》作「鴈」。旭《易釋文》引詩作「旴」。《埤雅》作「朝」。日始旦。翰韻。士如歸妻，迨冰未泮。翰韻。○比也。「雝」，本鳥名，即雝渠也。其鳴聲和，故謂和鳴為雝雝。「鴈」，本作「雁」，鳥名，畏寒，秋南春北，謂之陽鳥，又名朱鳥。其飛翔有次序，《記》謂「兄弟之齒鴈行」是也。羊祜賦云：「排雲壚以頡頏，汰弱波以容與。進凌厲乎太清，退嬉遊乎玄渚。鳴則相和，行則接武。前不絕貫，後不越序。

〔註23〕「軌」，四庫本作「軏」。

齊力不期而並至，同趣不要而自聚。」愚按：此以比周公，於武王有兄弟之親，盡忠王室，其和聲遠聞。管叔亦武王之弟，而圖為不軌，則是鴈之不若也。「旭」，《說文》云：「日旦出貌。」孔穎達云：「旭者，明著之名，故為日出。」旦字從日見一上，一，地也。徐鍇云：「日出於地也。」此以比周室方興之象。又，《鹽鐵論》引「《詩》云：『雍雍鳴鴈，旭日始旦。』登得前利，不念後咎。故吳王知伐齊之便而不知干遂之患，秦知進取之利而不知鴈門之難，是以知一而不知十也。」愚按：依此，則為嘲刺管叔之辭。亦通。「歸妻」者，謂使之來歸於己。豐坊云：「古人詩文多倒句法。婦人謂嫁曰歸，娶妻而曰歸妻，言使之嫁我，亦倒意也。」「迨」，本作「逮」。《爾雅》云：「及也。」「泮」，通作「判」，《說文》云：「分也。」鄭玄云：「冰未散，正月中以前也。」荀卿云：「霜降逆女，冰泮殺止。」《家語》云：「霜降而婦功成，嫁娶者行焉。冰泮，農業起，昏禮殺於此。」言士之娶妻，當及九月霜降之後，正月冰未泮散之前。以比武庚如欲興復，當及周室王業未固之時。今天下事已定矣，管叔欲何為哉？《書》所為〔註24〕「殷小腆，誕敢紀其敘」，正此意也。○招招舟子，叶有韻，濟口翻。人涉卬陸德明云：「或作『仰』。」音同。否。有韻。豐〔註25〕本作「不」。人涉卬否，同上。卬須《爾雅》作「𢓥」。我友。有韻。○比也。「招」，《說文》云：「手呼也。」招之不一而足，曰「招招」也。「舟子」，舟人，主濟渡者。「人」，指管叔。「卬」，《爾雅》云：「我也。」「否」，《說文》云：「不也。」「須」，通作「𢓥」。《說文》云：「待也。」張衡《應間》云：「雖有犀舟勁楫，猶『人涉卬否』，有須者也。」此言人皆徒涉，我獨招舟子而不徒涉，則與履險冥行者異矣。然所以如此者，我意更有所為，欲須待我友而同濟也。蓋審擇所從，必在忠於王室者，其肯與亂賊為黨乎？然則此詩之作，其亦民獻十夫之徒與？郝敬云：「通篇意似不屬，而聯絡如貫珠。首言深涉，次章即接以濟盈；次言雉鳴，三章即接以鳴鴈。而末章舟子仍歸利涉，須友仍是擇偶。『迨冰未泮』，語亦於濟涉晻映有情。且舟則不需匏矣，猶然慎重如此。彼厲揭者，可苟焉已哉！回合縱橫，隱隱躍躍，待聞者自喻。」

　　《匏有苦葉》四章。章四句。《序》以為「刺衛宣公也。公與夫人並為淫亂」。胡胤嘉云：「刺淫之詩，未有若《苦葉》之辭微矣，豈有所避而然

───────────────

〔註24〕「為」，四庫本作「謂」。
〔註25〕「韻豐」，底本作「豐韻」，據四庫本改。

歟？《序》言『刺宣公也』，夫人當為宣姜。宣姜適伋子，公要之，公無人道矣，姜亦從亂也，何得無刺焉？前二章指其淫，則痛惡之意不必極言矣。後二章導以正，則我之不然因彼而自顯也。一章不可涉而涉，刺公要伋妻也。苦匏供濟，而渡處方深，難以濟矣。妄行者若曰『深則厲，淺則揭』，何待匏焉？此蓋有無畏忌之意焉。二章非其妃而求，刺姜從公也。瀰然濟盈，鷕然雉鳴，其淫佚之意於此可想見矣。『濟盈』而曰『不濡軌』，『雉鳴』而反求其牡，其悍然不顧，犯禮相從，何所不至哉？三章求之有禮，刺公無禮也。鴈取其匹，日取其明，冰未泮以言其及時，朱子所謂『求之不暴而節之以禮也』。曰『士如歸妻』，自士而上，更不可苟矣。於此見其為刺宣公詩也。四章『卬須我友』，刺姜不須伋也。濟渡之細，猶擇而從。邂逅倉皇，不忘氣類。況匹妃之際，可苟合乎哉！」按：此說亦通，但於「鳴鴈」一章頗覺附會難解，故不從。

鴟鴞

《鴟鴞》，周公救亂也。成王未知周公之志，公乃為詩以遺王，名之曰《鴟鴞》焉。出《序》。○「救亂」者，救管蔡之亂。「未知周公之志」者，未知周公安王室之志也。按：《尚書·金縢》篇曰：「武王既喪，管叔及其群弟乃流言於國，曰：『公將不利於孺子。』周公乃告二公曰：『我之弗辟，我無以告我先王。』周公居東二年，則罪人斯得。於後，公乃為詩以貽王，名之曰《鴟鴞》，王亦未敢誚公。」漢孔氏解「辟」為「法」，以「居東」為東征，謂「致辟法於管叔而誅殺之也」。鄭玄讀「辟」為「避」，以「居東」為避居東都。黃氏辨之，謂「管、蔡流言之時，尚未有東都也」。王應麟以為「居國之東」，似得其實。今考《書》「成王感風雷之變，出郊以迎」，意當時必如今之大臣釋位待罪，出國之東郊以居耳。朱子云：「弗辟之說，只從鄭氏為是。三叔方流言，周公處骨肉之間，豈應以片言半語遽然興師以征之？聖人氣象，大不如此。又，成王方疑周公，周公固不應不請而自誅之。若請之於王，亦未必見從。雖曰聖人之心公平正大，區區嫌疑，似不必避，但舜避堯之子，禹避舜之子，自是合如此。若居堯之宮，逼堯之子，即為簒矣。或謂周公居東，不幸成王終不悟，不知周公又如何處。愚謂公亦惟盡其忠誠而已矣。問：《鴟鴞》詩其詞艱苦深奧，不知當時成王如何便理會得？曰：當時事變在眼前，故讀其詩者便知其用意所在。自今讀之，既不及見當時事，所以謂其詩難曉。然

成王雖得此詩，亦只是未敢誚公，其心未必能遂無疑。及至風雷之變，啟金縢之書後，方始釋然開悟。」劉公瑾云：「流言之興，而公弗避居，以待成王之察，則其心雖無私而義有未盡，故曰『我無以告我先王』。是以避居二年之後，成王既知流言之罪人，而疑慮未釋，乃作《鴟鴞》以喻之。觀其告鴟鴞以『無毀我室』，可見其詩作於武庚未誅之先。自雷風之變，而周公既歸，乃承王命，作《大誥》，東征。一書之中，首言『王若曰』，繼而屢言『王曰』，又言『沖人』，又曰『寧考』，皆自成王而言。可見公之東征，王實命之，當在王既感悟而迎公以歸之後也。」黃佐云：「《鴟鴞》之詩，乃周公居東之時，預見二叔武庚將有潰亂之勢而作。一以釋罪而明吾之心，一則勸王為先事之備。」

鴟鴞鴟鴞，既取我子，叶真韻，資四翻。亦叶質韻，職日翻。**無毀我室。**質韻。亦叶真韻，式吏翻。**恩斯勤**叶真韻，讀如槿，渠斤翻。**斯，**酇豐氏本作「育」。**子之閔**叶真韻，眉貧翻。**斯。**比而賦也。託為鳥之愛巢者，呼鴟鴞而告之。「鴟鴞」，《爾雅》云：「鸋鴂也。」郭璞以為鴟類。而陸璣則云：「鴟鴞，似黃雀而小，其喙尖如錐。取茅莠為窠，以麻紩之，如刺襪然，縣著樹枝，或一房，或二房。幽州人謂之鸋鴂，或曰巧婦，或曰女匠。關東謂之工雀，或謂之過羸〔註26〕。關西謂之桑飛，或謂之襪雀，或曰巧女。」陸佃、邢昺、丘光庭輩皆非之，謂當從璞義。今據《爾雅》本文，「鴟鴞，鸋鴂」之下又有「狂茅鴟，怪鴟，梟鴟」等名，則此自應同是鴟屬，無緣得為巧婦小雀也。或以鴟與鴞為二物。賈誼賦云：「鸞鳳伏竄兮，鴟鴞翱翔。」顏師古《注》云：「鴟鵂，鸋怪鳥也。鴞，惡聲鳥也。」或以為鴟鴞即鵂鶹。按：鵂鶹即怪鴟，一名鴟鵂，未聞有鴟鴞之名。況《爾雅》明別鴟鴞與怪鴟為二物，無容混而為一也。愚考鴟鴞單言之即鴞是也，解見《墓門》篇。《魏志》云：「鴞，天下賤鳥也。及其在林食椹，則懷我好音。」以其為惡聲之鳥，故周公取以比夫流言者。「取」，猶致也。君子以貨取之。取子，比成王也。呼成王為子者，親之之意。觀《洛誥》「朕復子明辟」之語可見。成王惑於流言而不加覺察，是墮二叔之術中而為其所召致也，故曰「既取我子」。是時王猶未悟，故公直發此一語以喚醒之。《書》所謂「王亦未敢誚公」，正指此也。「毀」，壞也。「室」，鳥巢也，以比王室。曹氏云：「雀以巢為室，

〔註26〕 「羸」，四庫本作「赢」。按：陸璣《詩疏》作「蠃」，揚雄《方言》卷八作「赢」。

如稱雀入燕室是也。」通章主意只在「無毀我室」一語。范祖禹云：「成王
幼弱，未足以及天基命定命。周公苟不攝政，則禍亂將作而毀周室矣。」「恩
愛」，勤勞也。「斯」，語辭。「鬻」，毛云：「稚也。」「鬻子」，稚子，指成王
也。按：鬻何以訓稚？鬻之為義，據《說文》云「鍵也」，字亦作「粥」，即
麋是也。麋性淖弱，故借為幼稚之義。《禮記》：「粥粥若無能也。」義亦同
此。「閔」，傷也。言我之所以恩愛結於中心，念茲在茲，日勞勞焉而不釋者，
以成王年方幼沖而為浮言所搖動，孤立於上，其勢甚危，誠可閔傷故也。承
上文「無毀我室」，正指遭流言變後而言，以起下章思患預防之意。〇迨《家
語》作「殆」。《說文》作「隸」。**天之未陰雨**，曩韻。**徹彼桑土**，曩韻。
《石經》、《韓詩》、《爾雅注》、豐氏本俱作「杜」。《字林》作「敨」。**綢繆牖
戶**。曩韻。今女音汝。《孟子》、嚴氏、豐氏本俱作「此」。**下民，或敢侮
予？**叶曩韻，讀如雨，王矩翻。〇比之賦也。「迨」，及也。天將雨，必先陰，
故曰「陰雨」。「徹」，毛云：「剝也。」本通徹之徹，借為徹去之徹。此訓「剝」
者，以剝而脫之，亦有去義。「桑土」，毛云：「桑根也。」通作「杜」。《方
言》云：「東齊謂根曰杜。」又，《字林》作「敨」，云：「桑皮也。」孔穎達
云：「取彼桑土，用為鳥巢，明是桑根在上，剝取其皮。」或欲讀土如字，
謂取桑和土膠結成巢，於理亦通。但桑乃全樹之名，今但云徹桑而已，未辨
所徹者是枝是葉，不如作桑杜之為確也。「綢繆」，解見《唐風》。朱子云：
「牖，巢之通氣處。戶，其出入處也。」愚按：詩言「牖戶」，二字有味。此
巢之通隙虛處，正足以窺伺禍患之來，而預為之地。陸佃云：「迨天之未陰
雨，及其閑暇之譬也。『徹彼桑土，綢繆牖戶』，明其政刑之譬也。蓋窨生於
陰雨，而戶牖所以取明，故是詩託況如此。《文子》曰：『百星之明，不如一
月之光。十牖畢開，不如一戶之明。』」是也。「下民」，鄭玄云：「巢下之民。」
「侮」，《說文》云：「傷也。」「予」，代鳥自謂也。言今女巢下之民得毋或
敢有傷害我者乎？「或」字有味，與莫敢、誰敢自別。「或敢」者，正恐猶
有侮者在，所以宜綢繆也。孔子讀此詩而贊之曰：「為此詩者，其知道乎！
能治其國家，誰敢侮之？」此承上章毀室言，而深以「綢繆牖戶」為成王望，
一段恩勤悲閔至心正在於此見。今日武庚之毒雖未發，然終必有潰決之時，
庶幾王之一悟而思保其國家也。舊說謂周公自述其締造周密，則於末章「予
室翹翹」句如何可通。且維音嘵嘵，但祈汲汲自明於忠，淺矣。前以毀室屬
鴟鴞，而此以侮予屬下民者，蓋室一毀則探鷇取卵之事必有起而乘之者，猶

之管叔、武庚蠢動而頑民亦遂洶洶不靜也。○予手拮据，叶㬄韻，讀如拘，恭於翻。予所捋荼。虞韻。予所蓄《釋文》作「畜」。租，虞韻。予口卒瘏，虞韻。《釋文》作「屠」。曰予未有室家。叶虞韻，攻乎翻。○比之賦也。此下予字，代鳥自謂，而周公以自況也。「拮据」，毛云：「撠挶也。」按：拮之訓撠，據之訓挶，當是以音相近取義。《說文》則云：「拮，手口共有所作也」；「據，戟挶也。」徐鍇云：「謂手執臂，曲局如戟，不可轉也。」蓋拮言其作之物，據言其作之狀，當從《說文》解為長。武王未受命，而周公欲以一手之烈，成文、武之德，苦可知矣。「捋」，《說文》、毛《傳》皆云：「取也。」「荼」，依鄭注《周禮》及《詩》皆云：「茅，秀也。」「蓄」，《說文》云：「積也。」「租」，通作「苴」，《說文》云：「茅藉也。」《禮》：「封諸侯以土，苴以白茅。」《周禮音義》亦作「租」。上文「綢繆牖戶」，必取桑根之皮，此但納茅秀於窠中，以為之藉，蓋作窠之始事也。舊解殊混。「捋荼」，手之為也。手之用不足，因以口繼之。租而曰蓄，蓋有資於口者矣，故即承之曰「予口卒瘏」。「卒」，通作「瘁」，盡也。「瘏」，《說文》云：「病也。」「室家」，朱子云：「巢也。」鄭云：「我作之至苦如是者，曰我未有室家之故。」錢天錫云：「當初不利孺子之謗，必以周公止為身謀。今特表出『未有室家』，見得我平日之吐哺握髮、固結人心、祈求天命，祗以王室之未集，豈為身謀而顧雲不利也？」徐光啟云：「五個『予』字可玩。勞亦予也，病亦予也，惟予而已，無可他諉者，為予室故也。上四『予』字，匪躬之義；下一『予』字，體國之忠。」愚按：此周公自追其前日攝政之事而言。○予羽譙譙，叶蕭韻，慈焦翻。《釋文》作「燋」。予尾翛翛，叶蕭韻，思邀翻。孔氏載經文及毛《傳》皆作「消消」，云：「定本作『修修』。」豐氏本同。予室翹翹。蕭韻。風雨所漂搖，蕭韻。予維音曉曉。蕭韻。《爾雅》作「嘵嘵」。《說文》作「唯予音之嘵嘵」。○比之賦也。「譙」，《說文》云：「嬈譊也。」《增韻》云：「以辭相責也。」《說文》無「翛」字，當通作「消」。據《正義》，疑古本是如此。《說文》云：「盡也。」承上文言我雖勤於為巢如此，而無如惡我之成者何也！羽翮所至，輒被譙讓，而予終不能自舍，至於尾毛之長者亦已消盡，蓋其瘁如此。「翹翹」，毛云：「危也。」按：《說文》云：「翹，尾長毛也。」借為竦起之義。以其託巢於高枝，而結構猶尚未成，故危之也。「漂」，浮。「搖」，動也。俱見《說文》。漂屬雨，搖屬風，乃未然事，與第二章「未陰雨」相應。今雖未至於此，而後來將必至於

此也。然則「徹彼桑土，綢繆牖戶」，以成完巢，其可緩乎！「曉」，《說文》云：「懼也。」「維音曉曉」者，鄭云：「恐懼告愬之意。」正指「迨天之未陰雨」五句言。而所云「思斯勤斯，鬻子之閔斯」者，其大指畢露乎此。周昌年云：「要見多難將毀我室，故己作詩以喻王，使之知保其室家，有不容不汲汲意，非公只明己之見誣而已。」王樵云：「《鴟鴞》四章蓋極道武庚之情。武庚之情既明，則成王之疑自釋。《大誥》曰：『殷小腆，誕敢紀其序。曰予復，反鄙我周邦。』此武庚之情，而詩所謂『毀我室』與『侮予』者，皆謂此也。武庚雖包藏此心，而王室未有釁，則亦安從而發哉？不幸而三監者入其機械之中，為所扇惑，欲動搖周室，而不間周公則不可動。於是流言曰：『公將不利於孺子。』此其謀欲使周室先自生釁，而後起而圖之也。而成王果不能無疑，周公於是而不退去以待王心之察，不惟非大臣自處之義，其不反實奸人之口乎？於是告二公而避位以去。項氏所謂既不居中則不利之謗自息者。既去，而公亦不汲汲於自明。又居東二年，而罪人之主名，王自得之，蓋奸人雖能為幻於一時，而徐之未有不情見計露者也。周公於是究其本謀之所自，而直以武庚之情陳之於王，王可悟矣。然而武庚之叛未形也，故未能決然遂以公為是，而亦未敢謫公為非。周公陳武庚之情，而一己之心跡不足復言。乃若武庚之志，欲紀亡殷之緒，復其舊物，而覆我周室，其禍不在周公之身已也。王雖或已知周公之無他，而或未足以及此，故周公曰：『予羽譙譙，予尾翛翛，予室翹翹。風雨所漂搖，予維音曉曉。』言憂在王室，而己之鳴不得不急也。武庚若起，王室安危有未可知者，此感喻王之深也。《鴟鴞》之詩，斷在管、蔡未誅之前。若既誅，而成王尚未知周公之意，則王心之蔽深矣，豈區區之詩所能回？豈自述其勤勞所能感動哉？」

《鴟鴞》四章。章五句。《子貢傳》以為「周公孫於魯，殷人畔，公憂王室，勸王修政以備之，賦《鴟鴞》」。《申培說》亦云：「管叔及其群弟流言於國，周公避居於魯。殷王祿父遂與十七國作亂，周公憂之，作此詩以貽成王，欲王省悟以備殷。全篇以鳥之育子成巢者比先王之創業，而代之為言也。」皆附會不足信。周公原未嘗有居魯之事，且使此詩作於殷人畔後，則所云「未雨綢繆」者謂何？而奈何猶以「無毀我室」致戒乎？朱子又謂「周公東征二年，得管叔、武庚而誅之，而成王猶未知周公之意，乃作此詩以貽王」，蓋惑於孔安國之說。後來與蔡九峰辨其不然，乃以為當從鄭氏云。又，趙岐謂「《鴟鴞》之詩刺邠君」，蓋漢儒言詩多異說，要無據不足信。

狼跋

《狼跋》，美周公也。周公雖遭疑謗，然所以處之不失其常，故詩人美之。出朱《傳》。○《序》云：「美周公也。周公攝政，遠則四國流言，近則王不知，周大夫美其不失其聖也。」《孔叢子》載孔子曰：「於《狼跋》見周公之遠志，所以為聖也。」

狼跋陸德明云：「或作『拔』。」其胡，虞韻。載疐《說文》作「躓」。陸本作「疌」。其尾。叶紙韻，讀如鮪，羽軌翻。公孫音遜。後同。碩膚，虞韻。赤舄几几。紙韻。《說文》、崔靈恩《集注》俱作「擧擧」。董氏云：「一作『己巳』。」○比而賦也。「狼」，解見《還》篇。羅願云：「股中有筋如雞子，又筋滿身，如織絡之狀。」「跋」，《說文》云：「蹎跋也。」《爾雅》云：「躐也。」李巡：「云前行曰躐。」「胡」，《說文》云：「牛領垂也。」今狼亦稱胡者，以其頷下垂皮亦如牛然。孔穎達云：「狼之老者，則頷下垂鬍。」「載」之言「則」，蓋音近也。「疐」，《說文》云：「礙不行也。從叀，引而止之也。叀者，如穿馬之鼻。從此與牽同意〔註27〕。」《爾雅》云：「跲也。」李巡云：「卻頓曰疐。」孔云：「跋與疐皆是顛倒之類。進則躐其胡，謂躐胡而前倒也。退則跲其尾，謂卻頓而倒於尾上也。」《毛詩草蟲經》云：「老狼項下有袋，求食滿腹，向前行乃觸之，退後又自踏踐，上疐其尾，進退有患。」「公」，周公也。「孫」，鄭玄云：「讀當如『公孫於齊』之『孫』。孫之言孫遁也。」孔云：「古之遜字，借孫為之。」按：《春秋》「夫人孫於邾」、「公孫於齊」，《論語》「孫以出之」，皆以省文通用。周公避位居東，所謂「孫」也。「碩」，大。「膚」，皮也。碩膚，與跋胡、疐尾對看。《禮記》云：「四體既正，膚革充盈，人之肥也。」所謂「碩膚」也。按：革，膚內薄皮。膚，革內厚皮。〔註28〕故其字從肉。舊說訓「膚」為「美」，難通。「赤舄」，《周禮注》云：「冕服之舄也。」王吉服有九，舄有三等，赤舄為上，下有白舄、黑舄。孔云：「上公九命得服袞冕，故履赤舄。」又按：《詩》云：「王錫韓侯，玄袞赤舄。」則諸侯亦得用赤舄也。李如圭云：「天子、諸侯，冕服用舄，他服用履。」解見《南山》篇。「几几」，朱子云：「安重貌。」王安石云：「几，人所馮以為安。故『几几』，安也。」蘇轍云：「周公之輔成王，亦多故矣。二叔流言以病其外，成王不信以憂其內。

〔註27〕按：段玉裁《說文解字注》：「從冂，此與牽同意。冂，各本無，今補。從冂者，象挽之使止，如牽字冂象牛縻可引之使行也，故曰『此與牽同意』。」
〔註28〕《禮運》孔穎達疏：「膚是革外之薄皮，革是膚內之厚皮革也。」

人之視周公，如視狼然，前憂其躓胡，而後憂其跲尾也。然周公居之，從容自得，而二患皆釋。人徒見其履赤舄几几然安且閒，而不知其解患釋難之方也。」愚按：跋胡，比公之進而立朝，遭流言之變；疐尾，比公之退而居東，至二年之久。詩人略假荒迫之狀為喻，如《易》所稱「羝羊觸藩」云者，非以狼為公比也。然此章先言「跋其胡」而後言「疐其尾」，則意專重在疐尾，蓋主公居東而言。公雖遜而膚自碩，若了無所患苦者然，赤舄几几，正想其居東時意象耳。所以然者，以公之純，忠仰可對皇天，幽可質先王，則其几几自得也固宜。又，朱子云：「公遭流言之變，而其安肆自得乃如此。蓋其道隆德盛而安土樂天有不足言者，所以遭大變而不失其常也。」程子云：「周公至公無私，進退以道，無利欲之蔽，故雖危疑之地，安於舒泰。」范祖禹云：「其德備者，其容亦盛。赤舄几几，則其餘可見矣。夫神龍或潛或飛，能大能小，其變化不測，然得而畜之，若犬羊然，有欲故也。惟其可以畜之者，是以亦得醢而食之。凡有欲之類，莫不可制焉。惟聖人無欲，故天地萬物不能易也。富貴、貧賤、死生，如寒暑晝夜相代乎前，吾豈有二其心乎哉？亦順受之而已矣。舜受堯之天下而不以為泰，孔子阨於陳、蔡而不以為戚，周公遠則四國流言，近則王不知，而赤舄几几，德音不瑕，其致一也。」鄒忠胤云：「《易·明夷》之《彖〔註29〕傳》曰：『內文明而外柔順，以蒙大難，文王以之。內難而能正其志，箕子以之。』甚矣，《彖傳》之言似周公也。縶今觀公之事，沖雖不若文、箕之事，暴厄亦未至於羑里，辱亦未至於囚奴。顧當時流言鼎沸，王心懷疑，豕塗鬼車，禍且不測，斯亦多凶多懼之時矣。昔人謂為箕子更難於為文王，以其屬尊而最親，尤為紂所忌耳。公內憑叔父之尊，外總冢宰之任，負斧扆而履乘石，木秀風摧，石峻流湍，不利之謗所從來矣。即其精誠可以告先王，而不能顯白之幼主，且天下之人何可門到戶說，使皆坦然邪？遜而居東，公所為善用晦，固即柔順蒙難之家法，處明夷以艱貞者也，豈與夫以自我之重挾非常之勳、身危縶於勢過而不知去勢以求安者等哉？」《文中子》云：「美哉，公旦之為周也！外不屑天下之謗而私其跡，曰：『必使我子孫相承而宗祀不絕也。』內實達天下之道而公其心，曰：『必使我君臣相安而禍亂不作。』深乎！深乎！安家者，所以寧天下也。存我者，所以

<hr>

〔註29〕「彖」，四庫本作「象」。按：此語出《明夷·彖》。語出鄒忠胤《詩傳闡》卷三《魯詩·狼跋篇》（《四庫全書存目叢書》經部第65冊，第509頁），亦作「象」。

厚蒼生也。」○**狼疐其尾，載跋其胡**。虞韻。**公孫碩膚**，虞韻。**德音不瑕**。叶虞韻，洪孤翻。○比而賦也。有德之言，謂之「德音」。「瑕」，《廣韻》云：「玉之病也。」狼既退而疐其尾矣，於是復進，則又跋其胡。此章之意，重在跋胡也。公之居東二年，可謂疐尾矣。罪人斯得之後，而又作詩以貽王，獨不慮其跋胡乎？而公不然也。身尚孫而膚仍碩，凡所矢口，莫非有德之言，終無得而瑕疵之者，王亦未敢誚公，「不瑕」之謂也。杜預云：「心平則德音無瑕闕。」一說：朱子云：「德音猶令聞也。」亦通。又，《左·昭二十年》：「晏子曰：『先王之濟五味，和五聲，以平其心，成其政也。聲亦如味。一氣，二體，三類，四物，五聲，六律，七音，八風，九歌，以相成也。清濁、大小、短長、疾徐、哀樂、剛柔、遲速、高下、出入、周疏，以相濟也。君子聽之，以平其心，心平德和。故《詩》曰：德音不瑕。』」此直借語立義，非詩本旨。

　　《狼跋》二章。章四句。《子貢傳》云：「周公居於魯，魯人觀焉，賦《狼跋》。」《申培說》以為「魯人睹周公德容而作是詩」。今按：《書》言「周公居東」，非居魯也。

伐柯

《伐柯》，周人商迎周公也。《子貢傳》云：「周人思周公而賦《伐柯》。」《序》於此詩及《九罭》篇皆云：「美周公也。周大夫刺朝廷之不知也。」愚按：《序》所云「刺朝廷之不知者」，蓋追刺雷風未作以前，成王及二公皆不知周公之忠耳。考之《書·金縢》篇云：「秋大熟，未穫，天大雷電以風，禾盡偃，大木斯拔。邦人大恐，王與大夫盡弁，以啟金縢之書，乃得周公所自以為功，代武王之說。二公及王乃問諸史與百執事。對曰：『信。噫！公命，我勿敢言。』王執書以泣，曰：『其勿穆卜。昔公勤勞王家，惟予沖人弗及知，今天動威，以彰周公之德，惟朕小子其新逆，我國家禮亦宜之。』王出郊，天乃雨反風，禾則盡起。二公命邦人，凡大木所偃，盡起而築之，歲則大熟。」「新逆」，馬融本作「親迎」。「我國家禮亦宜之」者，孔穎達云：「國家尊崇有德，宜用厚禮。《詩》稱『袞衣繡豆』是也。」「王出郊」者，金履祥云：「意成王俟於郊，而以使者先之。」愚詳繹《金縢》篇文，先言「二公及王」，則啟王之問諸史百執事以知周公請命之忠者，二公也。末言「二公命邦人，凡大木所偃，盡起而築之」，則成王特出待周公於郊，而迤邐郊外往見周公以將成王

之命者，亦二公也。二公，漢孔氏以為召公、太公也。此詩蓋當王議迎公之時，為王商遣使，必無踰二公者，而因及所以待公之禮耳。

伐柯如何？匪斧不克。職韻。取《釋文》作「娶」。**妻如何？匪媒不得。**職韻。○比也。「柯」，毛《傳》、《說文》皆云：「斧柄也。」《太公六韜》有大柯斧。《考工記·車人》云：「柯長三寸〔註30〕，博三寸，厚一寸有半。五分其長，以其一為之首。」《注》云：「首六寸，謂門頭斧也。〔註31〕柯，其柄也。」是斧柄大小之度，匪斧不克，與《齊風》「析薪如之何？匪斧不克」語意不同。「柯」者，斧之柄。操斧以伐之，即所操之柄以得其所伐之度。若非有所操之斧可據，則所伐者亦不能成其為柯也。下二句即申上二句意，蓋觸類廣譬以明之。柯與妻以喻周公，伐柯、取妻以喻迎周公，斧與媒則以喻二公也。鄭玄云：「伐柯之道，惟斧乃能之，此以類求其類也，以喻成王欲迎周公，當使賢者先往。媒者能通二姓之言，定人室家之道，以喻王欲迎周公，當先使曉王與周公之意者先往。」愚按：賢而曉王與周公之意者，惟二公耳。○**伐柯伐柯，**《孔叢子》作「操斧伐柯」。**其則不遠。**叶銑韻，讀如究，以轉翻。**我覯之子，籩豆有踐。**銑韻。○比而賦也。迎周公者，當遣召公、太公二人，故重言「伐柯」，則猶言法則也，即大小長短之度是也。所伐者柯，伐之者斧。此斧之柯，與新伐之柯，其大小長短當亦無以異者。《孔叢子》作「操斧伐柯」，於義更明，以比二公、周公同此忠愛之心。觀武王有疾，而二公即欲為王穆卜，其休戚相關，與周公之心豈有異哉？周公不聽穆卜而自以為功者，孔穎達謂「公位居冢宰，地則近親，脫或卜之不善，不可使外人知悉，亦不可苟讓，故自以為功也」。是則迎周公者，必非二公不可，以二公忠愛之心為周公所素鑒耳。然心雖無二，而跡則稍殊，故詩人但以「不遠」想像之。而《中庸》引此詩，亦云「執柯以伐柯，睨而視之，猶以為遠也」，此言外之意，而詩人亦可謂善為說辭者矣。稱「我」者，詩人代成王籌度之辭。「覯」，《說文》云：「遇見也。」《詩詁》云：「汎見曰見，接見曰覯。」「之子」，鄭云：「是子也，斥周公也。」《爾雅》云：「竹豆謂之籩，木豆謂之豆。」鄭氏云：「籩、豆其容實皆四升。」「踐」原訓「履」，毛《傳》訓為「行列貌」。鄭云：「王欲迎周公，當以饗燕之饌行，至則歡樂以悅之。」孔云：「飲食之事，聖人以之為禮。今勸迎周公而言陳列籩豆，是令王以此籩豆與公饗燕也。」

〔註30〕「寸」，四庫本作「尺」。按：《考工記》原作「尺」。
〔註31〕《周禮》鄭玄《注》：「首六寸，謂今剛關頭斧。」「門」，當作「關」。

郝敬云：「設其籩豆，踐然陳列，君臣相與燕咲，一見而往事釋然矣。聖人豈有成心乎？」

《伐柯》二章。章四句。《申培說》云：「管叔以殷圍衛，大夫議迎周公，乃作此詩。」解者謂「伐柯匪斧」則無以取木，比武庚、管叔之亂非周公不能平，則次章「其則不遠」當作何解？於文義不可通矣。朱子以為周公居東之時，東人言此，首章比平日欲見周公之難；次章比今日得見周公之易。牽強附會，尤為無理。

九罭

《九罭》，迎周公歸自東也。郝敬云：「前篇諷成王以饗禮迎公，此篇諷王以冕服迎公。」愚按：此當是使者將命而至東之作。

九罭之魚，鱒鲂。陽韻。**我覯之子，袞衣繡**《讀詩記》作「繢」。**裳。**陽韻。○興而比也。「九罭」，魚網也。《爾雅》云：「緵罟謂之九罭。」孫炎云：「謂魚之所入，有九囊也。」陸德明云：「今江南呼緵罟為白囊綱。」郝云：「九罭，以比天子羅致大臣。」「鱒」，魚名，一名鮅。《爾雅》曰「鮅鱒」是也。陸璣云：「似鯶魚，而鱗細於鯶也。赤眼，多細文。」鯶亦作鯇。羅願云：「目中赤色一道橫貫瞳，魚之美者。食螺蚌。」孫炎《正義》云：「鱒好獨行，製字從尊，殆以此也。」「鲂」，解見《魚麗》篇。羅云：「《詩》稱『九罭之魚，鱒鲂』，鱒多獨行，亦有兩三頭同行者，極難取，見網輒遁。鲂則《說苑》所謂『若存若亡，若食若不食』者也。周公有聖德，遭時之未信，退避於東，有難進易退之操，故以鱒鲂言之。」又，陸佃云：「鱒魚圓，鲂魚方，君子道以圓內，義以方外。而周公之德具焉，故是詩主以言之。然則鱒象公之圓，而袞衣者道也；鲂象公之方，而繡裳者義也。玄袞纁繡而後可以見周公，猶之九罭之取鱒鲂也。」「我覯之子」，解見《伐柯》篇。代為成王籌度之辭也。「袞」，龍衣也。陸德明云：「天子畫升龍於衣上，公但畫降龍。」解見《采菽》篇。「繡」，《說文》云：「五采備也。」程子云：「鱒鲂，魚之美者。施九罭之網，則得鱒鲂之魚。用隆厚之禮，則得聖賢。我欲覯之子，當用上公禮服往逆之。」嚴粲云：「服其服則居其住〔註32〕矣，欲朝廷復相之也。」○**鴻飛遵渚，**語韻。**公歸**朱子云：「此章飛、歸字是句腰，亦用韻。詩中亦有此

〔註32〕「住」，四庫本作「位」。嚴粲《詩緝》卷十六《豳風・九罭》亦作「位」。

體。」**無所**，語韻。**於女**音汝。後同。**信處**。叶語韻，敞呂翻。○興也。鴻、鴈皆鳥水也，知避陰陽寒暑者，春則避暑而北，秋則避寒而南，所謂「木落南翔，冰泮北徂」者也。陶隱居云：「大曰鴻，小曰鴈。」或云：「雁多群而鴻寡侶。」「遵」，《說文》云：「循也。」「渚」，小洲也。《釋名》云：「渚，遮也，能遮水使回也。」「鴻飛遵渚」，蓋自北而南之時，以況公之避京師而居東也。「歸」，歸周也。「女」者，對東人之辭。《左傳》云：「再宿曰信。」彼一時也，沖人之疑未釋，公雖欲歸周而無安身之所，故不得不暫於汝地焉信處耳。然謂之信也，而豈可久哉？所以然者，以公之精忠感格，必有悟主之期故也。此一章追前日居東時而言。○**鴻飛遵陸**，屋韻。**公歸不復**，屋韻。**於女信宿**。屋韻。○興也。「陸」，《說文》云：「高平地。」「鴻飛遵陸」，蓋自南歸北之時，不復為渚上之遊，以況公之自東而還歸于周，亦將留相王室而不復來東也。故《易·漸》卦九二之象曰「鴻漸于陸，夫征不復」，公之歸以之。上九之象曰「鴻漸于陸，其羽可用為儀」，公之不復以之。「宿」，《說文》云：「止也。」「信宿」，即「信處」也。此一時也，王既悟而遣餘輩銜命以迎公，公之留於女地，不過信宿間耳，歸不久矣。此一章據見在迎公而言。○**是以有衮衣**叶支韻，讀如伊，麼夷翻。**兮，無以我公歸**叶支韻，渠為翻。**兮，無使我心悲**支韻。**兮**。賦也。「是以有衮衣」者，得請之辭。向之籲於王前者曰：「我覯之子，衮衣繡裳」，王不以其言為非，所以今日有衮衣之命，而使人賫之以予公也。「無以我公歸兮」一句作一氣讀，上「無」字略斷。親之故曰我，言今日衮衣來而我公固將歸矣。然使風雷不作，則公安有今日？公之得有今日也，幸也。君臣相遇，自古稱難。況公以元勳叔父而猶遭此患，則忠而被謗，信而見疑者，可勝道哉！俯仰之間，感慨繫之。無謂以我公今日獲歸，而遂無可使我心悵然含悲者在也。忠厚悱惻，溢於言表，所謂「言之無罪，聞之足以戒」。是詩也，其亦二公所作與？

《九罭》四章。一章四句，三章章三句。《序》見《伐柯》篇。《子貢傳》、《申培說》皆云：「周公歸于周，魯人慾留之，弗克，賦《九罭》。」朱子亦以為「周公居東，東人喜之而作」。今按：本文有「於女信處」、「於女信宿」之語，其為使者所作，而非出於東人之口，可知已。且公，天下之公也。居東，公之不幸也。不以朝廷失公為憂，而以東土得公為喜，何所見之昧而所愛之細乎！

假樂

《假樂》，讚美武王之德，為祭武王之詩。所以知為美武王者，何也？
有三徵焉。《大明》之詩曰：「篤生武王，保右命爾，燮伐大商。」今此詩亦有
「保右命之」之語。一也。《中庸》：「子曰：『舜其大孝也與？德為聖人，尊為
天子，富有四海之內，宗廟饗之，子孫保之，故大德必得其位，必得其祿，必
得其名，必得其壽。故天之生物，必因其材而篤焉。故栽者培之，傾者覆之。
《詩》曰：嘉樂君子，憲憲令德。宜民宜人，受祿于天。保佑命之，自天申
之。故大德者必受命。』」夫舜起匹夫為天子，武王自諸侯有天下，其事相類，
故孔子合言之，知此詩非詠守成之詩。二也。又，篇中云「穆穆皇皇，宜君宜
王」。按：《禮》云：「天子穆穆，諸侯皇皇。」舊說亦皆以君為諸侯，王為天
子。夫以一身而兼歷諸侯、天子者，惟湯、武而已。三也。所以知為祭詩者，
以「子孫千億」一語知之。凡詩中言子孫，多是對祖考而言，紀述廟中所見
也。《大雅》詠文王詩最多，其專為武王詠者，唯此一詩而已。疑亦周公所作。
太史公云：「夫天下稱頌周公，言其能論歌文、武之德。」

假《左傳》、《中庸》、豐氏本俱作「嘉」。樂音酪。君子，叶實韻，資四翻。
《詩》「既取我子，無毀我室」，舊皆謂叶職韻，音則。今按：子、則相去甚
遠，未足信也。顯顯《中庸》作「憲憲」。令德。本職韻，當叶實韻，丁傷
翻。宜民宜人，真韻。受祿于天。叶真韻，汀因翻。嚴粲以自章首至此
為第一章。保右《中庸》作「佑」。命叶真韻，眉〔註33〕辛翻。之，自天
申真韻。之。毛、鄭及諸家本皆以自章首至此為第一章。干祿百福，叶職
韻，筆力翻。子孫千億。職韻。嚴以自保右至此為第二章。○賦也。「假」，
當依《左傳》、《中庸》，通作「嘉」，美也。輔廣云：「『假樂君子』，是作詩者
美而樂之也。唯其美之，故樂之。」「顯」，《說文》云：「頭明飾也。」「顯顯
令德」者，鄭玄云：「有光光之善德。」愚按：下章言「不愆不忘，率繇舊章」、
「無怨無惡，率繇群匹」，正令德之實明著而可見者。「宜」，《說文》云：「所
安也。」輔云：「謂心愜之。」朱子云：「民，庶民也。人，在位者也。」孔
穎達云：「民、人散雖義通，對宜有別。《皋陶謨》『能安民，能官人』，其文
與此相類。」「受」，《說文》云：「上下相付也。」「祿」之為言「錄」也。天
錄其德而與之以福，則曰祿。其實祿即福也。董仲舒對策引此而衍之云：「為

〔註33〕「眉」，底本作空格，據四庫本補。

政而宜於民者，固當受祿于天。」深得此詩之旨。通篇骨子只「宜民宜人」一句耳。「保」者，扶持之意。「右」者，贊助之義。「命」者，命之為天子也。「自」，從也。「申」者，申束之義。故毛《傳》以為重也。天眷有德，久而不替之謂。「干祿」二句申結上文。「干祿」與《旱麓》篇解同。有顯顯之令德，是以宜其民人，故能受天之祿，所謂自求多福也。「百福」，言眾也。曰「保」、曰「右」、曰「命」，皆是也，此已然之事。子孫據時王而言，不汎言孫子而順數子孫，知此詩作於成王之世矣。十百為千，自一萬而十萬，以至萬萬，皆曰億。承上文「百福」而極言之。舊說以為子孫眾多，非也。子孫之獲福多於前王，所謂「自天申之」者也。此句乃祝辭。○**穆穆皇皇**，陽韻。《班固傳》注作「煌煌」。**宜**陸德明本作「且」。**君宜**陸本作「且」。**王**。陽韻。**不愆**《春秋繁露》作「騫」。《文選注》作「愆」。**不忘**，陽韻。《說苑》作「亡」。**率由舊章**。陽韻。毛、鄭諸本自「干祿」至此為第二章，嚴以「穆穆」至此為第三章。**威儀抑抑，德音秩秩**。質韻。**無怨無惡**，去聲。**率由群**《春秋繁露》作「仇」。**匹**。質韻。嚴以「威儀」至此為第四章。○賦也。此章贊武王之德。「穆」，通作「廖」，《說文》云：「細文也。」「皇」，通作「煌」，《說文》云：「煇也。」此以法制之明備言，與下文「率繇舊章」作照。自其曲折備具曰「穆穆」，自其光采發越曰「皇皇」。「宜君宜王」之「宜」，亦謂與其位相愜，解見《小引》下。言武王先既宜於為一國之君矣，而後又宜於為天下之王也。「愆」者，謬戾之謂。「忘」者，疏略之謂。「率」，通作「衛」，循也。「由」，舊說多訓為「從」。按：《說文》有「粤」字，無「由」字，其義則木生條也。然《說文》中字，諧由聲者頗多，疑古本有由字，但許叔重偶遺耳。經書用此字，通訓為「從」，不知何據。或謂其字從田上出，指所從之道也。因憶仲由字子路，而《韓詩注》有云「東西耕曰橫，南北耕曰由」，則由之從田，其義明矣。或又疑由實非字，仍當作粤，遠其本訓。凡《說文》中字，諧由聲者皆是從粤省。又古文由、繇通用，如由余之為繇余、許由之為許繇是也。繇，本作繇，乃隨從之義，則通用之說較為可信。但繇乃音謠，由則音猶，其音不迭，如何可通？今考《說文》有邎字，以行邎徑為義，音與由同。然則凡用由字者，大抵從邎通之耳。此字犯上諱，已通行天下，改由為繇，惜當時議者考不及此。「舊章」，杜欽云：「先王法度。」鄭云：「舊典之文章。」愚按：如文王治岐之政是也。《孟子》云：「今有仁心仁聞，而民不被其澤，不可法於後世者，不行先王之道故也。故曰徒善不足以

為政，徒法不能以自行。《詩》曰：『不愆不忘，率由舊章。』遵先王之法而
過者，未之有也。」此武王之所以宜民也。「威儀」，以接下之禮言。「抑」，
自按抑也，解見《賓之初筵》篇。「德音」，嚴云：「有德之聲音也。」言語、
教令、聲名，皆可稱德音。此德音，指言語也。「秩」，本訓「積」。徐鍇以為
「有序之貌」。蘇轍云：「無所不容，故無怨。無所不矜，故無惡。」「群」，
群臣也。「匹」，通作「妃」，群臣之才品高下，其等第不同，各循從其匹耦而
衡量之，絕不以一己愛憎之私意參預其間，蓋大以成大，小以成小。《武成》
所謂「建官惟賢，位事惟能」，事正如此，此又武王之所以宜人也。董仲舒論
《春秋》云：「吾以其近近而遠遠，親親而疏疏也，亦知其貴貴而賤賤，重重
而輕輕也。有知其厚厚而薄薄，善善而惡惡也；有知其陽陽而陰陰，白白而
黑黑也。百物皆有合偶，偶之合之，仇之匹之，善也。《詩》云：『威儀抑抑，
德音秩秩。無怨無惡，率由群匹。』此之謂也。」嚴云：「『穆穆皇皇』與『抑
抑秩秩』一體，『率由舊章』與『率繇群匹』相對。」○受福無疆，陽韻。
四方之綱。陽韻。毛、鄭諸本自「威儀」至此為第三章。之綱之紀，紙
韻。燕及朋友。有韻。亦叶紙韻，羽軌翻。嚴本以「受福」至此為第五章。
百辟卿士，紙韻。媚于天子。紙韻。亦叶有韻，濟口翻。不《釋文》作
「匪」。解《漢書》作「懈」。于位，寘韻。民之攸墍。寘韻。毛、鄭諸本
自「之綱」至此為第四章。嚴本以「百辟」至此為第六章。○賦也。此章著
民、人之皆宜於武王，而復交互言之。「受福無疆，四方之綱」，宜民也。「之
綱之紀，燕及朋友」，則宜民之所以宜人也。「百辟卿士，媚于天子」，宜人也。
「不解于位，民之攸墍」，則宜人之所以宜民也。武王之所得於民人者如此。
「受祿于天」，不亦宜乎！「無疆」，言無有畔界。「綱紀」，解見《棫樸》篇。
「燕」，通作「宴」，《說文》云：「安也。」「朋友」，呂祖謙云：「合百辟卿士
言之也。」《泰誓》曰：「友邦冢君。」《酒誥》曰：「太史友，內史友。」承
上章言「不愆不忘，率繇舊章」，則典則昭垂，後人可守成業而治，「受福無
疆」實自此始。所以然者，其統領既挈，四方皆於是繫屬焉，且不特挈其綱
領而已。至於節目所在，亦皆犁然分別，井井有條，如是綱舉目張，四方升
平，則輔治之朋友亦賴以安矣。按：《棫樸》，詠文王之詩也。曰「勉勉我王，
綱紀四方然」，則此詩言綱紀，固即文王舊章之綱紀也。黃櫄云：「元氣不存，
雖盛且壯，不足為一身之福。綱紀不立，雖強且富，不足為人君之福。」輔
云：「人君能綱紀四方，則臣下自然賴之。若在上者管束不來，則臣下何恃以

為安也?」「辟」,《爾雅》云:「君也。」「百辟」,謂諸侯也。「卿士」,王朝之群臣。鄭云:「卿之有事也。」此即前所云「朋友」也。「媚」,《說文》云:「悅也。」「解」,猶脫也。「位」,即公、侯、伯、子、男、公卿、大夫、士之位。「不解于位」者,人各守其位以盡其職,無侵官,無曠官也。「攸」,所也。「墍」,通作「塈」,《說文》云:「眾辭與也。」引《虞書》「稷、契塈皋陶」。又,《史記・夏本記》:「瑸珠塈魚。」今《尚書》文皆作「暨」。言外而百辟,內而卿士,皆愛悅武王,各盡其職,而為民之所與也。《左・成二年》:「盟於蜀。蔡侯、許男不書,乘楚車也,謂之失位。君子曰:『位其不可不慎也乎!蔡、許之君一失其位,不得列於諸侯,況其下乎!《詩》曰:不解于位,民之攸墍。其是之謂矣。』」昭二十一年:「葬蔡平公。蔡太子朱失位,位在卑。大夫送葬者歸見昭子,昭子問蔡故,以告。昭子歎曰:『蔡其亡乎!若不亡是,君也必不終。《詩》曰:不解于位,民之攸墍。今蔡侯始即位而適卑,身將從之。』」哀五年:「鄭駟泰富而侈,嬖大夫也,而常陳卿之車服於其庭,鄭人惡而殺之。子思曰:『《詩》曰:不解于位,民之攸墍。不守其位而能久者,鮮矣。』」按:觀此可以得「不解于位」之義。

《假樂》三章。章八句。毛、鄭及諸家本皆作四章,章六句。嚴本依陳氏分為六章,章四句。惟季彭山氏更定作三章,章八句。今從之。○《序》以為「嘉成王也」,不知果何據而云然。朱子疑為「公尸之所以答《鳧鷖》」。《申培說》剿之,云:「公尸美王者之詩」,尤為不根。《子貢傳》漫以為「訓成王」,而詩之用於何地,殊不能知。要之,影響耳。又按:《左・文四年》:「公如晉。及晉侯盟,晉侯享公,賦《菁菁者莪》,公賦《嘉樂》。」襄二十六年:「齊侯、鄭伯為衛侯故,如晉,晉侯兼享之,賦《嘉樂》。國景子相齊侯,賦《蓼蕭》。子展相鄭伯,賦《緇衣》。」附錄於此。

載見

《載見》,成王免喪朝諸侯,率以見於武王廟。出郝敬《毛詩原解》。助祭既畢而慰勞之詩。出季本《詩說解頤》。○《序》及蔡邕《獨斷》皆以為「諸侯始見於武王廟之所歌也」。朱《傳》、《申培說》亦以為「諸侯助祭於武王廟之詩」。按:《竹書》:「成王四年春正月,初朝於廟。」是詩之作,當在此時。蓋免喪始朝廟也。詩專為助祭諸侯而發,或即疑為獻助祭諸侯之樂歌,然於禮文無所出。惟祭後有歸俎、餕餘二禮,因作此詩,以致其贊勞之

意,則不可知耳。鄒子靜云:「此篇諸侯之來,本為來朝,而是詩之作,則為助祭。如《車攻》詩,東都之行,本為會同,而是詩之作,則重田獵。」

載《墨子》「載」下有「來」字。**見辟**《墨子》作「彼」。**王**,陽韻。**曰求厥章**。陽韻。**龍旂陽陽**,韻。**和鈴**豐氏本作「欐」。**央央**。陽韻。**鞗革有鶬**,陽韻。《說文》作「瑲」。陸德明本作「鎗」。**休有烈光**。陽韻。**率見昭考,以孝以享**。叶陽韻,虛良翻。**以介眉壽,永言保之。思皇多祜**,麌韻。**烈文辟公。綏以多福,俾**陸文作「卑」。**緝熙于純嘏**。叶麌韻,果五翻。徐光啟云:「『以介眉壽』而下,三句一韻。秦人功德碑本此。」○賦也。「載」,毛《傳》云:「始也。」「載」之所以訓「始」者,以字從弋,弋從才。才者,草木之初也。古字音同形近者皆得通用,故「載」與「哉」皆訓為「始」也。鄭玄云:「諸侯始見君王,謂見成王也。曰求其章者,求車服禮儀之文章制度也。」孔穎達云:「將自說其事,故言曰以目之。作者所稱曰,非諸侯自言曰也。諸侯謹慎奉法,即是自求其章。」愚按:下文「龍旂」、「和鈴」、「鞗革」等物,皆等威所繫,故以「章」言。諸侯將入朝天子,故求其所自有之章,一以重王事,一以昭君賜也。又,《墨子》云:「先王之書《周頌》之道之曰:『載來見彼王,曰求厥章。』則此語古者國君諸侯之以春秋來朝聘天子之廷,受天子之嚴教,退而治國,政之所加,莫敢不賓。當此之時,本無有敢紛天下之教者。」按:舊說求章,亦多同斯義,然似非詩旨。「龍旂」者,交龍為旂,詳見《庭燎》篇。「陽」,即「我朱孔陽」之「陽」。曹氏云:「色之鮮明也。」「和」者,車軾上之鈴。鈴,《說文》以為「令丁也」。和亦鈴也,而疊云「和鈴」者,車中之鈴有二,在軾者名和,或在衡,或在鑣者皆名鸞。言「和鈴」,所以別於鸞鈴也。干寶云:「和、鸞皆以金為鈴,馬動則鸞鳴,鸞鳴則和應。」「央」,《說文》云:「中央也。」顏師古云:「半也。」車前後皆有馬,和鈴設在軾上,當車之半,故以央言之。重言「陽陽」、「央央」者,見其非一旂,非一車也。毛、孔主《爾雅》「有鈴曰旂」之說,謂「以鈴著旂端」,亦自有據,但文理欠順,又於央義不合,故不從。「鞗革」,解見《蓼蕭》篇。「鶬」,當依《說文》通作「瑲」,玉聲也。鞗革安得有瑲音,惟纏扼其上者以金為之,謂之金厄,則其聲所觸,亦往往能如玉之鳴。然則「有鶬」蓋指金厄言也。詳見《韓奕》篇。「休」,《說文》云:「止息也。」「烈」者,火猛之義,光之貌也。諸侯盛其儀衛,從本國而來,以至止於此,則見其丰采赫奕,足以殿天子之邦,而有烈烈然之光輝也。「率」者,統領之義。「昭考」,毛云:「武

王也。」朱子云：「此乃言王率諸侯以祭武王廟也。廟制，太祖居中，左昭右穆。周廟，文王當穆，武王當昭，故《書》稱『穆考文王』，而此詩及《訪落》皆謂武王為昭考。」又云：「昭穆之分，是始封以下，入廟之時便有定次。後雖百世，不復移易，而其尊卑則不以是而可紊也。故成王之世，文王為穆而不害其尊於武，武王為昭而不害其尊於文。」又云：「遷毀之序，則昭常為昭，穆常為穆。假令新死者當祔昭廟，則毀其高祖之廟，而祔其主於左祧，遷其祖之主於高祖之故廟，而祔新死者於祖之故廟。即當祔於穆者，其序亦然。蓋祔昭則群昭皆動而穆不移，祔穆則群穆皆移而昭不動，故虞之『明日祔於祖父』，蓋將代居其處，故為之祭，以告新舊之神也。昭穆之次既定，則其子孫亦以為序。《禮》所謂『昭與昭齒，穆與穆齒』，《傳》所謂『太王之昭』、『王季之穆』、『文王之昭』、『武王之穆』者是也。」章氏云：「凡廟主在本廟之室中，皆東向。及祫於太廟之室中，惟太祖東自如，而為最尊之位。群昭入此者，皆列北牖下而南向；群穆入此者，皆列南牖下而北向。蓋群廟之列，左為昭而右為穆；祫祭之位，北為昭而南為穆也。」又云：「二世祧，則四世遷穆之北廟，六世祔昭之南廟矣；三世祧，則五世遷穆之北廟，七世祔穆之南廟矣。昭者祔則穆者不遷，穆者祔則昭者不動。此所以祔必以班，尸必以孫，而子孫之列亦以為序也。」又云：「宗廟之制，但以左右為昭穆，而不以昭穆為尊卑。故五廟同為都宮，則昭常在左，穆常在右，而外有以不失其序。一世自為一廟，則昭不見穆，穆不見昭，而內有以各全其尊也。」「以」者，承上之辭。後倣此。「孝」者，孝思，內盡志也。「享」者，獻享，外盡物也。鄒子靜云：「『以孝以享』者，合天下之孝享以為一人之孝享也。大抵宗廟祭祀，多以諸侯助祭為重。觀此及《清廟》、《雝》詩可見。」揚子云：「有曰孝莫大於寧親，寧親莫大於寧神，寧神莫大乎四表之歡心。」「介」，鄭云：「助祭也。」按：古者主有擯，客有介，故介亦有助意。「眉壽」，解見《南山有臺》篇。「以介眉壽」，主諸侯言。孔云：「謂助行具禮，使孝子得壽考之福也。」愚按：此已結助祭之事。自「永言保之」而下，則又屬望於後日之辭。「永言」，長言也。《書》曰：「歌永言。」「保」者，抱持不失之義。「思」，發語辭。「皇」，通作「煌」。徐鍇云：「皇之為言煌煌然也。」「祜」，《說文》云：「福也。」《爾雅》云：「福，厚也。」「多祜」，以已然之福言，尊為天子，富有四海是也。「烈」，即「休有烈光」之「烈」，以丰采言。「文」，即「曰求厥章」之文，以儀衛言。「辟公」，朱子云：「諸侯也。」王炎云：「為國君，故稱辟。舉五等之

貴，故稱云〔註34〕。」《荀子》云：「論禮樂，正身行，廣教化，美風俗，兼覆而調一之，辟公之事也。」「綏」，安也。「多福」，即上文之「多祜」。「俾」，《說文》云：「益也。」「緝熙」，解見《文王》篇。「純」之為「全」，音之近也。「嘏」，《說文》云：「大遠也。」徐鍇云：「大遠之福也。」作此詩者，詠歌以申其意，言欲保守此今日煌煌之多福，必爾有烈光文章之諸侯，實有以安鎮此多福，使永固而不移，則自今以往，庶益繼續其光明於純全之嘏福也。陸化熙云：「福本昭明，不繼則晦矣。」愚按：「綏以多福」，即《烈文》篇「惠我無疆」之意。「純嘏」以未然之福言。鄧元錫云：「『永言保之，思皇多祜』，言大福難保也。曰『俾緝熙于純嘏』，言大嘏不易也。陳戒於德也，古君臣上下無時而〔註35〕不戒於德也。」

《載見》一章，十四句。孔穎達謂「周公居攝七年而歸政成王，成王即政，諸侯來朝，於是率之以祭武王之廟。詩人述其事而為此歌焉」。郝敬辨之云：「按：成王立，年十有三，非甚童穉也。世儒惑於《明堂位》云『周公負扆踐阼，七年而後致政』，並強此詩為七年後王親政作。蓋據《雒誥》云『周公誕保文武受命，惟七年』，彼謂成王七年，周公留雒耳，非謂七年前成王未親政也。十三歲天子尸居，而又七年，則二十矣，乃始見諸侯乎？初年以流言疑忌叔父，豈幼沖無知者之所為乎？」鄧元錫則以為：「諸侯殷見朝廟也。《周官》以賓禮親邦國，朝、宗、覲、遇，各以其方歲至，會以發禁至，皆主於來王。其殷見曰同，則五年而禘，五服群后畢具至，故殷見曰載見。又，殷同以發政，故《載見》曰『求厥章』。」今按：大禘之禮，禘其祖之所自出，而以其祖配之於昭考，何與斯？其論疏矣。鄒忠胤又云：「《竹書》紀『成王元年丁酉春正月，王即位，命冢宰周文公總百官。庚午，周公誥諸侯於皇門。夏六月，葬武王於畢。』夫天子七月而葬，同軌畢至，一則送故主之終，一則覲新君之始，於義何疑？《逸周書·皇門解》述昔之藎臣『助王恭明祀，敷明刑。用能承天嘏命。萬子孫用末〔註36〕，被先王之靈光』。此即介壽、保祜、緝熙純嘏意也。而先之以『命我辟王』，小至於大，其與是詩同作可知已。」按：禮，居喪不祭。若此詩為諸侯會葬而作，則成王未終喪也。未終喪而為詩以作樂，可乎？且「以介眉壽」、「緝熙純嘏」，豈居喪時語乎？如謂周公總百

〔註34〕「云」，當作「公」。四庫本作「公」。
〔註35〕底本原衍一「而」字。
〔註36〕「末」，四庫本作「永」。《逸周書·皇門解》原作「末」。

官，亦可率之以見於廟，則武王，周公兄也，「率見昭考」之云，何以稱焉？愚皆不取。

烈文

《烈文》，成王初見於武王廟，諸侯來助祭。事畢將歸國，君臣交相勑戒之辭。《序》及蔡邕《獨斷》皆以為「成王即政諸侯助祭之所歌」。歐陽修以為「成王初見於廟，諸侯來助祭。既祭，而君臣受福，自相勑戒之辭」。愚按：此與《載見》篇同為一時之作，觀二詩皆稱「烈文辟公」可據。彼為廟中贊勞之語，此則諸侯事畢將行，當陛辭之時，因而交相勑戒也。

烈文辟公，叶陽韻，始黃翻。錫茲祉福。惠我無疆，陽韻。按：此詩公、疆乃皆於單句用韻，而雙句不用韻，亦變體也。子孫保之。無《白虎通》作「毋」。封靡于爾邦，叶束韻，悲工翻。維王其崇東韻。亦叶陽韻，仕莊翻。之。念茲戎功，叶陽韻，姑黃翻。繼豐氏本作「鹽」。序其皇陽韻。之。賦也。歐陽修云：「此君勑其臣之辭也。」嚴粲云：「成王即政之初，周興未久也，其助祭諸侯往往身佐文武以定天下者，故先稱美之，乃告戒之。」「烈文辟公」，解與《載見》篇同。「錫」，通作「賜」，《說文》云：「予也。」「茲」，此也，指下文「祉福」言。「祉」，《說文》亦以為「福也」。《爾雅疏》云：「繁多之福也。」按：祉之言止，諸福所止，繁多之義也。福之言祜，祜之言厚也，言為天所加厚也。「錫茲祉福」，主武王克商之後封建諸侯而言。既列之爵，復胙之土，其為祉福孰大焉。一說：《白虎通》云：「《周頌》曰『烈文辟公，錫茲祉福』，言武王伐紂，定天下，諸侯來會聚於京師，受法度也。」以受法度為錫祉福，亦即下文戒封靡之意。《書》曰：「各守爾典，以承天休。」此之謂也。「惠」，猶貽也。與分人以財謂之惠義同。「無疆」，孔云：「無有疆畔，謂長遠無期也。」「子孫」，辟公之子孫也。「保」者，抱持勿失之義。《孝經注》以為「安鎮」，是也。成王呼助祭之諸侯而告之曰：爾有光烈文章之辟公，我先王既賜汝以建邦啟宇之祉福矣，爾其思所以屏翰王家，果能惠我以無疆之休，則女之子孫亦庶乎其永保此爵土也。《左·襄二十一年》：「晉侯問叔向之罪於樂王鮒。於是祁奚老矣，聞之，乘馹而見宣子，曰：『《詩》曰：惠我無疆，子孫保之。夫謀而鮮過，惠訓不倦者，叔向有焉，社稷之固也。猶將十世宥之，以勸能者。今壹不免其身，以棄社稷，不亦惑乎！』宣子說，與之

乘，以言諸公而免之。」按：味此可以得釋詩之意。下文「無封靡」四句正申上「惠我無疆」二句而言。「無」、「毋」通，戒辭也。土陪益曰封，與《禮·檀弓》「封之崇四尺」義同。「靡」，《說文》云：「披靡也」，字「從非」。徐鍇云：「披靡，分也。」故從非，取相違之義。「爾邦」，爾所有之國也。五等之爵，分土惟三，受之天子，傳之先君，不可益也，不可損也。戒以無封，欲其無吞併人之上地以自益也；戒以無靡，欲其土地無為人所吞併而致損也。按：《白虎通》云：「《詩》云：『毋封靡於爾邦。』此言追誅大罪也。或盜天子土地自立為諸侯，絕之而已。」意與此合。「崇」，《爾雅》云：「高也。」尊尚之意。上凜王章而不敢踰，下守成業而不敢失，大不役小，強不陵弱，夫如是則能各安其分，共享和平，而天子亦尊尚之矣。上文所謂「惠我無疆」者，其故全繫於此。陸機云：「先王知帝業至重，天下至曠，曠不可以偏制，重不可以獨任。任重必於借力，制曠終乎因人。於是乎立其封疆之典，財其親疏之宜，使萬國相維以成磐石之固，宗庶襍居而定維城之業。南面之君各務其治，九服之民知有定主，上之子愛於是乎生，下之體信於是乎結，世治足以敦風，道衰足以禦暴。故疆毅之國不能擅一時之勢，雄俊之士無所寄霸王之志，然後國安繫萬邦之思治，主尊賴群后之圖身。譬猶眾目營方則天綱自昶，四體辭難而心膂獲乂。三代所以直道，四王所以垂業也。」陳際泰云：「讀《烈文》而知周之君臣相愛無已也。念其助祭之勞，遂欲其世世子孫與周相始終而益昌大，特戒其封靡，蓋駕馭之權亦隱隱寓焉。以為苟有犯此者，王法無私，恩不爾貸也。嗟嗟！誰謂周獨忠厚歟哉？」「念」，《說文》云：「常思也。」「戎」，《說文》云：「兵也。」「戎功」，武功，《閟宮》言「敦商之旅，克咸厥功」是也。「繼」，《說文》云：「續也。」「序」，通作「敘」，《說文》云：「次第也。」子孫繼世，以敘相及，故曰「繼序」也。「皇」，《說文》云：「大也。」徐云：「皇之為言煌煌然也。」我念爾辟公夾輔先王，用武功平定天下，以有今日。自今以後，凡汝之子孫繼汝為諸侯者，其亦能張皇威武，以消四方窺覦不軌之心，而壯王室之勢，不徒保守其爵土而已，是則我之所深致望者也。嚴云：「說者多以辟公為稱諸侯之祖父，『念茲戎功』為勉之，以念祖父之功。今考《本紀注》，徐廣云：『武王克商，二年而崩。』皇甫謐云：『武王定位年，歲在乙酉。六年庚寅崩。』正如謐之言，武王克殷才六年耳。《烈文》作於成王即政之初，孟津諸侯固多存者，不應專戒其子孫也。」○**無競**《五經文字》作「惊」。**維**《左傳》作「惟」。**人**，真韻。**四方其訓**叶真韻，詳遵翻。《左

傳》作「順」。之。**不顯維**《中庸》作「惟」。**德，百辟其刑**叶陽韻，胡光翻。**之。於**音烏。**乎**，《大學》作「戲」。**前王**陽韻。**不忘！**陽韻。○賦也。歐陽〔註37〕云：「此臣戒其君之辭也。」「競」，《爾雅》云：「彊也。」《說文》云：「彊語也。」「無競維人」與「無競維烈」語氣相類，言宣力四方者皆得其人，莫與之爭強也。「訓」，通作「馴」，《說文》云：「馬順也。」《左·昭元年》：「莒展輿奔吳，於是莒務婁、瞀胡及公子滅明奔齊。君子曰：『莒展之不立，棄人也。夫人可棄乎？《詩》曰：無競維人。善矣！』」哀二十六年：「衛出公以弓問子贛，曰：『吾其入乎？』子贛稽首受弓，對曰：『臣不識也。』私於使者曰：『昔成公孫於陳，甯武子、孫莊子為宛濮之盟而君入。獻公孫於齊，子鮮、子展為儀之盟而君入。今君再在孫矣，內不聞獻之親，外不聞成之卿，則賜不識所緣入也。《詩》曰：無競維人，四方其順之。若得其人，四方以為主，而國於何有？』」「不」，通作「丕」，大也。「德」者，君人之大德。以「丕顯」贊「德」，亦主發用而言。「百辟」，諸侯也。「刑」，通作「荊」。《復古編》云：「刑從刀，幵聲，剄也。荊從刀，從井，法也。」「於乎」，歎聲。「前王」，前乎此之為王者，謂武王也。「忘」，《說文》以為「不識也」。王往矣，而功烈德澤如在。其訓之刑之者至今猶尚可記識於人心，故曰「不忘」也。此章乃助祭諸侯因王上章有「戒功其皇」之語，不欲王之徒以力服人也，因於廟中歎美前王用人修德之事以進之，曰：前王雖不得已，用戎功以得天下，而所以使天下人不能忘者，其故全不在此。王今日者欲皇戎功臣，以為不如法前王之用人修德，而戎功亦可不用也。《中庸》引「不顯維德」二句，而足之曰：「是故君子篤恭而天下平。」「篤恭」者，恭己正南面之謂，如《武成〔註38〕》所云「垂拱而天下治」者。蓋言德惟丕顯，則自足以致天下之平，他無所事矣。而舊說皆以「篤恭」釋「不顯」，非也。若《大學》之釋「於乎，前王不忘」，尤為明白，曰：「君子賢其賢而親其親，小人樂其樂而利其利，此以沒世不忘也。」夫「無競維人」，即封建千八百國之事，異姓以賢，同姓以親，此所謂賢君子之賢，親君子之親也。「不顯維德」，凡發政施仁皆是，此所謂樂小人之樂，利小人之利也。一說：萬尚烈云：「與人無競，故『四方其訓』；德維不顯，故『百辟其刑』。前王之所以人不能忘者，全在於此。若稍與人競，必不能訓四方；稍自顯露，必不能刑百辟。前王不如是也。《中庸》引此，正

〔註37〕四庫本此處有「修」字。
〔註38〕「成」，底本作「王」，據四庫本改。

以發明闇然之意，故曰『後其身而身先，外其身而身存。惟無以天下為者，乃可託於天下。』為此詩者，其知道乎！」亦通。

《烈文》二章。一章八句，一章六句。舊只作一章十三句。○朱《傳》及《申培說》皆以為「成王祭宗廟而獻助祭諸侯之樂歌」。今按：次章言四方訓、百辟刑，似非天子告諸侯之語。或有謂讚美前王之德以感動諸侯者，亦自可通，然語意覺散緩，不如歐陽說為長。《子貢傳》闕文。

訪落

《訪落》，成王除武王之喪，將始即政而朝於廟，與群臣謀於廟也。《序》云：「嗣王朝於廟也。」蔡邕《獨斷》亦云：「成王謀政於廟之所歌也。」按：廟者，武王廟。以詩辭「昭考」、「皇考」等語知之。《逸周書序》云：「成王既即政，因嘗麥以語群臣而求助，作《嘗麥》。」而《竹書》亦載「成王四年春正月初，朝於廟。夏四月初，嘗麥」，與《書序》言嘗麥求助者合。此詩之作，在此時也。與《小毖》、《敬之》二詩當合為一篇。孔穎達云：「成王既朝廟而與群臣謀事，詩人述之而為此歌。」鄧元錫云：「喪三年不言，至是始廟，見群臣訪焉。」又，《家語》：「孔子曰：『成王年十有三而嗣立。明年夏六月，冠而朝於祖，以見諸侯。』」未詳孰是。愚但以《逸書序》有即政求助之語，因摭為據耳。

訪予落止，豐氏本作「只」。率時昭考。於音烏。乎悠哉，朕未有艾。將予就之，繼猶判渙。維予小子，未堪家多難。紹庭上下，陟降厥家。休矣皇考，以保明其身。通篇俱無韻。○賦也。《說文》云：「汎謀曰訪。」徐鍇云：「謂廣問於人也。」「予」，成王自謂也。「落」，木葉隕墜也。《說文》云：「凡草曰零，木曰落。」成王即位之初，武庚蠢動，王室幾搖，故以落言。「止」，通作「只」，《說文》云：「語已辭也。」「率」，《爾雅》云「循也」，當通作「衛」。「時」之言「是」，音之近也。「昭考」，武王也，解在《載見》篇。鄧云：「免喪之思，惟考也。武王在廟中訪問諸臣，言自武庚倡亂後，我國家已有隕落之勢，今將思其所以救是者，惟在循是武王治天下之道而行之，庶可轉危為安也。」「於乎」，歎聲，如烏之籲呼也。「悠」，《說文》云：「憂也。」「朕」，萬尚烈云：「朕兆之朕。」解見《抑》篇。「艾」，猶盡也。朱子云：「如『夜未艾』之『艾』。」解見《庭燎》篇。「將」，如「無將

大車」之「將」。鄭玄云：「猶扶進也。」「就」，《說文》云：「就，高也，從京從尤。尤，異於凡也。」徐鍇云：「語曰：『就之如日。』日高，人就之。會意。」「繼」，續。「判」，分也。「渙」，流散也。俱見《說文》。成王欲率循武王之道，既又歎而憂思之，謂武王之道甚大，雖頗知其端緒朕兆，而未能測其究竟，賴爾諸臣扶將我以就之，然尚恐繼其道而判焉不合，渙焉不屬也。輔廣云：「味此意，則成王固已默識夫武王之道。若不曾用工夫，則便以為易矣，豈識此味哉？」三山李氏云：「自『訪予落止』至『繼猶判渙』，皆是仰先王之盛德，歎眇躬之涼薄，苦前哲之高遠也。」胡一桂云：「自『維予小子』而下，則忎蒿悽愴，如或見之也。」愚按：此下皆屬望先王陰助默相之辭。「未堪家多難」者，追指前日三叔扶殷以叛之事而言。「堪」，通作「戡」。《爾雅》云：「勝也。」曰「家多難」者，武庚之變，三叔寔為之。《書·大誥》篇所謂「民不靜，亦惟在王宮邦君室」是也。「紹庭」二句，猶昔人言舜見堯於羹牆之意，與「陟降庭止」義同。「紹」，《說文》云：「繼也」，謂往來不絕也。「庭」，以廟庭言。「上下」，即陟降也。「家」，謂家庭也。武王與成王親則父子，曰「厥家」者，親之也。「休」，《說文》云：「息止也。」孔云：「上言『昭考』，此言『皇考』，皆斥武王也。變稱『皇』者，尊之也。」王安石云：「保其身，無危亡之憂；明其身，無昏塞之患。」成王既慮率循昭考之難，因自言予幼稚小子，向者遭王室多難，變生肘腋，力量固有所難勝矣。自今以往，其庶幾我昭考之靈往來不絕於廟庭之中，或上而陟，或下而降，皆在我家，止息未嘗少離，於以翼我之行，使身有所憑藉而不陷於危；啟我之思，使身有所開悟而不迷於往也。按：太甲、成王皆再世守成之主，太甲復辟而伊尹所以訓之者，一則曰「率祖攸行」，再則曰「奉先思孝」。成王免喪即政，而首惓惓以「率時昭考」為言，可謂知本矣。

《訪落》一章，十二句。朱《傳》云：「成王既朝於廟，因作此詩，以道延訪群臣之意。」《申培說》襲之。按：此詩雖對群臣而作，以延訪發端，而意皆屬望昭考。至《小毖》篇始道其延訪群臣之意耳。《子貢傳》闕文。

小毖

《小毖》，嗣王求忠臣助己之所歌也。出蔡邕《獨斷》。為《訪落》之第二章。《序》亦以為「嗣王求助也」。何以知其為《訪落》之第二章也？彼

曰「維予小子，未堪家多難」，此曰「未堪家多難，予又集于蓼」，苦愈甚而意愈迫矣。將望皇考之紹庭上下，陟降厥家，以陰佑己，而冥冥之中不可必也，非資藉明保於臣，其曷克有濟？愚以為此成王自怨自艾之辭，以歸誠於周公，亦如太甲復辟而致辭伊尹者焉，即下篇《敬之》「敬之」數言。所進戒於王者，未必非周公之語，而說者已久失其傳矣。孔穎達云：「頌之大列，皆緣神明而興。於《訪落》言謀於廟，則進戒求助亦在廟中，與上一時之事。」《史記·樂書》：「太史公曰：『余每讀《虞書》，至於君臣相勅，惟是幾安，而股肱不良，萬事墮壞，朱〔註39〕嘗不流涕也。成王作頌，推己懲艾，悲彼家難，可不謂戰戰恐懼，善守善終哉？君子不為約則修德，滿則棄禮，佚能思初，安能惟始，沐浴膏澤而歌詠勤苦，非大德誰能如斯！』」篇名《小毖》者，鄭玄云：「天下之事，當慎其小。小時而不慎，後為禍大。故成王求忠臣早，輔助己為政，以救患難。」劉公瑾云：「不以蜂為小，則其後無辛螫之患矣；不信其為桃蟲之小，則其後無拚飛之患矣。名篇者特於『毖』字上加一『小』字，其意深矣。」又云：「朱子以此詩作於成王免喪之際，則是武王崩後之三年也。按：《書》曰：『周公位冢宰，正百工，群叔流言。』則是武王方崩，流言即興，周公避而居東。二年之秋，天有雷風之變，於是王迎公歸。明年免喪，朝廟，而此詩繼作。故此篇深懲管、蔡之事也。」

予其懲而毖後患。 莫予荓《爾雅》作「甹」。《潛夫論》作「併」。**蜂，** 叶東韻，讀如洪，胡公翻。《爾雅》作「牵」。《潛夫論》作「蠭」。豐氏本作「蠭」。**自求辛螫。**《韓詩》作「赦」。**肇允彼桃蟲，** 東韻。**拚**《文選注》作「翻」。**飛維鳥。** 筱韻。**未堪家多難，** 去聲。**予又集**豐本作「纂」。**于蓼。** 筱韻。○賦中有比也。「予」，成王自謂也。「懲」，《說文》云：「忘也。」朱子云：「有所傷而知戒也。」「毖」，《說文》、毛《傳》皆云：「慎也。」徐鍇云：「慎密也。」懲以已然言，毖以未然言。「後」，後日也。「患」，《說文》云：「憂也。」從心上串。〔註40〕徐云：「串之言貫也，貫於心也。」初，武王既喪，管叔及群弟流言於國，曰：「公將不利於孺子。」成王信之而疑周公。其後三監挾殷以叛，成王至是始白周公之忠，而悔己之輕信三叔以致禍亂也，曰：「予其懲創往日之失，從今以往，與廷臣更始，以毖後日之患乎！爾廷臣

〔註39〕「朱」，當作「未」。四庫本、《史記·樂書》俱作「未」。
〔註40〕按：《說文解字·患》：「憂也。從心上貫吅，吅亦聲。」

其毋以予往日者為昏為憒而棄我也。」孔云：「我今欲慎小防患，故須汝等助我，言己求助之意也。」自「莫予莽蜂」以下皆追數往日之失，予之所以其懲者此也。「莫」之為「無」，音之近也。「莽」，通作「逬」，斥逐散走也。解見《桑柔》篇。蜂以比三叔，桃蟲以比武庚。「蜂」，本作「蠭」，《說文》云：「飛蟲螫人者。」《爾雅》別土蜂、木蜂二種，在地中作房者名土蜂，其形大；在樹上作房者名木蜂，其形差小。又曰：「蜂醜螸」，謂垂其腴，腴即腹下螫毒也。羅願云：「蜂種類至多。土蜂黑色，最大者，螫人至死，能食蜘蛛，《楚辭》謂『玄蜂若壺』，壺形圓大，故蜂似之。密蜂螫人，芒入人肉，不可復出，蜂亦尋死。」陸佃云：「其毒在尾，垂穎如鋒，故謂之蜂。傳曰：『蜂蠆垂芒。』此之謂也。一名萬，其字象形。蓋蜂類眾多，動以萬計，故借為萬億之萬。舊說數人以千，數物以萬，《莊子》所謂『號物之數謂之萬』也。」愚按：《漢書·中山靖王傳》云：「讒言之徒蜂生。」顏師古《注》以為眾多也。此詩比意與彼同。當管叔流言與群叔囂然更進迭和，如蜂起然，而成王不察其奸，故言當時無有人為我逬逐〔註41〕此蜂者。使我自以為是，而終羅於螫毒之苦，即謂之「自求辛螫」可也。辛屬全，金剛味辛，辛痛即泣出，故以為痛苦之義。「肇」，通作「肁」，始也。「允」，信也。俱見《說文》。「桃蟲」，小鳥。《爾雅》云：「桃蟲，鷦，其雌鴱。」按：鷦即鷦鷯也。鷯一作鷃，又名鷦䳠，江東呼布母。陸佃云：「《說苑》曰：『鷦鷯巢於葦苕，繫之以髮。』鳩性拙，鷦性巧。故鷦俗呼巧婦，一名工雀，一名女匠。其彖尖利如錐，取茅秀為巢。巢至精密，以麻紩之，如刺襪然，故又一名襪雀。」楊〔註42〕雄《方言》云：「自關而東謂之工爵，或謂之過贏，或謂之女鷗。自關而東謂之鷦鳩，自關而西謂之桑飛，或謂之襪爵。」「拚」，《說文》云：「拊手也。」鷦鷯巢於深林，以一枝為安。苟以手拊之使飛，則彼固羽族之鳥也。其遠舉別適，何所不至。以比武庚受封於殷，其始帖然臣服，亦可以相信矣。而三叔煽之使動，遂至悍然稱兵，欲反鄙我周邦，不復肯守其侯封之舊耳。又，郭璞謂「鷦䳠，小鳥，而生雕鶚」，陸璣亦謂「鷦鷯微小於黃雀，其雛化而為雕，故俗語鷦鷯生雕」。及觀《焦氏易林》，亦有「桃蟲生雕」之語。毛《傳》解此以為「鳥之始小終大者」，義實本此。若以比武庚，則郝敬所云：「方武王誅紂，宥其

〔註41〕「遂」，四庫本作「逐」，是。
〔註42〕「楊」，四庫本作「揚」。

子，人以為孤雛耳。未幾，挾徐、奄諸國叛。周公東征，三年而後定。此桃蟲之為大鳥也」，理亦可通。然鷦鷯化為雕，目所未見，世多疑之。又經文俱言鳥耳，未嘗言大鳥也，豈謂鷦鷯非鳥，必待變而後為鳥乎？愚故定主前說。「未堪家多難」，解見《訪落》篇。「集」者，棲止之義。「蓼」，《說文》云：「辛菜，薔虞也。」按：《爾雅》：「薔虞，蓼」，即此。郭璞以為澤蓼也。陸佃云：「蓼，生水澤者，莖赤，味辛。」羅願云：「越王苦思報吳，臥則以蓼。《楚辭》曰：『蓼蟲不知徙乎葵菜。』言蓼辛葵甘，蟲各安其故，不知遷也。而魏子曰：『蓼蟲在蓼則生，在芥則死，非蓼仁而芥賊也，本不可失也。』」毛《傳》云：「『集於蓼』，言辛苦也。」季本云：「『多難』，謂管、蔡之亂。『蓼』，以喻武王之喪也。言己方幼沖，不堪國之多難，而又適當大喪之苦，故曰『又集于蓼』也。此以流言疑周公之事自懲，見己德之不及武王，而欲群臣之助也。」陳際泰云：「夫物有大甘也，必有大苦隨之。成王之克成，今主也，則集蓼之故也夫。」張文潛云：「成王懲周公之事，將懲後患，使後之知人，不復如前日之惑。而首之以求助，何也？蓋昔之不知周公之聖，出於無助故也。何以知其然耶？夫成王在廷之臣，聖莫如周公，而賢莫如召公。周公之為師，召公固不說之矣。召公且不說，則在廷之臣豈復有能辨而言之者也？此成王所以懲前日之事出於左右無有助之者，則其懲後患而首之以求助，不亦宜乎！《破斧》刺朝廷之不知，蓋舉朝廷而刺之。舉朝廷之不知，則孰為成王之助哉？」按：《逸周書・嘗麥解》云：「維四年孟春〔註43〕，王初祈禱於宗廟，乃嘗麥於太祖。是月，王命大正正刑書。王若曰：『嗚呼，敬之哉！如木既顛厥巢，其猶有枝葉作休。爾弗敬恤爾執，以屏助予一人，集天之顯，亦爾子孫，其能常優恤乃事。』眾臣咸興，受大正書。」蓋即與此詩同意，疑亦同時作也。

  《小毖》一章，六句。《申培說》、豐氏本篇名俱無「小」字。朱《傳》云：「此亦訪落之意。」《申培說》襲之。今按：二詩命意，各有所主，原不相混。一屬望皇考，一屬望群臣也。特謂其皆一時廟中之作，則可耳。《子貢傳》闕文。

敬之

《敬之》,《訪落》之第三、四章也。群臣進戒成王,王乃答群臣見戒之意。自「群臣」下,俱出歐陽修《毛詩本義》。何以知其為《訪落》之第三、四章也?《訪落》曰「陟降厥家」而此曰「陟降厥士」,《訪落》曰「將予就之」而此曰「日就月將」,蓋相為首尾之辭也。陳氏云:「嗣王於祭之明日,繹祭賓尸,而群臣與焉。既作謀政之詩,以發群臣之志,而作頌者又設群臣進戒之詩以答之,又形容嗣王虛己求言之意,為群臣者當何如哉?」鄧元錫云:「王朝廟,群臣戒王,皆不言而將之以樂,宣其所欲言。其斯為不言之教,不肅之嚴乎?故父子君臣、天人上下、仁孝忠敬之道咸在王周公朝廟間,故樂其深也。」

敬之敬之,支韻。**天維**《左傳》、賈誼《新書》俱作「惟」。**顯思**,支韻。**命不易**音異。**哉!**叶支韻,將其翻。**無**《漢書》、《新書》俱作「毋」。**曰高高在上,陟降厥士,日監在茲。**支〔註44〕韻。〇賦也。此群臣因王之求助而進戒也。「敬」,《說文〔註45〕》云:「肅也。」《禮記注》云:「在貌為恭,在心為敬。」周昌年云:「敬非敬天,乃心存戒慎重,言敬之者無時無事而不敬也。」賈誼云:「志敬而怠,人必乘之。」真德秀云:「重言以求其聽也。」「天維顯思」二句,稱天命以聳動之,正見所以當敬也。「顯」,明也。「思」,朱子云:「語辭也。」「天維顯思」者,顏師古云:「言天甚明察也。」按:《大雅》曰:「皇矣上帝,臨下有赫」,「維顯」之謂也。「命」者,有天下之命也。「不易」者,言保之不易也。杜預云:「奉承其命甚難。」愚按:此亦承上章「多難」而言。《左·僖二十二年》:「邾人以須句故出師。公卑邾,不設備而禦之。臧文仲曰:『國無小,不可易也。《詩》曰:敬之敬之,天惟顯思,命不易哉!先王之明德,猶無不難也,無不懼也,況我小國乎!』」成四年:「公如晉,晉侯見公不敬。季文子曰:『晉侯必不免。《詩》曰:敬之敬之,天惟顯思,命不易哉!夫晉侯之命,在諸侯矣,可不敬乎?』」「無曰」以下,主先王而言也。「無」、「毋」通,禁止辭也。「曰」者,代為成王意中之語也。「高高在上」,指先王也。語意與「文王在上」一例。因首章《訪落》之詩以「乞靈皇考」為言,故特破其所恃,言天甚難諶,命實靡常,王毋謂先王之靈在天,

---

〔註44〕「支」,底本誤作「走」,據四庫本改。
〔註45〕「文」,底本誤作「支」,據四庫本改。

或能陰為王地也。重言「高高」者，兼指文、武之辭也。《周書·召誥》篇曰：「天既遐終大邦殷之命。茲殷多先哲王在天。」又曰：「相古先民有夏，天迪從子保，面稽天若，今時既墜厥命。今相有殷，天迪格保，面稽天若，今時既墜厥命。」即此意也。「陟降」，與《閔予》、《訪落》篇義同。「士」，《說文》、毛《傳》皆云：「事也。」按：事乃士之本訓，其字從一從十，數始於一，終於十，故《說文》引孔子曰：「推十合一為士也。」以其士為人品之稱者，則謂其人足任事，故亦以士名之。或當通作「仕」耳。「監」，《說文》云：「臨下也。」「茲」之言「此」，音之近也。先王之心與天之心一也，其神靈恒上下來往於王之所為，而無日不監視於王之所處。王固欲皇考陟降厥家，而豈知其日所監之家中者實陟降厥事乎？所事善則許之，不善則怒之，先王當無所私也。抑又無小大、無眾寡、無精粗之不體也。夫上天之命既不易保，而先王之監又不少疏，然則王可有一時一事之不敬哉？真德秀云：「當時群臣之學，以格心為主，故其言純粹如此。人主宜深味之。」王應麟云：「《荀子》曰：『天子即位，上卿進曰：能除患則為福。中卿進曰：先事慮事，先患後患。下卿進曰：敬戒無怠。』群臣進戒始以敬，三卿授策終以敬，此心學之原也。伊尹訓太甲曰：『祗厥身。』召、畢告康王曰：『今王敬之哉！』皆以此為告君第一義。」陸化熙云：「周公之戒王曰：『皇自敬德。』召公之誥王曰：『王其疾敬德』；曰：『王敬作所，不可不敬德』；曰：『惟不敬厥德，乃早墜厥命。』即是此詩首章之旨。」○**維予小子**，紙韻。**不聰敬止**。紙韻。**日就月將**，叶陽韻，資良翻。**學有緝熙于**《韓詩外傳》作「於」。**光明**。叶陽韻，謨郎翻。**佛**《韓詩外傳》、《說苑》俱作「弗」。**時仔肩，示**《新書》作「視」。**我顯德行**。叶陽韻，戶郎翻。○賦也。胡一桂云：「自『維予小子』以下則嗣王先自述而後求群臣之助也。」「聰」，《說文》云：「察也。」「不聰」，以質言。鄭玄云：「承之以謙也。」「止」，通作「只」，《說文》云：「語已辭也。」「不聰敬止」，猶顏淵言「回雖不敏，請事斯語」之意，言我雖不聰，而聞群臣之陳戒警切如此，誠不敢以不敬也。然徒敬而不學，則於先王之道茫無入門，雖尸居寂守，何益於治，故仍以將予就之為諸臣望焉。「就」、「將」，解見《訪落》篇。就言日、將言月者，學者工夫無息可間斷，故日必有就教者，第條示其綱領，啟發其關鑰而已，故但須計月也。《韓詩外傳》云：「劍雖利，不礪不斷。材雖美，不學不高。雖有旨酒嘉殽，不嘗不知其旨。雖有善道，不學不達其功。故學然後知不足，教然後知不究。不足故自壞而勉，不究故盡師而熟。

繇此觀之，則教學相長也。《詩》曰：『日就月將。』」又云：「孟嘗君請學於閔
子，使車往迎閔子。閔子曰：『禮有來學，無往教。致師而學不能禮，往教則
不能化君也。君所謂不能學者也，臣所謂不能化者也。』於是孟嘗君曰：『敬
聞命矣。』明日，袪衣請受業。《詩》曰：『日就月將。』」又云：「孔子燕居，
子貢攝齊而前，曰：『弟子事夫子有年矣，才竭而智罷，振於學問，不能復進，
請一休焉。』孔子曰：『闔棺兮乃止播兮，不知其時之易遷兮，此之謂君子所
休也。故學而不已，闔棺乃止。《詩》曰：日就月將。言學者也。』」「緝熙」，
解見《文王》篇。「緝」字從日月推出。「熙」者，光明之謂。成王言我於先王
之道，欲日有所就，必賴爾諸臣之月有所將。誠如是以為學，積漸不已，則於
事事物物之理無不洞徹，而此心之光明者益繼續其光明矣，是之謂「緝熙於
光明」也。「光明」二字，意雖無異，而義當有辨。《晉語》郭偃以光為明之
耀，朱子謂「明者，光之體；光者，明之用」是也。成湯有言曰：「去聖人之
道而獨居以思，猶之去日於庭，就火於室也。」劉向亦曰：「少而好學，如日
出之陽；壯而好學，如日出之光；老而好學，如秉燭之遊。」繇是以觀，有求
光明之志者斷不能捨學矣。錢天錫云：「『緝熙』二字與《文王》不同，乃勉然
工夫從一隙之明而聯緝不已，到那萬理明淨地位。」徐幹云：「學也者，所以
疏神達思，怡情理性，聖人之上務也。民之初載，其曚未知，譬如寶在於玄
室，有所求而不見。白日照焉，則群物斯辨矣。學者，心之白日也。」又云：
「大樂之成，非取乎一音。佳膳之和，非取乎一味。聖人之德，非取乎一道。
故曰：學者，所以總群道也。群道統乎己心，群言一乎己口，惟所用之。述千
載之上若其一時，論殊俗之類若與同室，度幽明之故若見其情，原治亂之故
若見己效。故曰『學有緝熙於光明』。」王符云：「人之情性，未能相百，而其
明智有相萬也。此非其真性之材也，必有假以致之也。君子之性，未必盡照
及學也。聰明無蔽，心智無滯，前紀帝王，顧定百世，此〔註46〕則道之明也，
而君子能假之以自彰爾。夫如是，道之於心也，猶火光於人目也。中阽深室，
幽黑無見。及設盛燭，則百物彰矣。此則火之耀也，非目之光也，而目假之則
為明矣。天地之道，神明之為，不可見也。學問聖典，心思道術，則皆來睹
矣。此則道之材也，非心之明也，而人假之則為己知矣。《詩》曰：『日就月
將，學有緝熙於光明。』是故凡欲揚光烈者，莫良於學矣。」《淮南子》云：

〔註46〕「此」，四庫本誤作「比」。《潛夫論・贊學第一》作「此」。

「知人無務，不若愚而好學。自人君公卿至於庶人，不自彊而功成者，天下未之有也。《詩》云：『日就月將，學有緝熙於光明。』此之謂也。」又云：「生木之長，莫見其益，有時而修。砥礪礛磻，莫見其損，有時而薄。君子修美，雖未有利，福將在後至。故《詩》云：『日就月將，學有緝熙於光明。』此之謂也。」《韓詩外傳》云：「凡學之道，嚴師為難，師嚴然後道尊，道尊然後民知敬學。故大學之禮，雖詔於天子，無北面，尊師尚道也。故不言而信，不怒而威，師之謂也。《詩》曰：『日就月將，學有緝熙於光明。』」「佛時」二句，申言其望助之切也。「佛」，《說文》云：「見不審也。」愚按：此與「髣髴」之「髴」同義，即謙言不聰之意。「時」之言「是」，音之近也。「仔」，《說文》云：「克也。」「肩」，鄭玄云：「任也。」按：人肩能勝重任，故有任之義。「示」者，「天垂象以示人」之「示」。顏師古云：「君子以目視物，以物示人，同作視字。後世作字異，目示物，從示傍見；示人物，作單示字。」「德行」，謂德之見於行者。先王已然之成跡，皆明德所流露，故曰德行也。成王既以月將之助望群臣，而自期於緝熙光明之效矣，又恐不得其所以將之之術，而終無受益之可望也，復申懇之曰：「以我之見理不明若是，而欲克勝天下之重任，其必示我以顯明可見之德行，庶乎啟發有機，日不迷於所事，而天命可保乎。」蓋示之不顯，則恐有似是之訛，而亦非見地未明者所能驟領。此成王之所深慮，非徒承之以謙而已。「佛」、「顯」二字對看。張文潛云：「夫德行固道之顯者也，而成王尚欲使示之以顯德行者，蓋學之始，其道當然也。以其德行之，幽者未足以知之，故曰『示我顯德行』。非獨成王為然，伊尹之告太甲，『明言烈祖之成德』。夫以言為未足而明言之，則亦以太甲始進於學故也。」《韓詩外傳》云：「宋大水，魯人弔之。宋人應之曰：『寡人不仁，齋戒不修，使民不時，天加以災，又遺君憂。拜命之辱。』孔子聞之，曰：『宋國其庶幾乎！昔桀、紂不任其過，其亡也忽焉。成湯、文王知任其過，其興也勃焉。過而改之，是不過也。』宋人聞之，乃夙興夜寐，弔死問疾，戮力宇內。三歲，年豐政平。鄉使宋人不聞孔子之言，則年穀未豐而國家未寧。《詩》曰：『弗時仔肩，示我顯德行。』」一說：佛者，矯戾之意。《曲禮》云「獻鳥者佛其首」；《學記》云「其求之也佛」；揚子《法言》云「荒乎淫，佛乎正」；劉熙《釋名》云「牽引佛戾以制馬」是也。愚按：此當通作「咈」，《說文》云：「違也。」或通作「拂」，《說文》云：「過擊也。」二義相近。嚴粲云：「我負荷天下，其任甚重，爾群臣當有以正救之，無為面從容說，必示我以顯然之德行，使我

有所則效也。」亦通。又,《韓詩外傳》云:「《詩》曰:『示我顯德行。』故道義不易,民不斁也;禮樂不明,民不見也。」此借語立義,非詩本旨。陳際泰云:「吾讀成王之詩,深有味乎其人也,而又思周公之教之深也。抗世子法於伯禽,於茲驗焉。」蔣悌生云:「成王自為謙退之辭,願加不息之功,使學進於光明之地。蓋成王悔悟之後,深服周公之訓,雖曰困知勉行,而學亦漸進於精密矣。」

　　《敬之》二章。章六句。《序》及蔡邕《獨斷》皆云「群臣進戒嗣王之所歌也。」此但據上章為說耳。朱《傳》以為「成王受群臣之戒而述其言」,《申培說》因之。然此詩自是作頌者紀述之辭,亦不得以上章進戒之語謂述自成王也。《子貢傳》闕文。

東山

《東山》,周公伐武庚,既克而歸,勞其從行之士,故作此詩。出《申培說》。○《子貢傳》云:「周公帥師征殷,三年克之,勞其歸士,賦《東山》。」《序》云:「一章言其完也,二章言其思也,三章言其室家之望女也,四章言男女之得及時也。君子之於人,序其情而閔其勞,所以悅也。悅以使民,民忘其死,其惟《東山》乎!」《孔叢子》載孔子曰:「於《東山》見周公之先公而後私也。」所謂「先公後私」者,謂公事既畢,便恤其私耳。郝敬云:「周公避謗,居東二年。成王誅管叔,得《鴟鴞》之詩,感風雷之變,始悔悟,迎公。公歸,大誥天下,奉王東征武庚、伐奄。《孟子》所謂『三年討其君,滅國五十』,即此行也。」

我徂東山,慆慆不歸。朱子云:「無韻,未詳。」我來自東,韻。零《說文》、豐氏本俱作「霝」。後同。雨其濛。東韻。又,豐本叶支韻,謨悲翻。按:據此,則「不歸」之「歸」亦叶支韻,渠為翻。《楚辭章句》作「蒙」。我東曰歸,見上。我心西悲。支韻。制彼裳衣,勿士豐本作「事」。行枚。叶支韻,謨悲翻。蜎蜎者蠋,《說文》、豐本俱作「蜀」。烝在桑野。馬韻。敦彼獨宿,亦在車下。馬韻。○賦也。凡言「我」者,皆設為軍士自道之詞。「徂」,《說文》云:「往也。」李氏云:「周在豐、鎬,三監叛,其地在王室之東。周公自東征之,是自西而東,故謂東征。」嚴粲云:「軍屯必依山為固,故以東山言之。」王應麟云:「今按:商故都在河北,唐杜牧以河北為山

東，秦漢謂山東、山西者皆指太行山，東山即商地。」「慆」，《說文》云：「水
漫漫大貌。」今曰「慆慆」者，借為悠緩之意，言其久也。朱善云：「文、武
深仁厚澤，其浸漬於西土者雖深，而漸濡於殷邦者猶淺。其頑民染於商辛之
舊俗未盡變，其賢士懷於先王之遺澤者未盡泯，一旦改商而為周，其眷眷思
念之意固未遽釋然也。況又益之以管、蔡之流言，在我有釁之可乘乎！故周
公之東征也，袞衣繡裳，舒徐容與於東山之下，諄諄乎友邦之訓誨，懇懇乎
讎民之戒飭，使人心曉然，知逆之不可以犯順，邪之不可以干正，則自然有
以剪其羽翼而披其枝葉，將不必斧鉞干戚之用，而罪人斯得矣。則周公之於
庶殷，非以力勝之也，以德化之也。惟其以德照人也，故軍士之從公而東者，
雖有別離之若而無死亡之患，則周公此舉，可謂仁之至而義之盡矣。「來」，
即歸也。「我來自東」，言從東方而歸來也。「零」，《說文》云：「餘雨也。」
「濛」，《說文》云：「微雨也。」行役最以雨為苦，驟雨猶可立待，微雨若斷
若續，其苦不堪言。「零雨其濛」，形容得羈旅愁慘之象。此四句即景紀事，故
每章皆以之為起語。「我東曰歸」以下四句，又追其將歸之始而言。「曰」字可
味。向未言歸，乃心敵慁，才提起歸之一字，便有無限感愴，故身雖在東而心
已念西而悲，此羈旅之情也。西者，家室所在。萬時華云：「東歸極快活事，
悲卻在此時，可思可思。才說起便悲，『曰』字更有味。少陵詩『喜心翻倒極，
嗚咽淚沾巾』，後山詩『住遠猶相忘，歸近不可忍』，人情類然。」「制」，《說
文》云：「裁也。」「裳衣」，朱子云：「平居之服也。」與素裳、白鳥、韎衣、
韎弁對看。「勿」，鄭玄云：「猶無也。」「士」，《說文》云：「事也。數始於一，
終於十。孔子曰：『推十合一為士。』」愚按：「士」原訓「事」，其稱人為士
者，跡以其能任事，故名之耳。今人多昧此義。「行枚」者，行而用枚，所以
止語軍中之制也。顏師古云：「枚狀如箸，橫銜之，繣挈於項。繣，結礙也。
挈，繞也。」蓋徵事既畢，將歸有期，可釋介胄不用，於是新制裳衣，以為在
途之服，而此行與出師時不同，故亦無事於銜枚而行也。「蜎蜎者蠋」四句，
亦歸途所見，與「零雨其濛」同一時事。蜎，本井中蟲之名。蠋之動亦如之，
故曰蜎蜎。《考工記》：「刺兵欲無蜎。」《注》云：「掉也。」《疏》云：「凡兵
欲堅勁，不欲柔軟，謂若蟲之蜎蜎擾擾然。」蠋，蟲名。《爾雅》云：「蚅，烏
蠋。」《疏》云：「蚅，一名烏蠋。」亦專名蠋，字本作蜀。毛晃云：「蜀本從
蟲，而又加蟲焉，俗也。」郭璞云：「蟲大如指，似蠶。」《韓非子》云：「蟺
似蛇，蠶似蠋。人見蛇則驚駭，見蠋則毛起。然婦人拾蠶而漁者握蟺，故利之

所在，皆為蕡、育。」羅願云：「蜀，葵中蠶也。從蟲，上目，象蜀頭形，中象其身蜎蜎。葵者，菜之甘者也。古人有言：『蓼蟲不知徙乎葵菜。』今蜀食葵之甘，故其體肥大。亦食於藿。庚桑子曰：『奔桑不能化藿蠋。』言大小不同量也。」「烝」，《爾雅》云：「眾也。」按：「烝」本「熱」義，轉訓為「眾」者，人眾則氣熱。羅云：「蠋雖蠶類，而不食桑。《詩》乃稱『烝在桑野』者，葵藿之下亦桑野之地也。蠶致養於人，萬百為族。蜀則獨行，故以比 [註47] 敦然獨宿者。於文獨字從蜀，則蜀當獨處爾。又蜀亦或作鳥名。師曠《禽經》曰：『蜀不獨宿。』不知何物也。蜀不獨宿，故以歎獨宿者。」愚按：羅前說是，後說非也。據《爾雅》云「鸀，山鳥。」又，《南康記》：「石室山有鳥，亦曰鸀。形色鮮潔，自愛毛羽。若隻者，則照水悲鳴。」此或即《禽經》之所謂蜀耳。蠋既禽名，不應以蜎蜎狀之。又蜀有獨義，故《管子》云：「抱蜀不言，而廟堂既修。」學者多不識「抱蜀」之義，以今思之，即抱獨也。「敦」，通作「惇」，《說文》云：「厚也。」厚重不移之貌。「彼」，槩指軍士也。曰「獨宿」者，對離室家而言。「亦在車下」者，王安石云：「古用戰車，則將卒有所蔽倚，止則為營衛，與塹柵無以異。」言彼眾多之蠋皆獨行而散處於桑野，此離家之軍士亦敦然不動而獨宿於車下，與「蜎蜎者蠋」無以異也。殷大白云：「看『亦』字正『匪兕匪虎』之意，以其語出於上人，則為體其情耳。」《序》以此章為「言其完也」。古全師為上，蓋師全而後公喜可知也。○**我徂東山，慆慆不歸。我來自東，零雨其濛。果臝之實**，質韻。**亦施**音異。**于宇。**麌韻。豐本作「㝢」。**伊**《爾雅》作「蚏」。**威在室**，質韻。陸德明云：「或作『堂』，誤。」**蠨**《說文》作「蟰」。**蛸在戶。**麌韻。實、宇，室、戶，隔句二韻。**町**陸本作「圢」。**畽**陸本作「𡖝」，又作「疃」。**鹿場**，陽韻。**熠燿**《說文》作「熠熠」，云：「盛光也。」**宵行。**叶陽韻，戶郎翻。**不可畏**叶微韻，於非翻。亦叶灰韻，烏回翻。**也，伊可懷**叶微韻，胡威翻。亦叶灰韻，胡隈翻。**也。**賦也。「果臝之實」，《爾雅》云：「栝樓也。」郭璞云：「今齊人呼之為天瓜。」邢昺云：「實即子也。葉似瓜，葉形兩兩相值，蔓延，青黑色。六月華，七月實，如瓜瓣。」《本草》云：「一名地樓，一名澤姑。」《圖經》云：「栝樓生山谷，實名黃瓜，根亦名白藥。皮黃肉白，三四月生苗，引藤蔓，葉如甜瓜葉，作叉，有細皮 [註48]。七月開華，似葫蘆

〔註47〕「比」，四庫本誤作「此」。羅願《爾雅翼》卷二十四《釋蟲一‧蜀》原作「比」。
〔註48〕「皮」，四庫本作「毛」。

華，淺黃色。實在華下，大如拳，生青。至九月熟，赤黃色。其實有正圓者，有銳而長者。」「施」，朱子云：「延也。」蔓生延施於宇下也。「伊威」，蟲名。《爾雅》云：「蛜威，委黍。」又云：「蟠，鼠負。」即一物也。陸璣云：「在壁根下甕底土中生，似白魚者是也。」《本草》云：「所謂濕生蟲也，多足，其色如蚓，背有橫文，一名負蟠，多在下濕處及土坎中，常惹著鼠背，故名鼠負。」今誤作「婦」字，或作「蝛」。一云：食之令人善淫術，曰鼠婦、淫婦是也。陸佃云：「一名鼠姑，亦或謂之鼠黏。鼠婦，猶鼠姑也。鼠黏，猶鼠負也。」「蠨蛸」，蟲名。《爾雅》云：「長踦也。」郭璞云：「小蜘蛛長腳者，俗呼為喜子。」亦作「蟢子」。陸佃云：「蕭梢，長踦之貌，因以名云。」陸璣云：「一名長腳，荊州河內人謂之喜母。此蟲來，著人衣，當有親客至，有喜也。幽州人謂之親客，亦如蜘蛛，為網羅居之。」「在戶」，言為網於戶也。「町畽」，程子云：「廬傍畦壟。」《說文》云：「田踐處曰町。」董氏云：「區種法曰：伊尹作為區田，一畝之中，地長十八丈，分十八丈作十五町，町間分十四道，通人行。」楊慎云：「《左傳》：『町原防，井衍沃。』干寶注：『平川廣澤，可井者則井之。原阜堤防，不可井者則町之。』町，小頃也。張平子《西京賦》：『遍町成篁。』注：『町為畎畝。』」「畽」，本作「疃」，《說文》云：「禽獸所踐處也。」楊云：「《莊子》：『舜舉於童土之地。』其《疏》云：『童土，疃也。』」「塲」，本作「場」，《說文》云：「田不耕者。」楊云：「原詩人之意，謂征夫久不歸家，町畽之地踐為鹿場，非為町畽，即鹿場也。」「熠燿」，螢火。孔穎達云：「即夜飛有火蟲也。」《本草》：「螢火，一名夜光，一名熠燿。」曹植《螢火論》云：「熠燿宵行。」《章句》以為鬼火，或謂之燐，未為得也。天陰沉數雨，在於秋日，螢火夜飛之時也，故云「宵行」。陸佃云：「一說螢非熠燿，熠燿行蟲耳。今卑濕處有蟲如蠶蠋，尾後載火，行而有光，俗謂之熠燿。」未詳孰是。朱子因第四章有「熠燿其羽」之句，因解「熠燿」為「明不定貌」，而以「宵行」為「蟲名」。楊慎駁之云：「古人用字，有虛有實。熠燿〔註49〕之為螢火，實也。熠燿為倉庚之羽，虛也。有一明證可以決其疑。《小雅》『交交桑扈，有鶯其領』，與此句法相似此。言桑扈之領如鶯之文，非謂鶯即桑扈也。彼謂倉庚之羽如熠燿之明，非謂熠燿即倉庚也。」上章述初發時事，此章則漸抵家矣，因感念丁夫于役，

〔註49〕「熠燿」，底本倒作「燿熠」，據四庫本改。按：原出楊慎《升菴集》卷四十二《熠燿》，作「熠燿」。

室廬就荒，想像有果裸以下五者，其景象如許焉。「懷」，思也，有繫戀在抱之意。陸燧云：「言家中光景如此，難得便畏而不歸，但出外已久，種種意念排遣不開，轉念之而釋然喜也。」嚴粲云：「室廬將近，則家事纖悉，一一上心，此人之情也。蓋別家之情，於久住之處猶或相忘。至於歸心已動，行而未至，則思家之情最切，故序其在途之情以慰勞之。」○我徂東山，慆慆不歸。我來自東，零雨其濛。鸛《說文》、陸本、豐本俱作「鸛」。鳴于垤，叶質韻，徒吉翻。婦嘆于室。質韻。亦叶眞韻，式吏翻。灑掃穹窒，質韻。我征聿至。眞韻。亦叶質韻，職日翻。有敦瓜苦，烝在栗《韓詩》作「漻」，云：「眾薪也。」豐本同。薪。眞韻。豐本作「新」。自我不見，于今三年。叶眞韻，奴因翻。○賦也。「鸛」，鳥名。陸璣云：「似鴻而大，長頸，赤喙，白身，黑尾翅。一名負釜，一名黑尻，一名背灶，一名皂裙。」《本草注》云：「頭無丹，項無烏帶，身似鶴，不善唳，但以喙相擊而鳴。亦有二種：白鸛、烏鸛。」「垤」，《說文》云：「螘〔註50〕封也。」亦名蟻冢。陸璣云：「蟻，將雨則出而壅土成峰。鸛鳥見之，長鳴而喜。」今蟻取小蟲入穴，輒壞垤窒穴，蓋防其逸，亦以窒雨，《易占》所謂「蟻封其穴，大雨將至」是也。今朔地蟻封，其高大有如冢者，所謂蟻冢，蓋出於此。《禽經》云：「鸛俯鳴則陰，仰鳴則晴。」愚按：鸛，好水之鳥也，亦善群飛。薄霄激雨，雨為之散。舊說皆以「鸛鳴于垤」為將雨之徵，將雨則征夫之至不必如期，故婦嘆於室。然上文明言「零雨其濛」，則非將雨矣。以下文「灑掃穹窒」推之，此鸛之鳴即《禽經》所謂「仰鳴則晴」者也。晴則征夫將至，故「灑掃穹窒」以待之。然則其嘆者何也？以其宜至而猶未至，望之之切，故嘆也。羅願云：「《易》之《中孚》：『九二，鳴鶴在陰』；『上九，翰音登于天。』」說者以為鸛者，別於鶴也。震為鶴，陽鳥也。巽為鸛，陰鳥也。鶴感於陽，故知夜半；鸛感於陰，故知風雨。」「灑掃穹窒」，與上章「伊威蟏蛸」等語相應。「穹窒」，解見《七月》篇。嚴云：「此皆想其婦在家之嘆望，蓋行人念家之情，如白居易詩云『想得家中夜深生，還應說著遠行人』也。」「我」，代軍士自謂也。「征」，行也。「聿」，通作「欥」，《說文》云：「詮辭也。」「敦」、「烝」，解俱同首章。「瓜苦」，瓜之苦者。「栗薪」，栗樹之為薪者。蓋取以製棚架之類。行者至家，因見苦瓜累累，繫於栗薪之上，而曰自我之不見此，亦已三年矣。闊別許久，見故國風物依然如舊，似喜似驚，有無限感慨。況其室家乎！唐詩「始憐幽竹

〔註50〕「螘」，底本作「𡎺」，據四庫本改。《說文解字》亦作「螘」。

—438—

山窗下，不改清陰待我歸」，意與此同。又，苦瓜以況其婦，栗薪枯槁，取以
自況。苦瓜延蔓於栗薪之上，以況夫婦纏綿不解，亦猶蔦蘿施于松柏之意。
朱子云：「《東山》之詩言『自我不見，于今三年』，則居東之非東征明甚。蓋
周公居東二年，成王因風雷之變，既親迎以歸，三叔懷流言之罪，遂脅武庚
以叛，成王命周公征之。其東征往返，首尾又自三年也。」按：《逸周書‧作
雒解》云：「師旅臨衛攻殷，殷大震潰。降辟三叔，祿父者奔，管叔經而卒，
所征熊盈族十有七國，俘維九邑。俘殷獻民，遷於九畢。」《竹書》：「成王三
年，王師滅殷，殺武庚、祿父，遷殷民於衛，遂伐奄，滅蒲姑。四年，王師伐
淮夷，遂入奄。五年，王在奄，遷其君於蒲姑。夏五月，王至自奄。」此則東
征之役，斧斨破缺，蓋歷三年也。自此及下章乃已歸至家而夫婦相見之語。
○我徂東山，慆慆不歸。我來自東，零雨其濛。倉庚于飛，微韻。
熠耀其羽。虞韻。之子于歸，微韻。皇《爾雅》作「騜」。駁其馬。叶
虞韻，滿補翻。按：飛、歸，羽、馬，亦隔句二韻。親豐本作「窺」。結其
褵，支韻。《韓詩外傳》作「縭」。九十其儀。支韻。亦叶歌韻，牛河翻。
其新豐本作「親」。孔嘉，叶歌韻，居何翻。其舊如之何！歌韻。亦叶支
韻，于離翻。○賦也。《序》以此章為「樂男女之及時」。細味，乃追述昔日之
語，非此時方諧婚娶也。「倉庚」，即黃鳥，解見《葛覃》篇。鄭云：「倉庚仲
春而鳴，嫁娶之候也。」「熠」，《說文》云：「盛光也。」「耀」，《說文》云：
「照也。」狀其羽色之鮮明，如可照也。「之子」，即其婦也。「于歸」，謂始嫁
時也。「皇」，《爾雅》作「騜」，云：「黃白曰騜，驪白曰駁。」孫炎云：「騜，
赤色也。」孔穎達云：「黃白謂馬色有黃處，有白處。驪白謂馬色有驪處，有
白處。是子往嫁之時，所乘者皇其馬，駁其馬，言其車服盛也。」「親」，是子
之親，即其母也。「結」，《說文》云：「締也。」「褵」，本作「縭」，有二義。
《說文》云：「以絲介履也。」《爾雅》云：「婦人之褘謂之縭。」縭，緌也。
郭璞以為即今之香纓，邪交絡帶，繫於體，因名為褘。陳祥道云：「纓帶曰衿，
《婚禮》所謂施衿是也。帶結而垂曰縭，《爾雅》所謂縭緌是也。按：《士昏
禮》：『母戒女，施衿結帨，曰：勉之敬之，夙夜無違宮事。庶母申之曰：夙夜
無愆，施諸衿鞶。』考《爾雅》，衿謂之薦。郭璞解薦為衣小帶也。然則衿者，
纓之帶；縭者，衿之緌。先施衿而後結其縭，總是一事。而孫炎、孔穎達泥
《禮》文，逕以結縭為結帨，誤矣。」愚按：《說文》、《爾雅》二義皆可通，
並列之。九者，數之盛。十者，數之終。舉九與十，喻其多也。「儀」，謂昏禮

之儀。《韓詩外傳》云：「嫁女之家，三夜不息燭，思相離也。取婦之家，三日不舉樂，思嗣親也。是故昏禮不賀，人之序也。三月而廟見，稱來婦也。厥明見舅姑，舅姑降於西階，婦升自阼階，授之室也。故禮者，因人情為文。《詩》曰：『九十其儀。』言多儀也。」「嘉」，《說文》云：「美也。」按：昏禮名嘉禮，以陰陽際會謂之嘉。「舊」，對新之稱。鄭云：「其新來時甚善，至今則久矣，不知其如何也。又極序其情，樂而戲之。」一說：上章詠舊有室家者，此章詠新有室家者。理亦可通。但以前章「果臝施宇」、「熠燿宵行」及「有敦瓜苦」等語思之，彼皆夏末秋初所有，而倉庚之鳴正在仲春之月，時不相值，則於飛、結褵其為追述之語無可疑者，故當以鄭《箋》之解為正。朱子云：「古之勞詩皆知此。其上下之際，情志交孚，雖家人父子之相語無以過之，此其所以維持鞏固數十〔註51〕百年而無一旦土崩之患也。」真德秀云：「周公述歸士之辭。士之蘊於其心而不能言者，周公盡發之於言。追想其時，上下交孚，歡欣感激，有不能自已者。後世征戍頻繁，民病於役，則有為詩以刺者。如《陟岵》、《鴇羽》，此以父子不相保而怨也；《葛生》、《采綠》，此以夫婦不相保而怨也；《漸漸之石》、《何草不黃》，此將率戍役以勞苦而怨也。與《采薇》、《東山》之辭大抵略同。然《采薇》、《東山》，上序戍者之情也；《陟岵》諸詩，戍者或其家人自感其情也。得失相去，顧不遠哉！」

《東山》四章，章十二句。《序》以為「周公東征，三年而歸，勞歸士，大夫美之，故作是詩」。按：此詩既為勞歸士而作，自當是周公語。屬之大夫，似未足信。朱子以為「成王既得《鴟鴞》之詩，又感風雷之變，始悟而迎周公。於是周公東征已三年矣。既歸，因作此詩，以勞歸士」。今考東征斷是親迎以後事，朱子亦自知其誤矣。說見《鴟鴞》篇。

破斧

《破斧》，美周公也。出《序》。從軍之士以前篇周公勞己之勤，故言此以答其意。出朱《傳》。○輔廣云：「《東山》之詩，周公能得歸士之心也。《破斧》之詩，歸士能得周公之心也。所謂『上下交而其志同』者也。」章潢云：「《易》曰：『剛中而應，行險而順，以此毒天下而民從之。』破斧之謂也。」《焦氏易林》云：「《鴟鴞》、《破斧》，邦人危殆。賴旦忠德，轉禍為福，

〔註51〕「十」，四庫本作「千」。按：出朱熹《詩集傳》，原作「十」。

傾危復立。」揚子《法言》：「或問：『為政有幾？』曰：『思斁。昔在周公，征於東方，四國是王，其思矣夫。齊桓公欲徑陳，陳不果納，執轅濤塗，其斁矣夫。』」《公羊傳》云：「古者周公東征則西國怨，西征則東國怨。」

既破我斧，又缺我斨。陽韻。**周公東征，四國是皇。**陽韻。《齊詩》、豐氏本俱作「匡」。《法言》作「王」。**哀我人斯，亦孔之將。**叶陽韻，資良翻。○賦也。「破」者，石碎之義。「缺」者，器破之義。皆毀也。「斧」、「斨」，解見《七月》篇。《司馬法》：「輜輦載一斧、一斤、一鑿、一梩、一鋤、二版、二築。」皆軍中樵蘇築壘用之。《易・旅》卦：「得其資斧。」《注》亦謂「斧所以斫除荊棘」是也。斨亦伐木用之，非指兵器。嚴粲云：「周公奉王命以討罪，有徵無戰，四國聞王師之至，即窮蹙自守。周公又遲之三年，不為急攻之計，故未嘗從事於戰陳，惟行師有除道樵蘇之事，斧斨之用為多，歷時之久則必敝。觀《尚書》所載周公化商之事，勤拳懇惻，如父兄之愛其子弟。若以為殺戮之多，至於破斧缺斨，則是與之血戰而僅勝之，亦疲敝甚矣。」愚按：周公雖無急於戰勝攻取之心，然武庚之亂，挾三監，並奄與淮、徐之地，幾半天下，差與漢七國之變無異。周公居東三年始平之，其事勢亦有然者。破斧缺斨，正三年從征內事，蓋亦舉勞苦而極言之也。昔人詩有云：「從軍有苦樂，但問所從誰。所從神且武，焉得久勞師。」若嫌公之一徂輒三齡，為久暴師，頓兵於外，彼未覩〔註52〕乎當日之情形耳。萬尚烈云：「東山之師非周公不可，蓋周公之教化在西土者雖深，在東方者尚淺。商之世德，其斬喪者固甚，其固結者亦存。況武王一崩，公即攝政，而王方幼沖，三叔流言盡可借為搖動之際，孰謂頑民義士遂無夷、齊在乎？萬一山東諸國有仗義而起者，不可謂非周之難。此周公之所哀也。當時勞心焦思，鞠躬盡瘁，不知何如，而安用矩步雅歌之士迂談闊論為耶？」「四國」，金履祥云：「三監，武庚，國內臣民也。」《書傳》云：「武王殺紂，繼公子祿父及管、蔡流言。奄君薄姑謂祿父曰：『武王死，成王幼，周公見疑矣。此百世之時也，請舉事。』然後祿父及三監叛。」愚按：朱子以四國為四方之國，然觀《書・多方》篇曰「告而四國多方」，既於四國之下復言多方，則四國之非泛指四方明矣。毛、孔皆以四國為管、蔡、商、奄，蓋以霍、叔之罪比二叔差輕，故除霍不言，而取奄以足其數。然觀《書・多士》篇曰「昔朕來自奄，予大降爾四國民命」，既於

〔註52〕「覩」，底本作「曙」，文義不通，據四庫本改。

奄之外復言四國，則奄不在四國數內明矣。斷當從金氏解。「皇」，通作「遑」，
《說文》云：「急也。」《尚書》「無皇曰今日耽樂」，《漢書》「謙遜未皇」、「夙
夜不皇康寧」，皆用此皇字。言周公東征，豈得已哉！祇為四國不靜，天下將
危，故皇皇如斯耳。舊說訓「皇」為「正」，然皇無正義。或引《齊詩》，改作
「匡」字，恐非經文之舊，故不敢從。「哀」，猶言憐愛也。「我人」，通言天下
之人。「將」，通作「壯」，字之近也。毛訓為大也，言是舉也非以勤勞我軍士，
實哀憐我天下之人，而欲永措之生全之地。蓋仁者愛人，故惡人之亂之也。
今蟊靖而民生自是無虞，其為德不亦大乎！蘇轍云：「使周公嫌於救其身，潔
身而退，以避二叔之難，則其亂將及於四方，如是而周公亦清矣。然而未免
於小也。維不嫌於自救，哀人之不治，以誅管、蔡，而後可以為大。」朱子
云：「夫管、蔡流言以謗周公，而公以六軍之眾往而征之，使其心一有出於自
私而不在於天下，則撫之雖勤，勞之雖至，而從役之士豈能不怨也哉？今觀
此詩，固足以見周公之心大公至正，天下信其無有一毫自愛之私，抑又以見
當是之時，雖披堅執銳之人亦皆能以周公之心為心，而不自為一身一家之計。」
朱善云：「是詩雖作於軍士，然亦可謂知聖人者矣。」徐光啟云：「周公之心，
歸士能知之。司馬昭之心，路人能知之。故曰『鶴鳴于九皋，聲聞于天。』」
金履祥云：「君臣之際，天下之大戒。昔者成湯伐桀則放之，武王克殷而紂死
矣。武王為天下除殘而已，固不必加兵於其身也。聖人惡惡，止其身而已，固
不必誅絕其子孫也，於是立武庚以存其祀。以常情論之，誅其父而立其子，
安知武庚之不復反乎？慮其反而不立，與立之而不能保其不反，是不得以存
之也。於是分殷之故都，使管叔、蔡叔、霍叔為之監以監之。夫天子使其大夫
為三監，監於方伯之國。國三人，亦殷禮也。況所使為監者，又吾之懿親介弟
也。武庚何得為亂於其國？假使管叔非〔註53〕至不肖，何至挾武庚以叛哉？
聖人於此，亦仁之至，義之盡矣。不幸武王則既喪，成王則尚幼，而天下之政
則周公攝之，是豈其得已也？彼管叔者，國家之謂何，又因以為利，彼固以
為周之天下，或者周公可以取之，己為之兄而不得與也。此管叔不肖之心也，
而況武庚實嗾之，於是唱為流言，以撼周公。既而成王悟，周公歸，而遂挾武
庚以叛。彼武庚者，瞷周室之內難，亦固以為商之天下或者己可以復取之，
三叔之愚可因使也。此武庚至愚之心也，而況三叔實藉之。於是始為浮言，

〔註53〕「非」，底本作「而」，據四庫本改。按：原出金履祥《資治通鑑綱目前編》
　　　　卷七《作大誥東征》，亦作「非」。

以誘三叔。既而三叔與之連，遂挾三監、淮、奄以叛。夫三叔、武庚之叛，同於叛而不同於情。武庚之叛，意在於復商；三叔之叛，意在於得周也。至於奄之叛，意不過助商，而淮夷之叛則外乘應商之聲，內撼周公之子，其意又在於得魯。三叔非武庚不足以動眾，武庚非三叔不足以間周公，淮夷非乘此聲勢又不能以得魯，此所以相挺而起，同歸於亂周也。抑當是時，亂周之禍亦烈矣。武庚挾殷畿之頑民，而三監又各挾其國之眾，東至於奄，南及於淮夷、徐戎，自秦、漢之世言之，所謂山東大抵皆反者也。然《大誥》之書曰『殷小腆』，曰『殷逋播臣於三監』，則略而不詳，何也？蓋不忍言也。不忍言則親親也。其卒誅之，何也？曰：親親尊尊，並行不悖，周道然也。故於家曰親親焉，於國曰君臣焉。象之欲殺舜，止於亂家，故舜得以全之。管叔之欲殺周公，至於亂國，故成王得以誅之，周公不得以全之也。《傳》曰：『管、蔡為戮，周公右王。』《書序》曰：『成王伐管叔、蔡叔。』則管、蔡之誅，是成王之意。使管叔而可以無誅，則天下後世之為王懿親者皆可以亂天下而無死也。可以亂天下而無死，則天下之亂相尋於後世矣，而可乎？故黜殷，天下之公義；誅管、蔡，亦天下之公義也。夫苟天下之公義，聖人不得而私，亦不得而避也。吁！是亦成王、周公之不幸也。」○**既破我斧，又缺我錡。**叶歌韻，於何翻。陸德明云：「或作奇。」**周公東征，四國是吪。**歌韻。《爾雅注》、陸本俱作「訛」。**哀我人斯，亦孔之嘉。**叶歌韻，居何翻。○賦也。錡有二義。《說文》云：「鉏鋙也。」徐鍇云：「鉏鋙，猶犬牙也。立薅所用。」按：《司馬法》「輜載」有「一鉏」，疑即此。又，《說文》云：「江、淮之間謂釜曰錡。」《召南》「維錡及釜」是也。依此，則錡乃軍中所以爨者，亦非兵器。「吪」，《說文》云：「動也。」徐云：「臥既覺，必有聲氣。」《詩》「尚寐無吪」、「或寢或吪」，訓皆同。或引《爾雅注》改作「訛」，云「化也」，恐非經文之舊，亦不敢從。言周公東征，祗為四國倡亂，故寤寐不安耳。「嘉」，鄭玄云：「善也。」嚴云：「言德之甚善也。」○**既破我斧，又缺我銶。**尤韻。**周公東征，四國是遒。**尤韻。董氏云：「集本作『揫』。」豐本同。**哀我人斯，亦孔之休。**尤韻。○賦也。毛云：「木屬曰銶。」《韓詩》云：「鑿屬也。」今按：《說文》無「銶」字，惟木部有「捄」字。捄有二義。一曰櫟實，說者以為有毛散裹之如裘，故從求。一曰鑿首，蓋以木為之，加於鑿之首，即鑿柄是也。用之既久，其木亦茸茸如毛之散裹者然，故名為捄。其說與毛、韓合，即此銶也。《司馬法》「輜載」中亦有「一鑿」，或指為今之獨頭斧，未確。

又按：此詩三言破斧者，蓋以形武庚；分言斨、錡、銶者，亦以形三叔耳。「遒」，《說文》云：「迫也。」「吪」深於「皇」，皇猶晝時情事，吪則夜以繼日矣。「遒」又深於「吪」，吪僅思慮不安，遒則迫而心應矣。或據別本改作「揫」，云是收斂之義，恐非經文之舊，亦不敢從。「休」，毛云：「美也。」按：休字從人依木，所以安也。前言「將」、「嘉」，皆就周公之德言。周公既有此哀我人之德，使天下咸受其生全之芘，故曰「休」。

《破斧》三章，章四句。《子貢傳》闕文。《序》謂「周大夫美周公，以惡四國」。《申培說》謂〔註54〕「周公至自征殷，周人美之」。今按：篇中斧曰「我斧」、斨曰「我斨」，其為從軍之士所作無疑。

泮水

《泮水》，頌伯禽允文允武也。伯禽就封於魯，初作泮宮，遂服淮夷，魯人為之頌。許衡云：「此頌伯禽之詩。蓋伯禽時始有徵淮夷之役。」愚按：經言「既作泮宮，淮夷攸服」，此二事者皆在伯禽之世，所以益斷其為頌伯禽也。何以徵之？《明堂位》云：「米廩，有虞氏之庠也。序，夏后氏之序也。瞽宗，殷學也。頖宮，周學也。凡四代之服器官，魯兼用之，是故魯王禮也。」成王以周公有大勳勞，故使魯得為此，斯則伯禽作泮宮之證也。《史記》云：「伯禽即位之後，有管、蔡等反也。淮夷、徐戎亦並興反。於是伯禽率師伐之於肸。」肸即費也。《書·費誓》序云：「魯侯伯禽宅曲阜，徐夷並興。東郊不開，作《費誓》。」其辭曰：「嗟！人無嘩，聽命，徂茲淮夷，徐戎並興。」言往已〔註55〕中、淮夷之難矣，而今徐戎又蠢動也，斯則伯禽征淮夷之證也。夫《王制》之言諸侯也，曰：「天子命之教，然後為學。」伯禽受命於天子，備四代之學，躬涖泮宮，以修其教，大本端矣。內順治則外威嚴，淮夷、徐戎相次帖伏，固其宜也。淮夷之征，在泮獻功，事在作泮宮之後。《費誓》之作，惟征徐戎事在服淮夷之後。《詩》、《書》相輔，而往跡瞭然。讀史者當以是訂之。

思樂音絡。後同。泮陸德明本作「頖」。水，紙韻。後同。薄采其芹。文韻。亦叶微韻，渠希翻。《白虎通》作「荇」。魯侯戾止，紙韻。後同。言

〔註54〕「謂」，四庫本作「為」。
〔註55〕「已」，四庫本作「巳」。

—444—

觀其旂。微韻。亦叶文韻，巨斤翻。**其旂筏筏**，月韻。亦叶泰韻，蒲蓋翻。又叶墜韻，房廢翻。陸本、《群經音辨》俱作「伐」。朱《傳》及《大全》俱作「筏」。**鸞聲噦噦**。月韻。亦叶霽韻，呼惠翻。又叶泰韻，呼外翻。又叶隊韻，許穢翻。**無小無大**，叶霽韻，徒帝翻。**從公于邁**。叶霽韻，力制翻。○興也。「思樂泮水」者，思我國有泮水之可樂也。「泮水」，孔穎達云：「泮宮之外水也，於文，半水為泮。」據《說文》云：「諸侯鄉射之宮也。西南為水，東北為牆。」徐鍇云：「天子辟廱，水周之；諸侯泮宮，水繞其半。」此會意也。鄭玄則云：「泮之言半也，半水者，蓋東西門以南通水，北無也。」孔申鄭義，云：「辟廱者，築土為堤，以壅水之外，使圓如璧，令四方來觀者均，故謂之辟廱也。辟廱之宮，內有館舍，外無牆院，故得圓觀之也。天子宮形既如璧，則諸侯宮制當異矣。而泮為名，則泮是其制，必疑南有水者，以行禮當南面而觀者宜北面。畜水本以節觀，宜其先節南方，故知南有水而北無也。北無水者，下天子耳，亦當為其限禁，故云『東西門以南通水』，明門北亦有溝塹，但水不通耳。」今按：許、鄭二說規制互異。然《白虎通》有云：「泮宮者，半於天子宮也。半者，象璜也。獨南面禮儀之方，有水。其餘壅之以垣。」與鄭說合。三人占，吾將從二人矣。泮宮，今或稱作黌宮，當是璜宮之誤。半水為泮，字義甚明。或通作「頖」，亦字訛也。乃鄭注《禮記》又謂「頖之言班也，所以班政教也」。因聲附會，殆不足信。至戴埴則直疑泮宮非學名，而引《通典》言「魯郡乃古魯國郡，有泗水縣，泮水出焉，建宮於上，名為泮宮，與楚之渚宮、晉虒祁之宮無以異」，楊慎深然其說。愚考《一統志》，泮水一名雩水，源出曲阜縣縣治西南，西流至兗州府城東，入泗水，即《詩》所云泮水也。雩乃此水本名，以其為泮宮池，又名為泮耳。水因宮得名，而謂宮以水得名乎？戴、楊可謂喜於立異而不顧泮字之所從來者矣。酈道元《水經注》云：「靈光殿之東南即泮宮也，在高門直北道西。宮中有臺，高八十尺。臺南水東西一百步，南北六十步。臺西水南北四百步，東西六十步。臺池咸結石為之，《詩》所謂『思樂泮水』也。」黃氏云：「魯人非樂乎泮水也，樂乎人才所賴以長育成就也。」「薄」者，發語辭。「采」，《說文》云：「將取也。」後放此。「芹」，解見《采菽》篇。陸佃云：「芹取有香。士之於學也，攬其芳臭而至，則采芹之譬也。」愚按：興意在「小大從公」二句。教不擇人。苟有其材，皆可以取而成就之，猶採菜者之不廢夫芹也。後章「采藻」、「采苑」各有取義，而或泥古之入學者有釋菜之禮，以菜為贄，故即水中採三品之水艸以

薦之,今釋奠先聖猶用芹云。如此學詩,亦固斯甚矣。「魯侯」,伯禽也。是時
新就封國,故以爵稱。「戾」,《說文》云:「曲也。身曲戾也。」愚按:此當為
鞠躬之意,狀魯侯謙虛之容也。「止」者,孔云:「至而止住也。」「其旂」,孔
云:「其車所建之旂也。」《周禮》:「交龍曰旂。」解見《庭燎》篇。「茷」,《說
文》云:「艸葉多也。」曰「茷茷」者,取飛揚之貌。「鸞」,車中八鸞鈴也。
解見《蓼蕭》、《采芑》篇。「噦」,《說文》云:「氣牾也。」毛云:「徐行有節
也。」車行則旂建,馬動則鸞鳴。觀其旂茷茷而有容,聽其鸞噦噦而有節,以
之視學,若增而華矣。嚴粲云:「稱其儀物之美者,喜其來至之辭。如所謂聞
車馬之音,見羽旄之美,舉欣欣然有喜色也。」「無」,猶云不論也。「小」,小
子也。「大」,成人者。「從」,《說文》云:「隨行也。」「公」,謂魯侯伯禽。
「邁」,《說文》云:「遠行也。」孔云:「從公往行而至泮宮也。」愚按:行至
泮宮,不足為遠。而云「于邁」者,有踴躍奮迅,不能自止之意。李氏云:
「如漢明帝開辟雍,冠帶縉紳之人圜橋門,而觀聽者蓋億萬計。」○思樂
泮水,薄采其藻。叶巧韻,側絞翻。魯侯戾止,其馬蹻蹻。叶巧韻,
讀如巧,告絞翻。其馬蹻蹻,見上。其音昭昭。蕭韻。亦叶巧韻,讀如
爪,則絞翻。載色載笑,叶蕭韻,思邀翻。匪怒伊《列女傳》作「匪」。
教。叶蕭韻〔註56〕,讀如驕,居襖翻。○興也。「藻」,水草之有文者。其字
下施澡,言自潔如澡也。詳見《采蘋》篇。興意取受教之義。人受教則能灑濯
自新而有文采也。「蹻」,《說文》云:「舉足行高也。」「其馬蹻蹻」,見魯侯急
於臨泮水而施教也。「音」,謂泮學時講藝論道之音。「其音昭昭」者,嚴云:
「其聲音昭昭然明亮也。」「載」之言「則」也。「色」者,顏之和。「笑」者,
聲之和。《論語》所謂「即之也溫」,《洪範》所謂「而康而色」也。「匪」,通
作「非」。「怒」,《說文》云:「恚也。」「伊」,語辭。後放此。「教」,《說文》
云:「上所施,下所效也。」「載色載笑」,則未嘗有所怒也,唯教之而已。契
之敷教在寬,夫子之循循善誘,魯侯以之。又,《韓詩外傳》云:「孔子曰:『不
戒責成,害也。慢令致期,暴也。不教而誅,賊也。君子為政,避此三者。』」
又:「子貢曰:『賜聞之,託法而治謂之暴,不戒致期謂之虐,不教而誅謂之
賊,以身勝人謂之責。責者失身,賊者失臣,虐者失政,暴者失民。居上位行
此四者而不亡者,未之有也。』」皆引《詩》曰「載色載笑,匪怒伊教」。又
云:「當舜之時,有苗不服。其不服者,衡山在南,岐山在北,左洞庭之陂,

〔註56〕「韻」,底本誤作「讀」,據四庫本改。

右彭澤之水，緣此〔註57〕險也。以其不服，禹請伐之。而舜不許，曰：『吾喻教猶未竭也。』久喻教，而有苗民請服。天下聞之，皆薄禹之義而美舜之德。《詩》曰：『載色載笑，匪怒伊教。』舜之謂也。」此皆借詩立論，無關本旨。

○**思樂泮水，薄**《說文》作「言」。**采其茆。**有韻。羅願云：「杜子春讀為卯。《說文》作力久切。以《泮宮》詩讀之，《說文》音為叶。」**魯侯戾止，在泮飲酒。**有韻。**既飲旨酒，**見上。**永錫難老。**叶有韻，朗口翻。**順彼長道，**叶有韻，他口翻。**屈**《爾雅》作「淈」。**此群醜。**有韻。○興也。李氏云：「一章言至泮水，二章言教人，三章言與賢者飲酒也。」「茆」，毛《傳》、《說文》皆云：「鳧葵也」。干寶云：「今之鳬蹄艸，江東有之。」何承天云：「此菜出東海，堪為菹醬也。」鄭小同云：「江南人名之蓴菜，生陂澤中。或名水葵。一曰今之浮菜，即豬蓴也。」陸璣云：「茆與荇菜相似，菜大如手，赤圓。有肥者，著手中，滑不能停。莖大如匕柄，葉可以生食，又可鬻，滑美。」羅云：「蓴小於荇。陸所說蓴，則大於荇。今蓴菜自三月至八月，莖細如釵股，黃赤色，短長隨水深淺，名為絲蓴。九月十月漸麤硬，十一月萌在泥中，麤短，名瑰蓴，味苦體澀，取以為羹，猶勝雜菜，宜雜鮒鯉為羹，又宜老人。今吳人嗜蓴菜鱸魚，蓋魚之美者復因水菜以芼之，兩物相宜，獨為珍味。然茆既為蓴，後鄭及許叔重皆云鳧葵，而《蜀本圖經》稱蓴葉似鳧葵。《本草》有蓴又有鳧葵者，蓋《本草》以荇為鳧葵也。」《齊民要術》云：「蓴性易生，種以深淺為候，水深則莖肥而葉小，水淺則葉多而莖瘦，亦逐水而性滑，故謂之淳菜。」《周禮·醢人》有苑菹、鹿臡，以為朝事之豆。陸佃云：「茆取有味。知道之味，又嗜而學焉，則採茆之譬也。」愚按：茆既有味而為羹，又獨宜於老人。魯侯在泮養老，故興意取此。古者視學必養老。《文王世子》云：「天子視學，眾至然後天子至，乃命有司行事，興秩節，祭先聖先師焉。有司卒事反命。始之養也，適東序，釋奠於先老，遂設三老、五更、群老之席位焉。適饌省體，養老之珍具，遂發詠焉。退修之，以孝養也。反，登歌《清廟》。既歌而語，以成之也。言父子、君臣、長幼之道合德音之致，禮之大者也。樂闋，王乃命公、侯、伯、子、男及群吏曰：『反養老幼於東序，終之以仁也。』」《樂記》云：「食三老、五更於太學，天子袒而割牲，執醬而饋，執爵而酳，冕而總幹，所以教諸侯之弟也。」《王制》云：「五十養於鄉，六十養於國，七十養於學，達於諸侯。」愚按：天子視學之禮如是，而其禮達於諸

侯，又有養老東序之命，此魯侯之所以在泮飲酒者，亦為養老而飲也。黃子道周云：「養老之禮廢，則子弟易其父兄，庶姓慢其長上，驕奢薦出而叛亂滋起，章服不足以勸，刑戮不足以威，而天下乃亂矣。有王者作，必重養老之令。養老必自七十而上，不服官政。春秋吉日，畢在庠序。王者而下，親為饋醩。鄉里貴人，不先耆老。行之信久，而後勸威可效也。」鄭云：「在泮飲酒者，徵先生君子與之行飲酒之禮，而因以謀事也。」孔云：「《王制》云：『天子將出征，受成於學。』《注》謂定兵謀也。天子之禮如是，則知諸侯亦然。」下章言「淮夷攸服」，明當於是謀之也。「既」者，已事之辭。「旨」，《說文》云：「美也。」「永」，長也。「錫」，通作「賜」，予也。曰「難老」者，孔云：「言其身力康強，難使之老。」鄭云：「己飲美酒，而長賜其難使老。難使老者，最壽考也。」愚按：此魯侯養老而致其祝願之意也。孔云：「『順』者，隨從之義。『長道』，謂道之可久者，即泮宮中所修明之禮教是也。」「屈」，《韓詩》、毛《傳》皆云：「收也。」按：屈者，無毛之義，故為收斂之貌。「群」，《說文》云：「輩也。」徐鍇云：「羊性好群，故從羊。」「丑」，《說文》云：「可惡也。」「群醜」，謂成群之小丑，指淮夷也。順從彼先生君子所訓之長道，則可以收伏群醜，不使其有竊發之患也。孔云：「將伐淮夷，於泮宮謀之，未是兵已行也。下云『淮夷攸服』，乃是伐而服之。」○**穆穆魯侯，敬明其德。**職韻。**敬慎威儀，維民之則。**職韻。**允文允武，**襃韻。**昭假**音格。**烈祖。**襃韻。**靡有不孝，自求伊祜。**襃韻。○賦也。「穆」，通作「㣎」，《說文》云：「細文也。」此主威儀言。蓋文章之見於外者。上章言戾止、泮宮、色笑、飲酒，皆所謂「穆穆」也。「明」者，光輝發越之謂。敬以明其德於外。德不可見，第見其所為敬者，惟致其恪慎於威儀之間。此皆其德體之所流露，有威則人望而畏之，有儀則人仿而象之，故能為維民之所法則也。泮宮之設，禮讓相先，明君臣父子長幼之道，此威儀之大者也。「允」，信也。「文」，文德。「武」，武功。「允文」結上在泮之事，「允武」起下征夷之事。「昭」，明也。「假」，通作「徦」，《說文》云：「至也。」「烈祖」，有功烈之祖，謂文王也。「祜」，福也。伯禽既信有文德矣，又信有武功，其精神所仰對，明明至於烈祖文王之前，而於文、武二事無有一之不能繼述者，孝孰加焉！伯禽之孝如此，故福祿自來歸之，以內則順治，以外則格心，是之謂「自求伊祜」也。《韓詩外傳》云：「魏文侯問狐卷子曰：『父賢足恃乎？』對曰：『不足。』『子賢足恃乎？』對曰：『不足。』『兄賢足恃乎？』對曰：『不足。』『弟

賢足恃乎?』對曰:『不足。』『臣賢足恃乎?』對曰:『不足。』文侯勃然作色而怒,曰:『寡人問此五者於子,一一以為不足者,何也?』對曰:『父賢不過堯,而丹朱放子。賢不過舜,而瞽瞍頑。兄賢不過舜,而象傲。弟賢不過周公,而管叔誅。臣賢不過湯、武,而桀、紂伐。望人者不至,恃人者不久。君欲治,從身始,人何可恃乎?《詩》曰:自求伊祜。』」○**明明魯侯,克明其德。**職韻。**既作泮宮,淮夷攸服。**叶職韻,鼻墨翻。**矯矯**陸德明本作「蹻蹻」,又云:「亦作『蹻蹻』。」**虎臣,在泮**《禮記注》作「頖」。**獻馘。**叶職韻,古或翻。**淑問如皋陶,**叶尤韻,夷周翻。**在泮獻囚。**尤韻。○賦也。季本云:「『明明』,即『穆穆』之著見也。」「克」,能也。「明其德」,解見上章。有威可畏,有儀可象,則信能著見其德於外,而使人共見之矣,所謂「抑抑威儀,維德之隅」也。凡《詩》、《書》言明德者,皆就發見上說。舊解多謂自明其德於內,未得其意。創起曰作。《王制》云:「天子曰辟雍,諸侯曰頖宮。」《周官注》載古逸詩云:「有昭辟廱,有賢泮宮。田里周行,濟濟鏘鏘。相從執質,有族以文。」辟雍、泮宮,皆所謂太學也,特因天子諸侯而其名異耳。《王制》又云:「諸侯,天子命之教,然後為學。小學在公宮南之左,太學在郊。」《禮器》云:「魯人將有事於上帝,必先有事於頖宮。」按:頖宮,魯之太學也。魯太學在郊,故將有事上帝則於此有事焉。孔云:「泮宮、泮水,正是一物。《詩》言采芹藻之菜,則云泮水;說行禮謀獻之事,則云泮宮。魯有四代之學,此詩主頌泮宮者,先代之學尊,魯侯得立之,示存古法而已。其行禮之飲酒養老,兵事之受成告克,當於周世之學,在泮宮也。」「淮夷」,居淮水之上,在《禹貢》徐州之界,最近於魯,每為魯患。《世本》云:「嬴姓。」「攸」者,語辭。受事於我曰服。「攸服」者,非謂淮夷遂已來服,謂此時泮宮已作,則受成有地,獻功有地,因而往稱兵於彼以服之耳。「矯」,通作「撟」,《說文》云:「舉手也。」下文言「獻馘」,知所獻之馘不一,皆當舉手以獻之,故曰撟撟。臣之有勇力如虎者曰虎臣。萬尚烈謂「虎臣與皋陶對看,言臣之如召穆公虎者,以昔召虎平淮,故云然」。其說亦新巧,然《常武》篇有「進厥虎臣」之語,又何以稱焉?孔云:「泮宮之名既定,亦可單名為泮。此經四言在泮及泮林,皆謂泮宮也。」「獻」,進也。凡進物,下之於上皆曰獻。「馘」,解見《皇矣》篇。「淑」,通作「俶」,《說文》云:「善也。」「問」,《說文》云:「訊也。」「皋陶」,虞臣。《書·舜典》篇云:「帝曰:『皋陶,蠻夷猾夏,寇賊奸宄,汝作士。五刑有服,五服三就。五流有宅,五宅三

居。惟明克允。』」此皋陶之「淑問」也。「囚」，朱子云：「所虜獲者。」孔云：「《王制》云：『出征執有罪，反，釋奠於學，以訊馘告。』《注》謂『釋菜奠幣，禮先師』。以告克，故既伐淮夷，而反在泮宮也。所馘者，是不服之人，須武臣之力，當殺其人而取其耳，故使武臣如虎者獻之。所囚者，服罪之人，察獄之吏當受其辭而斷其罪，故使善聽獄如皋陶者獻之。」司馬光云：「受成獻馘，莫不在學。所以然者，欲其先禮儀而後勇力也。君子有勇而無義，為亂。小人有勇而無義，為盜。若專訓之以勇力而不使之知禮義，奚所不為矣？」陳祥道云：「諸侯視學之禮，蓋有同於天子。《詩》曰：『魯侯戾止，在泮飲酒。既飲旨酒，永錫難老。』此養老也。『在泮獻馘』，此以訊馘告也。」○**濟濟多士，克廣德心。**侵韻。**桓桓于征，**狄豐氏本作「逖」。**彼東南。**叶侵韻，乃林翻。**烝烝皇皇，**陽韻。**不吳**陸云：「一作『吳』。」**不揚。**陽韻。**不告于訩，**叶東韻，讀如烘，呼公翻。**在泮獻功。**東韻。○賦也。上章言獻馘、獻囚，則已征淮夷而告克矣。此章則美將士之獻功有禮也。「濟」，通作「齊」。重言「濟濟」者，整齊如一之意。「多士」，以行間之將帥言。上章「獻馘」之「虎臣」亦在其內。下章「徒御」，方指士卒。殿之大屋曰廣，故為閎大之義。德藏於心，故曰德心。此止照「不吳不揚」二句而言。孔云：「謂心德寬弘，並無褊躁。」李氏云：「夫人心可謂廣矣，以其無所不至，無所不有也。為血氣所使，一有毫釐之利，則忿而爭，其心於是乎隘。惟其寬厚，未嘗褊躁，此其心所以廣也。」「桓桓」三句，追言其深入建功之事。「桓桓」，《爾雅》云：「武也。」解見《桓》篇。「于」，往也。《孟子》云：「征之為言正也。」「狄」，通作「逖」，《說文》云：「遠也。」「東南」，鄭云：「斥〔註58〕淮夷。」孔云：「淮夷之國在魯之東南。『狄彼東南』者，言所征之國遠在彼東南也。」「烝」，《說文》云：「火氣上行也。」「皇」，通作「煌」，煌然有光革也。「烝烝皇皇」，以成功言，言其功烈熾盛又明著也。「吳」，《說文》云：「大言也。」解見《絲衣》篇。「揚」，《說文》云：「飛舉也。」嚴云：「爭其功者，戰士之常也。僥僥〔註59〕一勝、萬死一生之間，惟圖厚賞而已，則其爭功無所不至。」「告」，通作「誥」，相曉語之謂。「訩」，陸元朗云：「訟也。」嚴云：「眾語也。」解見《節南山》篇。按：《說文》無「訩」字，或偶遺耳。言多士克敵而後，雖各有大功可稱，而皆能恬以居之，不喧嘩，不矜躁，從不聞有以彼此

〔註58〕「斥」，底本誤作「斤」，據四庫本、鄭《箋》改。
〔註59〕「僥僥」，四庫本作「僥倖」。

相爭競之語。為魯侯告者，第見其濟濟然皆於泮宮而自獻其功焉，非其從公於邁，受教有素，於以涵養氣質，薰陶德性，安能有此？學之不可以已也如是夫。蔡汝楠云：「古人勞農訊獄，獻馘飲至，皆於學宮，示學政之出於一也。」○角弓其觩，尤韻。束矢其搜。尤韻。《說文》、豐本俱作「捜」。戎車孔博，藥韻。徒御無斁。陌韻。亦叶藥韻，弋灼翻。陸本作「繹」，又作「射」，又作「懌」。既克淮夷，孔淑不逆。陌韻。亦叶藥韻，逆約翻。式固爾猶，淮夷卒獲。陌韻。亦叶藥韻，黃郭翻。○賦也。「角弓」四句，言班師之事。弓飾以角曰角弓。解見《小雅·角弓》篇。「觩」，本作「觓」，《說文》云：「角貌。」毛《傳》以為「弛貌」，與《絲衣》篇「兕觥其觩」同意。蓋師凱旋在道，弓弛而反，徒見其觩然上曲而已。「束矢」，毛萇謂「五十矢為束」，鄭玄謂「百矢為束」，均無正文。毛主五十矢者，蓋本其師荀卿，云「魏氏武卒衣三屬之甲，操十二石之弩，負矢五十個」，是一弩用五十矢，然此特配弩之矢耳。鄭主百個者，則以《尚書》及《左傳》所言賜諸侯以弓矢者，皆云「彤弓一，彤矢百」，是束矢當百個，然《左傳》下文又曰「盧弓矢千」，則百個一束之說亦未為定也。「搜」，《說文》同。毛《傳》以為「眾意也」。又以為求也，蓋遍求而聚之一處，所謂「無亡矢遺旋之費」也。「戎車」，兵車也。「孔」，甚也。「博」，《說文》云：「大通也。」謂道途之上，馳驅自如，無所阻也。「徒」，徒行者。「御」，御車者。「斁」，《說文》云：「解也。」厭倦之意。戰勝而歸，士氣百倍，故其徒御在途，皆勤於所事，無厭倦也。「克」，勝也。「淑」，通作「俶」，善也。「逆」，通作「屰」，《說文》云：「不順也。」王肅云：「言弓弛而不張，矢眾而不用。兵車甚博大，徒行御車，無厭其事者。已克淮夷，淮夷甚化於善，不逆道也。」孔云：「不復為逆亂也。」「式固爾猶」，推原昔日之辭，與下文「卒」字對看。「式」，發語聲。「固」者，固守之義。「猶」，謀獲得也。固守爾之所謀，即第三章所謂「順彼長道」者。季氏謂「敷教泮宮，使人知義」，是也。「卒」，通作「猝」，終也。「獲」，得也。惟伯禽能固其謀，故能終致淮夷為我所得也，至是而所謂屈群醜者，非虛語矣。陳暘云：「隆禮樂之教於西雝，而自西自東，自南自北，無思不服者，近者悅之，遠者懷之，大學之道也。隆禮樂之教於泮水，不過屈此群醜，淮夷攸服而已。以道有遠近，德有大小故也。」○翩彼飛鴞，集于泮林。侵韻。食我桑黮，《說文》、《字林》皆作「葚」。豐本作「椹」。懷我好音。侵韻。憬《說文》作「懭」。《韓詩》作「獷」。彼淮夷，來獻其琛。侵韻。元龜象齒，大賂南金。

侵韻。○興而比也。此章言淮夷歸化也。上章曰「既克淮夷」，猶以兵服之，至此則聞風興起，已囿於大化之中矣。「翩」，《說文》云：「疾飛也。」「鴞」，解見《墓門》、《鴟鴞》篇。「集」，本作「雧」，《說文》云：「群鳥在木上也。」「泮林」，泮宮外水畔之林也。「桑」，解見《氓》篇。「黮」，《說文》云：「桑葚之黑也。」舊說皆混黮作葚，非是。葚有白黑二種，以黑者為美。又，王盤《桑書》云：「桑種甚多，世所名者，荊與魯也。荊桑多葚，魯桑少葚。」然則泮林之有桑黮，亦可貴之物矣。「懷」，鄭云：「歸也。」按：懷有依就懷抱之義，故訓懷為歸。鴞本惡聲之鳥，今改其鳴而歸我以美善之聲也。《世說》：「張天錫為孝武所器。頗有嫉己者，於坐問張：『北方何物可貴？』張曰：『桑葚甘香，鴟鴞革響，淳酪養性，人無嫉心。』」尹焞云：「『周原膴膴，堇荼如飴。』美土可以變惡味。『食我桑黮，懷我好音。美味可以變惡聲。』」季云：「鴞集泮林，食桑黮而懷好音，可見講學之功格乎禽鳥矣。矧淮夷雖逆，亦人類也，其不悔悟而貢獻其所有耶？」「憬」，《說文》云：「覺悟也。」舍人云：「美寶曰琛。」淮夷心慕泮宮之化，而自悟其昔日作梗之非，於是來獻其國所有之琛寶，以自明其悔罪輸誠之意。上章所言「孔淑不逆」，於此見之矣。「元龜」，孔云：「龜之大者。」《漢書》云：「龜不盈尺，不得為寶。」按：《書·大禹謨》篇「昆命於元龜」，《禹貢》篇「九江納錫大龜」，即此龜也。毛云：「元龜尺二寸。」「象」，南方獸之大者。《禹貢》荊、揚二州皆有之。陸佃云：「其牙生花，必因雷聲，故古者以為器飾。《左傳》曰：『象有齒以焚其身，賄也。』」羅願云：「其齒歲〔註60〕脫，猶愛惜之，或削木為偽齒，潛往易之，覺則不藏故處。」「賂」，《說文》云：「遺也。」徐鍇云：「以財與人也。」曰「大賂」者，鄭云：「猶廣賂也。」按：《左·襄二十五年》：「晉帥諸侯伐齊，齊人賂晉侯，自六正、五吏、三十帥及處守者皆有賂。」此所謂大賂也。「南金」，南方之金。《禹貢》荊、揚之州，「厥貢惟金三品」，王肅以為金、銀、銅，鄭以為銅三色，蓋青、白、赤也。鄭所以異於王者，以《禹貢》梁州有「厥貢鏐銀」之文。據《爾雅》，鏐乃黃金之美者，而白金謂之銀。夫黃金銀既以鏐銀為名，則知金三品者其中不得有金銀，此說較王為允。孔云：「《左·僖十八年》：『鄭伯始朝於楚，楚子賜之金，既而悔之，與之盟，曰：無以鑄兵。故以鑄三鍾。』《考工記》：『六分其金而錫居一，謂之鍾鼎之齊。』是謂銅為金也。」《禹貢》於徐州紀淮夷土產，惟蠙珠暨魚。至如象齒與金，乃荊、

〔註60〕「歲」，四庫本作「雖」。羅願《爾雅翼》卷十八《釋獸一·象》作「歲」。

揚所有，而元龜則獨荊有之。茲附言於獻琛之後者，據《閟宮》篇詠魯侯之功曰「淮夷來同，及彼南夷，莫不率從」，然則此數物皆南夷所貢，乃繼獻琛而來者，明泮宮之化所及之遠也。舊說謂淮夷旁求以為獻賂，蓋以非其土產為貴。金仁山則謂「周無徐州，故淮夷為荊州之界」，蘇轍則謂「荊、揚之貨，其至於齊魯也，自淮而上」，皆附會不可從。項安世云：「古之為泮宮者，其條理不見於經，而有《詩》在焉。予嘗反覆而推之，其首三章則言其群臣之相與樂此而已。自四章以下始盡得其學法，自敬其德而至於明其德，明其德而至於廣其心，廣其心而至於固其道終焉，此則學之本也。自威儀孝悌之自修而達於師旅獄訟之講習，自師旅獄訟之講習而極於車馬器械之精能，此則學之事也。自烈祖之鑒其誠而至於多士之化其德，自多士之化其德而至於遠夷之服其道，此則學之功也。」

《泮水》八章，章八句。《序》以為「僖公能修泮宮也」。今按：經明言「作泮宮」，而《序》獨以為「修」，何歟？即如《序》云「修泮宮」矣，戴氏謂：「《春秋》二百四十二年所書，莫大於復古。僖公登臺望氣，小事也，《左氏》猶詳書。學較〔註61〕久廢而乍復，蓋闢吾道之盛衰，何經傳略不一書也？」楊慎云：「近世曲為說者曰：『《春秋》，經也。《魯頌》，亦經也。《魯頌》既載，《春秋》可略。』此說又滯矣。高克一事，《詩》詠《清人》，《春秋》書『鄭棄共師』。他如瀘〔註62〕漕、城楚丘、《木瓜》、《碩人》、《無衣》，《詩》與《春秋》互見，不厭其復，安有《詩》載而《春秋》可略乎？或又曰：『事亦有特載而不見於經傳者，季氏伐顓臾之類也。』曰：顓臾之事將然而未舉也，故《論語》載之而經傳略焉；泮宮已成之跡，《春秋》豈容不書哉？」乃蘇轍則謂：「泮宮，魯之學也。自魯先君而有之矣，僖公因其舊而修之，是以不見於《春秋》。」種種諸說，無非為《序》迴護。然經之所言，不特「戾止泮宮」而已，又有服淮夷一事，夫僖公則何嘗服淮夷也？考僖公十三年，嘗從齊桓會於咸，為淮夷之病杞。繼而十六年，又從齊桓會於桓〔註63〕，為淮夷之病鄫。然且因此而見止於齊矣，黃震所謂其可羞之甚者也。魯人不以其從齊為諱，而妄以本無有之事為誇，何與？朱子初以為「燕飲落成之詩」，則

〔註61〕「較」，戴埴《鼠璞》卷上《泮宮》作「校」。

〔註62〕按：所引出楊慎《升菴集》卷四十二《魯頌泮宮》、《丹鉛續錄》卷一《魯頌泮宮》，「瀘」作「盧」。

〔註63〕「桓」，四庫本作「淮」。按：《春秋·僖十六年》：「冬十有二月，公會齊侯、宋公、陳侯、衛侯、鄭伯、許男、邢侯、曹伯於淮。」作「淮」是。

直以僖公為作泮宮者。乃求服淮夷之說而不得，則以為「飲於泮宮而頌禱之詞」。諸如獻馘、獻囚、獻功、獻琛，皆群臣祝願之語，不必其有是事也。幻想所成，鋪張滿楮，無乃說夢。《申培說》襲之，直謂「僖公作泮宮而落其成，太史克頌禱之詞」，且云「前三章皆賦其事以起興也」，蓋全抄朱《傳》之語。而彼乃偽稱漢代之書，則反似朱子竊抄於彼者，有是理否？亦偽書之至庸妄者矣。《子貢傳》有「僖公獻捷於太廟，史克賦《泮水》之語」，而「史克」下闕二字，蓋泥篇中有「昭假烈祖」一語，然而泮宮可謂太廟乎？鄒忠胤祖戴仲培、楊用修之說，疑「泮宮乃泮水上之宮，非學宮也」。然魯之太廟在泮水上，有所載乎？又引蔡邕《月令論》，謂「明堂者，天子太廟，朝諸侯、選造士於其中，生者乘其能而至，死者論其功而祭，故為大教之宮而四學具焉。取其堂則曰明堂，取其正室之貌則曰太廟，取其宗祀之清則曰清廟，取其尊崇則曰太室，取其四門之學則曰太學，取其四面周水圓如璧則曰辟雍，故曰異名而同事」。蓋欲以此附會諸侯泮宮亦即太廟。然蔡之說實為不根，先儒駁之，詳具載《清廟》小引下，是豈足為定證乎？

常棣

《常棣》，周公作也。管、蔡失道，周公於合宗族之時作此詩以閔之。《序》云：「燕兄弟也。閔管、蔡之失道，故作《常棣》焉。」按：《左傳》：「周襄王以狄伐，鄭富辰諫曰：『不可。昔周公弔二叔之不咸，故封建親戚，以藩屏周。召穆公思周德之不類，故糾合宗族於成周而作詩曰：常棣之華，鄂不韡韡。凡今之人，莫如兄弟。其四章曰：兄弟鬩于牆，外禦其侮。如是，則兄弟雖有小忿，不廢懿親。周之有懿德也，猶曰莫如兄弟，故封建之。其懷柔天下也，猶懼有外侮。捍禦侮者，莫如親親，故以親屏周。召穆公亦云。今周德既衰，於是乎又渝周、召，以從諸奸，無乃不可乎？』」《國語》記此事，其文微異，並載於此：「王將以狄伐，鄭富辰諫曰：『不可。人有言曰：兄弟讒鬩，侮人百里。周文公之詩曰：兄弟鬩于牆，外禦其侮。若是，則鬩乃內侮，而雖侮不敗親也。』」參詳《左》、《國》所引，既云「周之有懿德也，曰莫如兄弟，猶懼有外侮」，又以鬩牆禦侮為周文公之詩，則此詩為周公所作明甚。毛《傳》泥於《左傳》有「召穆公糾合宗族於成周而作詩」之說，遂謂「周公弔二叔之不咸，而使兄弟之恩疏，召公為作此詩而歌之以親之」。及《史記》、譙周，皆以召公為周公之庶兄。韋昭云：「穆公，召康公之後穆公虎也，去周

公歷九王矣。周公作《唐棣》之篇，以閔管、蔡而親兄弟，其後周室既衰，屬王無道，骨肉恩闕，親親禮廢，宴兄弟之樂絕，故召穆公思周德之不類，而合其宗族於成周，復修作《常棣》之歌以親之。」鄭、唐二君以為穆公所作，失之矣。唯賈君得之。

常《左傳》、《路史》、《子貢傳》俱作「棠」。**棣**成廟諱。《藝文類聚》「常棣」作「夫移」。**之華**，豐氏本作「꿏」。**鄂**《說文》、《藝文》、《謝靈運集》、《路史》俱作「萼」。豐本作「蕳」。**不**豐本作「柎」。**韡韡**。叶紙韻，讀如鮪，羽軌翻。《說文》、豐本俱作「轉轉」。《藝文》、《路史》俱作「煒煒」。**凡今之人，莫如兄弟**。叶紙韻，蕩以翻。○興也。常棣與唐棣異木。《爾雅》云：「唐棣，移。常棣，棣。」按此則惟常棣得以棣名。戴侗謂「常棣、唐棣、棠棣特一物，以棠、唐、常聲相邇，故通用」，非也。郭璞云：「今關西有棣樹，子如櫻桃可食。」陸璣引許慎云：「白棣樹也，如李而小，子如櫻桃，正白，今官園種之。又有赤棣樹，亦如白棣，葉如刺榆葉而微圓，子正赤，如郁李而小，五月始熟。自關西、天水、隴西多有之。」戴侗云：「棣實小，木叢生，高不過五六尺，其種不一，其華或紅或白，或單或重出。紅而重出者，園圃多植之，亦名錦帶。白而單出者，結實如小李，與李同時熟。」程子云：「今玉李也，華鄂相承甚力。」陸化熙云：「江南呼為麥李，一跗輒生二萼，兩兩相麗，如垂絲海棠一般。」陸佃云：「移從移，棣從隶。唐棣之華，反而後合。常棣華鄂，上承下覆，甚相親爾。從隶，言華萼相承，輝榮相隶也。隶，仁也。移，義也。兄弟尚親，親仁也，故《常棣》以燕兄弟。」宋祁云：「世人多誤以常棣為唐棣，於兄弟用之。唐棣，移也，移開而反合者也，此兩物不相親。」「鄂」，當作「萼」。曹憲云：「花苞也。」唐明皇以華萼交輝名樓，正取此詩義。今按：《說文》引此詩亦作「萼」字，蓋偶漏耳。「不」，鄭玄云：「當作柎，鄂足也。」孔穎達云：「『華下有鄂』，鄂下有柎。」《韻會小補》云：「萼，花蕊也。不，花蒂也。草木下房。柎，一作不，篆文不字即象柎形。今注以不為不然之不，誤矣。又，古聲不與柎同。不有方於、芳浮二音。讀如缶者，芳浮之轉聲也。讀如柎者，方於之轉聲。以俯切不，則平聲當是夫音，故云不、柎同音。今俗皆逋骨切，宜無古音也。」程良孺云：「湖州有餘英溪、餘不溪，蓋此地有梅溪、苕溪，其流相通，故曰餘英、餘不，義自可見。」《左傳》「華不注山」，人皆讀入聲，誤也。惟伏琛《齊記》引虞摯《幾服經》作柎，言此山孤秀，如花跗之注於水，深得之矣。太白詩「昔我遊齊都，登華不

注峰。茲山何峻秀,彩翠如芙蓉」,亦可證也。柎字,又作趺,作跗。楊慎云:「束晳詩曰:『白華朱萼,被於幽薄。白華絳趺,在陵之陂。』唐人亦有『紅萼青趺』之句。皆可證詩意。」來斯行云:「『郤至衣韎韋之跗注』,《褻問志》作『韎韋之不注』,可見柎、跗、不三字皆作通用。」「韡」,《說文》云:「盛也。」重言「韡韡」者,以其一跗輒生二萼,兩兩相麗,故稱韡韡,與取兄弟同生之意。鄭、孔舊說謂「華以覆萼,萼以承華,喻弟以敬事兄,兄以榮覆弟。華鄂相覆而光明,猶兄弟相順而榮顯」,似附會難通。一鄂止是一華,安得為兄弟之況?一跗麗有兩萼,乃可為兄弟之況耳。詩意若曰常棣有華,其萼之著於柎者兩兩交相映發,且見其韡韡然而盛。人之兄弟連枝同氣,何獨不然?「凡今之人,莫如兄弟」者,喚醒世人之言,與篇末「儐爾籩豆」三章相應。蓋公感於往昔管、蔡之事,骨肉相殘,有餘恫焉,故指兄弟之情誼以告人,欲今世之為兄弟者皆相親也。范氏以今人為汎言舉世之人莫有如兄弟至親者,而嚴氏則以為總括下文朋友、妻子而言,皆非是。《左·昭元年》:「趙孟入於鄭,鄭伯享之,子皮賦《野有死麕》之卒章,趙孟賦《常棣》,且曰:『吾兄弟比以安,厖也可使無吠。』」○**死喪之威**,叶灰韻,烏恢翻。豐本作「畏」。**兄弟孔懷**。叶灰韻,胡隈翻。**原隰裒**尤韻。**矣,兄弟求**尤韻。**矣。**賦也。「威」,畏。「懷」,思也。鄭云:「死喪,可畏怖之事。維兄弟之親,甚相思念。」萬時華云:「『死喪』下一『威』字,何等慘惡。『兄弟』下一『懷』字,何等纏綿。他人見威則避,兄弟見威愈懷。」高平曰原,下濕曰隰。《說文》無「裒」字,疑即「褒」字,衣袂也。「求矣」,毛云:「言求兄弟也。」蘇轍云:「人失其常居而播越於原隰之間,在他人皆褒手而去,而兄弟則未有不相求者。」此就常情而言,上章所謂「莫如兄弟」者,於此兩者驗之,最為親切。《莊子》所云「以利合者,迫窮禍患害相棄也;以天屬者,迫窮禍患害相收也」。朱子以「原隰裒矣」為「屍裒聚於原野之間」,然觀本文「威」與「裒」下各以「兄弟」承接,明是兩事,非蒙上文也。○**脊**《爾雅》作「即」。《左傳》、豐本俱作「鵙」。《韓詩》作「鶺」。《釋文》作「即」。今《爾雅》、《左傳》、《韓詩》、《釋文》、豐本俱作「鶺」。**在原,兄弟急難**。叶翰韻,乃旦翻。**每有良朋,況**豐本作「怳」。**也**豐本作「兮」。**永歎**。翰韻。○比也。此下二章皆承上章而言。兄弟情誼深重如此,而深追恨於二叔之不然。《爾雅》云:「脊令,雝渠。」《義訓》云:「錢母也。」郭璞云:「雀屬。」陸璣云:「大如鶀雀,長腳,長尾,尖喙,背上青灰色,腹下白,頸下黑,如連

錢，故杜陽人謂之連錢。」《物類志》云：「俗呼為雪姑，其色蒼白似雪，鳴則天當大雪。」《禽經》云：「脊令友悌。」張華注云：「脊令共母者，飛鳴不相離，故取以喻兄弟。」按：唐明皇時有鶺鴒數十集麟德殿廷木，翔棲浹日，魏光乘作頌，以為天子友悌之祥。毛謂「脊鴒飛則鳴，行則搖，不能自舍，以喻兄弟相救於急難」，殊屬附會。鄭謂「脊令，水鳥，而今在原，失其原處，故為兄弟遭急難而失其常處之比」。然脊令實非水中之鳥，嚴氏駁之矣。「兄弟急難」者，言兄弟當相急於患難，謂相救也。《春秋傳》「急病讓夷」，《戰國策》「以公子高義，能急人之困」，字法同此。武庚不靖，王室幾搖，其為難何如？「每有」，猶言多有也。「良朋」，好友也。「況」，通作「怳」，《說文》云：「狂之貌。」「永歎」者，長太息也。人遇患難之時，每有善良之朋，尚有相憐而驚況長歎者，況在同父，能恝然而無悼痛耶？《左·昭七年》：「衛襄公卒，晉大夫言於范獻子曰：『衛事晉為睦，晉不禮焉，庇其賊人而取其地，故諸侯貳。《詩》曰：鶺鴒在原，兄弟急難。又曰：死喪之威，兄弟孔懷。兄弟之不睦，於是乎不弔，況遠人誰敢歸之？』」○兄弟鬩于牆，《釋文》作「廧」。**外禦**《正義》、豐本俱作「御」。**其務**。叶霽韻，罔甫翻。《左傳》、《國語》、豐本俱作「侮」。亦叶東韻，漢蓬翻。楊慎云：「《古尚書》『雨霽蒙』之『蒙』作『霧』，以下從務也。」**每有良朋**，叶東韻，蒲蒙翻。**烝也無戎**。東韻。亦叶霽韻，讀如乳，榮主翻。豐本作「戒」。○賦也。「鬩」，毛《傳》云：「狠也。」孔云：「狠者，忿爭之名。」《說文》云：「恒訟也。」其字以鬥以兒，鬥音鬭，蓋取兒曹爭辨之義。此暗指流言之變而言。「牆」與「外」對看。「禦」，通作「圉」，拒守之義。「務」，通作「侮」，謂外人之侮我兄弟者也。此暗指武庚叛周而言。兄弟雖有小忿，不廢懿親，即其偶不相得，鬥狠於內，倘遇外侮之來，則亦竭力以拒守矣。故《周語》曰「兄弟讒鬩，侮人百里」，言禁外人侵侮己者。百里，喻遠也。此與上章「兄弟急難」皆責望之辭。舊以實在語解，未得此旨。一說：務如字，事也，言當以外禦為其事。亦通。「烝」，眾也。解見《東山》篇。「戎」，兵也。每有以良朋之眾相助而免於兵戈之害者矣，何兄弟之不然乎？按：《書》曰：「今蠢，今翼日，民獻有十夫予翼，以於敉寧武圖功。」即「永歎無戎」之事。固知公非無所據而云然也。○**喪亂既平，既安且寧**。青韻。**雖有兄弟，不如友生**。叶青韻，桑經翻。○賦也。「喪」，死亡也。鋒鏑不靜，則有死亡之憂，故以喪言亂，即武庚之亂。「既平」者，止事之詞。「安」，謂國祚安也。「寧」，通作「寍」，其字從心在皿上。

《說文》云：「皿，人之飲食器，所以安人也。」周室之國祚既安，則公之心亦可以釋然而自寧矣。乃回想兄弟之間，辟者辟，囚者囚，生死升沉，迥不相及，曾不如一時友生戮力王室者，今日得以偕享富貴也。飲恨滿懷，聲淚俱咽。郝敬云：「二叔得罪王室與天下，雖有可殺之罪，而公終無殺兄之心。天下以討罪人為大義，而公終以不能全兄為不仁，故於《康誥》曰：『弟弗克恭厥兄，兄亦不念鞠子哀，大不友于弟。』此詩亦云：『雖有兄弟，不如友生。』其自怨之情慘然，長歌代泣，使工瞽諷誦，愬諸同父。千載之下，猶堪揮淚。」愚按：舊說以「脊令」而下三章皆模寫世情之語，謂遇患難則朋友不如兄弟，值安樂則兄弟不如朋友。其於朋友、兄弟之間，風斯下矣。總之，於此詩旨趣全未夢見。○**儐爾籩豆，飲酒之飫**。叶遇韻，威遇翻。《說文》作「餗」〔註64〕。**兄弟既具**，遇韻。**和樂**音絡。後同。**且孺**。遇韻。《釋文》作「孺」。○賦也。此下三章正提醒凡今之人莫如兄弟之意。蓋既歷變故之後，益信兄弟當親耳。「儐」，《說文》云：「導也。」毛云：「陳也。」「餗」《說文》云：「燕食也。」又，朱子、蘇氏皆云：「厭也。」是詩為燕兄弟而作，故即以飲酒發論。「具」，朱子云：「俱也。」兼無故與俱來二意。和在心，樂主發散在外。「孺」，《說文》云：「乳子也。」《爾雅》云：「屬也。」李巡云：「骨肉相親屬也。」程子云：「孺者，親慕之義。小兒親慕父母，謂之孺子。」謝枋得云：「會集兄弟，不維和樂，其情親義厚，無異於孺子相慕也。孺子無不愛其親，無不敬其兄者。人慾未萌，天理昭著也。」愚按：《中庸》引此詩下章而贊之曰：「父母其順矣乎！」蓋得於「且孺」之感者深矣。蘇轍云：「患世之疏遠其兄弟，故教之陳其籩豆，飲酒之飫，使兄弟具來，以睹其樂否。苟樂也，則其疏之者過矣。」○**妻子好**去聲。**合，如鼓瑟琴**。侵韻。**兄弟既翕，和樂且湛**。先君諱。叶侵韻，持林翻。《中庸》、《韓詩》俱作「眈」。《爾雅》作「媅」。○賦也。此又因兄弟之和樂而更進之。舊說皆以妻子為己之妻子，非也。妻謂兄弟之妻，即娣姒是也。子謂兄弟之子，即從父昆弟是也。「好」，「式相好矣」之「好」。「合」之言「和」，蓋音近也。「好合」者，謂以美意相和合也。孔云：「志意和合，如鼓瑟琴相應和。」董鼎云：「鼓宮宮動，鼓角角應。琴瑟尚宮，其合也無間矣。」史承祖云：「《世本》：『伏羲作瑟，黃帝作琴。』琴之作，後於瑟。」又，《爾雅注疏》：「瑟者，登歌所用之樂器，故先釋之。琴為樂器，通見《詩》、《書》，故後釋之。」詳此，

〔註64〕按：《說文解字》：「餗。燕食也。從食芙聲。《詩》曰：『飲酒之餗。』」

則先後之序見矣。陳暘云：「是詩先瑟後琴者，以弦多寡序之，與《鹿鳴》『鼓鍾』同意。《關雎》先琴後瑟者，以音大細序之，與《女曰雞鳴》同意。」愚按：詩人惟取叶韻耳。若以製之先後、紐之多寡為序，則瑟乃比妻，琴乃比子，亦可通也。詩意言非特兄弟當相親愛而已，雖我之妻與兄弟之妻、我之子與兄弟之子，亦當使之和好而無間也。所以必及之妻子者，顏之推《家訓》云：「兄弟者，分形連氣之人也。方其幼也，父母左提右挈，前襟後裾，食則同案，衣則傳服，學則連業，遊則共方，雖有悖亂之人，不能不相愛也。及其壯也，各妻其妻，各子其子，雖有篤厚之人，不能不少衰也。娣姒之比兄弟，則疏薄矣。今使疏薄之人而節量親厚之恩，猶方底而圓，蓋必不合矣。惟友悌深至，不為傍人之所移者免夫。」又云：「兄弟相顧，當如形之與影，聲之與響。愛先人之遺體，惜己身之分氣，非兄弟何念哉？兄弟之際，異於他人，望深則易怨，地親則易弭，譬猶居室，一穴則塞之，一隙則塗之，則無頹毀之慮。如雀鼠之不恤，如風雨之不防，壁陷楹淪，無可救矣。僕妾之為雀鼠，妻子之為風雨，甚哉！」又云：「娣姒者，多爭之地也。使骨肉居之，亦不若各歸四海，感霜露而相思，佇日月之相望也。況其行路之人，處多爭之地，能無間者鮮矣。所以然者，以其當公務而執私情，處重責而懷薄義也。若能恕己而行，換子而撫，則此患不生矣。」又云：「兄弟不睦則子姪不愛，子姪不愛則群從疏薄，群從疏薄則僮僕為讎敵矣。如此而行路皆踏其面而蹈其心，誰救之哉？人或交天下之士，皆有歡愛，而失敬於兄者，何其能多而不能少也。人或將數萬之師，得其死力，而失恩於弟者，何其能疏而不能親也。」「翕」，《說文》云：「起也。」「兄弟既翕」者，兄弟同心，如鳥之合兩羽而齊奮起也。「耽」，通作「媅」，《說文》云：「樂也。」字右施甚，故《韓詩》云：「樂之甚也。」此妻子相合，如鼓瑟琴之效。讀者其尚三復於斯言。《韓詩外傳》云：「孔子燕居，子貢攝齊而前曰：『弟子事夫子有年矣，才竭而力罷，振於學問，不能復進，請一休焉。』孔子曰：『賜也，欲焉休乎？』曰：『賜欲休於事兄弟。』孔子曰：『《詩》云：妻子好合，如鼓瑟琴。兄弟既翕，和樂且耽。為之若此，其不易也。如之何其休也？』」可以得此詩之意矣。

○**宜爾家室**，此《注疏》本如此，當是古文。嚴粲本亦然。後儒多依《中庸》作「室家」。**樂爾**賈公彥《周禮注》作「女」。**妻帑**。虞韻。賈公彥《周禮注》作「奴」。董氏云：「奴即子。蓋唐人猶作『奴』字。」豐氏作「伮」。**是究是圖**，虞韻。**亶其然乎**？虞韻。○賦也。上章言「妻子」，槩指兄弟

之妻子。此言「爾家室」、「爾妻帑」,則謂在我之家室妻帑也。「家室」,即夫婦也。「帑」,通作「孥」,子也。陸德明云:「帑本帑藏,今經典通為妻帑字。」《中庸注》云:「古者謂子孫曰帑。」《書》曰:「予則帑戮汝。」漢景帝詔云:「罪人不帑。」又,鳥尾曰帑。《左傳》:「禆灶曰:『歲棄其次,而旅於明年之次,以害鳥帑。』」《注》:「南方,朱鳥之宿。帑者,細弱之名,於人則妻子為帑。妻子為人之後,鳥尾亦鳥之後,故俱以帑為言。」「妻」,則上文所云「家室」。兼言「妻帑」者,緣妻而推之子也。孔穎達云:「宗族同心,人無侵侮,然後宜汝之室家,保樂汝之妻子矣。若族人不和,忿鬩自起,外見侵侮,內不相救,則不能保其大小,家室危焉。」謝枋得云:「兄弟不和,則家庭之間無非乖氣。雖有妻子之樂,亦不安其樂矣。惟兄弟和樂,則一家之情無不相宜。妻子之樂,乃為可久。」《中庸》云:「君子之道,闢如行遠必自邇,闢如登高必自卑。《詩》曰:『妻子好合,如鼓瑟琴。兄弟既翕,和樂且耽。宜爾室家,樂爾妻帑。』子曰:『父母其順矣乎!』」按:一家之內,以兄弟則翕,以妻帑則樂,以父母則順,雖天地位,萬物育,景象不是過也。此非所謂卑邇而高遠者耶?王安石云:「人情皆知保其室家,私其妻子,而罕知厚其兄弟。然兄弟不和,以至毀其室家、危其妻子者有之矣,管、蔡是也。」「是」,指章首二句。「究」,《說文》云:「窮也。」「圖」,《說文》云:「畫計難也。」「究」有推極到底意,「圖」有揆度擬議意。「亶」,實也,案《說文》云:「多穀也。」穀多則實,故當訓實。「然」,是也,當作「肰」,從犬從肉。古人以犬肉為美味,故以心之所美者為肰。下加「火」字,乃訓為燒,《孟子》「若火之始然」是也。「乎」,《說文》云:「語之餘也。」「亶其然乎」,問辭也。輔廣云:「不自以為然而使之仄求諸心,以見其真情實理之所在,周公亦可謂善教人者也。」蘇轍云:「小人思慮不能及遠,常以兄弟之於我無所損益,不知兄弟之相親亦所以宜其室家、樂其妻帑者。患其淺陋而不信,故使之深思而遠圖之,以信其然否。」呂祖謙云:「告人以兄弟之當親,未有不以為然者也。苟非是究是圖,實從事於此,則亦未有誠知其然者也。不誠知其然,則所知者特其名而已矣。」《左·襄二十年》:「季武子如宋,褚師段逆之以受享,賦《常棣》之七章以卒。」卒,盡也,謂賦上章及此章也,取相親如兄弟之意。

《常棣》八章,章四句。《子貢傳》篇名作《棠棣》,《韓詩》作《夫栘》。○朱《傳》、《子貢傳》、《申培說》皆以為「燕兄弟之歌」。今按:此詩乃

周公所作，其後因以為燕兄弟之詩耳。鄭玄答周〔註65〕商云：「凡賦詩者，或造篇，或誦古。」

大明

《大明》，言周家世有賢聖之君，德合乎天，天予以賢聖之配，生聖子而成伐功也。出《大學衍義》。○孫鑛云：「此詩似專為頌兩母而作，故敘其來歷特詳。」真德秀云：「始則太任繇摯國而來配王季，相與修德，於是乎生文王。繼則太姒繇莘國而來配文王，相與修德，於是乎生武王。有文王以興周室，有莘女以繼太任，天實命之，非人能為也。厚周室而生武王，順天命而伐大商，天實祐之，亦非人能為也。原周之成伐功者，以其有聖子。原周之生聖子者，以其有聖后。而聖后之生，又以王季、文王修德格天之故。則周家之興，豈偶然哉？」王通云：「愚讀《大明》之詩，而知人之求配不可不慎擇也。蓋雖大聖賢而配非其人，所生之子必不能全類其父。若不幸而遇妖妒悍陋之女，則其家之敗也忽諸。后夔以玄女而絕其祀，叔向以夏姬之女而滅其族，是可鑒也。《詩》稱文武之興，必各本其母而言，有旨哉！」篇名《大明》者，鄭氏以為「二聖相承，其明德日以廣大，故曰大明」。先儒或謂在《小雅》曰《小明》，在《大雅》曰《大明》。二義皆通，後說尤妥。《子貢傳》以為「訓成王之詩」，《申培說》亦以為「周公述文武受命之功，以訓嗣王」，與朱《傳》同。按：太史公云：「夫天下稱頌周公，言其能論歌文、武之德，達太王、王季之思慮。」則謂此詩作於周公，亦或可信。

明明在下，赫赫在上。叶陽韻，辰羊翻。天難忱《說文》、《春秋繁露》、《漢書》並作「諶」。《韓詩外傳》作「訦」。斯，《說文》作「思」。不易音異。維《漢書》作「惟」。王。陽韻。天位《外傳》作「謂」。殷適，音嫡。使不挾《外傳》作「俠」。四方。陽韻。○賦也。嚴粲云：「首章先泛言天人之理，然後及殷亡之繇，為美文、武張本。」重言「明」者，至著也。曰「赫赫」，顯而可畏之意。「明明在下」，君之善惡不可掩也。「赫赫在上」，天之予奪為甚嚴也。愚按：如此說，則下文承接甚省轉語。一說：萬尚烈云：「『明明在下』，即《小雅》『明明上天，照臨下土』之云。自其監察於下而

〔註65〕「周」，《毛詩注疏》作「趙」。

莫能逃者言之，則謂之『明明在下』。自其威嚴在上而甚可畏者言之，則謂之『赫赫在上』。其實一也，總是天之難忱也。」亦通。又，《荀子》云：「上宣明則下治辨矣，上端誠則下愿慤矣，上周密則下疑玄矣，上幽顯則下漸詐矣，故主道利明不利幽，利宣不利周。《詩》曰：『明明在下。』故先王明之，豈特玄之耳哉？」又云：「周而成，泄而敗，明君無之有也。宣而成，隱而敗，闇君無之有也。故君人者周則讒言至矣，而直言反矣，小人邇而君子遠矣。《詩》曰：『墨以為明，狐狸其蒼。』此言上幽而下險也。君人者宣則直言至矣，而讒言仄矣，君子邇而小人遠矣。《詩》曰：『明明在下，赫赫在上。』此言上明而下化也。」按：此乃斷章取義，恐非正解。「忱」，通作「諶」。《爾雅》云：「信也。」《說文》云：「誠諦也。」按：諦者，審也，審其為誠實而信之也。「斯」，語辭。「天難忱斯」，以命之去留言，言不可信其終眷我而不棄我也。有德則眷之矣，無德則棄之矣。有赫在上，欲信而恃之，焉得乎？「易」，通作「傷」，《說文》云：「輕也。」「不易惟王」，即在「難忱」上見出。惟天命不可恃，故居此王者之位甚不輕傷，如《書》言「惟天無親」、「天位艱哉」之意，為下文歎紂發端，非汎以為君難之理言也。《貢禹》云：「天生聖人，蓋為萬民，非獨使自娛樂而已也。故《詩》曰：『天難諶斯，不易惟王。』」《韓詩外傳》云：「言為王之不易也。大命之至，其太宗、太史、太祝斯素服執策，北面而弔乎天子曰：『大命既至矣，如之何憂之長也！』授天子策一矣，曰：『敬享以祭，永主天命，畏之無疆，厥躬無敢寧。』授天子策二矣，曰：『敬之！夙夜伊祝，厥躬無怠，萬民望之。』授天子策三矣，曰：『天子南面授於帝位，以治為憂，未以位為樂也。《詩》曰：天難忱斯，不易惟王。』」「天位」之「天」，亦指上天言。「位」，位之也，言位之以天子之位。「殷適」，指紂也。「適」，通作「嫡」。正室曰嫡，正室所出之子亦曰嫡，妾出之子曰庶。《公羊傳》云：「立嫡以長，不以賢。」《左傳》云：「王后無嫡，則擇立長。」毛《傳》云：「紂殷之正適也。」《史記》云：「帝乙長子曰微子啟。啟母賤，不得嗣。少子辛母正后，立為嗣。」按：紂名受辛。受、紂以音同通用。《外紀》云：「帝乙妾生微子，中衍為后而生紂。乙及后以啟賢，欲立為太子。太史據法爭，曰：『有妻之子，不可立妾之子，故紂為後。』」孔穎達云：「《微子之命》及《左傳》皆謂微子為帝乙之元子，而紂得為正適者。鄭注《書序》謂：『微子，紂同母庶兄。紂之母本帝乙之

妾，生啟及衍，後立為后，生受。」然則以為后乃生受，故為正適也。」胡宏云：「堯、舜與賢，三王與適，二帝三王同道，惟所遇之時不同也。堯、舜之時，中夏初開闢，制度草刱，自非以聖繼聖則不能成功，以貽萬世。使丹朱若為中材之君，猶不與也，故商均無大過，亦不得為天子。而大禹以有天下，及其末年，制度已成，雖中材之君，輔之以賢者，亦可以守矣。聖人不世出，德賢無以大相過，則定於與嫡，所以一民心，重天下也。雖然，大君人命所繫，興亡之本，聖人有權焉，未嘗執一也。是以太甲雖嫡，又有成湯之命，而幾不免於廢；武王雖弟，上承文、考之命，而終不釋為君；帝乙亦賢君也，泥於立嫡，而不知紂之足以亡天下也，亦不慎不知變之過矣。孔子作《春秋》，監觀前代，賢可與，則以天下為官；嫡可與，則以天下為家。此萬世無弊之法也。使帝乙而知道，商之卜世猶未可知也。」「使」，天使之也。「挾」，《說文》云：「俾持也。」朱子云：「挾而有之也。」天既位置殷之正適矣，而竟使之不能提挈四方，以保有其位，則是天有權而人主不得專其權。甚哉，王之不易！而天下難諶，亦可知矣。《天問》曰：「授殷天下，其位安施？反成乃亡，其罪伊何？」《易・明夷》上九曰：「初登於天，後入於地。」此之謂也。說一「使」字，便凜然可畏。真氏云：「此與《召誥》「皇天改厥元子之命」同意。」愚按：以「殷適」為言者，欲與後章言「生此文王」、言「篤生武王」相形，猶昔人所謂「生子當如孫仲謀。若劉景升兒子，豚犬耳」。孔云：「帝王神器，實有大期。殷之存亡，非無定算。但興在聖君，滅繼愚主。應使周興，故誕茲睿聖。應使殷滅，故生此愚主。斯則受之於自然，定之於冥運。」《韓詩外傳》云：「紂之為主，勞民力。冤酷之令，加於百姓；憯悽之惡，施於大臣。群下不信，百姓疾怨，故天下叛而願為文、武臣。紂自取之也。夫貴為天子，富有天下，及周師至，而令不行乎左右，悲夫！當是之時，索為匹夫，不可得也。《詩》曰：『天位殷適，使不挾四方。』」《左・昭元年》：「楚令尹圍享趙孟，賦《大明》之首章。事畢，趙孟謂叔向曰：『令尹自以為王矣，何如？』對曰：『王弱，令尹彊，其可哉？雖可，不終。』」○**摯仲豐**氏本作「中」。**氏任，自彼殷商。**陽韻。**來嫁于周，**曰《爾雅注》作「聿」。**嬪于京。**叶陽韻，居良翻。**乃及王季，維德之行。**叶陽韻，戶郎翻。大音泰。**任有身，生此文王。**陽韻。《注疏》本以此二句冠下「維此文王」六句，為第三章。朱《傳》、呂、嚴諸本俱移繫

於第二章之後。按：繫二章有韻，冠三章無韻，當從後定。○賦也。「摯」，毛云：「國也。」《國名記》云：「蔡之平輿有摯亭。」《一統志》云：「平輿故城在河南汝寧府東。」「仲」者，中也，謂中女也。「氏任」者，其氏所自出之姓曰任。按：《唐・世系表》：「祖己七世孫曰成，徙國於摯。」祖己者，仲虺後世。《周語》：「摯、疇之國，繇大任。」摯、疇二國名，其源出於黃帝。《國語》：「司空季子云：『黃帝之子十二人，姬、酉、祁、己、滕、葳、任、荀、僖、姞、儇、依是也。』」王符云：「黃帝之子二十五人，班為十二。夏之興，有任奚為夏車正，以封於薛，後遷於邳。其嗣仲虺居薛，為湯左相。王季之妃大任，及謝、章、昌、采、祝、結、泉、卑、遇、狂、大氏，皆任姓也。」孔云：「此言仲任，下言大任者，此本其未嫁，故詳言其國。及姓字。」下言已嫁，以常稱言之。鄒忠胤云：「漢儒謂禮惟嫁長女，餘皆為媵，自殷以前皆然。然則摯任非耶？」「殷商」，詳見《玄鳥》篇。孔云：「成湯之初，以商為號。及盤庚後為殷。取前後二號而言之。」黃佐云：「都殷，因稱殷商。亦猶劉備都蜀，因稱蜀漢耳。」「自彼殷商」者，繇今日追溯前日之辭，言當彼殷商有天下之時也或以摯為殷商畿內國，故曰「自彼殷商」。亦通。嚴云：「將述商亡而周興，故以摯繫商，與周對言之也。」「來」者，內辭也。對彼稱來。《說文》云：「女適人曰嫁。從女從家。」婦人內夫家，以嫁為歸，言歸其家也。又，郭璞云：「自家而出謂之嫁。」「周」，國名。後以為有天下之號。「曰」，發語辭。「嬪」，《爾雅》云：「婦也。」《曲禮疏》云：「婦人之美稱，可賓敬也。」孔云：「《曲禮》：『生曰妻，死曰嬪。』此生而言嬪者。《周禮》立九嬪之官，婦人有德之稱。妻死，其夫以美號名之，故稱嬪。若非夫於妻，傍稱女婦有德，雖生亦曰嬪。故《書》曰『嬪於虞』，亦是生稱之也。」按：就夫家言之曰來嫁〔註66〕，自夫家言之曰嬪，互文也。「京」，周京也。嚴云：「《大雅》作於成王之時，皆用王者之禮，從後稱周京耳。」「及」，鄭玄云：「與也。」「王季」，太王之子，文王之父。名季歷，後追王，稱王季。「德」，即乾健坤順之德。「行」，音杭，猶列也，言其德與王季相頡頏也。又，《列女傳》云：「太任之性，端一誠莊，惟德之行。」則

〔註66〕按：儒藏本稱：「『夫家』，與下文重複，疑誤。據萬時華《詩經偶箋》、孫鼎《詩義集說》等書，疑當作『父家』、『父母家』，或『母家』。」檢錢澄之《田間詩學・大雅・大明》（黃山書社 2005 年版，第 674 頁），稱「自父家言之，曰嫁；自夫家言之，曰嬪。互文也。」似當作「父家」。

行當如字解，言於其所行而徵其有德。在王季則名類長君，在太任則思齊思媚是也。《皇王大紀》云：「季歷有謀能斷，守正而和，照臨無蔽，勤施無私，教誨不倦，順以事上，比以親民。慶賞刑威，政自己出，四鄰服焉。娶於摯，曰太任，亦有賢德，目不視窈色，耳不聽淫聲，口不出惡言，容貌恭肅齊如也。」孔云：「禮：婦人從夫之謚，故頌稱大姒為文母。大任，非謚也，以其尊加於婦，尊而稱之，故謂之大姜、大任、大姒。惟武王妃之稱，《左傳》謂之邑姜，不稱大，蓋避大姜故也。」「身」，毛《傳》云：「重也。」鄭玄謂「懷孕也」。孔云：「以身中復有身，故言重。」生文王之歲，《大紀》謂在祖甲三十一祀，即娶大任之年；金氏《通鑒前編》則謂在祖甲二十八祀，未知其審。《晉語》：「胥臣云：『昔者，大任娠文王不變，少溲於豕牢而得文王，不加疾焉。』」豕牢，廁也。少溲，便也。沈約云：「生季歷之十年，飛龍盈於殷之牧野。此蓋聖人在下位將起之符也。季歷之妃曰大任，夢長人感己，溲於豕牢而生昌，是為周文王。龍顏虎肩，身長十尺，胸有四乳。大王曰：『吾世當有興者，其在昌乎！』」《列女傳》云：「文王生而明聖，大任教之以一而識百，君子謂大任為能胎教。古者，婦人妊子，寢不側，坐不邊，立不蹕，不食邪味，割不正不食，席不正不坐，目不視於邪色，耳不聽於淫聲，夜則令瞽誦詩道正事，如此則生子形容端正，才德必過人矣。故妊子之時，必慎所感。感於善則善，感於惡則惡。人生而肖父母者，皆其母感於物，故形意肖之。文王母可謂知肖化矣。」陳櫟云：「聖賢之生，不偶然也。有配偶之賢而後有嗣續之賢，故詩推本聖賢之生，往往自其所從來。如《生民》言稷而及姜嫄，此〔註67〕言文王而及大任，下章言武王而及大姒，皆是也。其意深矣。」

維《禮記》、《左傳》、《呂覽》俱作「惟」。《春秋繁露》作「唯」。**此文王，小心翼翼。**職韻。**昭事上帝，聿**《繁露》作「允」。**懷多福。**叶職韻，筆力翻。**厥德不回，以受方國。**職韻。○賦也。「維」，發語辭。此章指文王繼王季為諸侯後，克盡臣職而言。為君者，心欲大，主於仁也。為臣者，心欲小，主於敬也。「翼」，即輔翼之翼。以其無念不在於羽翼商室，故曰「翼翼」，與「厥猶翼翼」義同。「昭」，明也。「上帝」，即天也。「帝」者，諦也。諦者，審也，言能審察其下，故謂之帝。程子以為「天之主宰」，是也。《後漢

〔註67〕「此」，四庫本誤作「比」。

書》斥「帝欲不諦」，義亦本此。「昭事上帝」者，承上文言文王事殷之誠，明白顯著，可與上帝相對越也。「聿」，通作「欥」，語辭也。「懷」，《說文》云：「念思也。」「多福」者，爵土不替，與國同休。自文王視此，其為福已多矣。吾師蔡先生毅中云：「聖人視現在之福，恒恐不足以保其有，故曰『懷』。解來非也。」《呂氏春秋》云：「文王處岐事紂，冤侮雅遜，朝夕必時，上貢必適，祭祀必敬。」又云：「昔者，紂為無道，殺梅伯而醢之，殺鬼侯而脯之，以禮諸侯於廟，文王流涕而諗之。紂恐其叛，欲殺文王而滅周。文王曰：『父雖無道，子敢不事父乎？君雖不惠，臣敢不事君乎？孰王而可叛也？』紂乃赦之。天下聞之，以文王為畏上而哀下也。《詩》曰：『維此文王，小心翼翼。昭事上帝，聿懷多福。』」「厥德」，即「小心翼翼」之德。「回」，《說文》云：「轉也。」文王為臣敬止，始終以之，絕無一毫覬倖圖度之私，所謂「不回」也。「受方國」者，孔云：「四方之國來附之。」愚按：主我言，故曰受。《論語》曰：「三分天下有其二。」《周書》：「武王曰：『王季其勤王家，我文考文王，克成厥勳，誕膺天命，以撫方夏。大邦畏其力，小邦懷其德。』」非文王之小心翼翼足以感動人心不至，此所謂「以受方國」者也。《表記》篇：「子曰：『下之事上也，雖有庇民之大德，不敢有君民之心，仁之厚也。是故君子恭儉以求役仁，信讓以求役禮，不自尚其事，不自尊其身，儉於位而寡於欲，讓於賢，卑己而尊人，小心而畏義，求以事君。得之自是，不得自是，以聽天命。《詩》云：莫莫葛藟，施于條枚。凱弟君子，求福不回。其舜、禹、周公之謂與！有君民之大德，有事君之小心。《詩》云：惟此文王，小心翼翼。昭事上帝，聿懷多福。厥德不回，以受方國。』」《左·昭二十六年》：「齊有彗星，齊侯使禳之。晏子曰：『無益也。祇取誣焉。天道不諂，不貳其命。《詩》曰：惟此文王，小心翼翼。昭事上帝，聿懷多福。厥德不回，以受方國。君無違德，方國將至，何患於彗？《詩》曰：我無所監，夏后及商。用亂之故，民卒流亡。若德回亂，民將流亡，祝史之為，無能補也。公說，乃止。』」○**天監在下，有命既集。**緝韻。亦叶合韻，昨合翻。**文王初載，天作之合。**韻。亦叶緝韻，胡急翻。**在洽**《說文》、《水經注》俱作「合」。**之陽，在渭之涘。**紙韻。**文王嘉止，**紙韻。**大邦有子。**紙韻。《注疏》本以此二句冠下「大邦有子」六句為第五章。朱《傳》、呂、嚴諸本俱移繫於第四章之後。今按：繫四章有韻，冠五章無韻，當從後定。○賦也。朱子云：「將言武王伐商之事，故此又推其本而言。」「監」，《說文》云：「臨下也。」有居高監察之意。「在

下」，即首章所謂「明明在下」者。「命」，謂君天下之命。「集」，如「翔而後集」之「集」。天命必有所厭，後有所集。以六百年之商將欲革其命而新之，非監觀之久而眷顧之深，固不輕集也。「既」者，已事之辭。鳥止為集，有審擇而就之之意。「初」，始也。「載」，《爾雅》云：「歲也。」唐虞曰載，取物終更始、以年運而往為義。作者造立之名。「合」，《說文》云：「合口也。」取其上下相合，故《漢書注》云：「合者，相配耦之言也。」惟命既集於周，不可無承命之人，故武王不可不生。惟生聖，不可無聖德之母，故天於文王之早年而默定其配。「在洽之陽」，以大姒所居言。「洽」，當依《說文》作「郃」。《穀梁傳》云：「水北曰陽。」今陝西西安同州有郃陽縣。《水經》云：「河水又徑合陽城東。」酈道元云：「周威烈王之十七年，魏文侯伐秦，至鄭，還築汾陰郃縣，即此城也。故有莘邑矣，為太姒之國。城南有漶水東流，東注於河。水南猶有文母廟，前有碑，去城一十五里，水即洽水也。又有一漶水，出汾陰縣南四十里，平地開源，潰泉上湧，大幾如輪，深則不測，俗呼之為漶魁。古人壅其流，以為陂水種稻，東西二百步，南北一百餘步，與郃陽漶水夾河中渚上，皆相潛通，故呂忱曰：『《爾雅》：異出同流為漶水。』」愚按：據此，則郃乃邑名，原非水名。其邑中之水名為漶水，又兩漶合流，故其字從邑從合，義或取此。鄭云：「天於文王，為之生配於氣勢之處。」孔云：「名山大川皆有靈氣。《崧高〔註68〕》曰：『惟嶽降神，生甫及申。』水亦靈物，氣與山同。詩人述其所居，明是美其氣勢。」「在渭之涘」，以文王所居言。今陝西鳳翔府，即古岐周地。《寰宇記》云：「汧、渭、岐、漆、雍五水皆會於郡界。」酈云：「岐水與杜水合徑岐山，而又屈徑周城南，又南徑美陽縣，南流注於渭。」「涘」，《說文》云：「水厓也。」其一在洽之陽，其一在渭之涘，兩地睽隔，適成佳偶，此所謂「天作之合」也。舊說謂此二句皆指大姒所居。今考洽水入河，不入渭，則與渭涘無涉，故正之。「嘉」，朱子云：「昏禮也。」按：《周禮》「大宗伯以嘉禮親萬民」，昏禮其一也。《易·隨卦》九五「孚於嘉」，亦取陰陽配偶之義。「止」，語詞。「大邦」，謂莘國也。以其系本夏啟，為天子之後，故稱大邦。猶《書·召誥》言「大邦殷之命」，以殷為天子，稱大邦也。「子」，謂大姒也。按：子者，男女之通稱。《論語》：「以其子妻之」，是女亦稱子也。「文王嘉止」，謂初行納采之嘉禮。「大邦有子」，蓋使者致命問名之辭。《儀禮》所謂「敢請女為誰氏」者也。孔云：「案：昏禮納采、問名，同日行事，

〔註68〕「崧高」，底本誤作「高崧」，據四庫本高。按：引詩見《大雅·崧高》。

是其禮相因,遣納采即問名也。」宋元祐中,上將大昏,范祖禹言於宣仁太后曰:「臣聞古之帝王,所與為昏姻者,必大國諸侯先聖王之後、勳賢之裔,不然,則甥舅之國也。不以微賤上,敵至尊,故其福祚盛大,子孫繁昌。昔黃帝娶於西陵之女,是為螺祖,為帝正妃,其子孫皆有天下。五帝三王,皆黃帝之後也。舜娶帝堯之二女,釐降於溈汭,遂有天下。大禹娶塗山,是生夏啟,天下歸之子孫享國四百七十餘年。成湯娶於有莘氏,子孫有天下六百餘年。周之先祖后稷,生於姜嫄,世有賢妃。大王娶大姜,是生王季。王季娶大任,是生文王。文王娶大姒,其禮尤盛。大姜,炎帝之後也。大任,太昊之後也。大姒,大禹之後也。大姒生十子,武王、周公皆聖人也,其餘皆為顯諸侯。周之子孫,遍於天下,大姒之德也。武王亦娶於姜,是生成王。周有天下二十餘世,八百餘年,其基本蓋繇此也。故族姓不可不貴。秦、漢以後,昏姻多不正,無足取法。惟後漢顯宗明德馬后、唐太宗文德長孫后皆有后德,出於勳賢之家。其餘敗亂,足以戒而已。惟陛下遠觀上古,近鑒後世,上思天地祖宗之奉,下為萬世子孫之計,選卜窈窕,以母儀萬國,表正六宮。非有德,孰可以當之?然閨門之德,不可著見,必視其世族,觀其祖考,察其家風,參以世事,亦可知也。昔漢之初,大臣議欲立高帝子齊王,皆曰:『王母家駟鈞惡,戾虎而冠者也。代王母家薄氏,君子長者。』乃立代王,是為文帝。文帝為漢之賢主,亦繇其母家仁善也。故女德不可不先。」《白虎通》云:「王者之娶,必先選於大國之女,禮儀備,所見多。《詩》云:『大邦有子。』明王者必娶大國也。」○大邦有子,俔《韓詩》作「磬」,云:「譬也。」孔云:「如今俗語譬喻物云磬作然也。」天之妹。叶實韻,讀如媚,明秘翻。文定厥祥,親豐氏本作「竊」。迎去聲。于渭。叶實韻,讀如偽,于睡翻。造《廣韻》作「造」。舟為梁,陽韻。不豐本作「丕」。顯其光。陽韻。○賦也。「俔」,《說文》云:「譬喻也。一曰聞見,從人從見。」徐鍇云:「會意。」愚按:《說文》解俔具有二義,而絕無解者,今以意通之,字從人見,蓋人之所見,非我見也,以其聞之於人而得之,故曰聞見,原非目見,特於耳聞,後因而想像之,故又會其意曰譬喻也。又,《爾雅》訓「間」為「俔」。間者,軍中間諜也,是亦謂使人見之也。此「大邦有子」二句,蓋使者既得請而還報命之辭。大姒深居閨中,非使者所得見,但得之耳聞,謂其德之美足以為天之配也云爾。「天」,擬文王。夫婦之道,取象乾坤。《易》言坤為妻道,明夫道得擬乾矣,況文王又與天合德者乎!「妹」,《說文》云:「女弟也。」《爾雅》云:「男子

謂女子先生為姊，後生為妹。」孔云：「初嫁必幼，故以妹言之。」愚按：此
對文王稱之，則文王似兄而大姒似妹耳。陸化熙云：「文王之德與天為一，譬
則天矣。而大姒配以幽閒貞靜之德，譬則天之妹也。」「文」，禮文也。「定」
者，成其事也。「祥」，吉祥也。鄭云：「問名之後，卜而得吉，則文王以禮定
其吉祥，謂納幣也。」孔云：「使人納幣，則禮成昏定也。昏以納幣為定，幣
繇卜吉行之，故昏禮謂之納徵。徵者，成也。是亦為卜吉而言，與此祥意協
也。」案：昏有六禮，先納采而後問名，次納吉，次納徵，次請期，次親迎。
其禮尊卑皆同。納采、問名、納吉、請期、親迎，俱用鴈，惟納徵用玄纁束帛
儷皮，不用鴈。賈公彥云：「用鴈，取順陰陽往來也。鴈，木落南翔，冰泮北
徂〔註69〕。夫為陽，婦為陰，今用鴈者，亦取婦人從夫之義。惟納徵不用鴈，
以其自有幣帛可執也。言納者，恐女氏不受，若《春秋》內納之義。問名不言
納者，女氏已許，故不言納也。請期、親迎不言納者，納幣則昏禮已成，女家
不得遺〔註70〕改，故皆不言納也。」按：《周禮·媒氏》職云：「凡嫁子娶妻
入幣，純帛無過五兩。」鄭讀純為緇，云：「納幣用緇者，以婦人陰也。」《襍
記》又云：「納幣一束，束五兩，兩五尋。八尺為尋。五尋者，四丈也。五兩
為十端，每端各二丈。」乃《儀禮》有玄纁之文，鄭謂〔註71〕「彼庶人用緇，
士大夫以玄纁，象陰陽備也。陽奇陰偶，五兩當三玄二纁也」。又，《周禮·玉
人》職云：「穀圭，天子以聘女；大璋，諸侯以聘女。」鄭謂「玄纁束帛之外，
天子加以穀圭，諸侯加以大璋也」。此詩「文定厥祥」一語，檃括納吉、納徵
二禮而統言之，猶云以納徵之文完納吉之事也。「親迎」二字略斷，謂文王親
往迎大姒也。《昏義》云：「父親醮子而命之迎，男先於女也子。承命以迎，主
人筵幾於廟，而拜迎於門外，婿執鴈入，揖讓升堂，再拜奠鴈，蓋受之於父母
也。降出，御婦車，而婿授綏，御輪三周，先俟於門外。婦至，婿揖婦以入，
共牢而食，合巹而酳，所以合體同尊卑，以親之也。」《白虎通》云：「天子下
至士，必親迎授綏者何？以陽下陰也。欲得其歡心，示親之心也。必親迎、輪
三周、下車曲顧者，防淫佚也。《詩》曰：『文定厥祥，親迎于渭。』」程子云：
「文王親迎時，乃為公子，未為君也。」孔云：「此篇主美文王，雖王季尚存，
皆以文王為主。」又云：「請期之文不見者，既親迎，明請之可知也。」「於

〔註69〕 「徂」，底本作「阻」，據四庫本、《儀禮注疏》改。
〔註70〕 「遺」，《儀禮注疏》作「移」。
〔註71〕 「謂」，四庫本作「為」。

渭」二字，語意帶下讀，言文王行親迎之禮，其往來所經，必濟渡於渭水，則造舟為梁以俟之也。「造舟」，孫炎云：「比舟為梁也。」梁，《說文》云：「水橋也。」《爾雅》云：「天子造舟，諸侯維舟，大夫方舟，士特舟。」李巡云：「比其舟而渡曰造舟，中央左右相維持曰維舟，並而船曰方舟，一舟曰特舟。」孔云：「造舟者，比船於水，加板於上，即今之浮橋。故杜預云『造舟為梁』，則河橋之謂也。維舟以下，則水上浮而行之，但船有多少有等差耳。禮：天子乃得造舟。殷時未有等制，文王敬重昏事，始作而用之。後世以文王所用，故制為天子法耳。故王基云：『自殷以前質略，未有造維、方，特之差。周公制禮，因文王敬大姒，重初昏，行造舟，遂即制之，以為天子禮，著尊卑之差，記以為後世法。』是也。」「不」，通作「丕」，大也。「丕顯其光」者，承上句以禮文之盛言。毛云：「造舟然後可以顯其光輝。」鄭云：「迎大姒而更為梁者，欲其昭著，示後世敬昏禮也。」范云：「自古昏禮未有如文王之盛也。」真云：「其禮盛，故其光顯。」○**有命自天，命此文王**。陽韻。**于周于京**，叶陽韻。見第二章。**纘女維莘**。叶陽韻，屍羊翻。**長**上聲。**子維行**，叶陽韻。見第二章。**篤生武王**。陽韻。**保右**陸德明本作「佑」。**命爾，燮伐大商**。陽韻。○賦也。「命」，即王天下之命。天命文王，不必於其身，但使其生聖子，以有天下，亦所謂「有命既集」也。下文「篤生武王」，正天命之可見處。「于周于京」，蒙第二章之文，與「纘女維莘」句聯說。「纘」，《說文》云：「繼也。」此一字略斷讀。繫女於莘，是倒文法，言昔者太任來嫁於周，曰嬪于京，今繼之者，則維此莘國之女也。又按：《昏禮》，父醮子親迎之辭曰：「往迎爾相，承我宗事，勗帥以敬先妣之嗣。若則有常。」正此詩言纘之意。《說文》無「莘」字，當作「辛」。《唐・世系表》云：「啟封支子於莘。辛聲相近，遂為辛氏。」《路史》云：「莘，辛之轉。」或云：辛，莘之轉。非也。其地即今合陽縣，春秋時屬晉。《漢書》云：「縣西南有梁山。」《公羊傳》以為合陽之山。《爾雅》稱為晉望。故《左・僖二十八年》城濮之戰，「晉侯登有莘之墟，以望楚師」，即此莘也。《一統志》云：「縣東四十里有夏陽城，內有周文王妃大姒墓。」夏陽，一作下陽，羅蘋謂下、夏字通，乃虢地，故《周語》有「神降於莘，內史過以為在虢受之」，即此莘也。至羑里之厄，散宜生求有莘氏美女獻紂，則以其為文王外族故耳。又，齊、蔡、管城、大名、陳留俱有莘，與此無預。「長子」，文王之長子伯邑考也。「行」，猶逝也。如天子新不諱曰大行。韋昭云：「大行者，不在之辭。」是也、伯邑考早卒。故曰長子。

「維行」，舊說以大姒為莘國之長女，稱長子，如大任之稱摯仲，行即女子有行之行。亦通。但古未有號長女為長子者，以此疑之耳。「篤」，《說文》云：「馬行頓遲也。」邑考既沒之後，又遲久之而復生武王也。昔孟子有言：「盡信《書》則不如無《書》。」《大戴禮》稱「文王十三生伯邑考，十五生武王」，《小戴禮》載：「文王謂武王曰：『女何夢矣？』武王對曰：『夢帝與我九齡。』文王曰：『女以為何也？』武王曰：『西方有九國焉，君王其終撫諸？』文王曰：『非也。古者謂年齡，齒亦齡也。我百，爾九十，吾與爾三焉。』文王九十七乃終，武王九十三而終。」《竹書紀年》記「武王十七年陟，年五十四」。數說相距懸絕，未有確然能信其孰然者也。乃《周書‧無逸》篇周公所言「文王受命惟中身，厥享國五十年」者，當是實錄，與《小戴》所稱「文王九十七乃終」者彷彿相近，今即以此數上下推之。既十五生武王，則距文王沒時，武王年已八十二歲，此時方嗣諸侯之位，距其為天子而崩僅十一年，而《書》明言「惟十有三年春，大會於孟津」，又言「既克商二年，王有疾弗豫，且已而復瘳」，則其享國實不止於十一年。此何以解也？武王崩，成王幼，相傳成王時方十三歲，距其生時，武王年已八十一，又有小弱弟叔虞，亦邑姜所出，子產所云「邑姜方震大叔」是也。世即有八旬外生子之父，安得有八旬外生子之母乎？此其誕妄明甚。若夫九齡之說，數之修短，定自有生，文王豈能損己齡以益其子？尤不足置辨者。如依《竹書》武王享年五十四之說，則於生成王、生叔虞之駁或無可疑，但既稱武王嗣位十七年陟，則推其未嗣位，尚有三十七年，皆文王享國之歲也。計文王當於六十歲生武王，自武王而下，如管、魯、蔡、曹、郕、霍、衛、聃諸弟皆同母而生，何大姒前此壯年惟有伯邑考〔註72〕一人，他無聞者，自耆年而後，乃生子累累如許乎？此又可疑也。鄒忠胤求而不得其說，則意大姒為文王繼妃，故有「纘女維莘」之語，謂諸侯不再娶，或周制，非殷制。而《關雎》篇之寤寐淑女，求之如彼其迫，倘亦以文王年已中身，後嗣未廣故耶？〔註73〕此亦臆揣之言，要非至理。惟《汲冢周書‧度殷解》有云：「王尅殷，告叔旦曰：『唯天不享於殷，發之未〔註74〕

〔註72〕「考」，底本誤作「者」，據四庫本改。

〔註73〕鄒忠胤《詩傳闡》卷十九《大正‧大明篇》（《四庫全書存目叢書》經部第65冊，第740頁）：「則愚又意太姒為文王繼娶，纘女維莘，倘是謂邪？禮，諸侯不再娶。或乃周制，非殷制邪？且元妃卒於未即位之先，故無嫌續娶邪？因思關雎寤寐淑女，何求之若是其迫？倘亦以文王年已中身，胤嗣未廣故邪？」

〔註74〕「未」，四庫本誤作「末」。按：出《汲冢周書‧度邑解第四十四》，亦作「未」。

生，至於今六十年。』」《史記》亦採用其語，此其說可信。武王以即位十三年
尅殷，而其時年已六十，則其未即位之年當四十七。計文王享年九十七，除
其四十七，為武王已生之年，則文王以五十一生武王也。武王在諸侯天子之
位則十七年，而崩則六十歲。尅殷之後，享國尚有四年，其時成王已十三歲。
於武王享年六十四歲之中除其十三，為成王已生之年，則武王以五十二生成
王也。夫五十一二歲上下生子，世多有之，不為希闊，雖聖人亦與人同耳。或
者《竹書》誤以六十四紀為五十四，一字之訛，亦不可知。若《戴記》所載武
王九齡之夢，要自靈驗，特記者不悟其占，而妄為之敷衍。蓋此段實在記「文
王有疾，武王不說冠帶而養，一飯亦一飯，再飯亦再飯，旬有二日乃間」之
後，文王欲自測其壽數，若何因以何夢詢武王，亦以孝子之精神必能有朕兆
與天通也。乃帝與九齡之夢何為來哉？蓋文王以身膺大邦，小邦之歸業已九
年，而大統猶未集。今帝以九齡與武王者，若謂文王九年後之事業當屬之武
王耳，故文王自知其當死，若曰人生以百歲為期，我之事業僅止於九年，則
計享壽但當九十七而止，所餘三年，吾不能有，以與爾可也。武能夢之，文能
知之，二聖一天也。又，羅泌亦謂「吾與汝三者，豈非謂於吾沒之後，與汝三
年而成之乎？未可知也」。此說亦通。世人不察，遂真謂文王能以年歲畀武王，
又妄以九齡為九十，正所謂癡人說夢者。三王之事若存若亡，信哉「保右」皆
指革命之事言。「保」者，扶持之意，《周書》言「天迪格保」是也。「右」者，
贊助之義，思若啟，行若翼也。「命」謂下文「燮伐」之命。天非諄諄然命之，
但理所當然，即天命之所在也。「爾」，詩人代為天命武王之辭也。「燮」，《說
文》云：「和也。」和人心以伐大商也。《左傳》云：「師克在和，三千一心，
八百咸會，和之象也。」王安石云：「言大商，則乃所以大文、武之德。以商
大矣，非德大則不能燮伐也。」又，劉辰翁云：「古人厚，故稱大商。」○**殷
商之旅，其會**《說文》作「旝」，云：「建大木，置石其上，發以機，以追敵
也。」引《左傳》「旝動而鼓」。**如林。**侵韻。**矢于牧野，**豐本作「埜」。後
同。**維予侯興。**叶侵韻，虛音翻。**上帝臨女，**音汝。《呂覽》、《春秋繁露》
俱作「汝」。**無**《漢書》、豐本俱作「毋」。**貳爾**《繁露》作「汝」。**心。**侵韻。
○賦也。「旅」，毛云：「眾也。」「會」，《說文》云：「合也。」又云：「平地有
叢木曰林。」孔云：「殷商之兵眾，其會聚之時，如林木之盛也。」《書‧武成
篇》云：「甲子昧爽，受率其旅若林，會於牧野。」《鬻子》云：「武王率兵車
以伐紂，紂虎旅百萬，陳於商郊，起自黃鳥，至於赤斧。三軍之士，莫不失

色。」《史記》亦云：「紂發兵七十萬人拒武王。」「矢」，《爾雅》云：「誓也。」按：「矢」之訓「誓」，與訓「陳」同意。劉熙《釋名》謂「矢，指也，有所指而迅疾」。蓋直莫如矢。誓者，直指而言之，故亦借曰矢。《詩》「之死矢靡他」，《論語》「夫子矢之」是也。「牧」，當依古文作「坶」，《說文》云：「朝歌南七十里地。」孔云：「戰在平野，故言野耳。」《括地志》云：「今衛州地即牧野之地。武王至牧野，乃築此城。」《一統志》云：「河南衛輝府汲縣，本殷牧野地。牧野在府城南陵西社朝歌之南。武王伐紂，陳師於此。」按：《書·牧誓》篇云：「時甲子昧爽，王朝至於商郊牧野，乃誓。」即此詩所謂「矢于牧野」也。「維予侯興」以下，誓眾之詞也。「予」，我也。「侯」，諸侯也。先是大會於孟渚，諸侯不期而至者八百。及戊午，次於河朔，群后以師畢會，咸曰孳孳無怠。迨陳師牧野，諸侯兵會者，車四千乘，事雜見《泰誓》、《史記》。「曰予侯」者，親之也。《牧誓》篇云「王曰：『嗟我友邦冢君』」是也。「興」，《說文》云：「起也。」警其起而聽誓命也。「上帝」，天之主宰。「臨」，《說文》云：「監臨也。」《爾雅》云：「視也。」猶言眷顧也。「女」、「爾」，皆謂諸侯也。「無」，通作「毋」，戒之也。「貳」，通作「二」，不一之謂。紂以如林之眾來戰，恐諸侯計及眾寡強弱，不無勝敗，莫知之慮，武王灼見天意所在，紂師雖眾，固不足畏，故稱「上帝臨女」，以鼓其銳而一其志。觀《泰誓》，一則云「商罪貫盈，天命誅之」，再則云「朕夢協朕卜，襲於休祥，戎商必克」。又，《說苑》稱：「武王伐紂，至有戎之隧，大風折旆。散宜生諫曰：『此其妖歟？』武王曰：『非也。天落兵也。』風霽而乘以大雨，水平地而嗇。散宜生又諫曰：『此其妖歟？』武王曰：『非也。天灑兵也。』卜而龜熸，散宜生又諫曰：『此其妖歟？』武王曰：『不利以禱祠，利以擊眾，是熸之已。』故武王順天地，犯三妖，而擒紂於牧野。」《荀子》亦云：「武王之誅紂也，行之日以兵忌，東面而迎太歲，至氾而氾，至懷而懷，至共頭而山隧。霍叔懼曰：『出三日而五災至，無乃不可乎？』周公曰：『刳比干而囚箕子，飛廉、惡來知政夫？又惡有不可焉？』遂選馬而進，朝食於戚，暮宿於百泉，厭旦于牧之野，鼓之而紂卒易鄉，遂乘殷人而進誅紂。」此非皆真有見於臨女之天心而能若是乎？《史記》載武王誓師之言曰：「今予發，惟共行天罰。勉哉夫子！不可再，不可三。」所謂「無貳爾心」者也。《魯頌》亦云：「致天之屆，于牧之野。無貳無虞，上帝臨女。」義正同此。觀彼下文即繼之曰「敦商之旅，克咸厥功」，則「無貳」二句其為牧野誓師之語明矣。金履祥云：「牧野之誓，將戰之時也，故自諸侯、

三卿、大夫、師卒之長、夷狄之酋豪而咸誓戒之。荀卿氏謂『桓、文之節制，不足以包湯、武之仁義』。然而湯、武之仁義則有以該桓、文之節制，吾於牧野之事見之矣。」又，董仲舒云：「一而不二者，天之行也，反天之道無成者。是以目不能二視，耳不能二聽，一手不能二事。一手畫方，一手畫圓，莫能成。是故古之人物而書文，正於一者謂之忠，持二中者謂之患。患人之忠，不一者也。不一者，故患之所繇生也。是故君子賤二而貴一。人孰無善，善不一，故不足以立身。治孰無常，常不一，故不足以致力。《詩》曰：『上帝臨汝，無貳爾心。』知天道者之言也。」呂不韋云：「古之事君者，必先服能然後任，必反情然後受。主雖過與，臣不徒取。《大雅》曰：『上帝臨汝，無貳爾心。』以言忠臣之行也。」皆斷章取義，非詩正旨。舊說皆以此章為殷商之眾向周而勸戰之語。故毛《傳》解「無貳爾心」，謂「言無敢有懷貳於爾之心者。」《左·襄二十四年》：「范宣子為政，諸侯之幣重，鄭人病之。子產寓書於宣子曰：『僑聞君子長國家者，非無賄之患，而無令名之難。夫諸侯之賄，聚於公室則諸侯貳。若吾子賴之，則晉國貳。諸侯貳，則晉國壞。晉國貳，則子之家壞。何沒沒也？將焉用賄？夫令名，德之輿也。德，國家之基也。《詩》曰：樂只君子，邦家之基。有令德也夫！上帝臨女，無貳爾心。有令名也夫！恕思以明德，則令名載而行之，是以遠至邇安。』」子產之解「貳心」，與毛義同。鄭《箋》則謂「此勸誡武王，言天護視女伐紂，必克，無有疑心」。先儒皆從之。今按：二義亦通。愚詳繹《魯頌》立言之意，定從今說。○牧《水經注》作「坶」。**野洋洋**，陽韻。**檀車煌煌**，陽韻。《韓詩外傳》作「皇皇」。**駟**《公羊疏》、《石經》作「四」。**騵彭彭**。叶陽韻，蒲光翻。**維**《漢書》。〔註75〕**師尚父**，上聲。**時維鷹**〔註76〕**揚**。陽韻。**涼**《漢書》、《韓詩》及《外傳》、《風俗通》、豐本俱作「亮」。陸德明本一作「諒」。**彼武王**，陽韻。**肆**《風俗通》作「襲」。**伐大商**，陽韻。**會朝**豐本作「晁」。**清明**。叶陽韻，謨朗翻。○賦也。「洋洋」，毛云：「廣也。」酈道元云：「自朝歌以南，南暨清水，土地平衍，據皋跨澤，悉坶野之地，故《詩》稱『坶野洋洋』。」鄭云：「言其戰地寬廣，明不用權詐也。」「檀」，堅韌之木材可為車。解見《將仲子》、《杕杜》篇。「煌煌」，毛云：「明也。」鄭云：「兵車鮮明也。」四馬曰駟。《說文》云：「一乘也。」

《爾雅》云：「騂馬白腹，騵。」按：赤馬黑鬣曰騮。此則赤色黑鬣而白其腹也。陸佃云：「騵從縓省。《禮》曰：『練而縓。縓，淺赤也。一染謂之縓，再染謂之䞓，三染謂之纁。』」《檀弓》云：「夏后氏戎事乘驪，殷人戎事乘翰，周人戎事乘騵。」毛云：「言上周下殷也。」孔云：「《檀弓》說『三代乘馬，各從正色』，而周不純赤，明其有義，故知白腹為上周下殷。戰為二代革易，故見此義。戎事乘騵，明非戎事不然。因武王所乘，遂為一代常法。」「彭」，通作「騯」，《說文》云：「馬盛也。」極言其盛，故重曰「騯騯」。陳祥道云：「《樂記》『夾振之而駟伐』，《詩》所謂『駟騵彭彭』是也。」魏浣初云：「武王革車三百兩，虎賁三千人。詩言師眾之盛，將帥之強，只在一片人心上看出。」「維」，語辭，下同。「師」，毛云：「太師也。」「尚父」，太公也，姜姓，呂氏，名尚。孔云：「父，男子之美號。文王得呂尚，立以為太師，號曰尚父，尊之為作此號。故《雒師謀》云『號曰師尚父』是也。」愚按：古人尚質，呼尚之名為尚父，亦猶周公呼奭為君奭也。《史記》云：「呂尚蓋嘗窮困年老矣，以漁釣奸周西伯。西伯將出獵，卜之曰：『所獲非龍非螭，非虎非羆。所獲霸王之輔。』於是周西伯獵，果遇太公於渭之陽，與語，大悅，曰：『自吾先君太公曰：當有聖人適周，周以興，子真是耶？吾太公望子久矣。』故號之曰太公望，載與俱歸，立為師。或曰太公博聞，嘗事紂，紂無道，去之，西歸周西伯。或曰呂尚處士，隱海濱，周西伯拘羑里，散宜生、閎夭素知而招呂尚，呂尚亦曰：『吾聞西伯賢，又善養老，盍往焉？』三人為西伯求美女奇物，獻之於紂，以贖西伯，西伯得以出，反國。言呂尚所以事周雖異，然要之為文、武師。後世之言兵，皆宗太公為本謀。」《韓詩外傳》云：「武王伐紂，到於邢丘，楯折為三，天雨三日不休。武王心懼，召太公而問曰：『意者紂未可伐乎？』太公對曰：『不然。折為三者，軍當分為三也。天雨三日不休，欲灑吾兵也。』武王曰：『然。』乃修武勒兵於寧，行克紂于牧之野。」李靖云：「昔太公佐武王，至牧野，遇雷雨，旗鼓毀折。散宜生欲卜吉而後行。此則因軍中疑懼，必假卜以問神焉。太公以謂腐草枯骨無足問，且以臣伐君，豈可再乎？」「時」，通作「是」。「鷹」，《爾雅》云：「鶆鳩也。」郭璞云：「『鶆』當為『鷞』字之誤耳。」羅願云：「鳥之摯者，雄大雌小，少皥氏以名司寇之官。蓋鷹正月則化為鳩，秋則鳩化為鷹，故鷹通有鳩名，在五鳩之數。」《禽經》云：「鷹不擊伏。」《裴氏新書》云：「鷹在眾鳥之間，若睡夢然，故積怒而後，全剛生焉。」「揚」，《說文》云：「飛舉也。」「時維鷹揚」者，孔云：「是維勇略如鷹之飛

揚。」羅云:「鷹好揚,隼好翔,故以比尚父之武。」陸佃云:「言其武之奮揚如此。《樂記》所謂『發揚蹈厲,太公之志也』。」陸化熙云:「要見義氣激烈,直欲夷大難以快人心意。」後漢高彪作《幽州督箴》云:「呂尚七十,氣冠三軍。詩人作歌,如鷹如鶡。」《世紀》云:「商容與殷民觀周師之入,見太公至,民曰:『是吾新君也。』容曰:『非也。視其為人,虎踞而鷹跱。當敵將眾,威怒自倍。見利即前,不顧其後。』」按:《史記》:「陳師牧野,武王使師尚父與百夫致師,以大卒馳帝紂師。紂師雖眾,皆倒兵以戰,以開武王。武王馳之,紂兵皆崩,畔紂。紂走登鹿臺,自燔於火而死。於是封功臣謀士,而師尚父為首封。」即此詩所言「鷹揚」事也。「涼」,《說文》云:「薄也。」萬尚烈云:「涼對炎字看。名雖為伐,而惟以三千人舉事。牧野之中,惟檀車爾,惟駟騵爾,惟師尚父。若此其涼涼然,未嘗若凡征伐者威靈氣燄炎炎然不可當也。何也?殷商之不敵已久,此惟一決焉耳,故上曰爕而此又曰涼也。」「肆」,通作「四」。「會朝」,朱子云:「會戰之旦也。」「清明」,以治象言之,言涼薄彼武王之師,雖不能與紂眾絜盛,而與四方諸侯共伐大商,計其會合兵眾,不過一朝旦之頃,而除去紂之穢濁,宇宙便見清明,《泰誓》所期「永清四海」,於茲始克慰矣。夫帝乙以受辛為適,而殷以亡。文王以武王為子,而周以興。雖曰人事,亦有天意存焉。詩人所以推原於發祥之所自也。沈萬鈳云:「詩詠一代之德,夫孰備於《大明》乎?觀其鋪張世家,溯流窮源,粵自王季,而大任,而文王,而大姒,而武王,而尚父,見其夫妻之同德焉,見其父子之同德焉,見其婦姑之同德焉,見其祖孫之同德焉,見其君臣之同德焉,見其天人之同德焉。嗚呼!具此六同,而八百年之基業不待卜而已定矣。」

　　《大明》八章,四章章六句,四章章八句。朱子云:「其章以六句、八句相間。」○《序》云:「文王有明德,故天覆命武王也。」今玩詩詞,固頌文、武,然實因文、武而揚厲及二母也,蓋不啻詳哉其言之矣,是果專為頌文、武而發者歟?若叔孫穆子以為此「兩君相見之樂」,則特舉其所用之一處而言,詩固不為兩君相見作也。又,《詩緯汎曆樞》有五際之說,以「大明在亥,為水始」,理則未詳。

文王有聲

《文王有聲》,詠文、武遷都豐、鎬之事,而重歎美之,以戒成王。
鄧元錫云:「前三章陳文王之伐,後六章皆武作鎬成文,卒其伐功之事,故以

王后、皇王變文目之。」郝敬云：「詩首尾四章稱文武者，文始之，武終之也。中四章稱王后、皇王者，繼諸侯而為天子也。作豐而王〔註77〕業始，作鎬而王業成。文王求寧，以始武也。武王詒孫，以終文也。」愚按：此詩言「以燕翼子」，當是作於成王之世。《子貢傳》謂「以訓成王」者是也。《申培說》以為「作於周公」。

文王有聲，庚韻。**遹駿**豐氏本作「俊」。**有聲**見上。**遹**《說文》、孫毓本俱作「欥」。**求厥寧，遹觀厥成。**庚韻。**文王烝哉！**每章各用「烝哉」一句結，不用韻，亦變體。○賦也。「有聲」，言有聲譽也，歌功頌德之謂。孔穎達云：「《孔子閒居》曰：『三代之王，必先其令聞。』是為『有聲』矣。」篇中四「遹」字俱當依《說文》作「欥」，云：「詮辭也」，字「從欠從曰，曰亦聲」。徐鍇云：「詮理其事之詞也。」「駿」，通作「俊」。《禮記疏》謂「倍人曰茂，十人曰選，倍選曰俊」，《說文》謂「材千人也」，《北史》謂「萬人之秀曰俊」，其說不一，要之皆賢人之稱也。特舉「遹駿有聲」者，立言之意與末章「武王豈不仕」相應，言文王固有聲矣，而又有俊傑之臣與之共事，故益使之有聲。《緜》詩所謂予曰有疏附、先後、奔奏、禦侮者也。「遹求厥寧」，自文王之心言之也。文王之心，惟期望天下之安寧。下文言「有此武功」，正除殘去暴，求為寧民計，非為私也。「成」，《說文》云：「就也。」「遹觀厥成」，兼武王言，自後人觀之也。殘暴去而民安，其後終於武王代紂而有天下，文王之汲汲求寧者至是果有成功矣。是雖文王以聖謨開先，而中間諸臣左右贊襄之力自不可少，故詩人不徒曰「文王有聲」，而必足之曰「遹俊有聲」也。「烝」，《說文》云：「火氣上行也。」字從火，蓋熾盛陞進之意。後倣此。○**文王受命，有此武功。**東韻。**既伐于崇，**東韻。《書大傳》作「密」。**作邑于豐。**東韻。**文王烝哉！**賦也。「命」者，天討有罪之命。《左傳》云：「戡定禍亂為武功。」《說文》云：「以勞定國也。」《周禮》云：「國功曰功。」「崇」，國名。伐崇事，詳《皇矣》篇。孔云：「經別言『既伐于崇』，則武功之言非獨伐崇而已。所伐邘，耆、密須、混夷之屬皆是也。而別言『既伐于崇』者，以其功最大，其伐最後，故特言之，為『作邑』張本，言功成乃作都也。」「作」者，創起之辭。「邑」，《說文》云：「國也。」又，《左傳》都邑互稱，都亦通名邑。「豐」，通作「酆」，《說文》云：「周文王所都，在京兆杜陵西南。」《通

〔註77〕「王」，底本誤作「三」，據四庫本改。按：原出郝敬《毛詩原解》卷二十六《大雅・文王有聲》，亦作「王」。

典》云：「酆在今長安縣西北靈臺鄉豐水上。」《括地志》云：「豐宮在鄠縣東三十五里。」《韓非子》云：「文王侵孟，克莒，舉酆，三舉而紂惡之。」鄒忠胤云：「文王以伐密之明年，伐崇。越三年，自程遷豐。豐即崇國之地，故言『作邑于豐』，而先之以『伐崇』。」季本云：「文王既滅崇，則拓地漸廣，而其民未馴，宜親撫治之，故徙居焉。」張子厚云：「文〔註78〕王邑於岐山之下，既基王跡矣。文王又遷於豐，武王又遷於鎬者，當是時，民歸之者日眾，無地以容之，必至於遷也。」愚按：二意皆有。○**築城伊淢**，叶質韻，于筆翻。《韓詩》、陸德明本俱作「洫」。**作豐伊匹**。質韻。亦叶屋韻，莫卜翻。**匪棘**《禮記》作「革」。《爾雅》作「悈」。陸本作「亟」。**其欲**，依《禮記》通作「猶」。尤韻。亦叶宥韻，余救翻。陸本作「慾」。豐本作「猷」。**遹**《禮記》作「聿」。**追來孝**叶尤韻，呼候翻。亦叶宥韻，許候翻。又叶屋韻，計六翻。《禮記》云：「孝者，畜也。」**王后烝哉！**賦也。「築」，《說文》云：「搗也。」「築室百堵」之「築」，謂築城牆也。《古今注》云：「城，盛也，以受人物。」「伊」，語辭，後同。「淢」，《說文》云：「疾流也。」毛、鄭作「洫」字解，非是。築城於水所疾流之處，指城鎬也。《雍大記》云：「鎬水在長安縣西北十八里。」《水經注》云：「鎬水上承鎬池於昆明池北，周武王之所都也。自漢帝遷昆明池於是地，基搆淪褫，今無可究。鎬水又北流，西北注，與滮池合。又北徑於渭。」《廟記》云：「長安城西有鎬池，在昆明池北，周匝二十一里，漑池二十三頃。」《帝王世紀》云：「今鎬池即周之故都也。」按：《竹書》：「商帝辛三十五年，西伯自程遷於豐。三十六年，西伯使世子發營鎬。」其事尚在文王作辟廱、靈臺之前，即此章所詠也。「匹」，耦也。按：布帛長四丈為匹。其字從八從匸。八揲為一匹。匸者，盛布帛之器也。《詩》、《書》多用為配偶之義，當是以音同。「妃」，《說文》訓「妃」為「匹」，亦以此爾。「作豐伊匹」，與《周書·雒誥》篇「作周匹休」語意正同。成王命周公營洛，與周對峙，為周之匹。今文王命武王營鎬，與豐對峙，亦為豐之匹也。此下三章皆言營鎬事，而詩人隱鎬字不出，乃文筆之幻處。「棘」，通作「亟」，鄭云：「急也。」「欲」，《說文》云：「貪欲也。」若依《禮記》，通作「猶」，則謂謀慮也，意亦相通。輿圖漸拓，營建日廣，似乎逼上而有急於取天下之意，是之謂「棘其欲」也。鄒云：「『作豐伊匹』，兩都相望，如作之耦也。文作豐矣，武復作鎬，

〔註78〕按：「文王」與下文重複。所引張子之說見《詩緝》卷二十六，作「大王邑於岐山之下」。

宜若已棘然，然匪棘欲也，追孝也。」「追」，猶逐也，是追而及之之意。「來孝」，指文王言。「來」者，自岐之程而又來豐也。上體先志，改建都邑，於以安民，使世業不墜。後昆永保，孝孰如之！武王竭蹶營鎬，其心亦惟欲追及文王來豐之孝而已。《禮器》篇云：「禮，時為大，順次之，體次之，宜次之，稱次之。堯授舜，舜授禹，湯放桀，武王伐紂，時也。《詩》曰：『匪革其猶，聿追來孝。』」按：觀此可以明此詩之義。劉公瑾云：「孝者，善繼志，善述事者也。文王所求乎子，即文王所以事父者也，故曰父作之，子述之。」朱善云：「文王之孝，有以追先人之志。武王之孝，有以成文王之功。此周之王業所以盛也。」萬時華云：「周家父子兄弟之間，王季與夷、齊分讓不讓兩局。王季不讓便是友，讓便不友。君臣之間，武王與舜、禹分征誅禪受兩局。征誅便是孝，不征誅反是不孝。武王化家為國，化侯為王，全是曲體先人至孝處。夫子達孝之稱，正本於此。」「王后」，指武王也。後倣此。自今日言之為王，自昔日言之則但為后。后者，君之通稱。此以武王未有天下之時言，故其稱與後章皇王異。又按：武王遷都於鎬，史不載其何時。沈約謂「有天下後始都鎬」，殊無所據。以此詩觀之，疑武王嗣位為諸侯，便都鎬也。鄭玄亦謂「居鎬之後始伐紂」。○**王公伊濯，維豐之垣。**叶寒韻，胡官翻。**四方攸同，王后維翰。**叶寒韻，河干翻。**王后烝哉！**賦也。「王公」，指文王也。自今日追王稱之為王，自昔日為西伯時稱之，其爵則上公也。考《竹書》，邠侯組紺稱侯，至周公亶父、周公季歷已進爵稱公矣。又，凡國人稱本國之君皆曰公。以王公稱文王，亦文王未嘗稱王之一證。「濯」，《說文》云：「瀚也。」取灑濯更新之意。「垣」，《說文》云：「牆也。」文王始遷於豐，重新氣象，覆命武王營鎬邑，以為豐之藩籬，故以垣稱。鄧云：「『維豐之垣』，聲靈羅絡，如作之蔽也。」「四方攸同」者，鄭云：「天下同心歸之。」「翰」，鳥羽也。吾師蔡先生毅中云：「翰即羽翰之翰。鳥以翰蔽身，王以德蔽天下。言文王營鎬，但欲固豐邑之藩。及武王居之，而大邦小邦咸倚賴焉，則直可為四方之屏蔽。以其時尚未有天下，故仍以王后稱之。」○**豐水東注，維禹之績。**叶陌韻，讀如積，資昔翻。**四方攸同，皇王維辟。**陌韻。**皇王烝哉！**興也。《雍大記》云：「豐水出長安縣西南五十里終南山灃谷。其源闊一十五步，其下闊六十步，水深三尺。自鄠縣界來入咸陽，合渭水。」《尚書》作「灃」。《文子》云：「老子曰：『灃水之深十仞，而不受塵垢，金鐵在中，形見於外矣。』」《帝王世紀》云：「豐、鎬皆在長安之西南。」《後漢書注》云：「豐、鎬相去

二十五里。」鄭云：「豐邑在豐水之西，鎬京在豐水之東。」董鼎云：「周之建都在豐鎬，豐水正居其中。」嚴云：「《禹貢》：『東會於灃。』注云：『灃水自南而合。』蓋灃水自南而北流入渭，故豐在其西，鎬在其東。經言東注者，是會渭之後，乃東注入河也。」《水經注》云：「渭水東與豐水會矩陰山，無他高山異巒，惟原阜石徵而已。」「續」，《說文》云：「緝也。」人之功業必繇積累而成，如緝續然，故《爾雅》轉訓續為功為業也。「皇」，《說文》云：「大也。」《白虎通》云：「君也，美也，大也。」號之為皇者，煌煌人莫違也。按：王已為天子之稱，今又加皇者，大之也。孔云：「此與下章俱言皇王，而下有鎬京之事，知此皇王為武王也。」「辟」，《說文》云：「法也。」《爾雅》轉訓為君者，以君為人所取法也。嚴云：「豐鎬在豐水之東西，二都皆可言豐水。此章皇王稱武王，則『豐水東注』指鎬京所見而言也。言豐水之所以會渭而東注於河者，是禹之功也。武王作邑于豐水之東，而四方之所以同歸周者，以武王為天下之君也。蓋以武王之功配禹，皆除害濟民也，武王誠得人君之道也。變『王后』言『皇王』，一統天下，其事又大也。」愚按：詩以豐水興四方，以東注興攸同，以武王之能君天下興神禹之能治洪水，意正贊武王，不在思禹功，故知是興，非賦也。○**鎬京辟廱**，冬韻。《說苑》作「雝」。**自西自東**，叶冬韻，讀如冬，都宗翻。**自南自北**，職韻。**無思不服**。叶職韻，鼻墨翻。**皇王烝哉**！賦也。「鎬」，通作「滈」。地以水得名，《史記》「灃滈」、《荀子》「武王以滈」是也。《後漢‧地理志》云：「鎬在京兆尹上林苑中。」《古史考》云：「武王遷鎬，長安豐亭鎬池也。」「辟廱」，解見《靈臺》篇。張子厚云：「靈臺辟廱，文王之學也。鎬京辟廱，武王之學也。至此始立為天子之學矣。」愚按：武王之遷鎬已久，及有天下，鎬始稱京。辟廱在鎬京中，所以教天下。春射秋饗，尊事三老、五更之處，武王所首重，故特舉而言之。《樂記》：「子曰：『武王克殷反商，散軍而郊射，左射狸首，右射騶虞，而貫革之射息也。裨冕搢笏，而虎賁之士說劍也。』食三老、五更於太學，天子袒而割牲，執爵〔註79〕而饋，執爵而酳，冕而總幹，所以教諸侯之弟也。若此，則周道四達，禮樂交通。」愚按：此詩首詠辟廱，即武王散軍而郊射之事，所謂偃武修文者也。郊射者，習射於郊學之中，其地在西郊。所謂右學，又謂之射宮，射則歌《騶虞》之詩以為節。左學在國中之左，謂之澤宮，射則歌《狸首》之詩以為節。先儒謂在國中為大學，在西郊者為小學，然總之皆名辟廱

〔註79〕「爵」，四庫本作「醬」。按：此引文見《史記》卷二十四《樂書》，亦作「醬」。

也。祖而割牲者，袒衣而割制牲體，為俎實也。饋，進食也。酳，食畢而以酒
虛口也。總干者，總持干盾，以立於舞位也。鄭云：「自，繇也。武王於鎬京
行辟廱之禮，自四方來觀者皆感化其德心，無不服者。」孔云：「既言辟廱，
即云四方皆服，明繇在辟廱行禮，見其行禮，感其德化，故無不歸服也。辟廱
之禮，謂養老以教孝悌也。」或謂東、西、南、北四自字，皆汎言之，不必當
時觀禮者，以武王教化大行，故聞風心服。亦通。《左傳》：「周景王曰：『我自
夏以后稷、魏、邰、芮、岐、畢，吾西土也。及武王克商，蒲姑、商奄，吾東
土也；巴、濮、楚、鄧，吾南土也。肅慎、燕、亳〔註80〕，吾北土也。』」其
數四方之次第，正與此同。周自西土興，近者先被其化，其後乃漸及於東，故
曰「自西自東」。周自文王化已南行於江漢，其後乃漸及於北，故曰「自南自
北」。皆對舉之辭，亦立言之序也。張子厚云：「『無思不服』，心服也。天下不
心服而王者，未之有也。」劉向云：「孔子曰：『移風易俗，莫善於樂。安上治
民，莫善於禮。是故聖王修禮文，設庠序，陳鍾鼓，天子辟廱，諸侯泮宮，所
以行德化。《詩》云：鎬京辟雍，自西自東，自南自北，無思不服。此之謂也。』」
《禮·文王世子》篇云：「天子視學，大昕鼓徵，所以警眾也。眾至，然後天
子至，乃命有司行事，興秩節，祭先師先聖焉。有司卒事，反命。始之養也：
適東序，釋奠於先老，遂設三老、五更、群老之席位焉。適饌省醴，養老之珍
具，遂發詠焉。退修之，以孝養也。反，登歌清廟。既歌，而語以成之也。言
父子、君臣、長幼之道，合德音之致，禮之大者也。下管《象》，舞《大武》，
大合眾以事，達有神，興有德也。正君臣之位，貴賤之等焉，而上下之義行
矣。有司告以樂闋，王乃命公、侯、伯、子、男及群吏，曰：『反，養老幼於
東序。』終之以仁也。是故聖人之記事也，慮之以大，愛之以敬，行之以禮，
修之以孝養，紀之以義，終之以仁。是故古之人一舉事，而眾皆知其德之備
也。古之君子，舉大事必慎其終始，而眾安得不喻焉。」《祭義》篇云：「祀先
賢於西學，所以教諸侯之德也。食三老、五更於太學，所以教諸侯之弟也。是
故鄉里有齒而老窮不遺，強不犯弱，眾不暴寡，此繇大學來者也。」又，《孝
經》：「子曰：『昔者，明王事父孝，故事天明；事母孝，故事地察；長幼順，
故上下治；天地明察，神明彰矣。故雖天子必有尊也，言有父也；必有先也，
言有兄也。孝悌之至，通於神明，光於四海，無所不通。《詩》云：自西自東，
自南自北，無思不服。』」《祭義》篇：「曾子曰：『夫孝，置之而塞乎天地，溥

〔註80〕「亳」，底本誤作「毫」，據四庫本、《左傳·昭公九年》改。

之而橫乎四海，施諸後世而無朝夕，推而放諸東海而準，推而放諸西海而準，推而放諸南海而準，推而放諸北海而準。《詩》云：自西自東，自南自北，無思不服。此之謂也。』」《孟子》云：「以力服人者，非心服也，力不贍也。以德服人者，中心悅而誠服也，如七十子之服孔子也。《詩》云：『自西自東，自南自北，無思不服。』此之謂也。」《荀子》云：「志意定乎內，禮節修乎朝，法則度量正乎官，忠信愛利形乎下。故近者歌謳而樂之，遠者竭蹶而趨之，四海之內若一家，通達之屬莫不從服。夫是之謂人師。《詩》云：『自西自東，自南自北，無思不服。』此之謂也。」愚按：辟廱之說，莫重於養老。養老本於天子之孝悌，而因以教天下之孝悌，此以善養人之大者，故聖王盡心焉。○**考卜維**《禮記》作「惟」。下同。王，陽韻。**宅**《禮記》作「度」。**是鎬京。**庚韻。亦叶陽韻，居良翻。**維龜正之，武王成**庚韻。亦叶陽韻，辰羊翻。**之。武王烝哉！**賦也。「考」，《說文》云：「老也。」父之稱也。禮：父亡稱考。《儀禮》「卜葬其父某甫考」是也。或引《書》言「奔走事厥考厥長」。又，《蒼頡篇》曰：「考妣延年。」則明非死生之異稱矣。鎬雖武王所都，而實營於文王之世，故曰「考卜」，蓋卜云其吉而後營之。按：《逸周書》：「文王受命之九年，時維暮春，在鄗，謂太子發曰：『吾語汝。』」則文王固嘗居鎬矣，特不嘗居耳。曰「維王」者，言至今日遂為興王之地也。「宅是鎬京，維龜正之」二句相聯看。「宅」，《爾雅》云：「居也。」「正」，猶定也。鄭云：「謂得吉兆。」言武王所以居是鎬京者，以文王當日契龜之時，龜已出吉兆以正告之，故武王遂決〔註81〕意往遷於彼也。然則文王何以不遷也？曰：時之未至，文王猶可以無遷。可以無遷而遽遷焉，則為棘其欲矣，故文王留之以有待也，聽後人之為之也。「成」，《說文》云：「就也。」鄭云：「武王伐紂定天下，成龜兆之占也。」孔云：「龜正定其吉，云此地可居，居之而得天下，是為成龜兆之占也。」《坊記》：「子云：『善則稱人，過則稱己，則民讓善。《詩》云：考卜惟王，度是鎬京。惟龜正之，武王成之。』」前稱武王為王后，已而為天子，則稱皇王，至此舉謚者，詩作於武王既喪之後，故述其事而歎美之也。言「成之」，正與首章言「聿觀厥成」相應。○**豐水有芑，**紙韻。**武王豈不仕？**紙韻。《晏子春秋》作「事」。**詒**《晏子春秋》作「貽」。**厥孫謀，以燕**《後漢書》作「宴」。**翼子。**紙韻。**武王烝哉！**興也。前言武王受命之事已畢，至此又舉其為子孫計深遠者言之，為篇末餘

〔註81〕「決」，底本誤作「央」。

波，而實訓嗣王圖任舊人，以申章首發端，即言「遹駿有聲」之意。「芑」，嚴以為「維穈維芑」之「芑」。按：經言「豐水有芑」，恐非指嘉穀言。孔以「豐水之傍有芑菜」者，近之。陸璣云：「芑菜似苦菜，莖青白色，摘其葉，白汁出，脆，可生食，亦可蒸為茹。青州人謂之芑。西河雁門芑尤美，胡人戀之，不出塞。」服官曰仕。豐水興武王，芑興仕者，豐水潤澤之地，則芑菜叢生焉；武王聖仁之君，則仕者湊集焉。凡生於武王之時，豈有抱德懷才而不仕者乎？是雖仕者之歸心於武王，亦繇武王汲汲旁求，一念有以召致之。《武成》言成王建官維賢，位事維能。《論語》言武王修廢官，四方之政行焉；舉逸民，天下之民歸心焉。此士之所以願立於朝而樂為之用也。又，《晏子春秋》云：「景公與晏子登寢而望國，公愀然而歎曰：『使後嗣世世有此，豈不可哉？』晏子曰：『臣聞明君必務正其治，以事利民，然後子孫享之。《詩》云：武王豈不仕？詒厥孫謀，以燕翼子。今君處佚怠，逆政害民有日矣，而猶出若言，不亦甚乎！』」此解與毛、鄭同。朱《傳》所謂「豐水猶有芑，武王豈無所事乎？『詒厥孫謀，以燕翼子』，則武王之事也」，於理亦通，並存之。「詒」，《說文》云：「遺也。」當通作「貽」。鄭云：「猶傳也。」《說文》云：「慮難曰謀。」「燕」，通作「晏」，《說文》云：「安也。」「翼」，即羽翼之翼。「孫」，所該者遠。「子」，則指成王也。嚴云：「人材，武王無不用之，蓋欲傳其孫之謀而燕安，翼輔其子耳。曾孫、玄孫以下皆孫也。謀及於孫之遠，則其子可知矣。聖人於子孫之計，莫大於遺之以人材，所謂『敷求哲人，俾輔於爾後嗣』也。」班彪云：「昔成王之為孺子，出則周公、召公、太史佚，入則太顛、閎夭、南宮括、散宜生，左右前後禮無違者，故成王一日即位，天下曠然太平。」《左・文三年》：「秦伯伐晉，遂霸西戎，用孟明也。君子是以知秦穆公之為君也，舉人之周也，與人之壹也。子桑之忠也，其知人也，能舉善也。《詩》曰：『詒厥孫謀，以燕翼子。』子桑有焉。」子桑，公孫枝字。舉孟明者，觀此可以得詩意矣。《表記》云：「子言之，仁有數，中心憯怛，愛人之仁也。《詩》云：『豐水有芑，武王豈不仕？詒厥孫謀，以燕翼子。』數世之仁也。」徐光啟云：「帝王之視天下也，重為萬世之子孫謀，即為萬世之天下謀也。」

《文王有聲》八章，章五句。《序》云：「繼伐也。武王能廣文王之聲，卒其伐功也。」愚按：此特因「既伐于崇」一語而敷衍之，其實詩為遷都詠，不為伐功詠也。朱子謂「此詩言文王遷豐、武王遷鎬之事」，是已。而從

孔氏之說，謂「上四章言文王，後四章言武王」，然於文王則先稱「文王」，後稱「王后」，於武王則先稱「皇王」，後稱「武王」，錯互不倫，難為解說。蘇轍謂「文王其正號，於文王後言王后者，以老而稱王。於武王先言皇王者，以即位而稱王故也」。夫文王既皆稱王矣，何得有王后、皇王之異？且商命未革，文、武果曾稱王否乎？觀《泰誓》武王稱文王止曰文〔註82〕考，至《大誥》武成追王，始稱文王，此文王生前不稱王之驗。武王牧野誓師，所告者不過司徒、司馬、司空，猶未備天子六卿之制，則亦武王為諸侯時不稱王之驗也。是皆關係名教之大者，故不可以不辨。又，前五章既皆以為都豐之事，至六章始言鎬京，而辟廱之美反在宅鎬之前，其於先後更失倫次。唯潛谷鄧氏以「後六章皆言武王」，深得其解，今從之。先儒又謂《維清》奏象舞，合此詩為九德之歌，所謂頌合大雅例如此，未知何據。

思文

《思文》，郊祀后稷，以配天之樂歌。出《申培說》。周公所作也。孔穎達云：「《孝經》云：『昔者周公郊祀后稷以配天。』是后稷配天，周公為之。又，《國語》云：『周文公之為頌，曰：思文后稷，克配彼天。』是此詩周公所作也。」按：《祭法》云：「周人禘嚳而郊稷。」《公羊傳》云：「郊則曷為必祭稷？王者必以其祖配。王者則曷為必以其祖配？自內出者無匹不行，自外至者無主不止。」《史記》云：「王者天太祖。」《郊特牲》云：「萬物本乎天，人本乎祖，此所以配上帝也。郊之祭也，大報本反始也。」然郊禮有二，而皆配以后稷。《家語》：「定公問於孔子曰：『寡人聞郊而莫同，何也？』孔子曰：『郊之祭也，迎長日之至也。大報天而主日，配以月，故周之始郊，其月以日至，其日用上辛。至於啟蟄之月，則又祈穀於上帝。此二者，天子之禮也。』公曰：『郊之牲若何？』孔子曰：『上帝之牛，角繭栗，必在滌三月。后稷之牛惟具。』」今《思文》之詩，據《序》及蔡邕《獨斷》，皆以為祀后稷配天矣，然未知其為迎長日之郊與？抑為祈穀之郊與？曰：此迎長日之郊也。於何知之？曰：於「貽我來牟」一語知之。郝敬云：「冬至郊祀，惟二麥生，《易》所謂『復見天地之心』者也。」或又問：此郊也，即圜丘之郊乎？曰：即圜丘之郊也。《祭法》歷敘四代禘郊之禮，禘文皆在郊上。鄭玄不察，疑禘更大於郊，

〔註82〕「文」，底本誤作「又」，據四庫本改。

於是以《祭法》之禘為祀天圜丘，以嚳配之，而於稷之配禘則直以為正月配祀感生帝於南郊而已。感生帝者，東方青帝靈威仰，周為木德。威仰木帝，言以后稷配蒼龍精也。王肅駁之，謂「漢世英儒自董仲舒、劉向、馬融之倫皆言周人祀昊天於郊，以后稷配，無如玄說配蒼帝也」。且《詩》云「克配彼天」，蒼龍不過天之司吏，而稷所作合，僅僅如是耶？若《祭法》先言禘、後言郊者，楊氏引「《大傳》云：『禮不王不禘，王者禘其祖之所自出，諸侯只及其太祖，大夫惟有功始祫其高祖。』所論宗廟之祭隆殺遠近爾，於祀天乎何與？郊止於稷，而禘上及乎嚳，禘之所及者最遠，故先言之爾」。此其論確矣。愚於天與上帝之辨亦兼取鄭氏六天之說，然五帝即五行，謂是天之一體則可。祀天而兼及五帝，禮之所有也。若謂一代必各祀其感生帝，則讖緯之陋說，雖秦、漢多祖述之，明禮之君子所不敢信也。又，《周禮・夏官節服氏》：「郊祀裘冕，二人執戈，送逆尸，從車。」羅泌云：「舜入唐郊，丹朱為尸。晉祀夏郊，董伯為尸。則祭天有尸矣。而《公羊》、《白虎通》、《五經異義》俱以為祭天無尸，則似失之。」按：張子厚云：「天地山川之類，非人鬼者，恐皆難有尸。節服氏言郊祀有尸，不害后稷配天而有尸也。」張說似近理。靈星之尸亦同此意，但未知於古制有合否耳。

思文后稷，職韻。**克配彼天。立我烝民，莫匪爾極**。職韻。貽《漢書》作「飴」。陸德明本作「詒」。**我來**《漢書》作「釐」。《文選注》作「嘉」。**牟**，《漢書》、《字書》俱作「麰」。《文選注》、陸本俱作「𤚲」。**帝命率育，無此疆**豐氏本作「畺」。**爾界**，叶職韻，訖力翻。**陳常于時夏**。此篇但用稷、極、界三字為韻，亦變體。○賦也。嚴粲云：「后稷，人臣，而周人推以配天，疑於追崇之過，此詩發明之。」「思文」，鄭玄云：「周公思先祖有文德者。」孔云：「后稷有此文德，故周公思之。」韋昭云：「經緯天地曰文。」萬時華云：「后稷教稼，本是小民本分中極質極樸之事，然經天緯地俱從艱食中出，天下文章孰大於是，故曰思文。」一說：萬尚烈云：「史贊堯而曰文思，稷曰思文，一也，特字之上下不同爾。彼注文思者，曰：道德純備曰文。《諡法》：『謀慮不愆曰思。』則以此二義加於后稷，豈不當乎？」亦通。「后稷」，解見《生民》篇。「克」，能也。「配」，通作「妃」，《說文》云：「匹也。」曹氏云：「天地能生之而不能養之，苟不得其養，則亦弗克遂其生矣。惟后稷能養人，故其功足以配天矣。」劉公瑾云：「真可配天，故謂之『克配』，如文王之克明德也。」「立我烝民」二句，正「克配」之實。「立」，即「為生民立命」之「立」。

張文潛云：「免於僕之謂立。『立我烝民』者，食而後免於顛仆之患也。」「烝」，
眾也。按：火氣上行為烝。人眾則氣熱，故烝有眾義。「莫」，通為「無」，音
之轉也。「匪」，通作「非」，字之近也。「極」，徐鍇云：「屋脊之棟也。」舊注
訓極為中義，蓋本此。鄭云：「天下之人無不於爾時得其中者，言反其性。」
嚴云：「民心莫不有是中，而阻饑則失其常心。自后稷播時百穀，存立眾民之
命，而後各復其受中之性，是民之中皆是后稷之中也。天能予民以中，后稷
能全民之中。天以遍覆為德，后稷則達天之德。推后稷以配天，信無慊矣。」
又云：「中者，民心所自有，特因后稷有以養之而勿喪耳，非后稷以己之中予
之。而曰『莫匪爾極』，何也？后稷之心與斯民之心同此一中，非二物也。斯
民既全其中，則斯民與后稷同此心，亦同此理，更無差別。民之中即后稷之
中，故曰『莫匪爾極』。《康衢》所詠爾極，《洪範》所謂汝極，《天保》所謂爾
德，《君牙》所謂惟爾之中，其意一也。」《左·成十六年》：「申叔時曰：『德
以施惠，刑以正邪，詳〔註83〕以事神，義以建利，禮以順時，信以守物。民
生厚而德正，用利而事節，時順而物成。上下和睦，周旋不逆，求無不具，各
知其極。故《詩》曰：立我烝民，莫匪爾極。是以神降之福，時無災害，民生
敦厖，和同以聽，莫不盡力以從上命。』」《周語》：「芮良夫曰：『夫王人者，
將導利而布之上下者也，使神人百物無不得其極。故《頌》曰：思文后稷，克
配彼天。立我烝民，莫匪爾極。』」楊觀光云：「禹平水土，易巢窟為廬舍。凡
萬世之民免魚龍之患者，皆禹安之，通計得什之五。契制人倫，以仁義還心
性。凡萬世之民免禽獸之憂者，皆契成之，通計得什之七。稷教稼穡，以飲食
通天地之和。凡萬世之民具饑渴之質者，稷生之，通計得什之十。故禹之功，
多於南而少於北；契之澤，深於賢而淺於愚；稷之德，無貴賤貧富、山澤高
下、靈蠢飛走，粒食罔不賴。天美報之，或身或子孫，皆有天下，而微具分
別。夏四百，殷六百，周八百是也。」「貽我來牟」，據冬至郊祀時所見之物言
之也，說見本篇《小引》下。「貽」，《爾雅》、《說文》皆云：「遺也。」遺，猶
與也。「來牟」，麥名，《說文》云：「來者，周所受瑞麥，一來二縫，其字象芒
束之形。」又云：「天所來也，故為行來之來。」「牟」，通作「麰」。《孟子》
云：「今夫麰麥，播種而耰之，其地同，樹之時，又同浡然而生，至於日至之
時，皆熟矣。」謂此牟也。但「來牟」二字，《說文》每合言之，不別其為一
物二物。張揖《廣雅》以「麰為大麥，來為小麥」，而羅願則引「《呂氏春秋》

〔註83〕「詳」，四庫本作「祥」。按：《左傳》作「詳」。

曰：『孟夏之昔，殺三葉而獲大麥』。注：『昔，終也。三葉，薺、亭藶、菥冥
也。』牟之始，蓋后稷受之於天，故《詩》曰『貽我來牟』，又曰『於皇來牟』。
劉向以為釐麰麥也。始自天降，此皆以和致和，獲天助也。然則來、麰一物，
明矣」。愚按：《孟子》言麰麥，以麥種非一，故繫麰於麥上，所以別異於他麥
也。麰既得專名矣，更加以來之名，無乃贅累？疑從《廣雅》為允。不然，
《孟子》何以云麰麥，不云來麰乎？來牟之始，雖或為天所賜。而此詩則第
言后稷教民樹藝，至今人傳習之，謂之貽我耳，非真如劉向所云「武王、周
公繼政，諸侯和於下，天應報於上」，有若後世雨粟之事也。而鄭《箋》乃更
過信偽《泰誓》之言，謂「武王渡孟津，白魚躍入舟，出涘以燎。後五日，
火流為烏，五至以穀俱來」。且引《詩》說，謂「烏以穀俱來者，所以紀后稷
之德」〔註84〕。其荒唐不根甚矣。「帝命率育」二句，祈禱之辭也。以形體言
之謂之天，以主宰言之謂之帝。「命」，猶使也。「率」，通作「衛」，循也，遍
歷之意。「育」，《爾雅》、《說文》皆云：「養也。」對彼為此，對我為爾，皆
互文也。「疆」，本作「畺」，《說文》云：「界也。從畕。三，其界畫也。」「界」，
《說文》云：「境也。」按：疆既訓界，則二義無別。以字求之，畺從二田，
是總彼此之田界而言；界從田從介，介者，畫也，則但主言一田之界耳。言
此時也，我民既傳后稷之教，以藝此來牟矣。帝其使三時不害，普天之下各
得其養，而無此疆爾界之殊乎？《孟子》曰：「其有不同，則地有肥磽，雨露
之養，人事之不齊也。」是則「此疆爾界」之所為異，而《詩》之所深慮也。
《大戴禮》載古祝辭曰：「皇皇上天，照臨下土。集地之靈，降甘風雨。庶物
群生，各得其所。靡今靡古，維予一人，某敬拜皇天之祐〔註85〕。」正與此
詩同意。段氏云：「詩言來牟者二，蓋麥者，五穀成熟之最先，一歲豐稔之占，
故養民者以此為善。」羅云：「麥者，接絕續乏之穀。夏之時，舊穀已絕，新
穀未登。民於此時乏食，而麥最先，故以為重。」董仲舒曰：『《春秋》於他
穀不書，至無麥禾則書之，以此見聖人於五穀最重麥與禾也。』因說武帝，
勸關中種麥。而《明堂》、《月令》亦有『仲秋勸種麥』之文，其有失時，行
罪無疑。凡以接續所賴，懼民不以為意耳。麥比他穀，獨隔歲種，故號宿麥。
說者或以為首種。」「陳常於時夏」，指今日所行郊祀之禮而言。冬至郊祀，
歲一舉行，以此為常，故曰「陳常」。「時」之言「是」，亦音通也。「夏」，即

〔註84〕按：鄭《箋》：「《書》說烏以穀俱來，云穀紀后稷之德。」引作「《詩》說」，非。
〔註85〕「祐」，底本誤作「祜」，據四庫本、《大戴禮記‧公冠第七十九》改。

九夏之夏。按：《周禮‧太司樂》職云：「凡樂事，大祭祀，宿縣，遂以聲展之。王出入，則令奏《王夏》。尸出入，則令奏《肆夏》。牲出入，則令奏《昭夏》。」郊祀，大祭祀也，循常禮而行當奏此三夏，故曰「陳常於是夏」，所以著其為盛禮也。

　　《思文》一章，八句。呂叔玉謂此詩即《國語》金奏之三所稱渠者。而鄭玄為之說曰：「渠者，大也，美稷配天王道之大也。」其說固已迂謬難通。韋昭謂「即九夏中之《納夏》」。而朱子又引「或曰：此所謂《納夏》者」，亦以其有時夏之語而命之也。然於納之義何取？要皆影響不足信，詳見《時邁》篇《小引》下。《子貢傳》闕文。

生民

《生民》，郊祀后稷，以祈穀也。禮：啟蟄之月，上辛之日，祈穀於上帝，以后稷配，為田功所自始也。《夏小正》云：「正月啟蟄。」《月令》云：「孟春之月，天子乃以元日祈穀於上帝。」《左‧襄七年》：「孟獻子曰：『郊祀后稷，以祈農事也。是故啟蟄而郊，郊而後耕。』」《家語》：「孔子曰：『郊之祭也，迎長日之至也。周之始郊，其月以日至，其日用上辛。至於啟蟄之月，則又祈穀於上帝。』」馬端臨云：「古者一歲，郊祀凡再。」楊氏云：「冬至之郊為大報天，正月之郊為祈穀。二郊不同，而皆配以后稷。」按：《周禮》祀天與祀上帝異稱，各有所謂。《孝經》言「周公郊祀后稷，以配天宗；祀文王於明堂，以配上帝」，亦各異文。若祈穀之郊，據《月令》與《家語》，皆以為事上帝。而此詩末章亦曰「上帝居歆」，此以知其為祈穀也。其上章曰「以興嗣歲」，益以明末章所言豆登之祀在正月也。因祈穀而詳述后稷之農事，又因述后稷之農事而推本於所自生，見天為粒食烝民而生后稷，此其所以配也。后稷於長至配天，其樂歌則《思文》之詩；於元日配上帝，其樂歌則《生民》之詩。《思文》簡而《生民》繁者，配天止渾然一天而已，故以簡質為尚；配上帝則兼天與五帝，其禮繁，故其辭亦繁。羅泌謂「日至，天帝用事之始，故事天帝。孟春，五帝用事之始，故祀五帝」。郊之必用上辛者，何也？取其新潔莫先也。祈穀之郊稱元日者，何也？元之為言善也。甲乙丙丁等謂之日，以用辛，故稱元日。猶下文言「乃擇吉辰，天子親載耒耜」，則以子丑寅卯等謂之辰，耕用亥日，故稱元辰也。祈穀與長至兩郊，冬至日初長，故云迎長日之至。而鄭玄以二祭為一，且引《易緯》，謂「三王之郊一用

夏正」,又以為春分日漸長曰長至,於論疏矣。祭天而必以祖配者,孔穎達謂「天無形象,推人道以事之,當得人為之主」,是也。《郊特牲》則云:「萬物本乎天,人本乎祖,此所以配上帝也。郊之祭也,大報本反始也。」愚謂長至之郊,稷固以祖配,若祈穀之郊,稷寔以功配,無教民稼穡之功,安得祈穀配帝乎?又,魯郊以夏正孟春,《家語》載孔子謂「魯無冬至大郊之事,降殺於天子,是以不同」。葉適云:「魯雖得郊,不得同於天子,故使因周郊之日,以次上辛,三卜不從,至建寅之月而止,乃不郊。書於《春秋》者甚明,則魯郊殆周祈穀之郊而已。」此詩疑亦周公所作。太史公云:「夫天下稱頌周公,言其能論歌文、武之德,達大王、王季之思慮,爰及公劉,以尊后稷也。」

厥初生民,真韻。**時維姜嫄**。叶真韻,魚倫翻。**生民如何?克禋克祀**。紙韻。**以弗**豐氏本作「祓」。**無子**,紙韻。**履帝武敏歆**,句。朱子以歆字屬下句讀,無此文法。**攸介攸止**。紙韻。**載震載夙**,屋韻。亦叶職韻,相即翻。**載生載育**,屋韻。亦叶職韻,曰逼翻。**時維后稷**。職韻。○賦也。「厥」,乃發石,當通作「欮」,從欠從屰。欠,《說文》云:「張口氣悟也。」屰,音逆,《說文》云:「不順也。」蓋初張口而氣未順,故以為發語辭。「初」,《說文》云:「始也。」「民」,汎指天下之人也。鄭樵云:「民賴五穀以生,其初生此民者誰與?是維姜嫄也,以后稷生於姜嫄故也。」張文潛云:「姜嫄生后稷而謂之生民者,蓋后稷教民食。食者,民待之以生故也。故《思文》祀后稷之詩曰『立我烝民,莫非爾極』,蓋免於死之謂生,免於僕之謂立,食而後免於死亡顛仆之患,則后稷之於民寔生之者也。」「時」之言「是」也。「姜」,姓也,炎帝之後。《晉語》云:「黃帝以姬水成,炎帝以姜水成,成而異德,故黃帝為姬,炎帝為姜也。」「嫄」,《說文》以為「周棄母字」,鄭《箋》以為名,未知其審。《列女傳》云:「邰侯之女也。」諸載記俱作「邰」,惟《說文》、《吳越春秋》作「台」。羅泌《路史》云:「后稷母有駘氏,魯東邰地,今沂之費縣南,故駘亭是也。地接齊、邾。亦作台。故越使魯還邾田,封境至於駘上。莒人伐我,圍台。泊哀公時,齊亂,景公子荼遷於駘,則入齊矣,非武功之邰也。」毛《傳》云:「后稷之母,配高辛氏帝焉。」鄭玄云:「姜嫄當堯之時,為高辛氏世妃。」按:高辛者,帝嚳之號。《吳越春秋》、《史記》皆以姜嫄為帝嚳元妃。《大戴禮》云:「帝嚳卜其四妃之子,皆有天下。上妃有邰氏之女,曰姜嫄,生后稷。次妃有娀氏之女,曰簡狄,生契。次妃陳鋒氏之女,曰慶

都，生帝堯。下妃姬訾之女，曰常儀，生摯。」孔穎達云：「《家語》、《世本》其文亦然。其後劉歆、班固、賈逵、馬融、服虔、王肅、皇甫謐等皆以為然。鄭信讖緯〔註86〕，以《命曆序》云『少昊傳八世，顓頊傳九世，帝嚳傳十世』，則堯非嚳子。稷年又小於堯，則姜嫄不得為嚳妃，謂為其後世子孫之妃也。張融云：『若使稷、契必嚳子，如《史記》，是堯之兄弟也。堯有賢弟七十不用，須舜舉之，此不然明矣。嚳為稷、契之父，帝嚳聖夫，姜嫄正妃，配合生子，人之常道，則《詩》何故但歎其母，不美其父？』羅泌駁之云：「傳稱堯以契為司徒，棄為農師，及得舜為司徒，然後以契為司馬，則堯非不用之也，特至舜始大任焉。故太史公以為堯皆舉用而未有分職。傳記之說，略可見矣。又，《世本》、《大戴》之書言昔帝嚳卜四妃之子，皆有天下，而稷之後為周。周人既上推后稷為嚳子矣，何所疑耶？」羅苹亦云：「王充每言稷仕堯為司馬，而伏氏《書》及《呂氏春秋》皆云『堯使棄為田』，田乃古農字，見《亢倉子》。故《文子》、《淮南子》皆云：『堯之治也，舜為司徒，契為司馬，禹為司空，稷為大田師』。乃大農師也。」愚按：羅氏父子所言稷、契用於堯朝，既有驗矣。若嚳之後，摯嗣為帝，摯立九年而廢，諸侯共尊堯為帝，亦以摯、堯之年長于〔註87〕稷、契。論長幼，不論嫡庶，或古道固然。堯既嗣嚳為帝，則為嚳後者當屬堯之子孫，稷不得為嚳後，此周人所以特立姜嫄之廟，而詠歌亦止及嫄，彼有為爾也。然《祭法》言「周人禘嚳而郊稷」，所謂禘者，乃推其始祖之所自出，而以始祖配之也。則周人亦何嘗不祀嚳乎？又，嫄若非嚳妃，則何得行郊禖之禮？此理甚明，無容曲說。「生民如何」，問辭也。此通篇之起語，言所謂姜嫄之能生天下之民者，何也？嚴粲云：「生后稷，所以生此民也。下說姜嫄生后稷之事。」「克」，能也。能盡其禮也。《周禮·大宗伯》職云：「以禋祀祀昊天上帝。」鄭玄云：「禋之言煙，周人尚臭，煙氣之臭聞者也。」袁準云：「禋者，煙氣煙熅也。天之體遠，不可得就，聖人思盡其心而不知所緣，故因煙氣之上以致其誠。《外傳》曰：『精意以享禋』，此之謂也。」孔云：「鄭以禋者惟祭天之名，故《書》稱『禋於六宗』，鄭皆以為天神。」此下說郊禖之祀。郊必祭天，則此禋為祭天也。鄭云：「弗之言祓也。禋祀上帝於郊禖，以祓除其無子之疾而得其福也。」毛云：「古者必立郊禖焉。玄鳥至

〔註86〕「緯」，底本誤作「諱」，據四庫本、孔《疏》改。
〔註87〕「于」，四庫本誤作「子」。

之日，以太牢祠於郊禖，天子親往，后妃率九嬪御。乃禮天子所御，帶以弓韣，受以弓矢，於郊禖之前。」孔云：「經言禋祀，未知所祀之神。以婦人無外事，不因求子之祭，無有出國之理。又禋祀以求子，惟禖為然。故知禖祀是祀禖也。自『玄鳥至之日』以下，皆《月令》文，惟彼『郊』作『高』耳。玄鳥，燕也。燕至在春分二月之中，以此時感陽氣來集人堂宇。其來，主為產乳蕃滋，故王者重其初至之日，用牛羊豕之太牢祀於郊禖之神，蓋祭天而以先禖配之。其祭之時，天子親自身往，敬其事，故親祭之。於時后妃率九嬪從之，未有孕而往者，求其早有孕也。『乃禮天子所御』，謂已被幸者使大祝酌酒飲之於郊禖之庭，以神之惠光顯之也。又帶以弓之韣衣，以授弓矢，使執之於郊禖之前。弓矢者，男子之事，冀其所生為男也。郊天用特牲，而此祭天用太牢者，以兼祭先禖之神異於常郊故也。祀天而以先禖配之，義如后土祀以為社。」《月令注》云：「燕以施生時來巢人堂宇而孚乳，嫁娶之象也。媒氏之官以為候。變媒言禖，神之也。」曹植云：「玄鳥至時，陰陽中，萬物生，故於是時以三牲請於高禖之神。居高明之處，故謂之高。因其求子，故謂之禖。」黃子道周云：「高禖，或曰高辛氏，或曰有儷氏。」鄭氏曰：「禮於高禖之下，其子必得天材，蓋古云然也。」又，蔡邕、束皙皆云：「高禖〔註88〕，人之先也。」陳際泰云：「祓，祓除之義，所以禱於郊以祓除不祥，故用弓矢。後世射弧星，即其遺也。」「履」，足所踐也。「帝」，毛云：「高辛氏之帝也。」孔云：「以二章卒章皆言上帝，此獨言帝，不言上，故以為高辛氏帝也。」「武」，《爾雅》云：「跡也。」按：武何以訓跡，武字從戈從止，當是謂兵戈所止，故藉以為足跡所止之義。《左氏》言「止戈為武」，乃有為之言，未必是武之本訓也。「敏」，《說文》云：「疾也。」毛云：「從於帝而見於天，將事齊敏也。」「歆」，《說文》云：「神食氣也。」殷大白云：「敏即膚敏之敏，歆即居歆之歆。」孔云：「解姜嫄得踐帝跡所緣，以高辛之帝親行禋祀，姜嫄行在後而踐帝之跡，即上傳所云『后妃率九嬪御』是也。踐足者，直謂隨後行耳，非必以足躡其踐地之處也。將事齊敏者，謂行祀天之事，齊敬而速疾也。鬼神食氣謂之歆，謂祭而神饗之也。」《文獻通考》載宋高宗十六年禮部言：「竊詳《生民》之詩言『履帝武敏歆』，先儒以敏為拇，謂姜嫄履巨跡之拇以歆郊媒之神，是生后稷，以為從帝嚳祀禖神之應。其說頗附會玄鳥生契之意。如《詩》言

『繩其祖武』，《傳》言『夫子步亦步，趨亦趨』，皆繼踵相因循之意。帝嚳行
禋祀之禮，姜嫄踵而行之，疾而不遲，故上帝所歆，居然生子，以見視履考
祥，其應亦速。而後世弗深考經旨傳注，怪詭禨祥，並為一談。至北齊妃嬪參
饗，黷而不蠲，去禮逾遠，歷世非之。」「攸」，《爾雅》云：「所也。」孫炎云：
「介者，相助之義。」「攸介」，以姜嫄助祭言。「攸止」，則謂祭畢之時也。此
起下之語，當連「載震載夙」一氣說。「震」，《說文》云：「劈歷震物者。」《爾
雅》以為動也。按：《左傳》云：「邑姜方震。」又云：「後緡方震。」與此震
不同。彼「震」通作「娠」，此但當如字解，以震而生，乃見其異。鄭云：「夙
之言肅也。」按：《說文》訓「夙」為「早敬也」，早敬亦有肅義，蓋狀其戰凜
不安之意，言姜嫄助祭甫畢，而身如有所感，如為雷所震動而肅肅然不安。
此蓋上帝歆饗，后稷將生，故顯其靈異使之然也。胡宏著《皇王大紀》，謂「姜
嫄與帝嚳禋祀上帝，步從帝而歸，忽然心動」是也。又云：「天地之間，有氣
化，有形化。人之生雖以形，相禪固天地之精也。姜嫄志之，所至氣亦至焉。
氣之所至，精亦至焉，於是有子。不可謂怪。」「生」，產。「育」，養也。既生
而育養之。及其長也，則為后稷，以封為諸侯，故稱后；以為稷官，故稱稷。
《周語》云：「稷為大官。」名官以稷者，以其職在教稼穡為五穀之長，因以
命官。孔云：「稷字度辰。」今按：嚴氏謂「古無巨跡之說，特《列子》異端，
司馬遷好奇，鄭氏信讖緯〔註89〕，以帝武疑似之辭，藉口而為是說耳」。《列
子》云：「后稷生乎巨跡。」《河圖》云：「姜嫄履大人跡生后稷。」《中候稷
起》云：「蒼耀稷，生感跡。」《禮緯》云：「后稷以履大跡而生。」《史記》云：
「姜嫄出野，見巨人跡，心欣然說，欲踐之。踐之而身動如孕者。」《吳越春
秋》亦云：「姜嫄為帝嚳元妃，年少未孕，出遊於野，見大人跡而觀之，中心
歡然。喜其形象，因履而踐之，身動，意若為人所感。後妊娠，恐被淫佚之
禍，遂祭祀以求無子。」《竹書注》則云：「姜嫄助祭郊禖，見大人跡，履之。
當時歆如有人道感己，遂有身而生男。」是其說大都相類。而《列女傳》之說
又較異。《傳》云：「姜嫄者，邰侯之女也。當堯之時，行見巨人跡，好而履
之。歸而有娠，浸以益大，心怪惡之，卜筮禋祀，以求無子。」鄧元錫祖之，
謂「有邰女未有適也，故稷生長有邰，因即家室焉。其後禘所自出之帝，莫可
名，命之曰感生帝已焉」。晉世張華亦有是論，謂「思女不夫而孕，后稷生乎

〔註89〕「緯」，底本誤作「諱」，據四庫本、嚴粲《詩緝》卷二十七改。

巨跡,伊尹生乎空桑」是也。果如所言,則嫄為處子而以淫佚聞,悖於理而妨
於教,其謬明矣。惟是履跡之說,相傳已久,為有為無,訖無定論。《韓詩說》
謂「聖人皆無父感天而生」。鄭玄云:「諸言感生得無父,有父則不感生,此皆
偏見之說也。《商頌》曰:『天命玄鳥,降而生商。』謂娀簡吞鳦子生契,是聖
人感見於經之明文。劉媼是漢太上皇之妻,感赤龍而生高祖,是非有父感神
而生者也。且夫蒲盧之氣,嫗煦桑蟲,成為己子。觀乎天氣因人之精就而神
之,反不使子賢聖乎?是則然矣,又何多怪。」張子厚云:「天地之始,固未
嘗先有人也,則人固有化而生者矣。蓋天地之氣生之也。」蘇子繇云:「凡物
之異於常物者,其取天地之氣常多,故其生也或異,麒麟之生異於犬羊,蛟
龍之生異於魚鱉,物固有然者矣。神人之生而有以異於人,何足怪哉!」此
皆信履跡之事為有者也。王充謂「太史公《三代世表》言三王五帝皆黃帝子
孫,自黃帝轉相生,不更稟氣於天。作《殷本紀》,言契母簡狄浴於川,遇玄
鳥墜卵,吞之,遂生契焉。及《周本紀》,言后稷之母姜嫄野出,見大人跡,
履之則妊身,生后稷焉。夫觀《世表》,則契與后稷,黃帝之子孫也。讀《殷》、
《周本紀》,則玄鳥、大人之精氣也。二者不可兩傳,而太史公兼紀不別。按:
帝王之妃不宜野出,浴於川水。今言浴於川,吞玄鳥之卵;出於野,履大人之
跡;違尊貴之節,誤是非之言也」。歐陽修云:「所謂天生聖賢者,其人必因父
母而生,非天自生之也。《詩》曰:『維嶽降神,生甫及申。』申、甫皆父母所
生也。且天既自感姜嫄,以生后稷,不王其身,而王其一千歲後之子孫,天意
果如是乎?無人道而生子,與天自感於人而生之,在於人理,亦必無之事,
可謂誣天也。」嚴云:「神怪之事,聖人所不語。若《詩》言巨跡,聖人刪之
久矣。毛之不信神怪,其說甚正。天地固有化生者,此可以言鴻荒之始,不可
以言稷。或又以為神人之生必有異於人,辭則美矣,非事實也。古今大聖人
莫如帝舜、文王、孔子,其生不聞有異於人也。」此皆決履跡之事為無者也。
愚謂以履跡為有,則稷之生涉怪;以履跡為無,則稷之棄無因。姜嫄於從高
辛郊禖之時,偶緣心動而有孕,事誠有之。驚疑過甚,輒棄所生,祇因向來不
察「履帝武」三字之義,謬以履大人跡附會之,遂使異論紛然,徒為圖讖家嗤
矢耳。○**誕彌厥月,先生如達**。曷韻。《說文》、豐本俱作「本」。**不拆**依
《注疏》本。今按:《說文》無「拆」字。諸本皆作「坼」。「說文」、豐本俱作
「墌」。**不副**,《說文》、豐本俱作「疈」。**無菑**豐本作「甾」。**無害**。叶曷韻,

何葛翻。**以赫厥靈**，青韻。**上帝不豐**本作「丕」。**寧**。青韻。豐本作「宂」。不豐本作「丕」。**康禋祀**，紙韻。**居然生子**。紙韻。○賦也。大言曰誕，謂大其事而言之也。後倣此。「彌」，《爾雅》云：「終也。」按：《說文》無「彌」字，當作「瓕」，《說文》云：「弛弓也。」射既畢則弛弓，故有終竟之義。「彌厥月」者，鄭云：「終人道十月而生也。」《大戴禮‧易本命》篇：「子曰：『夫易之生人、禽獸、萬物、昆蟲，各有以生，或奇或偶，或飛或行，而莫知其情，惟達道德者能原本之矣。天一，地二，人三。三三而九，九九八十一。一主日，日數十，故人十月而生。八九七十二，偶以承奇，奇主辰，辰主月，月主馬，故馬十二月而生。七九六十三，三主斗，斗主狗，故狗三月而生。六九五十四，四主時，時主豕，故豕四月而生。五九四十五，五主音，音主猿，故猿五月而生。四九三十六，六主律，律主禽鹿，故禽鹿六月而生也。三九二十七，七主星，星主虎，故虎七月而生。二九一十八，八主風，風主蟲，故蟲八月化也。其餘各以其類也。』」按：《史記》謂姜嫄孕，「居期而生子，以為不祥」。今觀上章言「禋祀」，下章言「置之寒冰」，則稷以春分之月孕，以冰堅之候生，正足十月之數，未見其週一年也。或又沿古注，以下文「先生如達」之「達」為小羊，因有謂五月生之羔為羜，六月生之羔為羍，七月生之羔為達。曰「如達」者，疑稷在孕止七月生也。為其胎氣未足，恐難長養，是以見棄。今觀七月生子，世多有之，未聞有慮其難養而棄之者。況經文明曰「彌月」，則七月之說尤可無疑矣。「先生」者，先乎后稷之生，謂未生時也。「達」，通也，以言語相通也。舊說訓達為羊子。按：羊子名羍，經文乃「達」字，非「羍」也。姜嫄孕后稷，已終十月之期，此時后稷未生，而如有神焉告語之者，或聞之空中，或得之夢寐，皆是所以著其靈異也。下文「不坼」四句，正所達之語。「坼」，《說文》云：「裂也。」「副」，本作「疈」，《說文》云：「判也。」愚按：坼、副，即《周禮》所謂副辜。大宗伯職云：「以副辜祭四方百物。」鬯人職云：「凡副事用散。」小子職云：「凡沈辜候禳，飾其牲。」羊人職云：「凡沈辜候禳釁積，共其羊牲。」鄭《注》謂「副者，副牲胸也。辜之為言磔也。磔者，裂也，與坼同義。今支解人亦曰磔」。賈公彥云：「磔牲體者，皆從胸臆解枡之。」《禮記‧月令》曰：「九門磔禳，是磔牲禳去惡氣之禮也。」「菑」，當依《魯頌》作「災」，《爾雅》云：「危也。」按：天火為災，當以降於天者言。「害」，《說文》云：「傷也。」天災降，則身與子或受其傷

也。「赫」，火明盛之貌。毛云：「神之精明稱靈。」「以赫厥靈」者，孔云：「天意以此顯明其有神靈也。」「上帝」，以統乎天者言之。「寧」，《說文》云：「願詞也。」愚按：丁寧以致其願受之意，謂之願辭也。神傳上帝之意，以達姜嫄，謂爾孕期已足，更不必慮惡氣相侵，而復有事於祓除為也。雖礫禳之禮不行，而可保爾之無災無害，以此顯著上帝之靈異，特傳其保佑之意於爾，不別有丁寧矣。上章言「載震載夙」，則姜嫄雖懷孕而心抱憂疑，故神以此慰解之。《閟宮》之詩云：「赫赫姜嫄，其德不回。上帝是依，無災無害。彌月不遲，是生后稷。」事正如此。舊說以為姜嫄首生之易，而比先祖於羊子，既屬不倫。又謂坼副乃產婦身體割裂，且別引《帝王世紀》言「簡狄剖背生契」，《史記》言「陸終娶女潰，孕三年不乳，乃剖其左右脅，各獲三人」之類。羅泌引或者之言云：「后稷之生，不坼不疈，夏后辟背。禹逆生，故刑背。稷順生，故不坼疈。逆生者，子孫逆死，故桀王討。順生者，子孫順亡，故懿奪邑而已。」羅願亦云：「感異而孕者，其生亦異，故禹母修己，感石而生；禹拆胸而出；契母簡狄吞燕卵而生契，副背而出。姜嫄履武，其事類此，宜乎有坼副災害。而今也生，乃如羊子之易，所以尊而頌之也。」皆荒唐不經，豈可使上帝先祖聞之，褻斯甚矣。「康」，安也。解見《賓之初筵》篇。「不康禋祀」，追【昔日震夙而言。「居然」，猶云安然也。姜嫄震動不安於禋祀之時，懷孕至今而端然生子，意其驚怪之心終未能釋，此稷之所以棄也。蘇洵論姜嫄之事，既力辨《史記》之誣，而獨未解稷之何以見棄。謂稷之生，無菑無害。或者姜嫄疑而棄之，如鄭莊公寤生驚姜氏，遂惡之之類。則人情未有惡其子之易產而欲多方致之死地者，似未可與寤生例論也。○誕寘之隘巷，牛羊腓字之。誕寘之平林，會伐平林。誕寘之寒冰，豐本作「冫」。鳥覆去聲。翼之。以上俱無韻，未詳。鳥乃去矣，叶虞韻，讀如區，虧於翻。后稷呱虞韻矣。實覃陸德明本作「譚」。實訏，叶遇韻，王遇翻。《說文》作「籲」。厥聲載路。遇韻。毛、鄭以「寘覃」二句繫在下章，朱傳移在此，今從之。○賦也。姜嫄以禋祀之時如有所震動而孕，疑其子生必為妖異，因不敢育而遂棄之。「寘」，《說文》云：「置也。」謂放置之也。「隘」，孔云：「狹也。」字本作「阨」。《說文》云：「塞也。」狹隘之地，人所不得往來，是塞也。「巷」，《說文》云：「里中道也。」「腓」，《說文》云：「脛腨也。」一名腨腸，即足獨也。字本孳乳之義，毛以為愛也。胡一桂云：「牛羊見稷，以足肚遮芘之，

如有愛之之意，故謂之胐字。」「平林」，林木之在平地者也。或云：「林茂則平。」亦通。「會」，朱子云：「值也。」「伐」，伐木也。「冰」，《說文》云：「凍也。」冰性寒，曰寒冰。孔云：「姜嫄以玄鳥至月而禋祀，在母十月而生稷，其生正當冰月，故得棄之冰也。」「鳥」，謂眾鳥。「覆」，蘇轍云：「蓋也。」「翼」，以兩旁言。「鳥覆翼之」者，謂眾鳥競集，慮其為寒氣所侵，或從上覆蓋之，又或輔翼其兩傍。《吳越春秋》謂「置於澤中冰上，眾鳥以羽覆之」是也。「呱」，《說文》云：「小兒啼聲也。」「實」，發語聲，與「式」同。「覃」，通作「談」，《說文》云：「語也。」「訏」，通作「籲」，《說文》云：「驚也。」「厥聲載路」，以收養之時言。「聲」，即「呱矣」之聲。「載」，朱子云：「滿也。」后稷經歷多難，而終無死地，人聞其呱聲，競相傳語，驚吒其異，於是姜嫄復取之以歸，而其呱聲聞於滿路也。《史記》云：「姜原生子，以為不祥。棄之隘巷，馬牛過者，皆闢不踐。徙置林中，適會山林多人。遷之而棄渠中冰上，飛鳥以其翼覆薦之。姜原以為神，遂收養長之。初欲棄之，因名曰棄。」《吳越》〔註90〕春秋》所載亦是如此。褚先生云：「棄之道中，羊牛避不踐也。抱之山中，山者養之。又捐之大澤，鳥覆席食之。姜嫄怪之，於是乃取長之。堯知其賢才，立以為大農，姓之曰姬氏。姬者，本也。詩人美而頌之，曰『厥初生民』，深修益成，而道后稷之始也。」鄒忠胤云：「嘗歷觀傳紀，齊頃公無野之棄，野狸嫗之，卒有齊國。楚若敖之棄也，於菟乳之，卒為令尹。昆莫之棄也，野馬銜肉飼之，卒王烏孫。橐東明棄溷而豕嘔之，棄廄而馬噓之，卒王扶餘。是皆有天意默宰於其間，豈人所得而棄？又何疑於《生民》之聖祖哉？」又按：馬融、王肅皆以臆說，謂后稷乃帝嚳遺腹子，姜嫄以寡居生子，為眾所疑，不可申說，故棄之。絕迂謬不成義理。○誕實匍陸本作「扶」。匐，職韻。陸本作「服」。克岐克嶷，叶職韻，鄂力翻。《說文》作「㘈」。以就口食。職韻。蓺之荏菽，陸本作「叔」。豐本作「尗」。下同。荏菽旆旆，叶實韻，蒲寐翻。禾役《說文》、豐本俱作「穎」。穟穟，實韻。麻麥幪幪，叶董韻，母總翻。瓜瓞唪唪。董韻。崔靈恩《集注》作「菶菶」。《集韻》作「㐒㐒」。○賦也。「誕實」，解俱見前。「匍」，《說文》云：「手行也。」「匐」，《說文》云：「伏地也。」「克」，能也。「岐」，通作「跂」，《方言》云：「登也。梁益之間曰跂。」「嶷」，當依《說文》作「㘈」，云：「小兒有知也。」「克岐」

承上「匍匐」、「克嶷」起下「以就口食」，言后稷稍長，其始寔以手伏地而行，
已復能跂足而登，既又能有知識，明乎樹藝之理，以成就己之口食，如下文
所云是也。一說：岐嶷為立而竦峻之貌。亦通。「藝」，本作「埶」，《說文》
云：「種也。」《爾雅》云：「戎菽謂之荏菽。」孫炎云：「大豆也。」按：《齊
民要術》云：「凡區種大豆，令相去一尺二寸。區種荏，令相去三尺。」則荏
與大豆異。樊光、李巡、郭璞皆云：「今胡豆。」崔寔云：「二月昏參夕，杏花
盛，桑椹赤，可種大豆。」羅願云：「大豆以二月中旬種者為上。時至三四月，
則費子。」《呂氏春秋》云：「得時之菽，長莖而短口，其葉二七以為族，多枝
數節，競葉蕃實。大菽則圓，小菽則博。」氾勝之云：「大豆生，戴甲而出，
種土不可厚，厚則項折，不能長達。」「旆旆」，如旗旆之揚起也。解見《出
車》篇。「禾」，《說文》云：「嘉穀也。」二月而生，八月而熟，得時之中，故
謂之禾。愚按：此指稻黍稷言。豳詩言禾麻菽麥，孔謂「麻與菽麥則無禾稱，
故於麻菽麥之上更言禾字，以總諸禾」是也。「役」，毛云：「列也。」孔云：
「人供役者，在於行列。禾無在役之義，故知役為列，言其行相當也。」按：
《說文》引此作「禾穎」，於義較順。穎，解見後章。「穟」，《說文》云：「禾
采之貌。」采即穗字。「穟穟」，《詩詁》云：「禾多而穗也。」「麻」，子可食，
皮可績為衣。羅云：「麻之屬，總名麻。別言之，則有實者別名苴，而無實者
別名枲。」賈思勰云：「夏至前十日為上時，至日為中時，至後十日為下時。」
《說文》云：「麥，芒穀，秋穜厚薶，故謂之麥。麥，金王而生，火王而死。」
《月令》云：「仲秋之月，乃勸人種麥，無或失時。其有失時，行罪無疑。」
賈云：「八月中戊社前種者為上時，下戊前為中時，八月末、九月初為下時。
小麥宜下種。八月上戊社前為上時，中戊前為中時，下戊前為下時。」羅云：
「麥者，接絕續乏之穀。夏之時，舊穀已絕，新穀未登，民於此時乏食，而麥
最先熟，故以為重。」「幪」，當通作「蒙」，茂密之貌。經先言「荏菽」，次言
「禾」、次言「麻麥」者，以種植之先後為次。大豆最宜早種，稻黍稷之類期
不甚相遠；麻在夏至，次之；麥在仲秋，最居後。又或云：麻與麥互相為候。
故《齊民要術》注謂「麥黃種麻，麻黃種麥，亦良候也」。然則詩以「麻麥」
連言者以此。菽麻之利人不及禾麥，故言藝菽即亟繼以禾，言藝麻即亟繼以
麥。董仲舒云：「《春秋》於它穀不書，至『無麥禾』則書之，以此見聖人於五
穀最重麥與禾也。」羅云：「鄭司農注稻人，稱『今時謂禾下麥為荑下麥，言

芟夷其禾，於下種麥』。又注薤氏云：『俗間謂麥下為夷，言芟夷其麥，以其下種禾豆，則是卒歲之間無曠土閒民矣。』」「瓜瓞」，解見《緜》篇。「唪」，通作「菶」，茂盛之貌。瓜瓞〔註91〕所以佐食，故附於五穀之後。「施施」、「穟穟」、「幪幪」、「唪唪」，為其種植繁多，故皆重言之。荏菽等雖是嘉種，而洪荒初闢，尚襍草萊中，稷兒時即能簡而植之，自有天啟其聰明者。《史記》言「棄為兒時，忔如巨人之志，其遊戲好種樹麻菽，麻菽美」，正謂此。而《列女傳》又稱「姜嫄之性，清靜專一，好種稼穡。及棄長而教之，種樹桑麻。棄之性明而仁，能育其教，卒致其名」，則稷之樹藝五穀寔本於姜嫄之教。然詩中都無此意，未足信也。○誕后稷之穡，有相去聲。之道。皓韻。亦叶有韻，他口翻。又叶宥韻，徒候翻。茀《韓詩》作「拂」。厥豐草，皓韻。亦叶有韻，此苟翻。豐本作「艸」。種之黃茂。宥韻。亦叶有韻，莫後翻。實方實苞，叶有韻，補苟翻。實種實褎，宥韻。亦叶有韻，徐九翻。實發實秀，宥韻。亦叶有韻，勿久翻。實堅實好，叶有韻，許厚翻。實穎實栗，質韻。豐本作「桌」。即有邰《白虎通》作「台」。家室。質韻。○賦也。此章是后稷已為農師而教民之事。《說文》云：「穀可收曰穡。」但舉穡者，要其成而言也。「相」，毛云：「助也。」與《洪範》「相恊厥居」之「相」義同。上章言「以就口食」，乃是成就己之口食。此言「有相之道」，則謂有相助小民之道。《孟子》所謂「后稷教民稼穡，樹藝五穀」是也。下文「茀厥豐草」四句是言「有相之道」，「實發實秀」三句則正與首句「后稷之穡」相應。天下之人賴后稷教之而後有穀可收，是天下人之穡即后稷之穡也，故大言之而繫其穡於后稷焉。鄒云：「《國語》：『展禽曰：昔烈山氏之有天下也，其子曰柱，能植百穀百蔬。夏之興也，周棄繼之，故祀以為稷。』然則穡事非昉於稷，而曲盡其道者則於稷乎昉。」《呂氏春秋》云：「后稷曰：『子能以窌為突乎？子能藏其惡而揖之以陰乎？子能使吾土靖而甽浴土乎？子能使保濕安地而處乎？子能使灌夷無淫乎？子能使子之野盡為冷風乎？子能使橐數節而莖堅乎？子能使穗大而堅均乎？子能使粟圓而薄糠乎？子能使米多沃而食之彊乎？無之若何？凡耕之大方，力者欲柔，柔者欲力，息者欲勞，勞者欲息，棘者欲肥，肥者欲棘，急者欲緩，緩者欲急，濕者欲燥，燥者欲濕。上田棄畝，下田棄甽，五耕五耨，必審以盡。其深殖之

〔註91〕「瓞」，據詩之內容當作「瓞」。

度，陰土必得，大草不生，又無螟蜮。今茲美禾，來茲美麥。是以六尺之耜，所以成畝也。其博八寸，所以成甽也。耨柄尺，此其度也。其耨六寸，所以間稼也。地可使肥，又可使棘。人肥必以澤，使苗堅而地隙；人耨必以旱，使地肥而土緩。按：繇此觀之，然則后稷相穡，信自有道也。』」又，「相」亦訓「視」。《史記》云：「后稷成人，好耕農，相地之宜，宜穀者稼穡焉。民皆法則之。」《吳越春秋》亦云：「相五土之宜，青赤黃黑，陵水高下，粢、稷、黍、禾、藳、麥、豆、稻各得其理。」此以相作相地解，亦通。「茀」，《說文》云：「道多草不可行也。」「豐」，通作「豐」，《說文》云：「艸盛豐豐也。」「種」，本作「穜」，《說文》云：「埶也。」徐鍇云：「布之也。」「黃」，土色。《洪範》曰：「土爰稼穡，故五穀色多黃。」「茂」者，美盛之貌。蘇轍云：「后稷之為稷官也，雖茀穢豐草之地，皆能以生嘉穀。」嚴云：「擇其種之黃色而茂盛者種之。」按：《齊民要術》云：「粟黍穄粱秫，常歲歲別收，選好穗絕色者剉割高懸之。」即此所謂「黃茂」也。「方」，毛云：「極畝也。」孔云：「方者，正方之義。地皆方正有苗，故以方為極畝，據地滿耳。」「苞」，即「集于苞栩」之「苞」。李巡云：「物叢生曰苞。」《呂氏春秋》云：「凡苗之患，不俱生而俱死，虛稼先死，眾盜乃竊。望之似有餘，就之則虛。農夫知其田之易也，不知其稼之疏而不適也；知其田之際也，不知其稼居地之虛也。不除則蕪，除之則虛，此事之傷也。故畝欲廣以平，甽欲小以深。慎其種，勿使數，亦無使疏。畝廣以平，則不喪本莖。生有行，故遬長。弱不相害，故遬大。衡行必得，縱行必術。正其行，通其風。苗，其弱也欲孤，長也欲相與居，其熟也欲相扶。是故三以為族，乃多粟。」按：觀此可以明「寔方寔苞」之說。方以壟畝之地形言，苞以播種之位置言。「種」，鄭云：「生不雜也。」孔云：「不襍謂不稂不莠也。」嚴云：「大田言既種既戒，在未耕之前，故為擇其種。此詩前言『種之黃茂』，已是擇種。繼言實種，在方苞之後，故為生不襍也。」「褎」，即「袖」字，從采從衣。言衣袂之長，如禾穗之垂也。製字者以袖擬穗，今作詩者又以穗擬袖，故毛、鄭訓此字皆以為「枝葉長也」。「發」，鄭云：「發管時也。」孔云：「苗之將秀，心如竹管，穗發中而出，故言發管也。」「秀」，徐鍇云：「禾實也，字象有實下垂之形，即穗也。」毛《傳》及張衡乃云：「不華而實曰秀。」今按：《論語》言「秀而不實」，則「秀」與「實」有異。《論語》所謂「實」，即下文所謂「堅」，

故此「秀」字，朱子解以為「始穗」，是也。「堅」，孔云：「實皆堅成也。」
「好」，解見《大田》篇。「穎」，《說文》云：「禾末也。」孔云：「穎是禾穗
之挺。」王安石云：「穎者，垂末也。寔繁碩，故垂末也。」「栗」，《說文》
作「㮚」，木名也，從木，其實下垂，故從卤。卤音調，艸木實垂卤卤然，象
形。粟字亦從此。徐云：「栗實匯，亦有芒穎，與粟相類也。」按：《說文》
卤部中只有此兩字。此詩言栗，則直狀禾實下垂之貌如栗耳。《左傳》「嘉栗
旨酒」，其義亦出於此。「實方實苞」，指始種之時言。「實種實襃」以後，則
言禾生之次序。始而苗，「實種實襃」也。中而秀，「實發實秀」也。末而實，
「實堅實好，實穎實栗」也。至穎、栗，則可以穧之時矣。然節節皆有道存
乎其中。嚴云：「所以詳言其成熟之次序者，見稼穡之艱難，非一日所能致。
或苗而不秀，或秀而不實。滅裂耕者，報之亦滅裂。鹵莽耘者，報之亦鹵莽。
今后稷能教民以盡人事，故其穧如此。」「即」，《說文》云：「即食也。從皀
卪聲。」徐云：「猶就食也。」按：皀音香，穀之馨香也，故訓即為即食。
又，趙頤光謂「從卪者，寓戒也。卪音節，食欲有節，故從卪，聲兼意」。
今人皆不曉即義。「即有邰家室」者，謂就食於有邰，蓋享其土地之所入，
而於是建家室於此，言始建國也。「邰」，在今陝西西安府乾州武功縣，亦作
「斄」。《括地志》云：「故斄城，在武功縣西二十二里，古邰國也。有后稷
及姜嫄祠，亦作駘。」《左傳》：「魏、駘、芮、岐、畢，吾西土也。」杜預
《注》云：「后稷受此五國。」《中候握河紀》云：「堯即政七十年，受河圖，
封稷、契、皋陶，賜姓號。」《吳越春秋》云：「堯遭洪水，人民泛濫，逐高
而居。堯聘棄，使教民山居，隨地造區，姸營種之術三年餘，行人無饑乏之
色，乃拜棄為農師，封之台，號為后稷，姓姬氏。」《列女傳》云：「堯使棄
居稷官，更國邰地，遂封棄於邰，號曰后稷。及堯崩，舜即位，乃命之曰：
『棄，黎民阻饑，汝后稷播時百穀，其後世世居稷。』」愚按：詳前數說，
則張融謂堯不用稷，其疑可豁然矣。孔云：「邰國當自有君，所以得封后稷
者，或時君絕滅，或遷之他所也。」舊說相傳，皆以有邰為后稷母家，故毛
《傳》謂「堯見天因邰而生后稷，乃國后稷於邰，命使事天，以顯神順天命
耳」。李氏云：「以邰為姜嫄父母之國，於經無所考。據羅泌云：『昔者帝嚳
取於有駘氏，曰姜嫄，生后稷。而后稷之封，亦曰駘。』說者咸謂帝堯以其
母國封之。然及太王復娶於有駘氏，曰太姜，是姜姓之駘至周猶在，豈得云

以是而封稷哉？不知稷封之駴在於武功，而姜姓之駴在於琅邪，固不同也。
然則前事之缺失可勝悼哉！」愚按：琅邪之駴固齊地，乃有逢伯陵所居，太
姜祖也。然太姜之有台，據《列女傳》作有呂，台、呂相似，疑但當作呂耳。
呂，姜姓也。《國語》云：「堯胙四嶽國，命為侯伯，賜姓曰姜，氏曰有呂。」
嫄固姜姓，或是訛有呂為有台，轉訛為有邰，未可知也。○**誕降嘉種**，《說
文》作「穀」。**維**《說文》作「惟」。下同。**秬維秠**。叶紙韻，普鄙翻。**維
穈**《爾雅》作「虋」。**維芑**，紙韻。**恒**崔《集注》、《顏氏家訓》、陸本、豐
本俱作「亙」。下同。**之秬秠**。見上。**是穫是畝**，叶紙韻，母鄙翻。**恒之
穈芑**。見上。**是任**豐本作「壬」。**是負**，叶紙韻，蒲美翻。**以歸肇祀**。
紙韻。○賦也。此章述后稷封邰之後，教民播種嘉穀，以供祭祀也。「降」，
《說文》云：「下也。」朱子云：「降是種於民也。」嚴云：「后稷擇嘉種而
降於民，以教其耕種。」《孔叢子》云：「魏王問子順曰：『寡人聞昔者上天
神異后稷，而為之下嘉穀，周以遂興，往中山之地，無故有穀，非人所為，
云天雨之，反亡國，何故也？』答曰：『天雖至神，自古及今，未聞下穀與
人也。詩美后稷，能大教民，種嘉穀以利天下，故《詩》曰：誕降嘉種。猶
《書》所謂稷降播種，農殖嘉穀，皆說種之。其義一也。若中山之穀，妖怪
之事，非所謂天祥也。』」「嘉」，《說文》云：「美也。」「嘉種」，謂嘉穀之
可種藝者，下文「秬秠穈芑」是也。上章言「有相之道」，則已教民播種矣。
然所播者，不過尋常荏、菽、黍、稷、麻、麥之類。此特舉種之嘉者，言之
以其可以供祭祀，故重之也。《閟宮》之詩亦兩言之。其曰「黍稷重穋，稙
稚菽麥。奄有下國，俾民稼穡」，則前二章所言是也。其曰「有稷有黍，有
稻有秬。奄有下土，纘禹之緒」，則此章所言是也。蓋至此而修六府之事乃
終也。又，金履祥謂「秬秠穈芑，自后稷始知種之，故曰『誕降嘉種』」。亦
通。「秬」，《說文》云：「黑黍也。一稃二米以釀也。」按：稃，《爾雅》云：
「穀皮也。」《字書》云：「粗糠也。」《周禮》「鬯人」，鄭氏《注》云：「釀
秬為酒，秬如黑黍，一稃二米。」又，答張逸云：「秠即皮，稃亦皮也。」
孔云：「言如者，以黑黍一米者多，一米亦可為酒。『鬯人』之注必言『二米』
者，以宗廟之祭，惟秠為重。二米，嘉異之物，鬯酒宜當用之。」羅云：「古
者薦籩，有白黑形。鹽白為敖，稻黑即秬也。至藏冰，則用黑牡秬黍，以享
司寒，蓋倣其方之色。」《漢書·律曆志》云：「度者，分寸尺丈引，所以度

長短也。本起黃鐘之長，以子穀秬黍中者，一黍之廣，度之九十分。」孟康云：「子北方，北方黑，謂黑黍也。」顏師古云：「子穀，猶言穀子耳。中者，不大不小也。言取黑黍穀子大小中者率為分寸也。」林兆珂云：「古之定律，以上黨所出秬黍之中者纍之，以生律度量衡。後之人取此黍定之，終不能協律。或說秬黍之中者，乃一稃二米之黍也。此黍得天地中和之氣乃生，蓋不常有，有則一穗皆同二米，米粒皆勻，無大小。得此然後可以定鍾律。古今所以不能協聲律者，以無此黍也。他黍則不然。地有腴瘠，歲有凶穰，則米之大小不同，何緣如其中者？此說為信然矣。」〔註92〕郭璞云：「漢和帝時，任城生黑黍，或三四實，實二米，得黍三斛八斗。」「秠」，《說文》云：「一稃二米。」解已見前。按：《爾雅·釋草》云：「秬，黑黍。秠，一稃二米。」郭云：「秠，亦黑黍。」孔云：「秬是黑黍之大名。秠是黑黍之中有二米者，別名之為秠，故此經異其文。而《爾雅》釋之若然，秬、秠皆黑黍矣。」羅駁之云：「秬與秠之所以異，秠必不黑，秬必不一稃二米也。而鄭民釋『鬯人』，既云『秬如黑黍，一秠二米』，則是以秠之狀襍之於秬。郭氏解《釋草》又曰『秠亦黑黍』，則是又以秬之色襍之於秠。秬既欲兼秠之狀，秠又欲兼秬之色，所以紊亂，不復可推究者，緣此故也。」又引『漢和帝時，任城生黑黍，實二米』，以顯二米耆為黑黍。且任城所生，漢之異事，歷世所未有。《詩》歌后稷降播，乃民事之常。如必待任城所生而後降之，則沒世不可得矣。至唐，說者又言今上黨民間黑黍，或值豐歲，往往得二米者，但稀闊而得之，不以充貢耳。以此附成郭氏之說。夫后稷所降，既謂之種，何得以豐歲偶有一二為說》若皆以豐歲言之，則禾有同穎，麥有兩岐，又可待以為種耶？今百穀之中，一稃二米者，唯麥為然，捨麥未有二米者『周所受瑞麥來麰，一來二縫。』則秠者正此來麰爾。但《生氏》、《臣工》所稱不同。來麰又為釐麰。古者耒〔註93〕、釐、丕三字相通，故《方言》『貔，陳、楚、江、淮之間謂之猍，北燕、朝鮮之間謂之貊，關西謂之狸』。彼雖說獸，亦以一名通三音。然則此禾亦然。來猶猍也，秠猶貊也，釐猶狸也，要是一物。鄭答張逸，並以秠、稃皆解為皮，轉失實矣。予故詳而論之。」愚按：如羅說甚為近理。常棣之華，一

〔註92〕（明）林兆珂《多識編》卷二《草部·秬》。（《四庫全書存目叢書》經部第62冊，第45～46頁）

〔註93〕「耒」，據文義當作「來」。按：原出羅願《爾雅翼》卷一《釋草·秬》，正作「來」。

跗輒生二萼，江南呼為麥李者以此。然則林言必一稃二米之黍方可定鍾律，又不足信矣。「穈」，本作「虋」，《爾雅》、《說文》皆云：「赤苗也。」郭云：「今之赤粱粟。」沈括云：「氀衣如璊。璊，赭色也。稷之璊色者謂之穈。穈色在朱黃之間，似乎赭而極光瑩，掬之粲澤，熠熠如赤珠。此自是一色，似赭非赭。」又云：「穈乃黍屬，以色別之，丹黍謂之穈。」羅云：「黍有赤黍、黑黍。黑黍已別見。虋稱赤苗，恐是赤者。其類有黏、不黏，如稻之有粳、糯。其不黏者以為飯，黏者別名秫，以為酒。《說文》：『秫，黍之黏者』，即謂此也。黍之為物，黏而香，故馨、馥、黏、和皆從之。古人雪桃用黍，以黍黏去桃毛也。」《廣志》云：「有遼東赤粱，魏武帝常以作粥。」「芑」，《爾雅》、《說文》皆云：「白苗也。」郭云：「今之白粱粟。」羅云：「粱，今之粟類。古不以粟為穀之名，但米之有稃殼者皆稱粟。今人以穀之最細而圓者為粟，則粱是其類。」詳見《采芑》篇。季本云：「黍為總名。分而言之，則穈芑為粱。粱似粟而大，即今之膏粱也。五穀中，黍為最美，故言穀者常以黍為先。」「恒」，《說文》云：「常也。」季云：「言他穀有時而可闕，惟此四穀，則當遍值，歲以為常也。」「穫」，《說文》云：「刈穀也。」「畝」，田畝也。「任」，朱子云：「肩任也。」蘇云：「擔也。」周伯琦謂「字當作壬，前後器物而中以橫木壬之，蓋指事也」。負之為言背也。按：負有背音，當是以音通，故有背義。舊說皆以為背負之也。《釋名》亦云：「置項背也。」朱子云：「既成，則穫而棲之於畝，任負而歸，以供祭祀。秬秠言穫畝，穈芑言任負，互文耳。」「肇」，《爾雅》云：「始也。」按：「肇」本訓「擊」，原無「始」義，當通作「肁」，《說文》云：「始開也。」「祀」，《說文》云：「祭無已也。」秬秠、穈芑，可以充酒醴粢盛之用，前此祀典所未有，至后稷誕降嘉種，於是內外百神之祀始用之以祭，明此禮始於唐虞而實后稷開之也。毛、鄭謂后稷以此郊祀，既重誣后稷，先儒但主稷自祭其邰國之宗廟而言，固亦甚矣。季云：「祭祀之禮，雖上古有之，然當其初，明水大羹，薦血捄豚而已，為饎之禮未備也。至是，既有嘉穀，則為酒食，而牲殺則加燔炙，禮於是大成焉。此蓋自后稷始，故云『肇祀』，言其起事神之禮也。」殷大白云：「以上結束后稷功案。」○誕我祀如何？或舂豐本作「𦥞」或揄，叶尤韻，以周翻。《韓詩》、《周禮注》、《儀禮注》俱作「抌」。或簸豐本作「匞」。或蹂。叶尤韻，而猷翻。《說文》作「舀」。豐本作「𦥼」。釋《爾雅音義》作「淅」。之叟叟，叶尤韻，疏鳩

翻。《爾雅音義》、豐本俱作「滺滺」。陸本作「溲溲」。**烝之浮浮**。尤韻。《爾雅》、《說文》俱作「烰烰」。**載謀載惟**，支韻。**取蕭祭脂**，支韻。**取羝**陸本作「牴」。**以軷**。叶秦韻，蒲蓋翻。**載燔載烈**，叶霽韻，力制翻。**以興嗣歲**。霽韻。亦叶泰韻，與艾翻。○賦也。殷云：「『我祀』不承上說后稷，乃詩人自我，在時主之時矣。」「如何」，問辭也。自后稷始以嘉穀供祀，我子孫今日踵而行之，其制以為饎之法，則如下文所云也。孔云：「美而將說其事，意欲說之，故設辭自問。上『生民如何』亦如此也。」「舂」，本作「𦥽」，《說文》云：「擣粟也。從廾持杵臨臼上。午，杵省也。」古者黃帝臣雍父初作舂。孔云：「桓十四年，《穀梁傳》說宗廟之事，『夫人親舂』。《楚語》說『天子禘郊之事，王后必自舂其粢；諸侯宗廟之事，夫人必自舂其盛』。韋昭謂『粢、盛，互文也』。言舂不過如天子，躬耕三推而已。《楚語》又云：『天子親舂禘之盛。』韋昭亦云：『率后舂之。』故言『或』，不斥后、夫人也。」「揄」，《說文》云：「引也。」依毛《傳》訓抒，「臼」則當作「𦥑」，字古文通也。𦥑，從爪從臼。徐云：「抒而下取之也。會意。」「簸」，《說文》云：「揚糠也。」從箕從皮。指事。皮亦聲。「蹂」，本作「𢱢」，《說文》云：「復也。」徐云：「謂往來蹂踐之也。」舂、揄、簸、蹂，以事之次言之。先擣之於臼中，擣畢，引之出臼，揚去其米皮，則成糳矣。復言蹂者，朱子謂「蹂禾取穀以繼之」是也。蹂最居先，既蹂而後舂之。詩不言之舂先，而轉綴之於末，亦行文變幻處。「釋」，通作「釋」，從米不從采，《說文》云：「漬米也。」與接淅之淅義頗異。彼乃汰米也。漬者，浸潤之。汰則但淘洗而已。「叟叟」，舊說依毛《傳》，皆以為釋之聲，於義無據。按：「叟」與「籔」同音，當通作「籔」，《說文》云：「炊𥫱也。」《廣韻》云：「漉米器也。」釋米於籔，接續釋之曰籔籔也。「烝」，《說文》云：「火氣上行也。」「浮浮」，當依《爾雅》、《說文》作「烰烰」。徐云：「烝氣上出也。」孔云：「炊之於甑，爨而烝之，其氣浮浮然，言升盛也。」鄭云：「釋之烝之，以為酒及簠簋之實。」「謀」，朱子云：「卜日擇士也。」劉公瑾云：「《周禮·太宰》及《儀禮·少牢饋食》皆前期十日帥執事而卜祭日之吉凶。又按：《射義》，將祭，必先習射以擇士，射中者得與於祭。所擇之士，謂諸侯諸臣及所貢士也。」「惟」，《說文》云：「凡思也。」凡者，非一之辭。《祭義》所謂「思其居處，思其笑語，思其志意，思其所樂，思其所嗜」是也。此合下句，皆指宗廟之祭言。「蕭」，《爾雅》云：「荻也。」

毛公、李巡皆以為蒿。今按：《爾雅》又釋蒿為菣，則蕭非蒿。嚴云：「蒿者，總名也。曰蕭者，蒿之香者也。故《疏》以為香蒿也。」陸璣云：「今人所謂荻，蒿者是也。或云牛尾蒿，似白蒿，白葉，莖粗，科生，多者數十莖，可作燭，有香氣，故祭祀以脂爇之為香。許慎以為艾蒿，非也。」羅云：「蕭蓋甸師所供。《周禮‧甸師》：『祭祀共蕭茅。』先鄭但作縮茅解之，杜子春始讀為蕭。」「祭脂」，鄭謂祭牲之脂，即《信南山》篇所謂「膋」也。膋者，牛腸脂也。《說文》云：「戴角者脂，無角者膏。」「取蕭祭脂」者，取香蒿及祭牲之脂雜燒之，所以達其馨香之氣，使神歆饗之也。其燒此二物，又必合黍稷。按：《禮記疏》云：「一祭之中，再度炳蕭。故《郊特牲》云：『取膵膋升首，報陽也。』《祭義》亦云：『建設朝事，燔燎膻薌，見以蕭光，以報氣也。』此朝踐炳蕭也。《郊特牲》又云：『蕭合黍稷，既奠，然後炳蕭合膻薌。』此饋熟炳蕭也。」朝踐，即朝事，謂薦血腥時也。饋熟，則薦黍稷時也。膻者，脂膋之別名。薌、香同字，指黍稷也。《曲禮》云「黍曰薌合」是也。此宗廟之祭所用，觀《祭義》言「設為宗祧」及「報氣報魄」等語可見。灌鬯求諸陰，炳蕭求諸陽，奏樂求諸天地之間。羅云：「昔有虞氏尚氣，血腥爓，祭用氣。商人尚聲，以聲音之號，詔告天地之間。周人尚臭，以鬱合鬯，灌以圭璋，而使臭陰達於淵泉。既奠，然後炳蕭，合黍稷膻薌爇之，而使臭陽達於牆屋。臭陰以水而報魄，臭陽以火而報氣。古人以神之道微，不可搏執，故求萬物之理，以為同聲相應，同氣相求，水流濕，火就燥，故用百物之英華，庶幾麗而留之。此蕭之氣繞於牆屋，則牆內乃爇蕭之地，故曰蕭牆之內。」王應麟云：「古所謂香者如此。韋彤《五禮精義》謂祭祀用香，今古之禮並無其文。梁天監初，何佟之議鬱鬯蕭光，所以達神，與其用香，其義一也。考之，殊無依據。開元、開寶禮不用。」「羝」，《說文》、毛《傳》皆云：「牡羊也。」《爾雅》云：「羊，牡羒牝羖。」郭云：「羒謂吳羊，白羝者也。」《博雅》云：「吳羊牡一歲曰牡羝，三歲曰羝。」羅云：「羝是牡羊之總名，而羒乃吳羊之羝者。古者大率多隻言羝。《易》曰：『羝羊觸藩。』《漢書》：『匈奴徙蘇武北海上無人處，使牧羝羝，乳乃得歸。專牧羝而望其乳，猶秦要燕丹以烏白頭、馬生角也。』羝性好牴觸。《齊民要術》畜牧之法，大率十羊二羝，以為羝少則不孕，多則亂群。」「軷」者，祭道神之名，其祭有二。《周禮‧夏官》「大馭」職云：「掌馭玉路以祀。及犯軷，王自左馭，馭下祝，登受轡，犯軷，遂驅之。及

祭，酌僕。僕左執轡，右祭兩軹，祭軓，乃飲。」鄭《注》云：「行山曰軷。
犯之者，封土為山象，以菩芻、棘、柏為神主。既祭之，以車轢之而去，喻無
險難也。」按：王路所以祀，故鄭《箋》解祭軷謂「自此而往，郊以祭天」，
蓋本於此。菩芻、棘、柏，孔謂三者之中，但用其一以為神主，則可也。又，
「戎僕」職云：「掌馭戎車犯軷，如玉路之儀。」「犯軷」，《說文》作「範軷」，
云：「出將有事於道，必先告其神，立壇四通，樹茅以依神為軷。既祭，軷轢
於牲而行，為範軷。」孔氏謂「軷祭，卿大夫用酒脯，天子以犬，諸侯以羊」。
又名祖，《聘禮》及《詩》云「出祖」是也。又名道，《曾子問》云「道而出」
是也。此出行之軷也。《月令》：「中央土，其祀中霤。春祀戶，夏祀灶，秋祀
門，冬祀行」，即《周禮》、《儀禮》所謂「五祀」也。鄭《注》云：「冬陰盛，
祀之於行，從辟除之類也。行在廟門外之西，為軷壤，厚二寸，廣五尺，輪四
尺，祀行之禮，北面設主於軷上。」孔《疏》云：「按：鄭注《聘禮》云：『禮
畢，乘車轢而遂行，惟車之一輪轢耳。』所以然者，以兩輪相去八尺。今軷惟
廣五尺，故知不兩輪俱轢。云『北面設主軷上』者，以主須南向，故人北面設
之。其主則鄭注『大馭』云：『蓋以菩芻、棘、柏為神主也』。」此祭行之軷
也。據此詩，下文有「以興嗣歲」之語，當主冬祭行言。又，《祭法》：「王立
七祀，曰司命，曰中霤，曰國門，曰國行，曰泰厲，曰戶，曰灶。諸侯立五
祀，曰司命，曰中霤，曰國門，曰國行，曰公厲。大夫立三祀，曰族厲，曰
門，曰行。庶人立一祀，或立戶，或立灶。」鄭氏以「王立七祀」為周制，《月
令》五祀為商制。陳祥道駁之，謂「《周官》雖天子亦止於五祀，《儀禮》雖士
亦得五祀。今《祭法》自七祀推而下之，至於適士二祀、庶人一祀，非周禮
也。《白虎通》、劉昭、范曄高、堂隆之徒又以五祀為門、井、戶、灶、中霤，
春夏秋及中央之祀，皆同《月令》，惟冬祭井而不祭行，不知何所據。要之，
與經義不合。隋、唐參用《月令》之說，五祀祭行。及李林甫之徒復修《月
令》，冬亦祀井而不祀行。林甫何人？斯無足道者」。又，《周禮》「犬人」職
云：「凡祭祀，共〔註94〕犬牲，用牷物，伏瘞亦如之。」《注》云：「伏，謂伏
犬，以王車轢之。」故孔氏有「軷祭，天子以犬」之說，與此詩言「取羝」不
合。惟「小子」職云：「掌祭祀，羞羊肆、羊殽、肉豆而掌珥於社稷，祈於五
祀。」「羊人」職云：「凡祈珥，供其羊牲。」此為祭五祀用羊之明證。益知

〔註94〕「共」，四庫本作「供」。《周禮》亦作「供」。

「取羝以軷」為祭行，非出行之軷也。「載」之言「則」也，言則有此物也。毛《傳》云：「傅火曰燔。」「烈」，《說文》云：「火猛也。」蓋謂以猛火炙之。按：《周禮》「量人」職云：「凡祭祀，制其從獻脯燔之數量。」「燔」，即《楚茨》篇「或燔或炙」之「燔」。《祭禮》：「獻以燔從。」「脯」，《說文》以為「乾肉」，疑即此所謂「烈」也。從獻者，謂從於獻酒之肉炙也。數謂多少，量謂長短。如《儀禮》「脯十脡，各長尺二寸」之類。季云：「燔、烈兼宗廟軷祭而言，蓋廟與軷皆有尸，所以為尸羞也。」按：《曾子問》云：「既殯而祭五祀，尸入三飯。」是五祀有尸之證也。嚴云：「上自宗廟，下至軷祭，群祀該舉之矣。」愚按：此承上章秋牧之後而言。一歲之中，四時有祭，然秋物告成，始備祀事，在宗廟則為秋嘗冬烝。至於冬祀行，則祀無不舉，而今歲之事終矣，故繼之曰「以興嗣歲」。「興」，起也。「嗣歲」，鄭謂「今新歲也」。興起新歲之事，謂孟春祈穀之祭，即下章所稱是也。孔云：「新歲而謂之嗣者，使之繼嗣往年，猶嗣子之繼父。」○卬盛平聲。于豆，于豆于登，蒸韻。其香陸本作「馨」。始升。蒸韻。上帝居歆，侵韻。《大全》云：「下與今叶。」胡臭亶時。叶紙韻，上紙翻。后稷肇《禮記》、《集韻》俱作「兆」。祀，紙韻。庶無罪豐本作「罪」。悔，叶紙韻，虎洧翻。以迄于今。《大全》云：「上與歆叶。」按：一章八句之中，各隔四句為叶，又一變體也。○賦也。此章言祈穀郊天，而以后稷配，詩正為此而作。「卬」，《爾雅》云：「我也。」郭云：「猶姎也。女人稱我曰姎，其語轉，故曰卬。」按：此主時王而言，故曰「卬盛」，猶上章之言我祀者，非必身親執其勞也。又，古文「俯仰」之「仰」或作「卬」，《詩》「瞻卬昊天」、《荀子》「上足卬則下可用」、《漢書》「偃卬詘信」，皆通「仰」字，則此「卬盛」謂仰而以物盛之，亦通。「盛」，《廣韻》云：「受也。」字從皿，謂受物於器中也。「豆」、「登」皆禮器。豆字象形。登兼指事，本作「𧮲」，從廾持肉在豆上。隸登。遂與上車之登混。彼字上從𣥠，音撥，足剌𣥠也；下從豆，象登車之形，非用俎豆字。《爾雅》云：「木豆謂之豆，瓦豆謂之登。」毛《傳》云：「豆，薦菹醢也。登，大羹也。」孔云：「經維言盛，《傳》辨其所盛之物。」《天官》：「醢人掌四豆之實」，皆有菹醢，是豆為薦羞菹醢也。《公食大夫禮》：「大羹湆，不和，實於登」，是登為盛大羹也。太古之羹，不調以鹽菜。湆者，肉汁也。按：《郊特牲》言「器用陶匏」，《禮器》言「大羹不和」，正祀天之禮。惟豆之所盛，禮無明文。然豆有加豆，

有恆豆，又有酏食糝食之豆，故《楚茨》之詩言「為豆孔庶」。據此詩「於豆」重言「於登」，惟一舉之而已，亦可以見豆多而登少也。王安石云：「『釋之』、『烝之』，簠簋尊爵之實也。『羝』，俎實也。豆登，則實以菹醢大羹之器也。或言其器，或言其實，互相備也。」香豆，登內所盛物之香也。「始」，初也。「升」，上進也，當通作「昇」，《說文》云：「日上也。」孔云：「薦祭此豆登〔註95〕所盛之物，其馨香之氣始上行也。」合天與五帝謂之上帝，說見《小引》下。羅泌云：「《周禮》或言天，或言帝，或曰上帝，曰五帝，曰昊天上帝。大宗伯『以禋祀昊天上帝，以蒼璧禮天，有大故，則旅上帝及四望』；典瑞『四圭有邸，以祀天、旅上帝』。上帝非天，而天非昊天上帝矣。掌次『大旅上帝，張氈案，設皇邸，朝日祀五帝，則張大次小次』；而司服『祀昊天上帝，大裘而冕，五帝如之』。則五帝非上帝，而昊天上帝非五帝矣。然則天帝果不同歟？天者，元氣之統稱。而帝者，德之見乎用者也。及因其氣之顯淑高廣而言，則又謂之昊天上帝。而水火木金土之帝居於五方，佐而迭王者，則謂之五帝。此皆分統別號而言之者。至於合昊天，若五帝群然而祀，列位乎上，而非可一名者，夫然後總而稱之曰上帝也。昔虞肆類上帝，而大師亦類上帝，肆師類造上帝，曰類、曰旅，則上帝果非一帝矣。然司裘『為大裘，以共王祀天之服』，而司服『王祀昊天上帝，大裘而冕』，則天宜為昊天上帝也。以司服昊天上帝與五帝之祀服有所不殊，則五帝於昊天疑不降矣。然以掌次祀旅所張之次乃不同焉，則五帝顧得合昊帝而同稱乎？祀帝圜丘，牲玉以蒼。兆五帝於四郊，玉以圭璋琥璜琮，牲幣色從其方，而迎之各以其氣之日，則五帝豈得同帝哉？雖然，昊帝統五精而運化，五帝佐昊帝而毓物，猶之子父，非可離也。是故昊天五帝六神之辨，俱以禋祀，司服大裘而皆用圭邸，則知有所分，又有所合矣。類稱上帝，孰不可哉？康成以上帝為五帝而不及天，王肅以上帝為天而不及五帝，抑未之悉耳。」陳祥道云：「上帝之文既不主於天與昊天上帝，又不主於五帝，而典瑞『旅上帝』，對旅四望言之。旅者，會而祭之之名，則上帝非一帝也。上帝非一帝，而《周禮》所稱帝者，昊天上帝與五帝而已，則上帝為昊天上帝及五帝明矣。」又云：「五帝與昊天同稱帝，不與昊天同稱天，猶諸侯與天子同稱君，不與天子同稱王。《周官》祀五帝之禮，有與天同，以極其隆；有與天異，以致其辨。」「居」，鄭云：「安也。」「歆」，《說文》云：

〔註95〕「登」，四庫本作「登」。

「神食氣也。」朱子云：「其香始陞而上帝已安而享之，言應之疾也。」謝枋
得云：「天地間，惟理與氣，有此理則有此氣，有此氣則有此理，鬼神無形無
聲，惟有理有氣在冥漠之間耳。凡祭皆以心感神，以氣合神者也。」陸燧云：
「獨言天，不言稷者，天之感格以稷配祭而然也。」「胡臭亶時」一句，轉語
也。鄭云：「胡之言何也。」「臭」，即上文所謂「香」也。「亶」，《說文》云：
「多穀也。」穀多則實，故轉為實之義，謂品物多也。「時」，朱子云：「言得
其時也。」此與《周書》言「黍稷非馨，明德惟馨」語意相類，言上帝之所以
居歆者，豈為芳臭之充實而得其時哉？蓋自有克當天心者在，如下文所云也。
「肇祀」，即第六章之「以歸肇祀」，此主教民稼穡言。惟后稷能教民稼穡，故
誕降嘉種，而祭祀之有潔粢豐盛，於是始也。「庶」者，喜幸之辭。獲戾於天
曰罪，己心自恨曰悔，因得罪而後悔也。「迄」，《說文》云：「至也。」「庶無
罪悔，以至於今」，皆后稷所貽也。只重在讚歎后稷，上詩為后稷配帝詠耳。
嚴云：「天生后稷以養民，后稷能教民稼穡以相天，天心眷之久矣。自后稷肇
祀以來，子孫世修其業，不敢失墜，以獲罪於天，遂至今日，得以成王業而郊
天。天之歆饗，蓋在此耳。周之郊也，因稷而致，所謂文、武之功起於后稷，
尊后稷以配天，不亦宜乎？」《表記》：「子曰：『后稷之祀易富也，其辭恭，其
欲儉，其祿及子孫。《詩》曰：后稷兆祀，庶無罪悔，以迄于今。』」鄧元錫云：
「天有元德，民有大命，土穀修唐，稼穡啟周，香始陞而居歆之，於是知天人
之一體無間也。古詩大篇敘事，首尾具始，此美哉乎，盡質而盡文！」

　　《生民》八章，四章章十句，四章章八句。朱子云：「舊說第三章
八句，第四章十句。」今按：第三章當為十句，第四章當為八句，則『去』、
『呱』、『訏』、『路』音韻諧協，『呱』、『聲載路』文勢通貫，而此詩八章皆以
十句八句相間為次，又二章已後、七章已前，每章章之首皆有『誕』字。」○
《序》云：「尊祖也。后稷生於姜嫄，文、武之功起於后稷，故推以配天焉。」
愚按：《序》言后稷配天，良是。然是祈穀之郊，非冬至之郊，《序》無明言，
何也？《申培說》同朱子，謂「周公制禮作樂，尊后稷以配天，故作此詩，以
推本其始命之祥，明其受命於天者，其原如此」，則但泥滯此詩前半篇以立說，
而不能知其所用之地。朱子又疑以為「郊祀之後，有受釐頒胙之禮」，則用此
詩蓋因《思文》之詩已是郊祀配天所用，不應復有二詩，不得不揣摩及此。若
《子貢傳》，以此為「訓成王之詩」。今按：《孝經》言「郊祀配天之禮制於周
公」，則此詩或作於成王時，但未必是訓成王耳。

我將

《我將》，宗祀文王於明堂，以配上帝之樂歌。出朱《傳》。○《序》及蔡邕《獨斷》皆云：「祀文王於明堂之所歌也。」按：《孝經》：「子曰：『孝莫大於嚴父，嚴父莫大於配天，則周公其人也。昔者周公郊祀后稷以配天，宗祀文王於明堂，以配上帝，是以四海之內，各以其職來祭。』」今觀此詩，以天與文王並言，則所云祀文王明堂者，其為祀上帝明矣。上帝者，兼昊天上帝與五帝之稱也。雖兼祀五帝，而以天為主，故篇中但言天。《孝經》言宗祀配帝，而首曰嚴父配天，亦其義也。羅泌云：「郊一，明堂六，尊祖而親考也。」詳見《生民》篇。陳祥道云：「先王之於天，尊而遠之，故祀於郊而配以祖；親而近之，故祀於明堂而配以父。《孝經》曰：『郊祀后稷以配天，宗祀文王於明堂，以配上帝。』天則昊天上帝也，上帝則五帝與天也。以上帝為昊天上帝耶？而《周禮》『以旅上帝』，對『旅四望』言之，則上帝非一帝也。以明堂特祀昊天上帝耶？而《考工記》明堂有五室，則五室非一位也。」又云：「《易》曰：『先王以作樂崇德，殷薦之上帝，以配祖考。』以配祖者，天也。以配考者，兼五帝也。合天與五帝而謂之上帝，則《易》、《孝經》之於《周禮》，其義一矣。《周禮》明其祀之大小輕重，故天帝之辨如此。《詩》、《書》之文未嘗有稱五帝，而《書》亦未嘗有稱昊天上帝者，其稱天及上帝者，類皆泛言之而已。此固不可援之以議《周禮》也。」蘇轍云：「古之論郊祀者，莫密於鄭氏，然世或以其怪而不信。予為之辨曰：天一而已，然而天有五行，五行之神而尊之曰五帝，不可謂無六天也。史稱秦襄公居西方，自以為主少皞之神，故作西畤以祀白帝。其後宣公作密畤以祀青帝，靈公作吳陽上畤以祀黃帝，下畤以祀炎帝。漢高帝曰：『吾聞天有五帝，而不足一，何也？』於是復作北畤以祀黑帝。其說與鄭氏合。故鄭氏之說古矣。若夫王肅之學，有昊天而無五行，予竊非之。」朱子云：「上帝即天也。聚天之神而言之，則曰上帝。」又云：「凡說上帝者，總昊天上帝與五帝言之，皆稱上帝也。如《周禮》歲有九祭，其四為祭天，其五為祭五帝，其禮若不同矣。《易》則但說享上帝，未嘗分別，如曰『聖人亨以享上帝』、『殷薦之上帝，以配祖考』。以此觀之，凡說上帝者，是總說帝也。」林之奇云：「歲之祭天者四：郊於冬至，一也；明堂於季秋，一也；祈穀於孟春，一也；大雩於龍見，一也。」孔穎達云：「此言祀文王於明堂，謂大享也。」按：《月令》：「季秋，大享帝。」蓋以兼昊天上帝與五帝而祭之，故曰大享。郊、祈穀之祭，以后稷配。雩之祭，以五人帝

配。皆與文王無預。此以知其為大享也。其曰宗祀者，何也？程子謂「以宗廟之禮享之」，朱子亦謂「祭於屋下而以神祇祭之」，此其義也。程子云：「萬物本乎天，人本乎祖，故冬至祭天而以祖配之，以冬至氣之始也。萬物成形於帝，而人成形於父，故季秋享帝而以父配之，以季秋成物之時也。」胡致堂云：「文王已有廟矣，以季秋享帝而奉文王配焉，不可於七廟中獨舉大禮於一廟，故迎主致之明堂，以配帝也。祭帝必於明堂者，帝出震而宰萬物，猶嚮明而治天下也。武王即位，追王文王。周公制禮，推本王功。故以文王配帝而祀於明堂，此義類也。」陳氏云：「郊者，古禮；而明堂者，周制也，周公以義起之也。」又，孔云：「《月令》季秋有總祭五帝之禮，但鄭以《月令》為秦世之書，秦法自季秋，周法不必然，故《禓問志》云：『不審周以何月？』」《樂記》云：「祀乎明堂而民知孝。」《祭義》云：「祀乎明堂，所以教諸侯之孝也。」

我將我享，維羊維牛，尤韻。**維天其右**叶尤韻，夷周翻。陸德明本作「佑」。**之。儀式刑文王之典，**《左傳》作「德」。**日靖四方。**陽韻。**伊嘏文王，**陽韻。**既右享**叶陽韻，虛良翻。**之。我其夙夜，畏天之威，于時保之。**此三句俱無韻。或云此詩以三「之」字為韻。○賦也。「將」，鄭玄云：「猶奉也。」按：「將」字從寸。寸者，手也，故有奉持之義。「享」，《爾雅》、《說文》皆云「獻也」。曰「我將我享」者，陸化熙云：「明堂之禮，自我義起。二『我』字最有深意。」「羊」，季本云：「實柴之羊也。按：《祭法》云：『燔柴於泰壇，用騂犢。』則明堂祭天，當用特牛。而有羊者，《周禮・羊人》曰『積共羊牲』，謂積柴祭天，則用羊實柴也。先柴而後獻，故『維羊』文在『維牛』之上。『將』者，奉羊以共柴也。『享』者，獻牛以共祀也。孔氏以為『祭天貴誠用犢，其配之人當用太牢，則天與文王異饌矣』。以父配帝，牲牢自宜如一，不得異施。如《召誥》『用牲於郊』，以稷配，而曰『牛二』也。況牛羊之下，但曰『維天其右之』，則首舉羊牛專為天言，而不及配帝之文王矣。」又云：「《周禮・羊人》：『凡積，共其羊牲。』鄭氏謂積為積柴，《疏》謂『積柴實牲幣，煙氣上聞也』。又謂祭天用犢，日月以下有用羊者，故云『維羊維牛』。而鄭司農於大宗伯『實柴』注又直云『實牛柴』，則其說不同矣。今詳此詩，本祭上帝，其牲用犢者也。而維羊之文在其上，牛人不言積共牛牲，而獨羊人於積言羊，則可見實柴當以羊矣。實柴之羊，非大牢之羊也。」「右」，則左右之右。黃佐云：「明堂之位，帝居中，文王居西南，主皆西坐東向，東左西右，則饌在左而神在右矣。」鄭《箋》

解右為助。朱子駁之云：「方說『維羊維牛』，如何便說保佑？到『伊嘏文王，既右享之』，也說未得佑助之佑。」依《周禮》有「享右祭祀」之文，《詩》中此例亦多，如「既右烈考」、「亦右文母」之類。「維天其右之」，言天庶幾其臨之於右，猶云如在其上也。「其」者，不敢遽必之辭。嚴粲云：「夫天之所饗，不在於物，維自託於文王，庶幾可以格天乎！」「儀」，有儀可象之儀，聲名文物之類，若《儀禮》所載是也。「式」，《說文》云：「法也。」紀綱制度之類，若《周禮》所載是也。「刑」，通作「荊」，義亦訓法。但「儀」、「式」皆實字，「刑」是虛字。「典」，莊都云：「大冊也。字從冊在丌上，尊閣之也。」孔子曰：「文武之政，佈在方策。」所謂典也。「日」字，與「聖敬日躋」日字同意。「靖」，《說文》云：「立靖也。」「靖」者，亭安也。文王自朝至於日中昃，不遑暇食，用咸和萬民。今法其舊典，所以日求安乎四方也。《左·昭六年》：「鄭人鑄刑書，叔向使詒子產書曰：『昔先王議事以制，不為刑辟，懼民之有爭心也。猶不可禁禦，是故閑之以義，糾之以政，行之以禮，守之以信，奉之以仁。制為祿位，以勸其從。嚴斷刑罰，以威其淫。懼其未也，故誨之以忠，聳之以行，教之以務，使之以和，臨之以敬，蒞之以彊，斷之以剛。民於是乎可任使，而不生禍亂。今吾子相鄭國，作封洫，立謗政，制參辟，鑄刑書，將以靖民，不亦難乎！《詩》曰：儀式刑文王之德，日靖四方。如是，何辟之有？』」「伊」，發語聲。「嘏」，《禮記》云：「長也，大也。」《說文》云：「大遠也。」徐鍇云：「謂大遠之福也。」「右」，解見前。「享」，本訓獻，然神歆其獻亦曰享，《孝經》「祭則鬼享之」是也。「伊嘏文王」二句，俱主天言。天意不過欲四方安靖，而我凡議禮制度，無一不取法於文王之舊典，日日施行之，以安四方，惟天惠民，惟文王之典足以安民，是天所大福也。天苟大福我文王，則必歆文王所配之祭，其臨之在右，而享我之祭也必矣。曰「既右享之」者，自必之辭也，必之以理也。蔡汝楠云：「《我將》之詩，以文王配帝，曰『天其右之』、『既右享之』，明堂之樂，其詞婉親之也。《思文》之詩，以后稷配天，曰『克配彼天』，圜丘之樂，其詞簡尊之也。」「我其夙夜」，為祭後言之也。上文既投誠於天，而冀天之來享我矣。而今而後，苟我不能法文王之典，則天將變其享我者而威我，我其敢不夙夜畏天之威，於以時時保此右享之意，使天永眷我而不替乎？「時」字正與「夙夜」字相應。陸云：「夙夜畏威，只是常法文典，以靖四方耳。『保之』，亦不敢恃為可保，是心上思想如此。」按：《左傳》曰：「畏天之威，於時保之」，

敬主之謂也。君以天為主，故曰敬主。通篇俱主天言，則以天為主，文王為配耳。嚴云：「明堂之禮，天與文王在焉。成王寫其中心之誠，以對越而言之也。」真德秀云：「後世人主一行郊祀明堂之禮，類哆然有矜大之心，如漢武諸詔是也。其視《我將》之頌，可愧多矣。」又，《孟子》言「畏天者保其國」，而引此詩。《左·文十五年》：「齊侯侵我西鄙，遂伐曹。季文子曰：『齊侯其不免乎！禮以順天，天之道也。已則反天，而又以計人，難以免矣。在《周頌》曰：畏天之威，于時保之。不畏于天，將何能保？』」《前漢書》：「孔光曰：『天右與王者，故災異數見，以譴告，欲其改更。若不畏懼，有以塞除，而輕忽簡誣，則凶罰加焉，其至可必。《詩》曰：畏天之威，于時保之。謂不懼者凶，懼之則吉也。』」及《韓詩外傳》記「湯時谷生大拱」、「文王寢疾地動」之事，俱引此詩。皆斷章取義，非詩正旨。

　　《我將》一章，十句。《申培說》以為「季秋禘上帝於明堂而配以文王之樂歌」。按：禘乃宗廟之祭名，未聞明堂大享亦名曰禘也。季彭山氏謂「此蓋朝諸侯於方岳時事，以文王為方伯，有功於方岳，故時巡則以配帝。蓋天之主宰一方者曰帝。唐、虞巡狩，而以燔柴祭天，即此禮也。而配文王以嚴父，則周公為之，故宗祀明堂非季秋大享之謂也」。今按：《孟子》書載「齊人慾毀明堂」，則明堂之設在方岳誠有之。而篇中亦有「日靖四方」之語，則以為時巡祭天之詩亦若可信。但古者天子巡狩，以遷主行，載於齊車，言必有尊也。此載在《曾子問》中甚明。文王乃不遷之主，何得有時巡配帝之事？故知古禮甚不可妄臆也。《子貢傳》闕文。

絲衣

《絲衣》，祭靈星也。靈星，農祥也。先王祀之而配以后稷，歌《絲衣》之詩以樂之。自「靈星農祥」下出陳祥道《禮書》。○此詩有二說。《序》初云：「繹賓尸也。」又引高子曰：「靈星之尸也。」愚以本文「絲衣其紑」、「載弁俅俅」、「自羊徂牛」三語定之，當從高子之說。陳祥道亦云：「高子以絲衣之尸為靈星之尸，是也。」「靈星」者，農祥也。東方蒼龍七宿，房心通有農祥之稱。《周語》：「虢文公曰：『農祥晨正，土乃脈發。』」韋昭以為房星也。立春之日，晨中於午，農事之候，故曰農祥。又，伶州鳩曰：「昔武王伐殷，月在天駟。月之所在辰馬，農祥也，我太祖后稷之所經緯也。」《晉語》：「董因曰：『大火，閼伯之星也，是謂大辰。辰以成善，后稷是相。』」韋

昭謂「心星所在，大辰之次為天駟。駟，馬也，故曰辰馬。」辰為農祥，周先后稷之，所以成善道，戒農事也。合前二說，則房心皆為農祥，亦以二星相近故也。而應劭則引「賈逵說以為龍第三有天田星，靈者神也，故祀以報功。辰之星為靈星，故以壬辰日祀靈星於東南。金勝木，為土相也」。張晏亦曰：「龍星左角曰天田，則農祥也，晨見而祭之。」范曄亦引舊說，以「龍左角為天田，官主穀祀，用壬辰位祠之」。壬為水，辰為龍，從其類也。據此，則靈星乃專指天田而為之名。考《星經》，則天、田二星在角北者是也。故服虔以靈星為角星。又有天田九星在牛東南，非此天田也。《唐志》云：「歲星主農祥，后稷馮焉，故周人常閱其禨祥，以觀善敗。其始王也，次於鶉火，以達天黿。其衰也，淫於玄枵，以害鳥帑。」《逸周書‧作雒》篇云：「周公作大邑成周於土中，乃設丘兆於南郊，以祀上帝，配以后稷，日月農星，先王皆與食。」是則農星有祭，自周公時已然。以周家農事開基而此星獨主農祥，故特著之祀典，不與凡星同，所謂「后稷之所經緯者也」。杜佑《通典》載「周制：仲秋之月，祭靈星於國之東南」，以為「東南祭之，就歲星之位也」。歲星，五星之始，最尊，故就其位。王充《論衡》亦云：「今靈星，秋雩也。」而《漢舊儀》則謂「古時歲再祭靈星，春秋用太牢」。要之，古禮無文，俱莫能定其是否。愚以是詩證之，則正孟冬蠟祭時事。其謂祭於仲秋，謂春秋再祭者，誤也。何者？蠟祭之禮，皮弁素服，他祭不然。據此詩曰「絲衣」，曰「載弁」，此足表明其為蠟祭矣。《絲衣》之為蠟祭者，何也？《禮‧月令》篇：「孟冬之月，天子祈來年於天宗」，與祭八蠟、祠大社門閭同時而舉，[註96]即此祭也。靈星之為天宗者，何也？《祭法》曰：「幽宗，祭星也。」是星有宗之名。《虞書》：「禋於六宗。」賈逵謂「天宗三：日，月，星。地宗三：河，海，岱」，是星又有天宗之名。然星與日月雖並稱天宗，而日月及他星皆無關農事，其晨見之時，當歲功之始，而獨主穀者，惟靈星耳，故周公郊祀，特舉與日月並列，固以重民事，亦以彰祖德。美其名則曰靈星，尊其神則曰天宗也。漢興，高祖五年，或言周興而邑立后稷之祠，至今血食天下，於是制詔御史，其令天下立靈星祠。言祀后稷而謂之靈星者，以后稷配食星也。亦名赤星祠，龍左角色赤也。牲用太牢。縣邑令長侍祠，舞者用童男十六人。舞者象教田，初為芟除，次耕種、耘耨、驅爵及穫刈、舂簸之形，象其功也。孝武遊登五嶽，尊祠

[註96]《月令》：「孟冬之月。天子乃祈來年於天宗，大割祠於公社及門閭。臘先祖五祀，勞農以休息之。」

靈星。建武二年，立靈星祠，有司掌之。晉令縣祀靈星。唐以立秋後辰日祠靈星，祝曰：「九穀方成，三時不害。馮茲多祜，介其農嗇。」開元祀於國城東南。天寶四載，升中祠。宋皇祐中，立靈星壇，東西丈三尺，南北亦如之。蓋歷代靈星之見於祀典者如此。是祠之設，專為祈田，每隸郡邑。惟周之肇祀，反其所自，始與后稷比隆，制固淵乎遠矣。《風俗通》載：「俗說。縣令問主簿：『靈星在城東南何法？』主簿仰答曰：『惟靈星所以在東南者，亦不知也』。」每思其詼諧，啞然失笑。嗚呼！以高子筆之於《詩序》之後，而先儒猶未能明其制而信其是，且詆以為誤。彼縣令主簿皆俗吏，其能知之也哉？羅泌云：「於祭有尸，見君子亹亹事神之盡也。宗廟有尸，以盡孝也。而自天地、社稷、山川、群小祀，一皆有尸，則亦以事父母之心事之也。大氐神鬼陰屬，非附陽體，則不可以見，是故尸以託之。繹賓之尸，高子以為靈星，是三辰亦有尸矣。後世禮闕，尸不復見，而今巫童方士亦有憑身附體之法，其所以交神明，猶有聖人之遺意。」孔云：「高子與孟子同時，趙岐以為齊人。」王應麟云：「高子，即高行子。」徐整云：「毛公之學，自謂子夏所傳。子夏授高行子，高行子授薛蒼子，薛蒼子授帛妙子，帛妙子授河間大毛公。」蘇轍云：「毛氏雜取眾說以解經，非皆子夏之言，凡類此耳。」

絲《說文》作「素」。衣其紑，尤韻。載《爾雅注》作「戴」。弁《說文》「載弁」作「弁服」。俅俅。尤韻。《說文》作「絿絿」。自堂徂基，支韻。自羊徂《韓詩外傳》作「來」。牛。尤韻。鼐鼎及鼒，支韻。《說文》作「鎡」。《史記》作「哉」。兕陸德明本作「光」。觥陸本、豐氏本俱作「觵」。其觩。尤韻。陸本作「斛」。旨酒思柔，尤韻。不吳《說文》、漢書俱作「吳」。不敖，陸本作「傲」。《史記》作「驁」。胡考之休。尤韻。○賦也。「絲衣」。《說文》作「素衣」，即《郊特牲》言素服，蠟祭之禮也。「紑」，《說文》云：「白鮮衣貌。」鄒忠胤云：「祭服鮮不用絲，而五冕之服各有章采。此專言絲衣，則以素別於繪耳。」「載」，鄭玄云：「猶戴也。」孔穎達云：「載者，在上之名，故經稱『載弁』。」愚按：此當通作「戴」。以首荷物，謂之戴也。「弁」，即《郊特牲》所云「皮弁」也。解見《頍弁》篇。「俅」，《說文》云：「冠飾貌。」按：《詩》言「會弁如星」，則其飾也。字從人。毛《傳》以為恭順貌，亦通。《郊特牲》云：「皮弁素服而祭。素服，以送終也。蠟之祭，仁之至，義之盡也。」孔云：「天宗、公社、門閭謂之蠟，其祭則皮弁素服。臘先祖五祀，謂之息民之祭。其服則黃衣黃冠。」「自」，從也。「堂」，廟堂也。「徂」，往

也。「基」，《說文》以為牆始，此則廟堂下之階基也。天子之祭禮無聞，以特牲士禮準之，先夕陳事，設洗於阼階東南，壺禁在東序，籩豆鉶在東房，几席兩敦在西堂。主人及子姓兄弟即位於堂下之東，北面東上。賓及眾賓即位於堂下之西，東面北上。宗人升自西階，視壺濯及豆籩，反降，東北面告主人及賓，於壺及籩豆之屬，凡有洗濯者告濯，几席不洗者告具而已。是則「自堂徂基」，乃自堂上而往於堂下之階基，當亦如《特牲禮》告濯、具之事也。「自羊徂牛」者，先省視羊，以備燔燎，復往省視乎牛，以供享獻也。「羊」文在「牛」之上，與《我將》篇「維羊維牛」義同。羊者，實柴之羊。《周禮·大宗伯》職云：「以實柴，祀日月星辰。」是祭星用柴。《羊人》職云：「凡沈辜侯禳釁積，共其羊牲。」鄭玄謂「積者，積柴禋祀。槱燎實柴。」是實柴以羊也。《公羊傳注》謂「祭天，牲角繭栗。社稷宗廟，角握。六宗五嶽四瀆，角尺」。靈星者，六宗之一，亦得用牛。其不與天同者，以角尺、繭栗為別。漢高時去古未遠，祠靈星以太牢，其禮當有所據。此獨言牛者，舉大以該小耳。又，《韓詩外傳》及《說苑》云：「東野鄙人有以九九之術見齊桓公者。公曰：『九九何足以見乎？』對曰：『臣非以九九為足以見也。夫九九，薄能耳，而君猶禮之，況賢於九九乎！太山不讓礫石，江海不逆小流，所以成大也。』桓公曰：『善。』乃因禮之期月，四方之士相攜而並至。《詩》曰：自堂徂基，自牛徂羊。言以內及外，以小及大也。」按：此特借譬之語，與詩旨無涉。然亦可謂善引《詩》者矣。「鼐」，《爾雅》、《說文》皆云：「鼎之絕大者。」「鼎」，《說文》云：「三足兩耳，和五味之寶器也。」《爾雅》云：「圜弇上謂之鼐。」孫炎云：「鼎斂上而小口者。」陳祥道云：《士虞禮》有上鼎、中鼎、下鼎。《有司徹》：司馬舉羊鼎，司士舉豕鼎、魚鼎。則鼎之體有大小侈弇之別，而其用有牛、羊、豕、魚之異。天子諸侯有牛鼎，大夫有羊鼎，士豕鼎、魚鼎而已。上得兼下，下不得兼上，則鼐鼎特王有之也。」按：《特牲禮》，宗人告濯具之後，「賓出，主人出，皆復外位。宗人視牲，告充。舉鼎冪，告潔。」孔云：「彼先視濯籩豆，次視牲，次舉鼎，先後與此次第正同，以此知從羊之牛是告充，『鼐鼎及鼒』是舉冪告潔也。」愚按：自此以上，將祭時事。「兕觥」以下則方祭時事，乃主人與尸賓獻酢旅酬之禮也。《小雅·楚茨》曰：「為賓為客，獻酬交錯。禮儀卒度，笑語卒獲。」即此時也。「兕觥」二句，與《桑扈》篇同，而語意小異。「觥」，乃罰爵，非祭所用。曹氏謂「旅酬之後，恐有失禮者，則以此罰之」是也。「其觩」者，孔云：「觩然徒設，無所用之。」「吳」，毛《傳》云：

「嘩也。」《說文》云：「大言也。」字從口從矢。矢音仄。徐鍇云：「大言，故矢口以出聲也。」又，《釋文》引《說文》作「吳」，且引何承天云：「吳字誤，當作吳，從口下大。魚之大口者曰吳。呼化切。」今按：《說文》只有「吳」字，無「吳」字。徐氏深闢改「吳」為「吳」之謬。何陸所云：「不足信也。」「敖」，通作「傲」，《說文》云：「倨也。」解見《桑扈》篇。「胡考」，解見《載芟》篇。「休」，美也，言獻酢旅酬之時，雖有觩然上曲之罰爵在旁，而此與祭者皆人人飲美酒而思和乘，不歡嘩，不倨慢，無所用罰。飲酒時之恭順如此，其能恭順以交於神明可知矣。如此則神降之福，宜乎其必有壽考永年之休美也。又，顏師古讀「胡」為「何」，曰：「何壽之美者，歎之之言也。」亦通。

　　《絲衣》一章，九句。《序》先以為「繹賓尸」，蔡邕《獨斷》亦仍之，曰：「繹賓尸之所歌也。」鄭康成從其說，而不取《序》後所引高子之說，謂：「載弁者，戴爵弁也。〔註97〕爵弁而祭於王，士服也。繹禮輕，使士升門堂，視壺濯及籩豆之屬，降往於基，告濯具，又視牲，告充已，乃舉鼎冪告潔，禮之次也。」按：大夫以上，祭服謂之冕。士祭服謂之弁。《襍記》云：「大夫冕而祭於公，弁而祭於己。士弁而祭於公，冠而祭於己。」故唐孔氏申鄭之義云：「禮有冠弁、韋弁、皮弁，皆不以絲為衣，且非祭祀之服。《襍記》謂『士弁而祭於公』，《士冠禮》有爵弁紂衣，與此絲衣相當，故知此弁是爵弁，士服之以助君祭也。」鄒忠胤駁之云：「《士冠禮》絲衣爵弁，原不言助祭。《襍記》『士弁而祭於公』，亦未聞服絲衣。且果如《序》所云『繹賓尸』，則牲器以何嘗省？若是《周禮》王者正祭，則視滌濯、逆齊、省鑊、告嘗、告備者有宗伯在，不必使士。若《儀禮》特牲祭之前夕，宗人視濯視牲，厥明乃祭，此則士祭於己之禮，非祭於公之禮。康成種種牽合，又曲為之說，曰『繹禮輕』，故用士以實其所謂『繹賓尸』，謬矣。」郝敬亦主繹義，而第不從其所云告濯具、告充、告潔者，謂：「繹禮殺於正祭，牲牢器皿〔註98〕，皆用祭之餘。《有司徹》云：『掃堂』，『棜尸俎』，行禮，非別殺牲，先夕省視也。《詩》言『自堂徂基』者，即《少牢》云祭畢，尸〔註99〕出廟門外俟儐。天子明日儐，則昨日堂上之尸，今往儐於門基也。言『自羊徂牛，鼐鼎及鼒』者，牲鼎皆自

　　〔註97〕「載弁者，戴爵弁也」，鄭《箋》原作「載，猶戴也。弁，爵弁也」。
　　〔註98〕「皿」，四庫本誤作「血」。按：原見郝敬《毛詩序說》卷八《周頌·絲衣》，亦作「皿」。
　　〔註99〕「尸」，底本、四庫本誤作「戶」，據《毛詩序說》卷八《周頌·絲衣》改。按：《儀禮·少牢饋食禮》未見此語，但數言「尸」。

堂往門，始祭牲入，先太牢，後少牢。徹，故羊先出而牛從之。鼐鼎大，以烹牲體；鼒小，以盛和羹。羹近尸，牲近外，故鼐先出而鼒從之。猶《士虞禮》『杜者逆退復位』之類，皆自堂徂基之序也。」今按：《周禮·牛人》職云：「祭祀共其享牛求牛。」鄭玄謂「享牛者，獻神之牛，所以祭者也。求牛者，終事之牛，所以繹者也」。宗廟有繹者，孝子求神非一處，故以繹牛為求牛也。此則繹禮別殺牲之明據。且謂徹牲自堂往於門基，則似當日不徹，至繹之日而後徹者。其於廢徹不遲之義，又何居焉？鄭之失，在於以此詩為繹，其言省視未有失也。若郝，則兩失之者也。又，張橫渠以絲衣、載弁為繹祭之尸服，謂「天子既以臣為尸，不可祭罷便使出門而就臣位，故其退尸也皆有漸。言絲衣，已是不著冕服。言弁，已是不冠冕也」。要是憑臆立說，無所稽據。愚以《序》言「繹賓尸」三字，自是可疑。天子諸侯曰繹，大夫曰賓尸。此鄭康成之說，見於《爾雅》、《春秋三傳》及《儀禮》甚明。二祭之名各別，何得並舉成文？即孔氏謂「繹者是此祭之名，賓尸是此祭之事」，總屬附會。竊意「繹」是「懌」字之訛。懌者，悅也。祭祀盡禮，則賓與尸皆悅，而第未明其所祭之為何尸，故又繼之以高子之言曰「靈星之尸也」。斯《序》未嘗不明，特以亥豕為累，遂誤後學耳。郝又泥絲之一字，以此詩為祈蠶之繹祭〔註100〕，謂「靈星者，龍星。蠶為龍精。凡尸象神，神象物。絲衣、戴弁者，尸服也。蠶為絲，故衣絲。紑，潔也，象蠶色。俅俅，下曲貌。弁無曲者，象蠶形也」。此似戲論，其秕陋固無煩辨。且繹祭惟宗廟有之，即有和合《序》及高子之說，謂是繹靈星之尸者，愚尚不敢從，也而況於妄指為祈蠶之繹乎！朱子但以為「祭而飲酒之詩」，固亦近之，而其祭於何地，飲以何時，總莫能明。《申培說》以為「士執事於王祭而飲以旅酬之樂歌」。季本亦云：「此《祭統》所謂尸飲九，而君以散爵獻士者。」要皆惑於鄭氏爵弁助祭之說，與朱《傳》同。《子貢傳》闕文。

楚茨

《楚茨》，秋祫嘗之禮也。疑即九夏中之《祴夏》，又名《采薺》。《申培說》以為「農事既成，乃祭宗廟燕及王族之詩」。呂氏云：「《楚茨》極言祭祀所以事神受福之節，致詳致備。所以推明先王致力於民者盡，則致力

〔註100〕《毛詩序說》卷八《周頌·絲衣》：「說曰：此祈蠶之祭，繹而儐尸之樂歌。」

於神者詳。觀其威儀之盛，物品之豐，所以交神明，逮群下，至於受福無疆者，非德盛政修，何以致之？」愚按：此與《信南山》皆為祭祀之詩，而指各有異。彼乃冬祭，故其辭曰「是烝是享」。若此則秋祭也，何以知之？以「祝祭于祊」一語知之。《周禮‧大司馬》：「春蒐獻禽以祭社，夏苗獻禽以享礿，秋獮致禽以祀祊，冬狩獻禽以享烝。」舊說以「祊」當為「方」，謂秋田主祭四方，報成萬物。按：方祭在夏雩秋報俱有之，原不專於秋。且夏礿冬烝皆宗廟之祀，何獨於秋祊而疑之？其所以不言春祠者，亦自有說。四時之祭，春為小禮，夏、秋、冬為大禮。《王制》曰：「天子犆礿、祫禘、祫嘗、祫烝。諸侯礿則不禘，禘則不嘗，嘗則不烝，烝則不礿。」又曰：「諸侯礿犆，禘一犆一祫，嘗祫，烝祫。」犆之為言特也，祫之為言合也。天子之禮，春則特祭，夏、秋、冬則合享，特祭各於其廟，合享同於太廟。諸侯春祭亦犆，而秋與冬皆祫。其異於天子者，惟夏禘之禮，一年行犆，一年行祫而已。若夫天子言犆礿，諸侯言礿犆，天子言祫禘、祫嘗、祫烝，諸侯言嘗祫、烝祫，此特變文，非有異義。然礿禘乃虞夏祭名，殷人改礿名為祠，周人又以礿禴名夏祭，而更春祭名祠，升禘名為五年之大祭。若嘗烝之名，四代無改。至於犆祫之禮，想亦皆同。陳祥道《禮書》辨之甚悉。此《周禮》之所以言礿祊烝而不及春祠也。《禮書》云：「《楚茨》之詩，始言『以往烝嘗』，終言『神具醉止』。《儀禮》大夫三廟，筮止丁亥之一日，而言薦歲事於皇祖。《禮記》亦云：『嘗禘之禮，所以仁昭穆。』則會群神於烝嘗而具醉者，祫也。合三廟於一日而薦於皇祖者，亦祫也。嘗禘所以仁昭穆，亦祫也。祫有三年之祫，有時祭之祫。時祭，小祫也。三年之祫，大祫也。《公羊傳》曰：『大事者何？大祫也。』則明時祭之祫為小祫矣。《禮記》曰大嘗，《周禮》曰大烝，則春祀為小禮矣。蓋小祫止於未毀廟之主，大祫已及於毀廟之主。《禮記》曰：『周旅酬六尸』；又曰：『祫於太廟，祝迎四廟之主』。夫天子旅酬止於六尸，諸侯迎主止於四廟，非小祫而何？」宋神宗時，詳定郊廟奉祀禮文，議者謂：「祠礿烝嘗之名，春夏則物未成而祭薄，秋冬則物盛而祭備。故許慎以『品物少、文詞多』為祠。而王弼以礿為『祭之薄』。何休謂『秋穀成者非一，黍先熟可得薦，故曰嘗。冬萬物畢成，所薦眾多，故曰烝』。故《禮記》以嘗為大嘗，《周禮》以烝為大烝，孔安國亦以烝嘗為大享。」又按：祊為秋祭，《周禮》固有明文。然竊嘗以義求之，而深覺其可信。蓋祊祭在廟門之內，與他祭不同。其字從示從方，有索求諸四方之義。舊說謂祊有二種。一是正祭之時，既設祭於廟，又求神

於祊，此詩所云是也。一是祭之明日繹祭之時，行禮於祊，若《禮器》所云是也。又謂正祭之祊在廟門內之西，繹祭之祊在廟門外之西。今按：《爾雅》「祊」作「閍」，云：「閍謂之門。」《說文》「祊」一作「𥛱」，云：「門內祭先祖，所以徬徨。」是則祊祭自在門內，原無二祊。《禮器》所謂「設祭於堂，為祊乎外」，蓋對堂而言，則門為外，非謂祊在門外也。《家語》：「衛莊公改舊制，變宗廟。高子睪問於孔子曰：『周禮：繹祭於祊，祊在廟門之西。今衛君更之，如之何？』孔子曰：『繹之於庫門內，祊之於東方，失之矣。』」是可見繹祭當在祊，祊自當在廟門內之西。今衛君既改祊之所於東，而行繹禮又不於祊，乃於庫門之內，皆所謂失禮也。然繹之所以必於祊者，以繹為明日之又祭，蓋正祭事畢則神可以歸矣。孝孫孝子猶未忍其遽歸也，故於明日又設繹祭，而於門以求之。秋祭於祊，意亦同此。《祭義》謂「霜露既降，君子履之，必有悽愴之心，非其寒之謂也。春，雨露既濡，君子履之，必有怵惕之心，如將見之，樂以迎來，哀以送往，故禘有樂而嘗無樂」。是則秋祭、繹祭同有送往之義〔註101〕，故皆求之於祊也。又，《祭統》云：「礿禘，陽義也。嘗烝，陰義也。禘者，陽之盛也。嘗者，陰之盛也。故曰莫重於禘嘗。古者於禘也，發爵賜服，順陽義也。於嘗也，出田邑，發秋政，順陰義也。未發秋政，則民弗敢草也。」觀此詩首以楚茨抽棘為言，亦秋政已發之明據。至諸儒詮釋，大抵引《儀禮》為證。然《儀禮》之言祭禮者，不過《特牲饋食》、《少牢饋食》及《有司徹》三篇，而舊說謂《特牲饋食》乃諸侯之士祭祖禰之禮，《少牢饋食》乃諸侯之卿大夫祭祖禰之禮，《有司徹》為《少牢》下篇，所載乃上大夫祭畢而儐尸於堂及下大夫祭畢而禮尸於室之事。其禮皆非天子、諸侯所用，故此詩如「祝祭于祊」，在《儀禮》中絕無道及；而「獻酬笑語」一節，據《儀禮》，其事本在祭末；及「執爨踖踖」等事，皆當處嘏辭「工祝致告」之後。今詩文反在先者，則以天子、諸侯之禮自當與卿大夫士不同，固無足怪。即天子、諸侯祭禮亦當有別，特古禮久亡，其褉見於《周禮》、《禮記》諸書者，雖略可考見，而參錯渙散，不相連屬。愚解此詩，第取其相似者引用之。要之，據詩以明禮，不敢泥禮以疑詩。若諸儒所言祭祀之節，皆多以意推測，支離附會，終未必與古禮相合，不足信也。愚又疑此詩為九夏中之《祴夏》，說見《時邁》篇《小引》下。

───────────────

〔註101〕「義」，四庫本作「意」。

楚楚者茨，《禮記注》作「薺」。《楚辭章句》作「薋」。**言抽其棘**。職韻。**自昔何為？我蓻**《說文》作「埶」。**黍稷**。職韻。**我黍與與，我稷翼翼**，職韻。**我倉既盈，我庾維億**。職韻。**以為酒食**，職韻。**以享以祀**。叶職韻，逸職翻。《韓詩外傳》作「配」。**以妥以侑**，宥韻。《韓詩外傳》引《詩》無此句。**以介景福**。叶宥韻，敷救翻。亦叶職韻，筆力翻。○賦也。「楚楚」，朱子云：「盛密貌。」按：「楚」字義，《說文》以為「叢木」。謝朓詩云：「平楚正蒼然。」以叢木廣遠謂之平楚。今茨之盛密似之，故亦云楚楚也。「茨」，《爾雅》云：「蒺藜也。」陸佃云：「蒺藜，布地蔓生，子有三角，刺人，狀如菱而小。蒺之言疾也，一名茨，可以茨牆，故謂之茨。《牆有茨》序曰：『國人疾之而不可道也。』正言蒺藜以此。」又，呂祖謙云：「《說文》曰：『薺，蒺藜也。』而茨則以茅葺覆屋之名。鄭康成謂趣以采薺，當為楚薺之薺然。則當康成世，字猶為薺。其為茨者，後人誤也。」「抽」，拔也。毛《傳》云：「除也。」「棘」，指蒺藜也。蒺藜能刺人，故以棘稱。楊雄《方言》云：「凡草木刺人，北燕、朝鮮之間謂之茦，自關以西謂之刺，江、淮之間謂之棘。」黃震云：「『言抽其棘』與『言刈其楚』語意正同。」「昔」，古也。「抽」，除。「茨」、「棘」以利農事，從古而然。「我」，代為王者之自我也。「蓻」，種也，解見《南山》篇。鄭玄云：「自古之人，何乃勤苦為此事乎？我將得黍稷焉。」「與」，《說文》云：「黨與也。」曰「與與」者，黍黍相併，如人之有儔侶也。「翼」，羽翼也。曰「翼翼」者，稷稷相輔，如鳥布翅相接也。《呂氏春秋》云：「苗，其弱也欲孤，其長也欲相與俱，其熟也欲相扶。是故三以為族，乃多粟。」「與與」、「翼翼」之謂也。「倉」，《說文》云：「穀藏也。」《戰國策》注云：「圓曰囷，方曰倉。」「盈」，《說文》云：「滿器也。」「庾」，《說文》云：「倉無屋者。」毛云：「露積曰庾。」孔穎達云：「《甫田》言『曾孫之稼，如茨如梁』，此聚稼也。又曰『曾孫之庾，如坻如京』，是積粟也。下言『乃求千斯倉，乃求萬斯箱』，欲以萬箱載稼，千倉納庾，是庾未入倉矣，故曰『露積』，言露地積聚之，《九章算術》『平地委粟』是也。《周語》：『野有庾積』，言『野有』，則非倉之類，亦『露積』之驗也。」韋昭云：「十萬曰億。古數也。秦時改制，始以萬萬為億。」孔云：「既言露積為庾，則庾在於空，非有可滿之期。舉億為多，以至億為滿也。倉無一億者，假令一億十萬斛，依《九章算術》，古粟斛方一尺，長二尺七寸，是一億之積，方一尺而長二十七萬尺也。立方開之，幾六十五尺。雖則高大之倉，未有能容此者。知其不相通也。」王安石

云：「我倉既盈，無所藏之。露積為庾，其數至億。」此以上述祭之酒食所從出。始而種，繼而收，連用五「我」字，見一粒皆我精神，則皆我孝思也。凡祭以酒食為主，而牛羊俎豆佐之。「以為酒食」，「以」字指黍稷言。孔云：「《月令》：『命大酋為酒，云秫稻必齊。』則為酒非直黍也。又，天子之祭當用黍稷稻粱，然則為酒食者非獨黍稷而已。以黍稷為穀之主，故舉黍稷以總眾穀。」「以享」而下四「以」字，俱指酒食言。「享」，《說文》云：「獻也。」「祀」，《說文》云：「祭無已也。」「妥」，毛云：「安坐也。」按：《說文》無「妥」字，當是「綏」省文耳。「侑」，《說文》云：「耦也。」毛云：「勸也。」蓋有人耦之於旁以勸之也。鄭云：「以黍稷為酒食，獻之以祀先祖，既又迎尸，使處神坐而食之。為其嫌不飽，祝以主人之辭，勸之也。」蘇轍云：「主人拜尸而安之，祝勸尸而食之。」按：《禮記．郊特牲》云：「舉斝角，詔妥尸。古者，尸無事則立，有事而後坐也。」《注》云：「尸始入，舉奠斝，若奠角。將祭之，祝則詔主人拜，安尸，使之坐。尸即至尊之坐，或時不自安，則以拜安之也。天子奠斝，諸侯奠角。」《儀禮．特牲》篇略云：「祝延尸入，尸即席坐，主人拜妥尸，尸答拜。祝命挼祭。尸左執觶，佐食取黍稷授尸。尸祭之，主人拜。尸奠觶，答拜。」《少牢篇》略云：「祝延尸入，主人從。尸升筵，祝，主人皆拜妥尸，尸不言。尸答拜，遂坐上。佐食取黍稷授尸。尸受，祭於豆。」《注》云：「黍稷之祭為墮祭，將食神餘，尊之而祭之。」《周禮》曰：「既祭則藏其墮。」「墮」與「挼」讀同。此妥尸之禮也。《禮器》云：「夏立尸而卒祭。殷坐尸，周坐尸。詔侑武方，其禮亦然。」《注》云：「『武』當為『無』，聲之誤也。」《特牲》篇云：「尸三飯，告飽，祝侑，主人拜。尸又三飯，告飽，祝侑之如初。又三飯告飽，祝侑之如初。」《少牢》篇云：「尸告飽，祝西面於主人之南，獨侑，不拜。侑曰：『皇尸未實，侑！』尸又食。尸不飯，告飽。祝西面於主人之南，主人不言，拜侑。尸又三飯。」《注》云：「祝言而不拜，主人不言而拜，親疏之宜。」此侑尸之禮也。「妥」、「侑」相繼，其禮皆在迎尸初入之時，獻尸即所以獻神也。「以介景福」，承上二句言。「介」，助。「景」，光也。解見《小明》篇，言助之以彰明可見之福也。〇**濟濟蹌蹌**，陽韻。**絜**豐氏本作「潔」。**爾牛羊**，陽韻。**以往烝嘗**。陽韻。**或剝或亨**，叶陽韻，鋪郎翻。**或肆或將**。叶陽韻，資良翻。**祝祭于祊**，叶陽韻，分房翻。《說文》作「鬃」。**祀事孔明**。叶陽韻，謨郎翻。**先祖是皇**，陽韻。**神保是饗**。叶陽韻，虛良翻。豐本作「亯」。**孝孫有慶**，叶陽韻，虛良翻。**報**

以介福，萬壽無疆。陽韻。○賦也。「濟」之為言「齊」也，亦音齊。「濟濟」，行列整齊之貌。「蹌」，《說文》云：「動也。」《虞書》「鳥獸蹌蹌」，解正同此。愚按：此以下文牛羊之盛言。舊說謂與祭者有容儀，亦通。《祭義》云：「仲尼嘗，奉薦而進，其親也愨，其行也趨趨以數。已祭，子贛問曰：『子之言祭，濟濟漆漆。然今子之祭，無濟濟漆漆。何也？』子曰：『濟濟者，容也，遠也。漆漆者，容也，自反也。容以遠，若容以自反也，夫何神明之及交？夫何濟濟漆漆之有乎？夫言豈一端而已？夫各有所當也。』」孔云：「《曲禮》曰：『大夫濟濟，士蹌蹌。』祭祀之禮，主人自愨而趨，其賓客則有容儀，故『濟濟蹌蹌』也。」「絜」，通作「潔」，《說文》云：「淨也。」劉彝云：「在滌而絜之也。」「爾」，指典司其事者言。《周禮·小宗伯》：「毛六牲，頒於五官，使共奉之」；《充人》：「掌繫祭祀之牲，牷於牢，芻之三月。」觀下文言「以往烝嘗」，則此第鮮潔儲之以備用，與省牲迎牲不同。「以往」，猶言後日也。「烝嘗」，解見《天保》篇，言過此以往，將有事於烝嘗也。廟事莫重於烝嘗，田功成而品物備也。「或剝」二句，承牛羊言。「剝」，裂。「烹」，煮。「肆」，陳。「將」，奉也。剝、烹，治牲。肆、將，獻牲。四「或」字兼事與人言。鄭云：「祭祀之禮，各有其事，有鮮剝其皮者，有煮熟之者，有肆其骨體於俎者，有奉持而進之者。」孔云：「於《周禮》，則《內饔》云：『凡宗廟之祭祀，掌割烹之事。』則解剝其肉是內饔也。《亨人》云：『掌共鼎鑊，以給水火之齊，職外、內饔之爨亨煮。』則煮熟之者，是亨人也。《外饔》：『掌外祭祀之割亨，陳其鼎俎實之牲體。』則肆其骨體於俎，是外饔也。《大司徒》云：『祀五帝，奉牛牲，羞其肆。亨先王亦如之。』《注》云：『肆進所解骨體。』又，《小子》職云：『掌祭祀，羞羊肆羊殽肉豆。』則奉持進之，是司徒小子之類也。既解剝，則當亨煮之於鑊。既煮熟，當陳其骨體於俎。然後奉持而進之為尸羞也。」自首章至此，皆預言祭祀之事，未及行禮。觀「烝嘗」二字連言可見。《左·桓六年》：「隋季梁曰：『夫民，神之主也。是以聖王先成民而後致力於神，故奉牲告曰博碩肥腯，謂民力之普存也，謂其畜之碩大蕃滋也，謂其不疾瘯蠡也，謂其備腯咸有也。奉盛以告曰絜粢豐盛，謂其三時不害而民和年豐也。奉酒醴以告曰嘉栗旨酒，謂其上下皆有嘉德而無違心也。所謂馨香，無讒慝也。故務其三時，修其五教，親其九族，以致其禋祀。於是乎民和而神降之福，故動則有成。』」《祭義》云：「君子反古復始，不忘其所緐生也，是以致其敬，發其情，竭力從事，以報其親，不敢弗盡也。是故昔者，天子為籍千

畝，冕而朱紘，躬秉耒；諸侯為籍百畝，冕而青紘，躬秉耒。以事天地、山川、社稷、先古，以為醴酪齊盛於是乎取之，敬之至也。古者天子、諸侯必有養獸之官，及歲時，齊戒沐浴，而躬朝之，犧牲祭牲必於是取之，敬之至也。君召牛，納而視之，擇其毛而卜之，吉，然後養之。君皮弁素積，朔月，月半，君巡牲，所以致力，孝之至也。」「祝」，《說文》云：「祭主贊詞者。」「祊」，解見前。「祝祭于祊」，為行禮之始，略如迎神之類。雖其禮不傳，然愚以《祭統》之文知之。《祭統》稱祭有十倫，首言鋪筵設同幾，為依神也。詔祝於室而出於祊，此交神明之道也。是則祭祊為行禮之始之明據也。輔廣云：「凡祀祼鬯，則求諸陰；炳蕭，則求諸陽。索祭祝於祊，則求之陰陽之間。蓋魂無不之，神無不在，求之之備如此。」「祀事」，祭祀之事。「孔」，甚。「明」，著也。蓋謂祭祊以前尚有灌地、迎牲、告幽全、升臭等事，其祀禮甚明著也，不詳悉言之者。與《信南山》篇互見，故略之也。何以知諸禮在祭祊之前？嘗參繹《郊特牲》、《禮器》之言祊者而得之。《郊特牲》云：「詔祝於室，坐尸於堂，用牲於庭，升首於室。直祭，祝於主。索祭，祝於祊。不知神之所在，於彼乎？於此乎？或諸遠人乎？祭於祊，尚曰求諸遠者與？」又云：「祊之為言倞也。首也者直也。」而《禮器》則云：「納牲詔於庭，血毛詔於室，羹定詔於堂。三詔皆不同位，蓋道求而未之得也。設祭於堂，為祊乎外，故曰於彼乎？於此乎？」二禮所記略同。今按：《信南山》所言「祭以騂牡」，即「納牲詔於庭」及用牲於庭也；「啟毛取血」，即「血毛詔於室」也。「脾臠燔燎」，先儒皆以為「詔祝於室」之事，在取血臠之後，即朝踐時也。室之內有主在焉，因而升牲首於室，《郊特牲》所謂「直祭祝於主」，而自解之曰「首也者直也」。是可見升首之為直祭也。此時尸坐於堂，亦設有腥爛之祭焉。所謂設坐於堂也，猶恐神之或不在，求而未之得也，因於祊以求之。《郊特牲》於「直祭，祝於主」之下即繼之曰「索祭，祝於祊」，《禮器》於「設祭於堂」之下即繼之曰「為祊乎外」，互相備也。皆曰「於彼乎？於此乎」，蓋汲汲於求神也。自是而神若或至矣。始行薦熟之禮，以尸人也，必薦熟而後尸可饗也。則執爨以下事也。朝踐以前，皆交於神明之道，其意在於求神。薦熟以後，始兼用人道，其事在於饗尸。《信南山》紀朝踐以前事，《楚茨》紀薦熟以後事。愚於是而悟二詩之相為首尾也。或問：祊祭亦有牲否？曰：有，即求牛是也。《周禮·牛人》職云：「凡祭祀，共其享牛求牛。」正祭之牛謂之享牛，索祭之牛謂之求牛，求即索也。若祭之明日，繹祭於祊，其牲當亦求牛也。「先祖」，

通七廟而言，則以其為小祫故耳。孔云：「烝嘗，時祭也。時祭當自禰以上，而言先祖者，據遠可以兼近。」「皇」，通作「煌」。徐鉉云：「皇之為言煌煌然也。」按：煌者，輝也，光明之意，洋洋乎如在其上也。「神」，先祖之神也。孔云：「本其生存謂之祖，言其精氣謂之神。」「保」，毛云：「安也。」「饗」，歆也。《祭義》云：「饗者，鄉也。鄉之，然後能饗焉。」「神保是饗」者，言先祖之神安之，於是饗其祭祀也。朱子謂「神保，蓋尸之嘉號，猶《楚辭》所云『靈保』者」。按：《楚辭》云：「思靈保兮賢姱。」乃謂神安附於巫身，以賢姱目巫，非以靈保目巫也。若以神保名尸，則於第三章「神保是格」固自難通，而第五章「神保聿歸」之前不應變言「皇尸載起」矣。對先祖稱「孝孫」，乃主祭之人，謂天子也。「慶」，福也，賀也，言有福而可賀也。「介福」，即上章所介之景福。「疆」，鄭云：「境界也。」孝孫能盡力於祭祀，故先祖報以所助之景福，使之得萬年之壽，無有盡界也。「萬壽無疆」，正「介福」之實，所謂「有慶」者也。○執爨踖踖，陌韻。亦叶藥韻，七約翻。**為俎孔碩**。陌韻。亦叶藥韻，實若翻。**或燔或炙**，陌韻。亦叶藥韻，職略翻。**君婦莫莫**。藥韻。亦叶陌韻，莫白翻。通作「貊」。**為豆孔庶**，叶藥韻，職略翻。亦叶陌韻，之石翻，讀如摭。《釋名》云：「庶，摭也，拾摭之也。」**為賓為客**。陌韻。亦叶藥韻，克各翻。**獻醻**陸德明本、《大全》、朱《傳》、豐本俱作「酬」。**交錯**，藥韻。**禮儀**《韓詩外傳》作「義」。**卒度**，叶藥韻，達各翻。**笑語卒獲**。陌韻。亦叶藥韻，黃郭翻。**神保是格**，陌韻。亦叶藥韻，葛鶴翻。**報以介福，萬壽攸酢**。藥韻。○賦也。祭以饋熟為正，故此章專就薦熟時言之。「執」，即執事之執，謂供事也。「爨」，賈公彥云：「今之灶也。周公制禮之時謂之爨，至孔子時則謂之灶。」按：《少牢禮》有雍爨，有廩爨。雍爨以炙肉，雍人掌之。廩爨以炊米，廩人掌之。《特牲禮》有牲爨，有魚腊爨，即雍爨也。然無廩爨，而有饎爨，主婦視之。舊說炊黍稷曰饎。饎廩所爨同物，而廩比饎為大，則行禮之人異耳。此詩言「為俎」，言「燔炙」，則所執者乃雍爨也。「踖」，《說文》云：「長脛行也。」重言「踖踖」，《爾雅》云：「敏也。」郭璞云：「便速敏捷也。」「俎」，《說文》云：「禮俎也」，字「從半肉在且上」。指事。且，即薦肉之器，字從幾足，有二橫，一其下，地也。象形。「為俎」，謂載牲體於俎。「碩」，大也。孔云：「其為俎之牲體甚博大，言肥腯而得禮也。」按：《特牲》記俎之類不一，有肵俎，有折俎，有尸俎，有阼俎，有主婦俎，有祝俎，有佐食俎，有賓俎。肵俎，載牲心舌於上，設於尸饌之

北，尸每食牲體，反著於胉俎，是主人敬尸之俎，《郊特牲》所謂「胉之為言敬也」。折俎，謂節解者，旅酬時所設也。尸俎，事尸之俎，牲體有九，曰肩、曰臂、曰臑、曰肫、曰胳、曰正脊二骨、曰橫脊二骨、曰長脅二骨、曰短脅，凡九體，皆尚右，周道也，所以尊尸也。體貴奇者何？陽數也。骨者何？以致敬也。又有膚三焉，以致愛也。愛敬交致，孝之至也。又有離肺一、刌肺三焉。所以貴肺者何？氣主也。又魚十有五。魚，陰物也，取諸月十有五日而盈之義也。膷如牲骨，則猶是貴奇之意也。阼俎者，主人之俎。自阼俎而下，亦總名為執事之俎，而其物薄矣。據此詩以「孔碩」言俎，蓋專指尸俎。毛云：「加火曰燔，炕火曰炙。」嚴粲云：「《漢志》言『秦燔滅文章』，顏氏《注》謂『燔，燒也』，然則燔是近火燒之，如今之燒肉，火焰所及也。炕，舉也，以物貫之而舉於火上以炙之也。」鄭云：「燔，燔肉也。炙，肝炙也。皆從獻之俎也。」孔云：「《夏官·量人》：『凡祭祀，制其從獻脯燔之數量。』言從獻者既獻酒，即以此燔肉從之也。知炙肝者，《特牲》『主人獻尸，賓長以肝從；主婦獻尸，兄弟以燔從』，彼燔與此燔同，則彼肝與此炙同，故云肝炙也。然燔者，火燒之名；炙者，遠火之稱。以難熟者近火，易熟者遠之，故肝炙而肉燔也。」呂祖謙云：「『為俎孔碩』，謂薦熟也。『或燔或炙』，謂從獻也。鄭氏以為一事，誤矣。燔肉與肝炙，豈得謂之孔碩乎？」「君婦」，意如九嬪、世婦、女御之屬。《爾雅》解嬪為婦，而鄭氏亦以女御為御妻，是皆可以君婦名。觀第五章次君婦於諸宰之下，則其非王后可知。按：《周禮·九嬪》：「凡祭祀，贊玉齍，贊后薦徹豆籩。」《世婦》：「掌祭祀之事，帥女宮而濯溉為齍盛。及祭之日，蒞陳女宮之具，凡內羞之物。」《女御》：「凡祭祀，贊世婦。」夫九嬪之職，在「贊后薦徹豆籩」，即第五章所云「君婦廢徹」也；世婦之職在「蒞陳內羞之物」；而女御又「贊世婦」者，即下文所云「為豆孔庶」也。君婦之稱，斷屬之此。「莫」，通作「寞」，《說文》作「嗼」，云：「嘋嗼也。」「嘋嗼」，今文作「寂寞」，謂寂寞無聲也，與「奏假無言」同意。君婦非一人，故重言「莫莫」耳。豆薦菹醢之器，後、夫人、大夫妻皆得薦之。《周禮·外宗》「佐王后薦玉豆」，此後薦豆也。《祭義》云：「君獻尸，夫人薦豆。」《祭統》云：「君執鸞刀羞嚌，夫人薦豆。」又云：「夫人薦豆，執校。執醴授之，執鐙。」校，謂豆之中央直者。鐙，謂豆下跗。執醴之人，以豆授夫人之時，則執鐙。夫人受而薦之，則執校也。此夫人薦豆也。《少牢禮》云：「主婦薦韭菹醓醢。」《有司徹》篇云：「主婦薦韭菹。」此大夫妻薦豆也。「孔」，甚。「庶」，眾也。

毛以為兼內羞庶羞而言。孔云：「以言『孔庶』，則非一，故為兼二羞也。《有司徹》云：『宰夫羞房中之羞於尸侑，主人主婦皆右之。司士羞庶羞於尸侑，主人〔註102〕皆左之。』《注》云：『二羞所以盡歡心。房中之羞，其籩則糗餌粉餈，其豆則酏食糝食。庶羞，羊臐、豕膮，皆有臧醢。房中之羞，內羞也。內羞在右，陰也。庶羞在左，陽也。』是有二羞之事也。彼大夫賓尸尚有二羞，明天子之正祭有二羞矣。天子庶羞百有二十品，明內羞亦多矣。」愚按：此承上文君婦而言，明豆中之實乃君婦所為。據《周禮・世婦》職，所菹陳者惟內羞之物，似不必兼言庶羞也。內羞共於籩人、醢人，籩人掌四籩之實，醢人掌四豆之實。而世婦菹陳之四豆：一曰朝事之豆，其實韭菹、醓醢、昌本、麋臡、菁菹、鹿臡、茅菹、麋臡；饋食之豆，其實葵菹、蠃醢、脾析、蠯醢、蜃、蚳醢、豚拍、魚醢；加豆之實，芹菹、兔醢、深蒲、醓醢、箈菹、雁醢、筍菹、魚醢；羞豆之實，酏食、糝食。古者祭祀宗廟有九獻之禮：一獻王裸，二獻後裸，三獻王薦腥，四獻後亞獻，於是薦朝事之豆籩各八；五獻王薦熟，六獻後亞獻，於是薦饋食豆之豆籩各八；七獻王酳尸，八獻後酳尸，於是薦加事之籩各八；既酳尸畢，後又獻羞籩、羞豆各二，而諸臣進以酳尸焉，是為九獻。凡四豆之實其不同有如此者，非孔庶而何？賓客，謂四方來助祭者。散文則賓客通。今既對舉，則當有異。《周禮・大行人》：「掌大賓之禮及大客之儀，以親諸侯。」《注》謂「大賓，要服以內諸侯；大客，謂其孤卿」。推此以觀，客小於賓，意即所謂眾賓耳。此下言旅酬之禮，旅酬有長兄弟、眾兄弟，而此不及者，舉賓客以例見之也。鄭云：「始，主人酌賓為獻。賓既酌主人，主人又自飲酌賓，曰醻。至旅而爵交錯以徧。」毛云：「東西為交，邪行為錯。」按：《特牲禮》：主人酳尸，主婦亞獻，賓三獻，畢，主人遂酌以獻賓，賓飲獻爵，主人自飲酢爵，遂獻眾賓。立飲，復洗觶，酌於西方之尊，以酬賓。主人又自飲，以導賓飲。賓卒觶，復洗觶酌賓。賓奠觶於尊南，不敢飲，以俟主人獻長兄弟如賓儀，又獻眾兄弟如眾賓儀，又獻內兄弟如眾兄弟之儀，遂行旅醻之禮。賓舉前尊南所奠觶，酬長兄弟，遂自飲卒觶，更酌於東方之尊，以飲長兄弟。長兄弟卒觶，酌於西方之尊，以飲初受旅者。初受旅者止一人，乃眾賓中之長也。於是眾賓及眾兄弟交錯以遍，皆如初儀。已而長兄弟醻賓，亦如賓醻兄弟之儀。最後賓弟子及兄弟弟子各舉觶於其長而互相醻，皆無算爵。此所謂「獻醻交錯」也。東西互對飲為交，東西邪行錯綜互飲

〔註102〕孔《疏》此處有「主婦」二字。

為錯。甘泉先生有言：「予於旅酬之禮而知上下之易達也。主先飲而酬賓，賓奠觶以俟獻禮畢於下，然後取觶，卒以酬長兄弟。長兄弟卒觶，以酬眾賓長。其奠，仁也。其飲，禮也。眾賓及眾兄弟交錯殺於其長，義也。不勞而以辨，智也。長兄弟酬賓長，賓長以酬眾兄弟，眾兄弟以酬眾賓，以徧焉，是仁義禮智之周流無窮，交相感應者也。及賓弟子、兄弟弟子卒觶，舉觶於其長而交酬無算焉。上下交，和氣浹，而庶事成矣。」然此亦士禮如此。若天子、諸侯之禮，則如《祭統》所云：「尸飲五，君洗玉爵獻卿。尸飲七，以瑤爵獻。大夫尸飲九，以散爵獻。士及群有司皆以齒。明尊卑之等也。」又云：「凡賜爵，昭為一，穆為一，昭與昭齒，穆與穆齒。凡群有司皆以齒，此之謂長幼有序。」意其旅酬儀節必自有異，然而其詳不可得聞矣。『禮儀』、『笑語』，即「獻醻交錯」中之禮儀、笑語也。統言之曰禮，其中之揖讓進退、有儀可象者謂之儀。儀者，容也。「卒」，鄭云：「盡也。」「度」，法也。言禮儀盡合法度也。祭飲而曰「笑語」者，古者於旅也語，禮也。「獲」，得也。「卒獲」，言盡得其時宜也。《坊記》：「子云：『七日戒，三日齋，承一人焉以為尸，過之者趨走，以致敬也。醴酒在室，醍酒在堂，澄酒在下，示民不淫也。尸飲三，眾賓飲一，示民有上下也。因其酒肉，聚其宗族，以教民睦也。故堂上觀乎室，堂下觀乎上。《詩》云：禮儀卒度，笑語卒獲。』」又按：《禮器》云：「周旅酬六尸。曾子曰：『周禮其猶醵與？』」《注》云：「使之相酌也。后稷之尸，發爵不受旅。」《疏》云：「『旅酬六尸』，謂祫祭時聚群廟之主於太祖后稷廟中。后稷在室，西壁東向，為發爵之主，尊，不與子孫為酬酢。餘廟尸凡六，在后稷之東，南北對為昭穆，更相次序以酬也。『周禮其猶醵與』者，醵斂錢共飲酒也。凡相敵，斂錢飲酒，必非忘懷之酌，得而遽飲，必令平徧不偏，頗與周禮次序旅酬相似也。」是則旅酬之禮，在尸亦有之，但以章中有「為賓為客」一語，故知非言尸旅酬也。「格」，通作「假」，《說文》云：「至也。」按：「假」字從彳，故有至義。以與「假」形相似，遂通作「假」。《說文》引《易》「王假有廟」，今文作「假」是也。「假」，音又與「格」同，遂通作「格」。《說文》引《書》「假於上下」，今文作「格」是也。再變而訛，幾忘其本。「神保是格」，言其禮節之備而情意歡洽如此，故神安之而來至也。上章既言「是饗」矣，至此始言「是格」者，前猶自孝孫之心想像之，此則合廟中與祭者皆想像之，亦如在之意。客酌主人曰酢。主人有獻，客必有酢，理之當然。神報孝孫以萬壽之福，亦孝孫之所自致耳，神何私厚於其間哉？○**我孔熯矣，式禮莫愆。**先

韻。亦叶真韻，起巾翻。豐本作「謍」。**工祝致告，徂賚孝孫。**叶先韻，苟緣翻。亦叶真韻，須倫翻。**苾**《文選注》作「馥」。**芬孝祀**，叶職韻。見首章。**神嗜**《釋文》、豐本俱作「耆」。**飲食。**職韻。**卜爾百福**，叶職韻。見首章。**如幾如式。**職韻。**既齊既稷**，職韻。豐本作「娑」。**既匡**陸德明本作「筐」。豐本作「匸」。**既勑。**職韻。蘇子綵本、《大全》、朱《傳》、豐本俱作「敕」。按：勑本音賚，世訛與敕，同音久矣。**永錫爾極**，職韻。**時萬時億。**職韻。○賦也。「我」，鄭云：「我孝孫也。」「孔」，甚也。「熯」，《說文》云：「乾貌。」朱子云：「竭也。」陳氏云：「按：《左傳》云：『外彊中乾。』馬勞如是，人亦如之，久勞而乾竭也。」「式」，《說文》云：「法也。」「式禮」，與「禮儀卒度」同意。「莫」，通作「無」，音之近也。「愆」，《說文》云：「過也。」言禮行既久，孝孫之筋力宜甚竭矣，而取法於禮，終無有過差，敬之至也。「工」，官也，「百工」之「工」。凡能其事者皆稱工，故官以工稱，今曰工祝，蓋《周禮》大祝之官也。又有小祝，然其職止於佐大祝。凡大祭祀，皆大祝主之。《郊特牲》云：「尸，神像也。祝，將命也。」言設祝以傳達尸之辭命也。「致告」者，致尸意以告主人，使受嘏也。按：主人受祭福，其名曰嘏。「徂」，往。「賚」，賜也。祝承尸命，以嘏之物往予主人，即下文言「既齊既稷」是也。按：《少牢禮》略云：「佐食取黍摶之，以授尸。尸執以命祝，祝受以嘏於主人。」《特牲禮》略云：「佐食，摶黍，授祝。祝受尸，尸受以菹豆，執以親嘏主人。」夫特牲乃士禮，而尸親嘏；少牢為卿大夫禮，而尸命祝嘏。當是以尸之尊卑不同。若天子之尸，其尊更甚，則其命工祝徂賚焉宜也。「苾芬孝祀」以下，皆祝所傳嘏辭也。「苾」，《說文》云：「馨香也。」「芬」，《說文》云：「草初生，其香分布。」《荀子注》云：「花草氣香也。」愚按：此當指黍稷言。《書》曰：「黍稷非馨，明德惟馨。」明黍稷有馨。《頌》所謂「有飶其香，有椒其馨」者也。祭以酒食為主，而此詩又為農事既成而作，故云然。「嗜」，喜也。鄭云：「女以孝敬享祀，神乃歆嗜女之飲食也。」「卜」者，前知之謂。「爾」，爾孝孫也。「幾」者，數問多少之辭。「如幾」，猶言如干也，即所云「百福」之數也。「如式」之「如」，如之也。「式」，法也。福以配德，其多寡大小若有法式存焉。爾之孝德盛，則福亦自然盛，故先知爾之膺受百福，其繁駢之數如許，必皆如其法式也，言其福與其德相當也。「齊」，即《周禮》五齊之齊：一曰泛齊，二曰醴齊，三曰盎齊，四曰緹齊，五曰沈齊。謂之齊者，鄭玄謂：「每有祭祀，以度量節作之。」若祫祭備五齊，禘祭備四齊，

時祭備二齊也。「既齊」，如後世之飲福酒。《周禮・鬱人》：「大祭祀，受舉斝之卒爵而飲之。」《注》云：「斝，受福之斝，聲之誤也。王酳尸，尸嘏王，比其卒爵也。鬱人受之。」「稷」，即黍稷之稷。按：《郊特牲》云：「祭黍稷加肺，祭齊加明水，報陰也。」以「黍稷」與「齊」對舉，與此詩言「既齊既稷」同，但此止言稷、不言黍者，以稷為五穀之長。稷所以為五穀之長者，羅願謂「稷，中央之穀。《月令》：『中央土，食稷與牛。』五行土為尊，故五穀稷為長也。陶唐之世，名農官為后稷。其祀五穀之神，與社相配，亦以稷為名，以為五穀不可遍祭，祭其長以該之」。程大昌云：「《職方氏》：『并州宜五穀。』鄭玄謂黍、稷、麥、稻、菽。后稷、社稷皆取此，以其該五種名之也。」「匚」，《說文》云：「飯器筥也。」象形。後人加竹作「筐」。「既匚」者，鄭云：「天子使宰夫受之以匚。」愚按：此連上文「既稷」言，即所以盛稷也。又按：《少牢禮》略云：「尸又三飯，主人洗爵，酳酒，酳尸。尸卒爵，酳醋主人，主人拜受爵。尸執黍，命祝嘏於主人，主人坐奠爵，受黍，嚌之。詩懷之，實於左袂，執爵以興。卒爵出，宰夫以籩受嗇黍，主人嘗之，納諸內。」酳之為言羨也。既食之而又飲之，所以樂之也。醋、酢同字。嚌之為言嘗也。詩之為言承也。曰嗇黍者，收斂曰嗇，明豐年乃有黍稷也。《特牲禮》略云：「尸又三飯，主人洗角，升酳，酳尸。尸卒角，酳以醋主人，主人拜受角，進聽嘏。尸執黍，親嘏主人。詩懷之，實於左袂，卒角出，寫嗇於房，祝以籩受。」二禮略同，惟用爵與用角異，祝嘏與尸嘏異。而嘏皆用黍，今此用稷者，明天子之禮亦當與卿大夫異也。先受酳而後受黍，亦與此先「既齊」而後「既稷」同。「勑」，當作「敕」，《說文》云：「誡也。」「既勑」者，鄭云：「祝則釋嘏辭以敕之也。」「永」，長也。「錫」，通作「賜」，《說文》云：「予也。」「極」者，至善之稱。徐鉉云：「極者，屋脊之棟也。今人謂高及甚為極，義出於此。」愚按：此「爾極」當與《思文》之詩「立我烝民，莫匪爾極」同解。王者重民之事，使民皆有以遂其生，復其性，善莫至焉。「時萬時億」，仍以稼穡所獲言。「時萬」，猶言「萬斯箱」也。「時億」，猶言「我庾維億」也。言爾孝孫既飲我所賚之齊矣，既受我所賚之稷而既盛之以筐矣，既又聽我所敕之嘏辭矣，自今而後，其長俾爾務農重本，有極至之盛德，而歲歲所獲，或以萬計，或以億計，無少歉焉。周王業起於農，詩詠饗祀豐潔，又皆本於農，故其言如此。天子嘏辭無所見，惟《天保》之詩云「君曰卜爾，萬壽無疆」及此詩，皆天子嘏辭也。若《少牢》嘏辭云「皇尸命工祝，承致多福無疆於汝孝孫，來汝孝

孫，使汝受祿，於天宜稼於田，眉壽萬年，勿替引之」，則卿大夫嘏辭也。田
乃粢盛之所自出，故卿大夫嘏辭亦以「宜稼於田」為言。則此章嘏辭之旨可
知矣。《周語》：「虢文公云：『夫民之大事在農，上帝之粢盛於是乎出，民之蕃
庶於是乎生，事之供給於是乎在，和協輯睦於是乎興，財用蕃殖於是乎始，
敦龐純固於是乎成。』」王事惟農是務，乃能媚於神而和於民矣。則享祀時至
而布施優裕也。此可與「永錫爾極」互相發。祝嘏為行禮終事，疑天子之禮或
當如此。《禮運》：「孔子曰：『後聖有作，作其祝號，玄酒以祭，薦其血毛。腥
其俎，孰其殽，與其越席，疏布以冪，衣其澣帛，醴盞以獻，薦其燔炙。君與
夫人交獻，以嘉魂魄，是謂合莫。然後退而合亨，體其犬豕牛羊，實其簠簋、
籩豆、硎羹，祝以孝告，嘏以慈告，是謂大祥。此禮之大成也。』」據此所言
行禮次序與此詩雅相彷彿，不必泥於《特牲》、《少牢》之文耳。○**禮儀既備**，
實韻。**鍾鼓既戒**。叶實韻，居吏翻。**孝孫徂位**，實韻。**工祝致告**。**神具
醉止**，紙韻。豐本作「只」。**皇尸載起**。紙韻。**鼓鍾送尸**，支韻。**神保
聿歸**。叶支韻，讀如媯，俱為翻。**諸宰君婦，廢徹不遲**。支韻。**諸父兄
弟，備言燕私**。支韻。○賦也。「備」，本作「葡」，《說文》云：「具也。」
「禮儀既備」者，言祭禮中之儀節無不具舉也。「戒」，通作「誡」，《說文》
云：「敕也」。謂警敕也。「鍾鼓既戒」者，孔云：「謂擊鍾鼓以告戒廟中之人，
言祭畢也。」「徂位」，鄭云：「往位堂下西面位也。」孔云：「特牲告利成之位
云：『主人出立於戶外，西面。』少牢告利成之位云：『主人出立於阼階上，西
面。』特牲、少牢皆西面故，知天子之位亦西面也。」「致告」，朱子云：「祝
傳神意，告利成於主人。」按：《少牢禮》於主人出之下云：「祝出，立於西階
上，東面，告曰：『利成。』祝入，尸謖。」《特牲禮》於主人出之下云：「祝
東面，告利成，尸謖。」《注》云：「利，猶養也。成，畢也。言孝子之養禮畢
也。謖，起也。」二禮之告利成皆在祝與主人同出之後。祝以利成告主人，非
告尸也。孔云：「孝子之事尸，有尊親及賓客之義，命當絲尊者出，讓當從賓
客來。禮畢，義絲於尸，非主人所當先發，故二禮皆言祝告主人以利成也。」
此下文「神具醉止」正致告之辭，即告利成之意。「具」，通作「俱」，偕也。
孔云：「言皆醉者，所祭群廟非止一神故也。」愚按：此小祫之祭也，解已見
前。朱子云：「鬼神無形。言其醉者，誠敬之至，如見之也。」「皇」，大也，
君也。加尸以皇，尊稱之也。古者祭必立尸，所以象神。特牲是士禮，少牢是
大夫禮，並皆有尸。又，《祭統》云：「君執圭瓚祼尸。」是諸侯有尸也。又，

《周禮·守祧》職云：「若將祭祀，則各以其服受尸。」是天子有尸也。天子以下，宗廟之祭皆用同姓之嫡。故《祭統》云：「夫祭之道，孫為王父尸，所使為尸者，於祭者子行也。父北面而事之，所以明子事父之道也。」《注》云：「子行，猶子列也。祭祖則用孫列，皆取於同姓之嫡孫也。」《疏》云：「主人為欲孝敬己父，不計己尊，而北面事子行，則凡為子者，豈得不自尊事其父乎？是見子事父之道也。」而《儀禮疏》則云：「大夫士以孫之倫為尸，皆取無爵者，無問成人與幼，皆得為之。若天子、諸侯雖用孫，取卿大夫有爵者為之。故《鳧鷖》祭尸之等，皆言公尸是已。」又，何休《公羊注》云：「禮，天子以卿為尸，諸侯以大夫為尸，卿大夫以下以孫為尸。」《坊記》：「子云：『祭祀之有尸也，宗廟之有主也，示民有事也。以此坊民，民猶忘其親。』」鄭云：「載之言則也。」「尸」，節神者也。神醉而尸譐。鼓鍾之鼓從攴，與鍾鼓之鼓從攴不同。彼二器並作，此則以擊鍾為主，所謂金奏也。《周禮·大司樂》：「凡樂事，大祭祀，宿縣，遂以聲展之。尸出入，則令奏《肆夏》。」《鍾師》：「掌金奏，以鍾鼓奏九夏。」《肆夏》其一也。九夏掌於鍾師，先擊鍾，次擊鼓，以金為奏樂之節，故但言鼓鍾耳。李如圭云：「尸在廟門外，則疑於臣，故送迎尸皆以廟門為斷。」鄭云：「神安歸者？歸於天也。」孔云：「神尸相將，神無形，故尸象焉。」羅泌云：「夫神猶火也，火生無形，因物顯照，物盡而火熄。神本無方，因物顯用，物盡而神藏。是故火非可盡也，而在物者為可盡；神非可盡也，以其在物者有可盡之理也。」《白虎義》曰：「祭之所以尸，以其虛無而寂寞也。視之無形，聽之無聲，升自阼階，仰視榱桷，俯察几筵，其器存而人亡。思慕哀傷，無所寫泄，故坐尸而食之，毀損其饌，欣然若親之飽，其醉若神之醉也。《詩》云：『神具醉止，皇尸載起。鼓鍾送尸。』是故侑神尸入，舉角妥尸，食為之節。及乎酳盞醉尸，有至沾醉，旅酬降冕，則尸弁而舞之，以盡神也。」陳暘云：「祭之日，樂與哀半。饗之必樂，已至必哀。樂以迎來，哀以送往也。然則『鼓鍾送尸，神保聿歸』，則反樂而不哀者，豈孝子之情也哉？哀以送往，孝子之心也。鼓鍾送尸，先王之禮也。以禮廢心則不仁，以心忘禮則不智。二者並行，夫然後全之盡之也。」「諸宰」，謂宰夫之屬。孔云：「《周禮·宰夫》無徹饌之文，惟《膳夫》云：『凡王祭祀，則徹王之胙俎。』《注》謂『膳夫親徹胙俎，胙俎最尊也。其餘則其屬徹之』。然則徹饌者，膳夫也。言諸宰者，以膳夫是宰之屬官。宰、膳皆食官之名，故繫之宰。言諸者，《序官》：『膳夫上士二人，中士四人，下士八人。』故言諸也。」

《周禮·九嬪》:「凡祭祀,贊后薦徹豆籩。」知君婦徹籩豆耳。餘饌,諸宰徹之。又按:《特牲禮》云:「宗婦徹祝豆籩,入於房,徹主婦薦俎。」則君婦所徹,亦可例推。「廢」,鄭云:「去也。」「徹」,本訓「通」,以除去其礙,乃得開通。又訓為「去」。「遲」,徐緩也。「不遲」有二義。朱子云:「以疾為敬,亦不留神惠之意也。」嚴云:「不以禮終而惰也。」皆通。「諸父」,伯父、叔父也。「言」者,語辭。「燕」,通作「宴」。宴之為言安也。飲以合歡,安之意也。對異姓言,則同姓為私。孔云:「諸父兄弟留之,使皆備具,我當與之燕而盡其私恩也。」鄭云:「祭祀畢,歸賓客豆俎,同姓則留,與之燕,所以尊賓客,親骨肉也。」今按:「歸賓客豆俎」,禮無明文。惟《孔子世家》云:「魯郊,不致燔肉於大夫,孔子不脫冕而行。」是亦歸俎之一證。至祭末有餕,古之君子以為惠術,《祭統》所稱「尸謖,君與卿四人餕;君起,大夫六人餕;大夫起,士八人餕;士起,各執其具以出,陳於堂下,百官進,徹之。凡餕之道,每變以眾」,其禮何彬彬也。即少牢禮,亦以四人餕;特牲禮,亦以二人餕。而此獨不之及,抑略之與?若《中庸》以「燕毛序齒」列於「旅酬建賤」之後,以為武王、周公所作,自是此詩燕私之禮。然竊怪祭以當日,燕亦以當日,而又有餕之一節襍於其間,即窮日之力,將不暇給。甚矣,古人之勤於行禮也!《尚書傳》云:「宗室有事,族人皆侍終日。大宗已侍於賓奠,然後燕私。燕私者何也?已而與族人飲也。」陳祥道云:「先王之於同姓,有時燕焉,有因祭而燕焉。《國語》曰:『時燕不淫。』此時燕也。《詩》曰:『備言燕私』,《坊記》曰:『因其酒肉,聚其宗族,以教民睦』,此因祭而燕也。其禮之詳雖不可考,要之,服皮弁服,宰夫為主,異姓為賓。其物殽烝,所以合好也。其食世降一等,所以辨親疏也。昭穆以序之,所以明世次也。夜飲以成之,所以別異姓也。若夫几席之位、升降之儀,脫屨而坐,立監相禮,羞庶羞以盡愛,爵樂無算以盡驩,其大率蓋與諸侯燕禮不異。諸侯燕族人,與父兄齒,雖王之尊,蓋亦不以至尊廢至親也。《特牲饋食禮》:『祝告利成,徹庶羞,設於西序下。』鄭氏謂:『徹庶羞置西序下者,為將以燕飲與?』繇是觀之,燕族之禮,不特天子諸侯而已。」又,《特牲禮》注云:「自尸祝至於兄弟之庶羞,宗子以與族人燕飲於堂。內賓宗婦之庶羞,主婦以飲於房。」○**樂具入奏**,叶屋韻,昨木翻。**以綏後祿**。屋韻。**爾殽**豐本作「肴」。**既將**,叶陽韻。見二章。**莫怨具慶**。叶陽韻。見二章。**既醉既飽**,叶有韻,補苟翻。**小大稽首**。有韻。**神嗜**豐本作「耆」**飲食,使君壽考**。叶有韻,去九翻。**孔**

惠孔時，維其盡軫韻。之。子子孫孫，勿替引軫韻。之。賦也。孔云：
「以上章云備言燕私，故此即陳燕私之事。以祭時在廟，燕當在寢，故言祭
時之樂皆復來入於寢而奏之。燕、祭不得同樂，而云皆入者，歌詠雖異，樂器
則同，故皆入也。」朱子云：「凡廟之制，前廟後寢，祭於廟而燕於寢。」「具」，
備也。「奏」者，上進之義。凡樂一更端為一奏，進而動其聲也。「綏」，安也。
「後」，後日也。「祿」，《說文》云：「福也。」此主君言。孔云：「宗族不親，
則公室傾危。故骨肉歡而君之福祿安。」錢天錫云：「諸父兄弟，昔本一身，
假廟之典，所謂尊祖敬宗，亦以展親睦族也。燕私一舉，至恩旁洽，太和流
行，實為受福之本，非僭慢也。」「殽」，當作「肴」。徐鉉云：「謂肉已修庖之
可食者。」黃佐云：「即祭祀所徹之殽也。」「將」，奉持而進之也。爾殽既進，
神惠均，皇恩洽，與祭之人無有怨者。《中庸》所謂「親親則諸父昆弟不怨」
也。「具」，通作「俱」，偕也。「慶」，賀也，歡洽而相慶賀也。「莫怨具慶」，
一反言，一正說，非有二義。「醉」，《說文》云：「卒也。」各卒其度量，不至
於亂也。「飽」，《說文》云：「厭也。」「小大」，謂輩行之尊卑、年齒之長幼，
即「諸父兄弟」也。「稽首」，頭拜至地也。孔云：「『神嗜飲食』以下即慶辭
也。」愚按：此亦名為嘏。《少牢》云：「上嘏，親嘏曰：『主人受祭之福，胡
壽保建家室。』」即此類也。嘏、餕同字。「神嗜飲食」，以祭時言。朱子云：
「向者之祭神，既嗜君之飲食矣，是以使君壽考也。」「孔惠孔時」，復贊其祭
之美。「孔」，甚。「惠」，順也。「時」，謂春祠、夏礿、秋嘗、冬烝之時。鄭云：
「甚順於理，甚得其時。」《祭統》云：「賢者之祭也，必受其福，非世所謂福
也。福者，備也。備者，百順之名也。無所不順者之謂備，言內盡於己而外順
於道也。忠臣以事其君，孝子以事其親，其本一也。上則順於鬼神，外則順於
君長，內則以孝於親，如此之謂備。唯賢者能備，能備然後能祭。」又云：「夫
祭之為物大矣，其興物備矣。順以備者也，其教之本與？是故君子之教也，
外則教之以尊其君長，內則教之以孝於其親，是故明君在上，則諸臣服從；
崇事宗廟社稷，則子孫順孝。盡其道，端其義，而教生焉。君子之教也，必繇
其本順之至也。祭其是與？」又云：「孝子之事親也，祭則觀其敬而時也。」
《祭義》云：「祭不欲數，數則煩，煩則不敬。祭不欲疏，疏則怠，怠則忘。
是故君子合諸天道，春禘、秋嘗。」「維其盡之」，指此祭畢而燕見，其禮無所
不盡也。「子子孫孫」，子復生子，孫復生孫也。「替」，《爾雅》云：「廢也。」
「引」，《爾雅》云：「長也。」謂伸之而使長也。鄭云：「謂子孫勿廢而長行

之。」按：《爾雅》云：「子子孫孫，引無極也。」舍人云：「子孫長行美道，引無極也。」

　　《楚茨》六章，章十二句。輔廣云：「或謂采薺即楚茨也。」今按：楚茨在鄭玄時本尚為楚薺，而「言抽其棘」，亦采之義。《周禮》樂師之教樂儀，大馭之馭王路，皆言「行以肆夏，趨以采薺」。先儒以《時邁》之詩為肆夏，為其中有「肆於時夏」之語。而《周禮》「載尸出入，奏《肆夏》」，則《肆夏》、《采薺》皆祭祀時所奏。祭祀乃禮之大者，故車步皆視之為節，惜古文散逸，無可考據。若《序》所云：「刺幽王也。政煩賦重，田萊多荒，飢饉降喪，民卒流亡，祭祀不饗，故君子思古焉」，今觀此詩，與《信南山》等篇，始終皆稱美豐登祭祀之盛，無一毫幾微不滿之意，其非衰世之詩甚明。《子貢傳》謂「所以勸農也」，似亦惑於豳雅之說。朱子直以為「述公卿有田祿者力於農事，以奉其宗廟之詩」，則祭禮之見於《少牢饋食》者，初無鍾鼓送尸之禮，即此已可證其非矣，又況滌牛燕毛皆天子之禮乎！

信南山

《信南山》，冬祫烝之禮也。《左·成二年》：「晉師及齊戰於鞌，齊師敗績。齊侯使賓媚人致賂，晉人不可，曰：『必使齊之封內盡東其畝。』對曰：『先王疆理天下，物土之宜而布其利，故《詩》曰：我疆我理，南東其畝。今吾子疆理諸侯，而曰盡東其畝而已，唯吾子戎車是利，無顧土宜，其無乃非先王之命也乎？』」愚按：《左傳》既以此為「先王之命」，則此詩之作於周初無可疑者，大指與《楚茨》略同，蓋為冬祭而作。篇中既言「獻之皇祖」，又言「享于祖考」，所謂祫烝者也。趙汸云：「烝、嘗皆祫，與祠、礿不同。烝、嘗蓋豐於祠、礿，烝又豐於嘗。嘗以嘗新為名。烝，眾也，可以薦者眾也。」詳見《楚茨》篇。

信彼南山，維禹甸叶先韻，亭年翻。亦叶真韻，他鄰翻。《周禮注》云：「四丘為甸。甸，讀與『維禹陳之』之『陳』同。」《疏》云：『甸作陳，出《韓詩》』。之。畇畇陸德明本作「晌晌」。《周禮注》作「營營」。楊慎本作「均均」。原隰，曾孫田先韻。亦叶真韻，他因翻。之。我疆我理，紙韻。南東其畝。叶紙韻，母鄙翻。○賦也。「信彼南山」與「節彼南山」文法正同。「信」，通作「伸」，蜿蜒之貌，與引而伸之同義，指山之左右前後所綿亙也。

《易》：「屈信相感。」《周禮》：「侯執信圭。」俱與「伸」通用。「南山」，終南山也。《禹貢》所云：「荊岐既旅，終南惇物」，即此。《王制》：「天子之田方千里。」《周禮》：「職方氏辨九服之邦國，方千里曰王畿。」周都鎬京，終南山在王畿之內，所謂天子之田也。詩所言乃天子祀事，而推本於重農，詠南山即詠畿內之地云耳，非以山言也。治田出穀稅曰甸。王畿名甸，《禹貢》「五百里甸服」是也。若此甸乃丘甸之甸，與上文二甸不同。《周禮・少司徒》職云：「九夫為井，四井為邑，四邑為丘，四丘為甸，四甸為縣，四縣為都。以任地事，而令貢賦。」舊說謂以《孟子》「方里為井」計之，則邑方二里，丘方四里，甸方八里。甸之言乘也，以其於車賦，出長轂一乘也。賦者，出車徒、給繇役之名。以甸為賦，兵車一乘之始，故此詩以甸言。於甸之外四旁各加一里，除以為治溝洫之用，而不出稅，則為方十里之成也。縣都就四層累起，數亦如之。縣方四十里，都方八十里，旁各加十里，則是方百里，名為一同。孔穎達云：「《論語注》引《司馬法》云：『井十為通，通十為成，成出革車一乘。』是據成方十里，出車一乘也。《左傳》服《注》引《司馬法》云：『四邑為丘，有戎馬一匹，牛三頭，是曰匹馬丘牛。四丘為甸，甸六十四井，出長轂一乘，馬四匹，牛十二頭，甲士三人，步卒七十二人，戈楯具備，謂之乘馬。』是據甸方八里，出車一乘也。二者事得相通，故各據一焉。且井邑丘甸出於周法，今謂禹亦丘甸之者，《禮運》說『大道既隱』，而曰『以立田里』，是則三王之初而有井甸田里之法也。《論語》說『禹盡力乎溝洫』，與《匠人》『井間有洫』同也。《皋陶謨》『畎澮距川』，與《匠人》『同間有澮，專達於川』同也。是則丘甸之法，禹之所為。《左傳》：『少康之在虞思，有田一成，有眾一旅。』則十里為成，非周之賦法也。」李氏云：「老蘇亦謂井田之興，其始於唐、虞之世。非唐、虞之世，則周之世無以成。唐虞啟之，以至夏、商之世稍稍葺治，至周而大備。《孟子》言：『夏后氏五十而貢，殷人七十而助，周人百畝而徹，其實皆什一也。』以貢、助、徹皆本於什一。若非丘甸之法，何以能行什一之法也？」劉公瑾云：「禹平水土，大舜美其功曰：『地平天成，萬世永賴。』今考於詩，尤信也。其見於《小雅》，則有此詩。《大雅》則曰『豐水東注，維禹之績』，又曰『奕奕梁山，維禹甸之』，《魯頌》則曰『纘禹之緒』，《商頌》則曰『禹敷下土方』，又曰『設都於禹之績』，可以見禹力之存人心，可以見人心之知所本也。」鄧元錫云：「首章慕稷功也。禹暨稷，奏平成之烈，烝民粒焉，言禹甸稷功於禹時成也，不斥言稷，言曾孫，著之矣。」

又，《吳越春秋》稱「禹乘四載以行川，始於霍山，徊集五嶽」，因引此詩，其意謂南嶽一名霍山，即此詩所云南山者也。今按：禹治水功首冀，無始於南嶽之事，此說妄也。「畇畇」，《爾雅》云：「田也。」毛《傳》云：「墾闢貌。」愚按：《說文》無「畇」字，疑當作「均」字，或「勻」字。因其言田事，遂加田於其旁，未必真古文也。「均」者，平也。「勻」，亦均也。《周禮·少師徒》職云：「乃均土地，以稽其人民而周知其數。上地家七人，中地家六人，下地家五人。」言一家男女七人以上則授之上地，所養者眾也。若五人以下則授之以下地，所養者寡也。又，《大司徒》職云：「不易之地，家百晦。一易之地，家二百晦。再易之地，家三百晦。」言不易之地，歲種之，地美，故家百晦；一易之地，休一歲乃復種，地薄，故倍之也；再易之地，亦以類推。凡此皆均之意也。均於原，又均於隰，曰畇畇也。必以原隰為言者，《大司徒》職云：「以土會之法辨五地之物生，一曰山林，二曰川澤，三曰丘陵，四曰墳衍，五曰原隰。五地之內，可為田者，惟墳衍、原隰耳。」《爾雅》云：「高平曰陸，可食者曰原。」《釋名》云：「下濕曰隰。隰，蟄也。蟄，隰意也。」《春秋傳》云：「井衍沃，牧隰皋。」衍沃，即墳衍，地之美者。九夫為一井，下隰高皋之地，即原隰，乃地之不美者。鄭玄謂「九夫二〔註103〕牧，二牧而當一井也」。均及於此，而後井地始均，故但指言原隰也。黃子道周云：「地不中於繩墨，則漆林柘材興焉。丘陵險阪，則阤塞牢潴成焉。原隰可墾，則阡陌畎畝形焉。三易、再易之田定其準直，則民志平焉。」「曾孫」，承宗廟者，謂天子也。孔云：「曾者，重也，自曾祖以至無窮皆得稱曾孫，是為遠辭。」《郊特牲》云：「稱曾孫某，謂國家也。」郝敬云：「曾孫雖事神之通稱，實莫大乎天子，故武王自稱『有道曾孫』。在諸侯，如《貍首》之『曾孫侯氏』，《春秋傳》之『曾孫蒯聵』，《周禮·考工記》之祝侯曰『詒女曾孫，諸侯百福』。自諸侯以下，禮卑，名小，分輕，不足舉矣。」呂祖謙云：「周自后稷教民播種，於《詩》言後王務農者，皆本之后稷而謂之曾孫也。」曰「田之」者，井牧相兼以成田。田盡乎原隰，則無遺田可知，故但據原隰而言也。「我」，指曾孫也。玩「我疆我理」二句，則知此詩所言曾孫，乃立法定制者。《序》、《傳》以為成王，理蓋近之。劉彝云：「田法成於禹稷久矣，文、武既有天下，而周公輔弼成王，廣五服為九服，推后稷之法，以踐禹功，遂成畎澮於天下。」陳祥道云：「《禹貢》於九州之地，或言土，或言作，或言乂，蓋禹平水土之後，有土

〔註103〕「二」，《周禮·小司徒》鄭玄《注》作「為」。

焉而未作，有作焉而未乂，則於是時，人工未足以盡地力，故家五十畝而已。沿歷商、周，則田寢開而法備矣，故商七十而助，周百畝而徹。觀此詩所言，則法略於夏、備於周可知。」季本云：「按：《緜》之詩，太王遷岐之初，已疆理矣。然太王所疆理者，殷人七十畝之助。周既有天下，則復開拓覈定之而為百畝之徹也。」「疆」，《說文》云：「界也。曰「我疆」者，疆之也。毛云：「畫經界也。」愚按：後章言疆場〔註104〕，疆為大界，場為小界，此可以明疆之義，謂八家同井之疆也。《大司徒》職云：「辨其邦國都鄙之數，制其畿疆而溝封之。」疆以溝為限，同井有溝，亦其證也。「我理」，毛云：「分地理也。」按：下文言南東，即地之理畝勢宜南則同井皆南，畝勢宜東則同井皆東也。田寬一步，長百步為畝。本作「畮」，從田從十，久聲。徐鉉云：「十，四方也。」韋昭云：「下曰畎，高曰畝。」畝，隴也。按：畎乃隴中水道，古作甽。六畎為一畝。對畝則畎為下，對畎則畝為高。畝即田身是也。劉公瑾云：「地之勢，東南下，水勢皆趨之，故順其勢以為遂為溝，而或南其畝、東其畝也。」按：遂橫則溝從，遂從則溝橫，劉彝所云「其遂東入於溝，則其畝南矣。其遂南入於溝，則其畝東矣」是也。遂乃百畝之遂，溝乃同井之溝。而《周禮·考工記》所載其制各別。《周禮·遂人》職云：「凡治野，夫間有遂，遂上有徑；十夫有溝，溝上有畛；百夫有洫，洫上有塗；千夫有澮，澮上有道；萬夫有川，川上有路，以達於畿。」鄭《注》以為「此鄉遂用溝洫之法也」。《考工記》云：「匠人為溝洫，耜廣五寸。二耜為耦。一耦之伐，廣尺深尺，謂之畎。田首倍之，廣二尺，深二尺，謂之遂。九夫為井。井間廣四尺，深四尺，謂之溝。方十里為成。成間廣八尺，深八尺，謂之洫。方百里為同。同間廣二尋，深二仞，謂之澮。專達於川。」鄭《注》以為「此都鄙用井田之法也」。陳及之駁之云：「周制，井田之法通行於天下，安有內外之異哉？《遂人》言『十夫有溝』。以一直度之也，凡十夫之田之首，必有一溝以瀉水，以方度之，則方一里之地，所容者九夫。其間廣四尺，深四尺，謂之溝，則方一里之內，凡四溝矣。兩旁各一溝，中間二溝，至於溝洫亦然。若川則非人力所能為，故《匠人》不為川，而云『兩山之間，必有川焉』。《遂人》『萬夫有川』，亦大約言之耳。大概畎水瀉於溝，溝水瀉於洫，洫水瀉於澮，澮水瀉於川，其縱橫因地勢之便利，《遂人》、《匠人》皆以大意言之。《遂人》以長言之，故曰『以達於畿』；《匠人》以方言之，故『止於同』耳。」又云：「《遂人》所言者，積數

〔註104〕此篇中「場」，底本均誤作「場」。據《詩經》、四庫本改。

－538－

也;《匠人》所言者,方法也。積數則計其所有者言之,方法則積其所圓之內名之,其實一制也。」又按:《風俗通》云:「南北曰阡,東西曰陌。」或云:河南以東西為阡,南北為陌。愚謂二說皆有之。緣畝之南東無定,故阡陌之為南為東亦無定。但陌之名從於遂洫,阡之名從於溝澮,蓋陌之為言百也。遂洫之或南或東,而徑途因之,則遂間百畝、洫間百夫而徑途為陌矣。阡之為言千也,溝澮之或南或東,而畛道亦因之,則溝間千畝、澮間千夫而畛道為阡矣。《孟子》以「溝澮皆盈」連言,亦形勢相合之驗也。又,《虞書》云:「濬畎澮距川」,始於濬畎,終於濬澮,其制亦與《考工記》合。一說:田事喜陽而惡陰,東南向陽則茂盛,西北傍陰則不實。亦通。又,郝云:「『南東其畝』者,概率土而言也。周京偏據西北。天地之勢,西北高而東南下,故其田之膏沃與疆理之功莫遠於南而極於東。文王化行,亦止南國。《王制》云『東田』,《大雅·江漢》云『于疆于理,至于南海』,成王時,周公東征,至於海隅,奄徐淮夷之土始歸版圖,故曰『南東其畝』。」是說亦自新創。但《左傳》「南東」之解甚明,不必從。自首章至「黍稷彧彧」,先從田事說起,為祭祀張本,與《楚茨》前八句同意。○**上天同雲**,文韻。**雨雪雰雰**。文韻。**益之以霡霂**本作「霡」。**霂**,屋韻。**既優**《說文》作「瀀」。**既渥**,叶屋韻,烏谷翻。**既霑既足**,叶屋韻,讀如祝,子六翻。**生我百穀**。屋韻。○賦也。《爾雅》:「冬為上天。」朱子云:「同雲,雲一色也。將雪之候如此。」陸佃云:「夏則天降而下,冬則天升而上,燠則云陽而異,寒則云陰而同。」「雨雪」,解見《北風》篇。「雰雰」,毛《傳》云:「雪貌。」按:《說文》,「雰」即「氛」字,云:「祥也。」與「雪」無涉,當通作「紛」,紛之為言亂也。《世說》:「謝太傅於雪日內集,謂兒女曰:『白雪紛紛。』」同此。彭執中云:「蝗產子於地,至春夏而出地,若冬有雪。寒氣逼之,深入於地,春夏不能出矣。一雪入地三尺,三雪則入地九尺,故三白為豐年之兆也。諺云:『要宜麥,見三白。』」孔云:「積雪是年之前冬,以此章言穀之生,下章言其成熟,舉一年之生成以為首尾之次,非復言歲初歲末,限以同年耳。」愚按:此詩作於冬祭之時,因紀述舊冬之事,見一歲之田功所自始也。「益」,又加也。《爾雅》云:「小雨謂之霡霂。」陸云:「霡者,膏潤入土,如人之脈。霂者,霂歷沾漬,如人沐頭,惟及其上枝而已,根不濡也。霡言其上,霂言其下。」董子云:「太平之世,雨不破塊,潤葉津莖而已矣。」「優」,通作「瀀」,《說文》云:「澤多也。」「渥」,《韻會》云:「厚漬貌。」此指雪言,以澤之瀀而漬者渥也。

「霑」，《說文》云：「雨𩂓也。」𩂓者，濡也。「足」，滿足也。此指雨言。以
其僅止於微濡而用已足也。陸云：「三農之事，雪則欲盛而遍也，雨則欲微而
潤也。蓋豐年之冬，必有積雪，其春必有小雨，故是詩雨言小，雪言盛也。雪
則欲其盛矣，然又欲其潤澤之甚周也，故繼之曰『既優既渥』。雨則欲其微矣，
然又欲其膏潤之僅足也，故繼之曰『既霑既足』。蓋驟雨不如久雪之入土深，
且無泛溺，又可以覆陽於根著也。」愚按：天澤既充，斯土膏饒洽，故能生我
眾穀也。○**疆場翼翼**，職韻。**黍稷彧彧**。叶職韻，越逼翻。**曾孫之穡**，
職韻。**以為酒食**。職韻。**畀我尸賓**，真韻。亦叶先韻，畀眠翻。**壽考萬
年**。先韻。亦叶真韻，奴因翻。○賦也。「疆場」，皆田界之名。疆乃八家同
井之界畔，場乃一夫百畝之界畔。「場」，通作「易」。張晏云：「田至此易主，
故曰易。」「翼翼」者，言疆之左右又有疆，場之左右又有場〔註105〕，如鳥之
有兩翼也。「彧」，《說文》云：「有文章也。」或種黍，或種稷，交錯成文，曰
「彧彧」。「疆場翼翼」承首章「我疆我理」言，「黍稷彧彧」承次章「生我百
穀」言，而意重在黍稷，謂可取以奉祭祀也。孔云：「上言『百穀』，此獨言
『黍稷』者，黍稷為穀之長，故特言之也。」《說文》云：「穀可收曰穡。」同
井之中，有公田，其稼皆天子所有，故曰「曾孫之穡」。「畀」，《說文》云：「相
付與也。」畀尸，謂酌齊獻尸及獻熟食是也。畀賓，謂助祭之賓，於祭末行獻
酬之禮是也。鄭云：「尊尸與賓，所以敬神也。敬神則得『壽考萬年』。」此章
及下章皆先事擬議之辭，至五、六章方言祭時事。○**中田有廬**，魚韻。疆
《外傳》作「疆」。**場有瓜**。本麻韻。當叶魚韻，讀如居，斤於翻。**是剝是
菹**，虞韻。**獻之皇祖**。麌韻。**曾孫壽考**，叶麌韻，讀如苦，孔五翻。**受
天之祜**。麌韻。○賦也。「中田」，公田也。一井九百畝，其中百畝為公田也。
「廬」，《說文》云：「寄也。」秋冬去，春夏居。孔云：「古者宅在都邑，田於
外野。農時則出而就田，須有廬舍，以便其農事。」《食貨志》云：「理民之
道，地著為本，故必建步立畝，正其疆界。六尺為步，步百為畝，畝百為夫，
夫三為屋，屋三為井。井方一里，是為九夫。八家共之，各受私田百畝，公田
十畝，是為八百八十畝，餘二十畝以為廬舍。」《穀梁傳》云：「古者公田為
居，井灶蔥韭盡取焉。」《韓詩外傳》云：「公田餘二十畝，共為廬舍，各得二
畝半。八家相保，出入更守，疾病相憂，患難相救，有無相貸，飲食相召，嫁
娶相謀，漁獵分得，仁恩施行，是以其民和親而相好。」《後漢書注》云：「井

〔註105〕此句中兩「場」字，四庫本作空格。

田法：廬舍在內，貴人也；公田次之，重公也；私田在外，賤私也。」陳祥道云：「《孟子》曰：『五畝之宅，樹牆下以桑。』廬舍二畝半，田中之居也。廛亦二畝半，國中之居也。其在邑，則春出於野；其在野，則冬入於邑。考之於禮，鄉師巡國及野以施惠，鄉大夫辨國中之可任舍者，鄉士掌國中之獄，則六鄉之民莫不廛里於國中矣。廛里所以奠居，而廬舍特其宿息之地而已。觀《遺人》言『十里有廬』，《詩》言『廬旅』，莊周言『蓬廬』，則田之有廬亦若此耳。」「疆場〔註106〕有瓜」者，鄭云：「於畔上種瓜。」按：篇中三「疆」字，其義皆同；惟兩「場」字微有分別。上章「場」字，分指九夫之場；此「場」字，則專主公田之場也。蓋八家各私其場，以種果蓏，惟井畔之疆與公田之場理當屬之於公，故於此種植以盡地利。所藉以獻皇祖者，皆是之自出，於民無與也。《周禮・甸師》：「掌帥其屬而耕耨王籍，以供齋盛。祭祀共蕭茅，共野果蓏之屬。」《場人》：「掌國之場圃，而樹之果蓏珍異之物，以時斂而藏之。凡祭祀、賓客，共其果蓏。」果者，棗、李之類。蓏者，瓜、瓠之類。春夏於疆場之地種植諸品，則名為圃。秋冬諸品成熟，築之以蹂踐禾稼，則名為場也。若去郊百里外曰甸，天子籍田在焉，則又特命甸師掌之也。《郊特牲》云：「天子樹瓜華，不斂藏之種。」言瓜葉祇供一時之食，非收斂久藏之種，明不與民爭利，亦天子圃樹瓜之證。又，《食貨志》云：「田中不得有樹，用妨五穀。還廬樹桑，菜茹有畦，瓜瓠果蓏，殖於疆場〔註107〕。」此則通指井九百畝之疆場耳。陸佃云：「場，言至此而易主矣。至此易主，今種瓜於其上者，以明百姓親睦，利與同井共之也。蓋古之人禮有讓畔者，義有灌瓜者，繇是而已。」按：《禮》云：「瓜祭上環。」是則瓜為祭品所有，故詩並及之。環，謂瓜之脫華處也。「是剝」，言棗也。剝之言擊，《豳風》「八月剝棗」是也。特以棗為言者，《周禮》「籩人掌四籩之實」，唯饋食之籩屬果品，其實僅五物耳，曰棗、曰栗、曰桃、曰乾䕩、曰榛，實以棗居五物之首，故第舉剝棗以該之也。「菹」，《說文》云「酢菜也。」徐鉉云：「以米粒和酢以漬菜也。」《周禮》：「豆人掌四豆之實。」朝事之豆，其實韭菹、菁菹、茆菹；饋食之豆，其實葵菹；加豆之實，芹菹、箈菹、筍菹。凡七菹。其羞豆之實則無菹也。《詩》言疆場所植，非特有瓜可以祭而已，又有於是而剝以用之者，於是而菹以用之者。但言剝、菹而不言其物，以惟棗用剝，言剝則知其為棗；菹

〔註106〕「場」，此一節中四庫本亦誤作「場」。
〔註107〕按：《漢書》卷二十四上《食貨志》原作「易」。

惟七種，言菹則知其為七菹也。舊說以剝、菹皆主瓜言。按：禮，為天子削瓜者副之，為國君削瓜者華之。副言析也，既削，又四析之也。華若草木之華，中裂之，不四祈也，是皆有剝削之義。惟菹無用瓜者，僅見於《齊民要術》，載瓜菹之法云：「瓜淨洗，令燥，鹽揩之，以鹽和酒糟，令有鹽味，不須多。合藏之，蜜泥甌口，軟而黃便可食。大者六破，小者四破，五寸斷之，廣狹盡瓜之形。」又云：「長四寸，廣一寸。」但此瓜菹乃後世所用以供口體之奉，非古祭禮所有，故知菹斷非指瓜也。菹非指瓜，則剝亦非指瓜矣。《祭統》云：「水草之菹，陸產之醢，小物備矣。三牲之菹，八簋之實，美物備矣。昆蟲之異，草木之實，陰陽之物備矣。凡天之所生，地之所長，苟可薦者，莫不咸在，示盡物也。外則盡物，內則盡志，此祭之心也。」《郊特牲》云：「恒豆之菹，水草之和，氣也。其醢，陸產之物也。加豆，陸產也。其醢，水物也。籩豆之薦，水土之品也。不敢用常褻味而貴多品，所以交於神明之義也，非食味之道也。」《儀禮注》云：「凡進物曰獻。」「皇」，君也。加祖稱皇，尊之也。除禰而上皆稱祖。時祭當及禰，而第言祖者，孔謂「據遠可以兼近」是也。「祜」，《說文》云：「福也。」《爾雅》云：「厚也。」使曾孫得壽考之福而為天所加厚也。○**祭以清酒**，有韻。亦叶夒韻，茲五翻。**從以騂牡**，有韻。亦叶夒韻，滿補翻。**享于祖考**。叶有韻，去九翻。亦叶夒韻。見第四章。**執其鸞刀**，豪韻。**以啟其毛**，豪韻。**取其血膋**。叶豪韻，魯刀翻。《說文》作「膫」。○賦也。「清酒」，朱子云：「清潔之酒，鬱鬯之屬也。」《郊特牲》云：「周人尚臭，灌用鬯臭。鬱合鬯臭，陰達於淵泉。灌以圭璋，用玉氣也。既灌，然後迎牲，致陰氣也。」孔云：「祭之禮，先以鬱鬯降神，然後迎牲。此下有『鸞刀』，謂殺牲祭時，則騂牡在其上。據迎牲時，清酒又在其上，明據灌時。《春官》：『鬱人掌祼器。凡祭祀之祼事，和鬱鬯以實彝而陳之。』祼者，灌祭之名，是祀祼用鬱鬯也。《天官‧酒正》：『辨五齊之名。一曰泛齊，二曰醴齊，三曰盎齊，四曰緹齊，五曰沈齊。辨三酒之物，一曰事酒，二曰昔酒，三曰清酒。』清酒，今之中山冬釀，接夏而成者也。何知《詩》清酒非三酒之清酒者，以言『祭以清酒』，則以清酒祭神也。三酒卑於五齊，非祼獻所用。故《司尊彝》：『凡六尊之酌，鬱齊獻酌，醴齊縮酌，盎齊涗酌，凡酒修酌。』鄭注差次之，云：『四者，祼用鬱齊，朝用醴齊，饋用盎齊，諸臣自酢用凡酒。』然則三酒乃是諸臣之所酢，用之以獻神，故知《詩》之清酒非三酒之清酒也。」又，鄭以清為玄酒。愚按：《禮運》：「玄酒

在室，醴盞在戶，粢醍在堂，澄酒在下。」蓋第設之而不用，與此無涉也。
馬赤色曰騂。以牲色赤，亦名騂。「牡」，《說文》云：「畜父也。」《郊特牲》
云：「牲用騂，尚赤也。」又，《周禮·牧人》職云：「凡陽祀用騂牲毛之，陰
祀用黝牲毛之，望祀各以其方之色牲毛之。」舊說謂陽祀祭天及宗廟，陰祀
祭地及社稷，望祀祭五嶽四鎮四瀆也。凡三代各尊其所尚之色。周人尚赤而
惟陽祀用騂，蓋重其禮以別於凡祭也。然此所言「從以騂牡」及下文「啟其
毛」、「取血膋」，亦第以牛為主。蓋牛乃牲之大者。《周禮·大司徒》：「奉牛
牲，羞其肆。」《祭義》謂「卿大夫毛牛」。而《說文》亦解「膋」為「牛腸
脂」，是也。「享」者，祭宗廟之名。《周禮·大宗伯》：「以吉禮事天神地示人
鬼。」人鬼者，宗廟也。於天神曰祀，於地示曰祭，於人鬼曰享。享有六。
以肆獻祼享先王，謂大祫也；以饋食享先王，謂禘也；以祠春享；以礿夏享；
以嘗秋享；以烝冬享。若此詩所言，則冬享耳。「考」，謂禰也。《禮記》云：
「生曰父，死曰考。」《白虎通》云：「考，成也，言有成德也。」冬烝合祭
七廟，自始祖而下以至於禰，故以祖考並言。鄭云：「『享于祖考』，納享時也。」
孔云：「《周禮·太宰》云：『及納享，贊王牲事。』納享者，謂牽牲入廟，將
殺，授享人，故謂之納享也。納享而謂之獻於祖考者，《地官·充人》云：『碩
牲則贊』，《注》云：『贊助也。』助君牽牲入告肥，是獻之也。」「鸞刀」，毛
云：「刀有鸞者。」孔云：「鸞即鈴也。謂刀環有鈴，其聲中節。」《郊特牲》
云：「割刀之用，而鸞刀之貴，貴其義也，聲和而後斷也。」言取其鸞鈴之聲，
宮商調和而後斷割其肉也。陳祥道云：「夫和非斷則牽，斷非和則劌，故天以
秋肅物而和之以兌，聖人以義制物而和之以仁。鸞刀以和濟割，亦此意也。」
按：「執其鸞刀」有二。《祭義》云：「祭之日，君牽牲，穆答君，卿大夫序從。
既入廟門，麗於碑，卿大夫袒而毛牛尚耳，鸞刀以刲取膷膋，乃退。」《注疏》
謂「將殺牲，故袒然」。則此卿大夫執之也。《祭統》云：「及迎牲，君執紖，
卿大夫從，士執芻、宗婦執盎從。夫人薦涗水，君執鸞刀羞嚌，夫人薦豆。
此之謂夫婦親之。」《注疏》謂「嚌者，嚌肺也。饋熟之時，君以鸞刀割製所
羞進嚌肺，橫切之，使不絕奠於俎上，尸嚌之，故云羞嚌」。又，《禮器》云：
「太廟之內敬矣，君親牽牲，大夫贊幣而從。君親製祭，夫人薦盎，君親割
牲，夫人薦酒。」《注疏》謂「『親制祭』者，殺牲已畢，進血腥之時，斷制
牲肝，洗於鬱鬯，入以祭神於室。『親割牲』者，薦熟時，君親割牲體也」。
以上三事，曰羞嚌，曰制祭，曰割牲，皆君執之也。此下文言「啟毛」、「取

血膋」，與《祭義》合，知是卿大夫執鸞刀也。「啟」，告也。《楚語》：「觀射父云：『毛以示物。』」韋昭云：「物色也。」「啟其毛」者，取毛之色以告於祖考，鄭《箋》所謂「以告純」是也。孔《疏》謂「開其毛」，似難通。所取之毛，以耳毛為上，所謂「毛牛尚耳」是也。其色則赤色，所謂「從以騂牡」者也。取血以祭，即所謂膟也。觀射父云：「血以告殺。」韋昭云：「明不因故也。」孔云：「若不殺則無血，故以血告殺也。」又，《郊特牲》云：「血祭，盛氣也。」《疏》謂「血是氣之所含，故云盛氣也」。愚按：二義兼之始備。《郊特牲》又云：「毛血，告幽全之物也。告幽全之物者，貴純之道也。」《疏》云：「血是告幽之物，毛是告全之物。告幽者，言牲體肉裏美善。告全者，牲體外色完具。貴其牲之純，善之道也。中善則血好，外善則毛好也。」又，血亦所用以燎也。「膋」，解見前。取膋為備燔燎之用，以告臭也。先儒皆謂當朝踐時，祝取膟膋燎於爐，入以告神於室，始陞牲首於室。故《郊特牲》云：「取膟膋燔燎，升首，報陽也。」以升首在燔燎之後，故知當朝踐時也。朝踐之禮，行於灌後，亦謂之朝事，謂早朝祭事也。故《祭義》云：「建設朝事，燔燎羶薌，見以蕭光，以報氣也。」羶即血膋，薌即黍稷。先儒又謂此朝踐時之燎，及薦熟時又有燎。故《郊特牲》云：「蕭合黍稷，臭陽達於牆屋。故既奠，然後焫蕭合羶薌。」奠謂熟薦時也。據此，則一祭而前後有二燎，未知然否。○**是烝是享**，叶陽韻，虛良翻。**苾苾芬芬，祀事孔明**。叶陽韻，謨郎翻。**先祖是皇**，陽韻。**報以介福，萬壽無疆**。陽韻。○賦也。「烝」，冬祭名。牲既殺矣，臭既升矣，於是行烝祭中享獻之禮，謂薦熟也。薦熟之禮，《周禮》謂之饋獻，亦謂之饋食。此時始薦黍稷，故以「苾苾芬芬」言。苾芬，解見《楚茨》篇。饋食之薦，不止於黍稷，而獨言苾芬者，祭以黍稷為主也。「祀事孔明」，言自是而後，所行祀禮又甚明備，如「執爨踖踖」以至「鼓鍾送尸」等事是也。《楚茨》、《信南山》同為一時之作。《楚茨》詳於後而略於前，自祭祈以前，但以「祀事孔明」一語該之；《信南山》詳於前而略於後，自薦熟以後，亦但以「祀事孔明」一語該之。古人文字互見之妙如此。「先祖是皇」，解亦見《楚茨》篇。福受於天而實先祖之所介助，惟曾孫能致孝如此，故先祖報以己所介助之福，俾其萬壽無疆。而向所預擬為「壽考萬年」、「受天之祜」者，皆非虛語矣。張文潛云：「受莫大之福，而其君有安寧壽考之樂，此天下之至美極治之際也。而其本出於倉廩之盈、原隰之治、田廬之修，蓋衣食不足於下則禮樂不備於上，禮樂廢則亂隨之而起。惟田事

備而衣食豐，衣食豐而禮樂備，禮樂備而和平興，和平興而人君有安寧壽考之盛。此詩人深探其本，要其終，而言之序如此也。」鄧云：「《楚茨》、《信南山》二詩言天祐、皇福、萬壽不一而足，歆王也。不知稼穡艱難，不念小民之依，亦罔或克壽，《周書》戒之矣。」

《信南山》六章，章六句。《子貢傳》、《申培說》篇名作《南山》。○《序》以為「刺幽王也。不能修成王之業，疆理天下，以奉禹功，故君子思古焉」。此不過為毛《傳》篇次所誤，其謬不待言矣。《子貢傳》以「《南山》、《楚茨》皆所以勸農」，而《申培說》亦以「此為王者勸農而禱祝之詩」，皆似惑於朱子豳雅之說，益信二書之為偽書也。朱子云：「或疑《楚茨》、《信南山》、《甫田》、《大田》四篇即為豳雅，未知是否。」愚按：此詩有「從以騂牡」之語，明是周有天下所尚，豈幽侯所有？而《楚茨》辭指與此詩略同，亦皆一時所作，特一言秋祊，一言冬烝耳。且「我疆我理」，王事也；鸞刀、啟毛，王禮也。觀其以「曾孫田之」配「維禹甸之」，此其為曾孫何如者？即諸侯不敢當，而朱子乃以為公卿奉宗廟之詩，何也？

潛

《潛》，薦魚於寢廟之樂歌。出《申培說》。與《月令》「季冬，漁人始漁」同。出賈公彥《周禮疏》。○《月令》：「季冬之月，命漁師始漁。天子親往，乃嘗魚，先薦寢廟。」黃子道周云：「是薦鮪之終事也。」鄭玄云：「天子必親往視漁，明漁非常事，重之也。」孔穎達云：「按：仲秋，以犬嘗麻。季秋，以犬嘗稻。皆不云天子親往。今此親往，以四時薦新，是其嘗[註108]事。魚則非常祭之物，故云重之也。」又云：「《白虎通》云：『王者不親取魚。以薦廟，故親行。非此則不可。』故隱五年，『公矢魚於棠』，《春秋》譏之，是也。」應氏云：「嘗者，試而驗之也。將薦於所尊，故不敢輕也。藥必先嘗，膳必品嘗，此致敬於君與親也。大享帝則嘗犧牲，薦寢廟則嘗魚，此致敬於天與親也。秋嘗曰嘗，亦謂物已備成，嘗而後祭，以致其孝也。」《呂氏春秋》所載與《月令》同。惟《淮南子》「嘗魚」作「射魚」，似不足信。《魯語》：「宣公夏濫於泗淵，里革斷其罟而棄之，曰：『古者大寒降，土蟄發，水虞於是乎講眾罶，取名魚，登川禽，而嘗之寢廟，行諸國人，助宣氣也。鳥獸

〔註108〕「嘗」，四庫本同，《禮記疏》作「常」。

孕，水蟲成，獸虞於是乎禁罝羅，獵魚鱉，以為夏槁，助生阜也。鳥獸成，水蟲孕，水虞於是乎禁罝麗，設穽鄂，以實廟庖，畜功用也。今魚方別孕，不教魚長，又行網罟，貪無藝也。」賈公彥云：「取魚之法，歲有五。《月令》：『孟春，獺祭魚。』此時得取矣，一也。『季春，薦鮪於寢廟。』即《獻人》『春獻王鮪』，二也。《鱉人》『秋獻鱉魚』，三也。《王制》云『獺祭魚，然後虞人入澤梁』，與《孝經援神契》云『陰用事，木葉落，獺祭魚』同時，是十月取魚，四也。《潛》詩季冬薦魚，與《月令》『季冬，漁人始漁』同，五也。是一歲三時五取魚，惟夏不取。宣公夏濫於泗淵，以其非時，里革諫之。」愚按：是詩以「潛有多魚」為言，明謂天寒魚多潛藏，其為《月令》季冬之薦、《魯語》大寒之取，已無可疑，但未詳其作於何世。孔謂「周公、成王太平，澤及潛逃，魚皆肥美，獻之先祖，神明降福，作者述其事而為此歌」，亦無明據，今姑從之。

猗與平聲。漆沮，魚韻。潛《正義》、《釋文》、薛君《章句》俱作「涔」。《小爾雅》作「罧」。有多魚。韻。有鱣有鮪，紙韻。鰷鱨鰋豐氏本作「鰻」。鯉。紙韻。以享以祀，叶職韻，逸職翻。以介景福。叶職韻，筆力翻。○賦也。「猗」，通作「欸」，歎聲也。「與」，通作「歟」，《說文》云：「安氣也。」徐鍇云：「氣緩而安也。」俗以為語末之辭。「猗與漆沮」，孔云：「可猗嗟而歎美歟，此漆、沮之二水也。」漆水一名同川，《水經》謂之柒水，云：「即濁水也。」《雍大記》云：「自同官縣西境來，經華原縣，合沮水。」華原，今省入耀州。沮水，一名同官川，《水經》云：「出北地直路縣，東過馮翊祋祤縣北，東入於雒。」《一統志》云：「在中部縣南門外發源。」《陝西通志》云：「合慈馬諸川，經同官縣北子午嶺，南流入耀州岔口，與漆水合流。」按：耀州即漢之祋祤也。以漆沮二水合流於此，故通名為漆沮水。《水經注》以為柒沮水也。但據注合流之後，仍分為二。其一水東南出者，即此之漆沮水，故柒水也，絕白渠，東徑萬年縣故城北，又南屈，更名石川水，又南入於渭。《禹貢》所謂「導渭東過漆沮」及此詩「猗歟漆沮」，皆此水也。其一水東出者，仍名為沮，循鄭渠，東徑當道、蓮芍、粟邑等處，又東北流注於雒。則《水經》所謂「入於雒」者即此，故先儒誤傳以為漆沮水一名雒水。《周禮·職方氏》：雍州，「其浸渭、雒」，正指此雒，非河南之雒也。然謂沮水因入雒而概名雒則可，謂入渭之漆沮水混名雒則不可。若《大雅·緜》「自土沮漆」，

乃扶風之水，與此無涉。曹氏云：「漆沮之水上接涇渭，下與河通，所以多魚。」「潛」，朱子云：「藏之深也。」《解頤新語》云：「魚喜潛。」鄭云：「冬魚之性定。」孔云：「冬月既寒，魚不行孕，性定而肥充，故冬薦之。」毛《傳》解潛為椮，謂「積柴水中，令魚依之止息，因而取之」。按：此則「潛」當通作「槮」，《小爾雅》云「魚之所息謂之槮」是也。鄧元錫駿之云：「猗其多也，潛其深也，取以時，用有禮，故足樂也。於以祭，受福矣。柴而涔之，薄圍而取之，是盡物之心也，非王心也。」「有鱣」二句，多魚之實也。「鱣」、「鮪」，詳見《碩人》篇。羅願云：「鱣，蓋鮪之類，常三月中從河上於孟津，捕之。淮水亦有之。鮪出海，三月從河上來。許慎謂溯河而上，能度龍門之浪則得為龍。今鞏縣東雒度北崖上山腹穴，舊說此穴與江湖通，鱣鮪從此穴而來入河。」又云：「孔子曰：『食水者善游而耐寒』，謂魚類也。鱣、鮪之類，雖食於水，而不正食水。《淮南子》曰：『鵜胡飲水數斗而不足，鱣、鮪入口若露而死。』故鱣、鮪不善游，冬乃岫居，入河而眩浮，亦其驗也。」《水經注》云：「鞏縣北有山臨城，謂之崟崟丘。其下有穴，謂之鞏穴。直穴有渚，謂之鮪渚。」成公子安《大河賦》曰：「鱣鯉王鮪暮來遊。」《周禮》：「春薦鮪。」然非時及它處則無，故河自鮪穴已上，又兼鮪稱。《呂氏春秋》稱「武王伐紂，至鮪水，紂使膠鬲候周師」，即是也。按：《周禮·天官·獻人》職云：「春獻王鮪。」《月令》：「季春之月，命舟牧覆舟。五覆五反，乃告舟，備具於天子焉。天子始乘舟，薦鮪於寢廟。」《夏小正》則以二月祭鮪。戴德為之傳，云：「祭不必記。記鮪何也？鮪之至有時，美物也。鮪者，魚之先至者也。而其至有時，謹記其時。」陸佃亦云：「鮪岫居，至春始出而浮陽，北入河，西上龍門，入漆沮，見日而目眩。故《詩》言漆沮及河，通道此魚。」今詳鮪既以三月間來，鱣為鮪之類，而來時又同於鮪，且冬皆岫居，則其非季冬所有，明矣。詩於下文諸魚不言有，而獨於此二魚言有者，正以其從它處而來，非漆沮所本有，抑亦追昔日之辭，不為此時季冬詠耳。「鰷」，《說文》云：「白鰷也。」其形纖長而白，故曰白鰷，又謂白鯈，江東呼為鮂，《釋魚》「鮂，黑鰦」是也。此魚好游水上，故莊子觀於濠梁，稱「鯈魚出游從容」，以為魚樂，明遂其性也。《淮南子》曰：「不得其道，若觀鯈魚，望之可見，即之不可得，此魚好游也。」陸云：「鰷魚形狹，而長若條然，故曰鰷也。今江、淮之間謂之鰺魚。性浮，似鱨而白。蓋鱨從嘗，鰷謂之殄，其義一也。」「鱨」、「鰥」、「鯉」，解俱見《魚麗》篇。漆沮之魚多矣，於鱣、鮪外獨舉四魚者，蓋鰷善游，鱨善飛，

其性浮；鱺性偃，鯉性俯，其性沉。今至冬而皆潛，則凡為魚之類者無所不潛矣。又，陸云：「先鰷後鱨、先鱺後鯉者，鱨大於鰷，鯉大於鱺，亦其美之遞不如也。」「享」，《說文》云：「獻也。」「祀」，《說文》云：「祭無已也。」「以享」，指今日言。「以祀」，指後日言。「以介景福」，與《楚茨》篇義同。詩言漆沮所有之魚，不獨春時從河來者，「有鱣有鮪」而已，若鰷、鱨、鱺、鯉之類，皆二水所素饒，茲於季冬之時取之以獻寢廟，繼此以往，祀典之脩復無歲而不然，以此邀祖考之佑，則將助之以彰明可見之福也。又按：《周禮·㿋人》：「凡祭祀，共其魚之鱐薨。」《曲禮》曰：「槁魚曰商祭，鮮魚曰脡祭。」則王於凡祭祀，其登俎者奚適而不用魚哉？特季冬純用魚，而春薦新則專用鮪耳。

《潛》一章，六句。《序》及蔡邕《獨斷》皆以為「季冬薦魚春獻鮪之所歌也」。按：孟春而魚陟負冰。若以此詩為兼用之，獻鮪則據《夏小正》已在二月，據《月令》且在三月，於時魚已不潛，與詩語齬矣。《子貢傳》只存「寢廟」二字，而其餘闕文，當亦同子夏之說，以《禮記》薦魚薦鮪皆在寢廟故也。乃鄒忠胤又引或者之說，「疑為祭漆沮之詩」，謂：「瓜瓞所興，開源自本，豈容無祭？祭則豈無樂歌？」夫漆沮有二，此近鎬之漆沮，非彼漆沮也，烏得同之《天作》之篇，與祀岐山一例哉？

桑扈

《桑扈》，饗諸侯之禮也。諸侯春見曰朝，天子饗之。疑即九夏中之《驁夏》。《左傳·成二十三年》：「衛侯饗苦成叔，甯惠子相。苦成叔傲。甯子曰：『苦成家其亡乎！古之為饗食也，以觀威儀，省禍福也。故《詩》曰：兕觥其觩，旨酒思柔。彼交匪傲，萬福來求。今夫子傲，取禍之道也。』」按：禮有饗、食、燕三者，其詳已見《鹿鳴》、《彤弓》、《蓼蕭》、《露斯》諸篇。饗、食比燕禮為大。《周禮·大行人》以九儀之禮待賓客。上公饗禮九獻，食禮九舉。侯伯饗禮七獻，食禮七舉。子男饗禮五獻，食禮五舉。大國之孤眂小國之君。諸侯之卿其禮各下其君二等以下。及其大夫士皆如之。《疏》謂「『饗禮九獻』者，王酌獻賓，賓酢主人；主人酬賓，酬後更八獻，是為九獻也。『食禮九舉』者，亦烹大牢以食賓，無酒，行食禮之時，九舉牲體而食畢也」。後放此。《儀禮》傳云：「饗禮，敬之至也。食禮，愛之至也。饗為愛，弗勝其敬。食為敬，弗勝其愛。文質之辨也。」饗食之禮俱於廟行之，燕則在寢而已。然食禮雖大，而以無獻酢之法，又差異於饗燕，故大宗伯職但云「以饗燕

之禮親四方之賓客」。《周語》：「晉隨會聘於周，定王饗之殽烝。范子私於原公曰：『此何禮也？』王召士季曰：『子弗聞乎？禘郊之事，則有全烝。王公立飫，則有房烝。親戚燕饗，則有殽烝。』」而《左傳》亦載宣十六年冬，「士會問殽烝。王曰：『王享有體薦，宴有折俎。公當享，卿當宴，王室之禮也。』」「饗」，通作「享」，「宴」通作「燕」。禮升殽於俎，皆謂之烝。烝者，升也。凡禘郊皆血腥，全其牲體而升之，謂之全烝。公侯來朝，王為設享，則有體薦。薦其半體，謂之房烝。切肉為殽升，俎謂之殽烝。又，饗禮，亨大牢以飲賓，獻依命數。燕者，其牲狗，行一獻，四舉旅。降，脫屨，升坐，無算爵，以醉為度。蓋饗燕之異如此。故《左傳》「晉郤至曰：『世之治也，諸侯間於天子之事，則相朝也，於是乎有享宴之禮。享以訓共儉，宴以示慈惠。共儉以行禮，而慈惠以布政。政以禮成，民是以息』」。古者於饗、食、燕三禮之中，特以饗禮為盛禮。唐賈公彥謂「饗有食有酒，兼燕於食，故云盛禮也」。據甯惠子引此詩為詠饗食之事，則既與燕禮無涉。而詩中有「旨酒思柔」之云，則其為饗禮而非食禮甚明。特以饗中有食，故兼言享食耳。愚又意此必諸侯春來朝於天子而天子饗之之詩。《周禮·大行人》職云：「春朝諸侯而圖天下之事。」此詩詠桑扈、黃鳥，俱春時所有，非朝而何？饗禮之見於詩者，惟有此篇。又按：《周禮》九夏，《鷔夏》居其一。杜子春謂「公出入奏《鷔夏》」，賈氏《疏》云：「按：《大射》：『公入奏《鷔夏》。』是諸侯射於西郊，自外入時奏之，出入禮同，故兼云出也。」今按：「鷔」、「敖」古俱通作「傲」。《莊子》「惠以歡為敖」，《前漢書·竇嬰傳》「諸公稍自引而怠鷔」，皆「傲」字也。射之奏鷔，意亦取無憮無敖之義。此詩詠饗諸侯，而末有「彼交匪敖」之語，正與夏名相合，則饗禮時出入所奏，其即此詩乎？

交交桑扈，麌韻。《爾雅》、《子貢傳》、《申培說》、豐氏本俱作「鳸」。後同。《說文》作「雇」。**有鶯其羽**。麌韻。**君子樂**音絡。後同。**胥，受天之祜**。麌韻。○興也。「交交」，鄭玄云：「飛往來貌。」鄒忠胤云：「周之盛世，有賓禮以親邦國，固交而為泰之時也。」以桑扈交交起興，正與末章「彼交」相映。「桑扈」，解見《小宛》篇。丘光庭云：「《爾雅》：『桑扈，竊脂。』竊之言淺也。竊脂者，淺白色也。今三、四月間採桑之時，見有小鳥，灰色，眼下正白，俗呼白鵊鳥是也。以其採桑時來，故謂之桑扈。」按：《左傳》：「剡子云：『我高祖少皥摯之立也，鳳鳥適至，故紀於鳥，為鳥師而鳥名。九扈為九農正，扈民無淫者也。』」杜預引《爾雅》解之，云：「扈有九種也。春扈鳻鶞，

夏扈竊玄，秋扈竊藍，冬扈竊黃，棘扈竊丹，行扈唶唶，宵扈嘖嘖，桑扈竊
脂，老扈鴳鴳。以九扈為九農之號，各隨其宜，以教民事。」陸佃云：「賈逵、
樊光以為春扈趣民耕種，夏扈趣民耘耔，秋扈趣民收斂，冬扈趣民蓋藏，棘
扈為果驅鳥，桑扈為蠶驅雀，行扈唶唶，晝為民驅鳥，宵扈嘖嘖，夜為農驅
獸，老扈鴳鴳則趣民刈麥，令起不得晏者也。說者非之，以為入林為果驅鳥，
入室為蠶驅雀，晝驅鳥，夜驅獸，窮日通宵，常在田野，非先王所以建官之
意，則亦以誤矣。蓋九扈農桑候鳥，扈民無淫者也，故先王名官，以主農桑之
事，取其意云爾，非謂依此諸扈使之動作也。蓋如棘扈則主園事爾，桑扈則
主蠶事爾，驅鳥驅雀，非所以為難也。」又，「扈」字，《說文》本作「雇」，
從隹戶聲。徐鉉云：「雇，扈也。扈，止也。婬者，過時也。扈民不婬，為止
民使無過時也。」今按：扈乃邑名，原無止義，當是因雇鳥能止民不淫，通用
作扈，故又因訓扈為止也。「鶯」，鳥名，即黃鳥也。一名倉庚，《月令》以仲
春之月鳴，亦名黃鸝。鳴則蠶生。陸璣云：「幽州人謂之黃鶯〔註109〕。」詳見
《葛覃》篇。羅願云：「倉庚者，蠶之候，故《詩》稱『倉庚喈喈，采蘩祁祁』。
後人皆以鶯名之。此鳥之性，好雙飛，故鸝字從麗。又曰：『鸝必匹飛也。』」
「有鶯其羽」，謂振羽而群飛也。與桑扈並言者，以興春朝之時，爵有尊卑，
姓有同異，皆在班列，亦如鳥之不一其族者然。又，《小雅》兩詠桑扈，皆曰
「交交」，而《秦風》之詠黃鳥亦曰「交交」，意其參雜往來之狀殆是相類，故
此詩於桑扈之下連言鶯羽，似亦以交交象之，俗所云鶯梭織柳是也。且桑扈
既能扈民無淫，而酒以成禮，不繼以淫，末章所云「彼交匪傲」者雖在樂胥之
時，未嘗忘扈止之戒。而鸝必匹飛，於同時來朝之義尤有合焉。詩人所以取
興於二鳥者，意固在是。「君子」，朱子云：「指諸侯也。」賈誼云：「胥者，相
也。」《爾雅》云：「皆也。」郭璞云：「《方言》：『東齊謂皆曰胥。』」「樂胥」，
猶《古樂府》云「今日樂相樂」也。楊慎云：「古人倒句法類如此。」愚按：
此以獻酬款洽言樂胥之度，正「匪傲」所形，惟敬故能和也。「祜」，《說文》
云：「福也。」地天交泰，使天子之寵眷不衰，即所謂受天之福也。○交交
桑扈，有鶯其領。梗韻。君子樂胥，受天〔註110〕之屏。梗韻。○興也。
「領」，毛《傳》云：「頸也。」鳥將飛則先奮其頸。「屏」，小牆當門中者，所
以禦外而蔽內。《爾雅》「屏謂之樹」是也。君子能循禮，以盡其事上之敬，則

〔註109〕「鶯」，四庫本作「鳥」。
〔註110〕「受天」，四庫本作「萬邦」。按：《毛詩注疏》、《詩集傳》作「萬邦」。

名分辨，紀網正，外侮不侵，天下和平。信乎其足為萬邦之屏蔽也。曹氏云：「魯秉周禮，而齊不敢圖，何屏如之！有禮則安，無禮則危。秦襄公未能用周禮，則無以固其國。」○**之屏之翰**，叶元韻，讀如繁，符袁翻。**百辟為憲**。叶元韻，虛元翻。**不戢不難**，叶歌韻，囊何翻。**受**《說文長箋》作「述」。**福不那**。歌韻。《說文長箋》作「儺」，非也。上文「不難」之「難」當作「儺」。○賦也。二「之」猶是也。「之屏」，承上章言。「翰」，鳥羽也。與「屏」字皆借字取義。言是君子也，不特可為萬邦之藩屏，亦可為天朝之羽翼也。「百辟」，汎指其餘諸侯也。「憲」，毛云：「法也。」愚按：「憲」字從心從目，故有取法之義，言此來朝之君子能循禮，則四方諸侯之聞風者皆將以之為法式而謹於禮矣。「戢」，《說文》云：「藏兵也。」收斂之義。「難」，通作「儺」，《說文》云：「行有節也。」按：「難」、「儺」古文通用。《周禮・方相氏》：「率百隸時難，以索室驅疫。」《禮記・月令》：「季冬之月，命有司大難。」《論語》、《史記》俱作「儺」，是其證也。「那」之為言「彼」也。按：《說文》訓「那」為「西夷國」，故字從邑。凡經傳語辭用「那」者，皆借聲，無義。故《爾雅》以為「於也」，杜預以為「猶何也」，郭璞以為「語之韻絕也」。愚謂「不那」即俗所云不那個也。下足以屏萬邦，上足以翰天朝，遠足以憲百辟，則「受天之祜」，自是無斁，福孰如之！使其中不以禮自戢而矜肆未除，外不以禮自持而行動無節，乃妄欲冀其受福，恐亦不足以受彼矣。不能受福，則那而彼之。那者，外之之辭也。能受福，則來而納之。來者，內之之辭。下章云「萬福來求」是也。《孝經》言諸侯之孝云：「高而不危，所以長守貴也。滿而不溢，所以長守富也。」此可以通戢難受福之義矣。○**兕觥**《左傳》、《說文》、豐本俱作「觵」。**其觩**，尤韻。《說文》、陸德明本、豐本俱作「斛」。**旨酒思柔**。尤韻。**彼**《左傳》、《前漢書》俱作「匪」。**交**《前漢書》作「徼」。**匪敖**，《左傳》、《前漢書》、《中說》俱作「傲」。**萬福來求**。尤韻。○賦也。「兕觥」，鄭云：「罰爵也。」解見《卷耳》篇。呂祖謙云：「如《卷耳》罍、觥並陳，則不必指為罰爵。若此詩則罰爵也。」「觩」，朱子云：「角上曲貌。」本作「斛」。「旨」，徐鉉云：「甘也。」「旨酒」者，以酒為旨而嗜之，猶《書》云「甘酒」也。「柔」，《說文》云：「木曲直也。」其字從木，與剛對看。《禮記疏》云：「謂情性和柔也。」此二句解先王制兕觥之意，言先王於燕饗之禮，所以有觩觩然兕觥之設者，何哉？以酒為陽物，能發人之剛。其過在牴觸，故製兕觥為罰爵，以寓戒。兕，善觸者也，取其角為觥，欲人顧此物，則雖以酒之旨

美為可嗜，而必思所以和柔其性情，不敢失禮過飲而為酒所困也。況饗又與燕不同，設幾而不倚，爵盈而不飲，則酒之設亦徒取具文以成禮，而非賓主之所酣用者乎？「彼」，彼諸侯也。「交」者，交接於一堂之謂，升降酬酢皆其事也。「敖」，當依《左傳》作「傲」，倨也。按：《禮記》「敖不可長」及「毋憮毋敖」，皆通作「傲」。「匪敖」，兼「戢」、「難」言。《左傳》云：「萬，盈數也。」「求」，本古衣「裘」字，象形。後人加衣作「裘」，實一字也。此當通作「逑」，《說文》云：「聚斂也。」凡經書中言「求」者，皆是「逑」字。彼君子於行禮交際之間，謹守侯度，絕無傲侮之形，位雖高而不驕，情雖通而不肆，是雖非有意於斂福，而萬福皆來就而聚之也。《易》曰：「德言盛，禮言恭。謙也者，致恭以存其位者也。」正謂此也。上章末句自我受福言，此自福就我言，猶云富貴逼人耳。《中說》云：「文中子曰：『命之立也，其稱人事乎？故君子畏之，無遠近高深而不應也，無洪纖曲直而不當也，故歸之於天。《易》曰：乾道變化，各正性命。』魏徵曰：『《書》云：惠迪吉，從逆凶，惟影響。《詩》云：不戢不難，受福不那。彼交匪傲，萬福來求。其是之謂乎？』子曰：『徵其能自取矣。』」《左·襄二十七年》：「鄭伯享趙孟子垂隴，公孫段賦《桑扈》。趙孟曰：『匪交匪敖，福將焉往？若保是言也，欲辭福祿得乎？』」以「彼交」為「匪交」，字之訛也。而《前漢書·五行志》亦云：「匪徼匪傲，萬福來求。」《注》謂「飲酒者不徼幸，不傲慢，則福祿就而求之」。古文傳寫互異如此。

《桑扈》四章，章四句。《子貢傳》、朱子皆謂「天子燕諸侯之詩」。然此饗詩，非燕詩也。如《蓼蕭》、《露斯》，乃燕諸侯詩耳。《申培說》則以為「天子燕方伯之詩」，蓋從「萬邦之屏」、「百辟為憲」二句生說，其意見亦出於朱子。鄒云：「夫以《桑扈》為燕方伯，則亦當以《彤弓》為燕連帥，此等總不必臆為之說。古者方伯、連帥亦未必有專職。觀所云『百辟為憲』，則文武總在其中，如後世《六月》之吉甫、《崧高》之申伯可見已。」《序》則以為「刺幽王也。君臣上下，動無禮文焉」。范甯序《穀梁》亦云：「君臣之禮廢，則《桑扈》之諷興。」今按：詩中原無刺意。說者謂盛陳古之君子樂循禮文如此，所以刺今之不然，殊屬附會，總之為篇次所惑耳。

蓼蕭

《蓼蕭》，諸侯繼世嗣封，天子與之燕而歌此。《左傳·襄二十六年》：「衛侯如晉，晉人執而囚之於士弱氏。秋七月，齊侯、鄭伯為衛侯故如晉，晉

侯兼享之。晉侯賦《嘉樂》。國景子相齊侯，賦《蓼蕭》。子展相鄭伯，賦《緇衣》。叔向命晉侯拜二君，曰：『寡君敢拜齊君之安我先君之宗祧也，敢拜鄭君之不貳也。』」又，昭十二年：「宋華定來聘，通嗣君也。享之，為賦《蓼蕭》。弗知，又不答賦。昭子曰：『必亡。宴語之不懷，寵光之不宣，令德之不知，同福之不受，將何以在？』」據二傳，其一以賦此詩為「安先君之宗祧」，其一以「通嗣君」之故賦此詩，則其為繼世嗣封之詩明矣。故《序》云「《蓼蕭》澤及四海也」，豈亦以天子能懷四方之諸侯，為澤及四海耶？

蓼彼蕭斯，零豐氏本作「霝」。後同。露湑語韻。兮。既見君子，我心寫叶語韻，洗與翻。兮。燕笑語韻。兮，是以有譽處叶語韻，敞呂翻。兮。興也。「蓼」，戴侗云：「草蒼蒨貌。」蓋蓼本辛菜名，故以蒼蒨象其色。毛《傳》以為「長大貌」，似無據。「蕭」，香蒿也。解見《生民》篇。「斯」，語辭，如「露斯」、「鷺斯」、「鹿斯」、「柳斯」是也。「零露」，解見《野有蔓草》篇。鄭玄云：「露天所以潤萬物，喻王者恩澤。」「湑」，毛云：「湑然，蕭上露貌。」按：《說文》訓「湑」為「茜酒」，《伐木》所云「有酒湑我」者是也。今以蕭上露貌為湑者，蕭之受露，其狀沾濡，有似於茅之泲酒也。蕭既受露，則色愈蒼蒨，故以蓼言之也。陸佃云：「蕭，微物也，而其香能上達，故《詩》以況四海之諸侯。」《疏義》云：「露零於蓼蕭，天子以心寫於諸侯，如天道之下濟然，而語又相應也，故為興。」「君子」，指此繼世之諸侯也。「我」，天子自我也。「寫」，毛云：「輸寫也。」今作「瀉」。嚴云：「心有憂則鬱而不泄，如傾寫器中之物則舒快矣。」「燕」，謂設燕笑語，是燕時君臣相悅豫之情。按：答述曰：「語，語者，午也，言交午也。」「譽」，朱子云：「善聲也。」「處」，止也，留也。「譽處」，猶言為聲譽之所歸也。上下交而泰道成，則君臣皆有美譽也。輔廣云：「諸侯象賢嗣封，天子見之，得以輸寫其心，因與之燕飲，語笑和悅。蓋愛念其先人，美其有後也。國以永存，爰及苗裔，繇是則君無寡恩之嫌，臣有同休之慶，皆得以保有其聲譽也。」《蓼蕭》、《裳華》，皆為繼世諸侯而作，故其首章之語略同。○蓼彼蕭斯，零露瀼瀼。陽韻。既見君子，為龍《左傳》作「寵」。為光。陽韻。其德不爽，叶陽韻，師莊翻。壽考不忘。陽韻。○興也。起興與上章同，皆上交於下之意。「瀼瀼」，毛《傳》云：「露蕃貌。」鄧元錫云：「龍，象德之靈變。光，美德之昭明。」一云：「為龍」，見能膏澤下民；「為光」，見能照臨下國。亦通。「其德」，即龍

光之德。「爽」,《爾雅》云:「差也。」欲其德常如此而不至於有差爽也。一云:「為龍為光」,用之有變化;「其德不爽」,存之無改移。亦通。「考」,《說文》云:「老也。」「不忘」,謂無忘今日規勸之言,即「其德不爽」一語是也。祝其壽考而勉其不忘主情之肫切如此。朱子云:「褒美而祝頌之,又因以勸誡之也。」○蓼彼蕭斯,零露泥泥。叶薺韻,乃禮翻。既見君子,孔燕豈音與下「壽豈」同。陸德明本作「愷」。弟。薺韻。陸本作「悌」。宜兄宜弟,同上。令德壽豈。叶薺韻,去禮翻。《左傳》杜《注》作「凱」。○興也。「泥泥」,露盛而凝洽之貌,興下文「孔燕豈弟」、「孔甚豈樂」也。「弟」,順也,易也。《說文》云:「弟,韋束之次第也。」徐鍇云:「積之而順不相戾者,莫近於韋,故取名於韋束之次第。」「孔燕豈弟」,「孔」字略斷,「燕」字又略斷,猶言:甚哉,燕時如此乎豈弟也!「宜兄宜弟」,因其德之形於燕而知其必宜於家。朱子云:「以『宜兄宜弟』美之,亦所以警戒之也。蓋諸侯繼世而立,多疑忌其兄弟,如晉詛無畜群公子,秦鍼懼選之類。」黃佐云:「疑忌兄弟,薄世之常情。《春秋》或出奔而書弟,或盜殺而書兄,皆正人倫而存天理,為後世訓也。」《大學》云:「『宜兄宜弟』,而後可以教國人。」「令德」,即宜兄弟之令德。「壽豈」,壽而且樂也。有此令德,則自今以後,壽考之年皆優游順適之境,蓋樂以天者也。鄒忠胤云:「王者建國親侯,欲其光昭令德,翼戴王室,與國咸休,永世無窮,故褒之以『龍』、『光』,祈之以『不爽』,美之以『宜兄宜弟』,祈之以『壽考』、『壽豈』,意何懇懇也。古親賢之典,其相勉以正如此,豈徒以私惠自留哉?」○蓼彼蕭斯,零露濃濃。叶束韻,奴同翻。既見君子,鞗豐本作「鋚」。革豐本作「勒」。忡忡。束韻。毛《傳》、陸德明本皆從心,作「忡」,直弓、救弓二翻。自唐孔氏而下,諸本皆從水,作「沖沖」,誤。和鸞豐氏本作「鑾」。雝雝,叶束韻,讀如翁,烏公翻。賈誼《新書》作「嗈嗈」。《左傳注》、《後漢志注》俱作「雍雍」。萬福攸同。束韻。○興也。「濃」,《說文》云:「露多也。」蓼蕭承露之厚,興諸侯受福之多。諸侯之福皆天子所賜也。毛《傳》訓「鞗」為「轡」,「革」為「轡首」。按:《詩》言「鞗革」有三處,而鄭《箋》解各不同。「鉤膺鞗革」,云:「轡首垂也。」「鞗革金厄」,云:「轡也。」惟本傳為得之。《詩詁》云:「轡,御者所執也。從絲曰轡,從革曰鞗。」《爾雅》云:「轡首謂之革。」郭璞云:「轡,靶也。」以馬轡所把之外有餘而垂者謂之革。然則鞗即轡之別名,革乃轡首

之垂者。鄭氏於兩處分而解之，則各缺其一也。「忡忡」，鸞垂貌。《〈草蟲〉傳》謂「猶衝衝」是也。「和」、「鸞」，皆鈴也。《抱璞子》〔註111〕云：「鸞聞樂而舞，至則國安樂。」其雌曰和。《禽經》云：「雌曰和，雄曰鸞。」陸佃云：「禮，在輿則聞鸞和之音，蓋取諸此。」毛以為「和在軾，鸞在鑣」。鄭以為「戎車鸞在鑣，乘車鸞在衡」。按：衡是車前衡木，駕馬者即軛也。軾是車上橫板，手所憑伏以致敬者。鑣則馬銜也。以《駟鐵》詩觀之，輶車置鸞於鑣，明其異於乘車，則謂「戎車鸞在鑣，乘車鸞在衡」者，似若可信。崔豹云：「鑾輅衡上金爵者，朱鳥也。」朱鳥，鸞也。鸞口銜鈴，故謂之鸞，或謂為鑾，事一而異義也。干寶《周禮注》云：「和、鸞皆以金為鈴。鸞者在衡，和者在軾。馬動則鸞鳴，鸞鳴則和應，舒則不鳴，疾則失音。故《詩》云：『和鸞雝雝』，言得其和也。」又，京山程氏云：「和，金口木舌。鸞，金口金舌。」「雝」，通作「噰」。《爾雅》云：「音聲和也。」和鸞相應，故曰「雝雝」。儵、革、和、鸞，皆諸侯車馬之飾。既受命於天子，則當備此儀物矣。又，王介甫、呂伯恭皆謂「乘馬、路車，天子所以好諸侯也」。有車馬，則有儵、革、和、鸞矣。《韓奕》之二章曰「王錫韓侯，儵革金厄」，三章曰「其贈維何？乘馬路車」，即其事也。「萬福」，所該者廣，享壽考、保祿位皆在其中。「攸」，所。「同」，聚也。去後祝願之詞。又，賈誼云：「聲曰和，和則敬，故《詩》曰：『和鸞雝雝，萬福攸同。』言動以紀度，則萬福之所聚也。」此以「雝雝」象其德，亦通。殷大白云：「篇中頌美處俱含訓誡意，此王言也。」

《蓼蕭》四章，章六句。《子貢傳》、《申培說》、朱《傳》皆以為「諸侯來朝，天子燕之而歌此詩」。按：來朝燕詩，則《露斯》篇是矣。此故不應復出。

湛露

《湛露》，諸侯朝正於王，王行饗禮畢，而燕之於寢，於是賦此。

《序》及《子貢傳》皆云：「天子燕諸侯也。」鄭玄云：「諸侯朝覲會同，天子

〔註111〕 此語見《路史》卷四十《餘論三‧鸞鷖》，作《抱璞子》。又見《太平御覽》卷九百十六、《白孔六帖》卷九十四、《天中記》卷五十八、《格致鏡原》卷七十七、《御定佩文韻府》卷二十三之八、《御定駢字類編》卷一百三十七，均作《抱朴子》。

與之燕，所以示慈惠。」《左傳・文四年》：「衛甯武子來聘，公與之宴，為賦《湛露》。不辭，又不答賦。使行人私焉，對曰：『臣以為肄業及之也。昔諸侯朝正於王，王宴樂之，於是乎賦《湛露》，則天子當陽，諸侯用命也。今陪臣來繼舊好，君辱貺之，其敢干大禮以自取戾？』」杜預《注》云：「朝正者，朝而受政教也。」鄒忠胤云：「古者封建之法，諸侯各據其土而有其民，其勢易分而難合。天子獨立於上千里之畿，豈足制萬邦之命？惟是有道以懷之。《周禮・大宗伯》『以賓禮親邦國』，『春見曰朝，夏見曰宗，秋見曰覲，冬見曰遇，時見曰會，殷見曰同』是也；『以饗燕之禮親四方之賓客』，上公三饗三食三燕，侯伯二饗再食再燕，子男一饗一食一燕，職在掌客者是也。」

湛先君印海先生諱。**湛露斯，匪陽**豐氏本作「易」。**不晞。**微韻。**厭厭**《說文》作「懕懕」。《韓詩》作「愔愔」，云：「和悅之貌。」**夜飲，不醉無歸。**微韻。○興也。「湛」，《增韻》云：「澄也，澹也。」重言之者，毛《傳》云：「露茂盛貌。」「斯」，語辭。以天澤厚被於物，興君恩厚及於臣，與《蓼蕭》同意。又，歐陽修云：「天之潤澤於物者，若雨若雪若水。泉之浸，其類非一，而獨以露為言者，露以夜降者也。因其夜飲，故近取以為比。」「厭厭」，當依《說文》作「懕懕」，安也。郭璞云：「安詳之容」蓋心安之也。《小戎》「厭厭良人」，解亦同此。「夜飲」，毛云：「私燕也。」孔穎達云：「《楚茨》『備言燕私』，《傳》謂『燕而盡其私恩』，明夜飲者亦君留而盡私恩之義。」按：《儀禮・燕禮》云：「宵則庶子執燭於阼階上，司宮執燭於西階上，甸人執大燭於庭，閽人為大燭於門外。」燕禮輕，無庭燎，設大燭而已。是夜飲之禮，古誠有之。其禮一獻，四舉酬，降脫屨，升坐，無算爵，無算樂。君曰：「無不醉。」賓及卿大夫皆對曰：「諾。敢不醉？」非若饗禮之設几而不倚，爵盈而不飲，故曰「不醉無歸」也。郝敬云：「朝以朝旦，禮主於辨也。飲以昏夜，情主於合也。」朱子云：「『湛湛露斯』，非日則不晞，以興『厭厭夜飲』，不醉則不歸。」○**湛湛露斯，在彼豐草。**皓韻。豐本作「艸」。**厭厭夜飲，在宗載考。**皓韻。○興也。「豐」，毛云：「茂也。」愚按：以「豐」言「草」，當是通作「丰」，《說文》云：「草盛丰丰也。從生，上下達也。」徐鍇云：「察草之生，上盛者其下必深根也。」歐陽云：「言在彼豐草、杞棘者，以露之被草木，如王恩被諸侯爾。」「宗」，祖廟也。「載」，音義俱與「再」同。唐、虞以年為載。《爾雅注》謂「取物終更始」是也。「考」，成也。按：《儀禮》：受賓聘享則於太廟，享食則於禰廟，惟燕行於寢。故《燕禮》云：「膳宰具官饌於

寝東。」此云「在宗載考」者，蓋饗畢而燕，言既在宗廟行饗禮矣，更在路寢成此燕禮也。毛《傳》漫以「宗」為「宗室」，而朱子以為「即路寢之屬」，俱與「宗」字義未合。露在豐草，則膏澤深，以興饗而又燕，則恩意厚。○**湛湛露斯，在彼杞棘**。職韻。**顯允君子，莫不令德**。職韻。○興也。「杞」，王應麟以為「梓杞」，蓋大木也。其狀未詳。或引陸璣云：「山木也。一名狗骨。其樹如樗，理白而滑，可以為函及簡板。其子為木蝱，可合藥。」今按：枸杞，一名狗骨，其樹亦如樗。陸所云，或即枸杞也。然簡陸《疏》中無此條，當俟再考。「棘」，解見《凱風》篇。戴侗云：「並束為棘，象其叢生。棘有二。樲棘之棘，其實似棗而多酸；荊棘之棘，雜生荊中，木小而尤多束。此棘乃樲棘之棘也。」愚按：《詩》以「杞」、「棘」並言，棘木低小，則杞非大木可知。且以後章「桐」、「椅」例之，桐、椅相類，杞、棘亦當相類，此杞即枸杞也。又，枸杞之類亦有枸棘，形長而枝無刺者為枸杞，圓而有刺者為枸棘。杞、棘、桐、椅皆以興同類之諸侯，以此時來朝者非一人也，觀下文「莫不」字可見。謝枋得云：「『顯』者，其心明白洞達。『允』者，其心忠信誠愨。」「君子」朱子云：「指諸侯為賓者也。」「令」，善也。飲酒之盛而不困於酒，則可謂令德矣。蘇轍云：「露之在草也，如將不勝。其在木也，則能任之矣。將言其無不醉也，故以豐草興之。將言其醉而不能亂，故以杞棘言之。」鄒云：「杞棘中堅，承露雖厚而不屈，有強幹意，故以興顯允之令德，即《酒誥》所云『剛制』也。」○**其桐**其呂祖謙、歐陽修本俱作「如」**椅**，支韻。**其實離離**。支韻。**豈弟君子，莫不令儀**。支韻。○興也。「桐」、「椅」，解俱見《定之方中》篇。「桐」，羅願謂「其子可以取油者」，陸佃以為「岡桐」是也。生於高岡，亦謂之岡梧。蓋梧性便濕，不生於岡，故此桐有岡之號。「椅」，梓實桐皮，與桐相類，故鄭《箋》云：「桐也，椅也，同類而異名。」「離離」，毛云：「垂也。」孔云：「言二樹當秋成之時，其子實離離然垂而蕃多。」「豈弟」，解見《蓼蕭》篇。《左傳》云：「有儀可象謂之儀。」鄭云：「謂《陔》節也。」孔云：「當奏《陔夏》之節，猶善威儀，以其美，人必舉其終，故知當《陔》之節也。《燕禮》：『賓北面坐，取其薦脯以降，奏《陔夏》。取所執脯以賜鍾人於門內霤，遂出』是也。天子燕諸侯之禮亡，故據《燕禮》以況之。」輔廣云：「『顯允』，明信也。『豈弟』，樂易也。明信者，固宜其有德矣。樂易者，則恐其或略於威儀也。樂易君子而威儀無不令焉，此其所以為成德也。」鄒云：「桐、椅高竦，其實離離而下垂，有恭順意，故以興豈弟之令儀，

即《宛鳩》所云『溫克』也。要以威儀即令德之符，所謂『飲酒孔嘉』者也。
或謂豐草有露，露始降；杞棘有露，夜漸久；見椅桐之垂實離離，為天嚮明而
醉歸之候。則是君臣相與長夜而飲，豈所語天子當陽，諸侯用命之義？夫露
待陽而晞，賓乃待露晞而後言歸與？」愚按：先言豐草，取類於卑下之物，為
君尊臣卑之況。次言杞棘，則高於豐草矣。杞棘中實，故取以象其德，然亦以
其德盛而心下，故僅取於杞棘也。末言桐椅，又高於杞棘，則象其威儀可為
人所瞻仰。每況愈上，以致其讚美之意。又按：豐草似興子男，杞棘似興侯
伯，桐椅似興上公。二說俱可通。張叔翹云：「君之燕臣第曰『不醉無歸』，曰
『在宗載考』，期於情之洽，禮之成而已，非沉湎無度也。乃其臣令德令儀，
罔不祗畏，又有以善其燕，豈與後世長夜之飲同乎哉？《左氏》稱『酒以成
禮，不繼以淫』，周王有焉；『以君成禮，不納於淫』，諸侯有焉。」季本云：
「此詩前二章以君之勸飲者言，欲其盡歡也；後二章以臣之承恩者言，喜其
盡敬也。樂而不淫，此所以懷諸侯而天下畏之。」鄧云：「燕主示慈惠，《蓼
蕭》之『燕笑語』也，《露斯》之『厭厭飲』也。慈惠至矣，而卒歸之德不爽，
『衝衝』、『雍雍』也；德顯允，『莫不令儀』也。和而節，美夫！」黃佐云：
「《記》曰：『朝覲之禮，所以明君臣之義也。』周室之盛，諸侯之朝也有常
期，天子之禮遇也有常典。夫何周室既衰，其禮遂廢。春秋二百四十二年之
間，公如京師者一見而已，可歎也夫！」

　　《湛露》四章，章四句。《申培說》以為「天子燕同姓諸侯之詩」，此
蓋泥於「在宗載考」一語耳。毛《傳》因「天子燕諸侯之禮亡，故假宗子與族
人燕為說」，云：「宗子將有事，則族人皆侍。不醉而出，是不親也。醉而不
出，是湛宗也。」而鄭《箋》又引陳敬仲飲桓公酒，欲以火繼，敬仲辭以卜晝
未卜夜，乃止，謂「夜飲之禮，在宗室同姓則成之，其庶姓讓之則止」。要亦
揣摩之說，不必有所據。且毛、鄭既皆知燕飲有宵而設燭之禮，何謂止可行
於同姓乎？即據《左傳》稱「諸侯朝正於王，主宴樂之，賦此」，是可知概指
凡諸侯而言，未嘗分同姓、庶姓也。

彤弓

　　《彤弓》，諸侯敵王所愾而獻其功，王賜之彤弓，而歌此詩以饗
之。《序》云：「天子錫有功諸侯也。」《孔叢子》載孔子曰：「於《彤弓》見
有功之必報也。」按：《左傳·文四年》：「衛甯武子來聘，公與之宴，為賦

《彤弓》。不辭，又不答賦。使行人私焉，對曰：『臣以為肄業及之也。昔諸侯敵王所愾，而獻其功，王於是乎賜之彤弓一、彤矢百、玈弓矢千，以覺報宴。今陪臣來繼舊好，君辱貺之，其敢干大禮以自取戾？』」杜預《注》云：「言諸侯盡力以當王所狠怒之人，而獻其成功。王賜之弓矢，又為歌《彤弓》，以明報功宴樂。」《申培說》與《左傳》同。胡安國云：「諸侯終喪入見則有錫，歲時來朝則有錫，能敵王所愾則有錫。鞶冕圭璧，因其終喪入見而錫之者也，《禮》所謂『喪畢，以士服見天子；已見，賜之鞶冕圭璧，然後歸』是已。車馬袞黻，因其歲時來朝而錫之者也，《詩》所謂『君子來朝，何錫予之？路車乘馬，玄袞及黼』是已。彤弓玈矢，因其敵愾獻功而錫之者也，《詩》所謂『彤弓弨兮』是已。」

彤弓弨兮，受言藏陽韻。**之。我有嘉賓，中心貺**叶陽韻，虛王翻。**之。鍾鼓既設，一朝**豐氏本作「鼂」。下同。**饗**叶陽韻，虛良翻。豐氏本作「享」。**之。**賦也。「彤」，《說文》云：「丹飾也。從丹彡。彡，其畫也。」按：《周禮‧夏官》：「司弓矢掌六弓之法：王弓、弧弓，以授射甲革、椹質者；夾弓、庾弓，以授射犴侯、鳥獸者；唐弓、大弓，以授學射者、使者、勞者。」《注》：「往體寡，來體多，曰王弓、弧弓，皆遠射，強弓也。往體多，來體寡，曰夾弓、庾弓，皆近射，弱弓也。往體來體若一，曰唐弓、大弓也。勞者，勤勞王事，若晉文侯、文公受彤弓、玈弓之賜是也。」《考工記》亦云：「王弓之屬，利射革與質；夾、庾之屬，利射侯與弋；唐弓之屬，利射深。」孔穎達云：「《周禮》無彤弓之名。此彤弓必當唐、大二者之中有之耳。唐、大者，是其體強弱之名。彤、玈者，為弓色之異稱。為弓者，皆漆之，以禦後〔註112〕霜露。漆之為色，赤黑而已。彤既為赤，則知玈者為黑也。色以赤者，周之所尚，故賜弓以赤為重。」又按：《荀子》云：「天子彫弓，諸侯彤弓，大夫黑弓。」《周禮疏》亦云：「天子之弓王、弧，諸侯之弓唐、大，大夫之弓夾、庾。」《尚書大傳》云：「三適謂之有功，賜以車服弓矢。」《王制》云：「諸侯賜弓矢然後征，賜鈇鉞然後殺。」《韓詩外傳》云：「諸侯之有德，天子錫之。一錫車馬，再錫衣服，三錫虎賁，四錫樂器，五錫納陛，六錫朱戶，七錫弓矢，八錫鈇鉞，九錫秬鬯，謂之九錫也。」《山海經》云：「帝俊賜羿彤弓素矰，以扶下國。」漢韋孟詩云：「肅肅我祖，國自豕韋。彤弓斯征，撫寧遐荒。

〔註112〕「後」，孔《疏》無。

總齊群邦，以翼大商。」《書・文侯之命》云：「父義和，其歸視爾師，寧爾
邦，用賚爾秬鬯一卣，彤弓一，彤矢百，盧弓一，盧矢百。」「盧」、「旅」通。
《史記》云：「齊桓公三十五年夏，會諸侯於葵丘，周襄王使宰孔賜文武胙、
彤弓、矢、大路。下拜，受賜。」《左傳・僖二十八年》：「晉文公獻楚俘於王。
己酉，王享醴，命晉侯宥。王命尹氏及王子虎、內史叔興父策命晉侯為侯伯，
賜之彤弓一、彤矢百、旅弓矢千，曰：『王謂叔父敬服王命，以綏四國，糾逖
王慝。』晉侯三辭，從命，受策以出，出入三覲。」鄒忠胤云：「古者諸侯有
大功，天子賜弓矢及圭瓚。其賜之圭瓚，使得為鬯，以祭先也。其賜之弓矢，
使得待王命，以征不庭也。故《王制》曰：『諸侯賜弓矢而後征伐』，典綦重
矣。後儒遂以為得專征伐。毛萇釋《詩》，孔安國釋《書》，鄭康成釋《禮》，
杜預釋《春秋左氏》，皆有是說。彼特因《王制》之語而誤增一字，失之遠矣。
夫以胤后之征羲和也，必曰『承王命徂征』；南仲之伐玁狁也，必曰『自天子
所，謂我來矣』。今以為賜弓矢者即得專征伐，是作威不必維辟，而春秋之戰
皆義戰矣，豈彤弓之設端使然哉？〔註113〕」孔云：「甯武子所言及晉文侯、文
公所受，皆必有旅弓。此詩獨言彤弓者，以二文皆先彤後旅，彤少旅多，舉重
可以包輕，故直言彤弓也。有弓則有矢，言弓則矢可知，故亦不言矢也。」
「弨」，《說文》云：「弓反也。」毛《傳》云：「弛貌。」徐鍇云：「弛弦而體
反也。」嚴粲云：「賜弓不張。」「受」，謂諸侯受之，言命也。鄭玄云：「謂王
策命也。」「藏之」者，孔云：「藏之於其家，以示子孫，言諸侯既受此弓，因
命之曰：汝得此弓以歸，尚其寶藏之，以示珍重之意。」《左・襄八年》：「晉
范宣子來聘，公享之，季武子賦《彤弓》。宣子曰：『城濮之役，我先君文公獻
功於衡雍，受彤弓於襄王，以為子孫藏。匄也先君守官之嗣也，敢不承命？』」
所謂「以為子孫藏」，即此詩云「藏之」也。「我」，天子自謂也。稱受賜諸侯
曰嘉賓。「我有嘉賓」以下，鄭《箋》謂「受出藏之乃反入」，《正義》引晉文
公出入三覲之事為證，非也。出入三覲，紀其先後覲王，凡有三次，無受賜後
復受饗之事。考文公饗賜正同日，《傳》先言饗而後言賜，《詩》先言賜而後言

〔註113〕「是作威不必維辟，而春秋之戰皆義戰矣，豈彤弓之設端使然哉」，鄒忠胤
《詩傳闡》卷十六《小正・彤弓篇》（《四庫全書存目叢書》經部第65冊，
第679頁）作「無論《彤弓》之詩未聞有此，即東遷之初，屛如平王，其命
文侯，亦嘗賜以弓矢矣，曷嘗屬以專征之柄。諸儒何乃墮桓、文雲霧，倡為
此說，遞相耳食，以熒惑後世哉」。

饗，行文異耳。孔云：「饗之日，先受弓矢之賜，後受獻酬之禮。《左傳》曰：『將賞則加膳，加膳則飫賜。』將欲賞人，尚加殽膳，況弓矢之賜，賞之大者焉，得無其禮也？」「貺」，《說文》云：「賜也。」蒙上文而言，即以彤弓賜之也。曰「中心」者，言中心實欲貺之，非有所勉強而然。如內疑其臣而外牽於其功，內忌其臣而外迫於其勢，則雖貺而非本於中心矣。「鍾鼓既設」，謂設陳鍾鼓之樂以樂賓也。鄭云：「大飲賓曰饗。」陳暘云：「《周官·樂師》：『饗食諸侯，序其樂事，令奏鍾鼓。』《鎛師》：『凡饗祀，鼓其金奏之樂。』《典庸器》：『帥其屬而設筍簴。饗食亦如之。』繇是觀之，饗禮不終朝，以訓恭儉。要之，賓主百拜而酒三行，其樂未嘗不令奏鍾鼓也。然錫彤弓，必因饗禮，笙師『饗射共笙鍾』之意也。」孔云：「饗者，烹大牢以飲賓，是禮之大者。獻如命數，設牲俎豆，盛於食燕。《周語》曰：『王饗有體薦，燕有折俎。公當饗，卿當燕。』是其禮盛也。言『一朝』者，言王殷勤於賓，早朝而即行禮，故云『一朝』。燕或至夜，饗則如其獻數，禮成而罷，故以『朝』言之。《左傳》：『鄭饗趙孟，禮終乃燕。』是饗不終日也。」鄒云：「《周禮·大行人》：『上公饗禮九獻，侯伯七獻，子男五獻。大國之孤視小國之君。』《掌客》：『上公三饗，侯伯二饗，子男一饗。』其牲則體薦，體薦則房烝，其禮亦有飯食。《舂人》云：『凡饗食，共其食米。』是饗禮亦兼燕與食矣。但燕或至夜，而饗則於朝，立成不坐，設几不倚，爵盈不飲，獻如其命數而止，不必於時之久，故一朝可以成禮。然亦見王者勤於待賓賞，不踰時如是。」嚴云：「彤弓，非常賜也。鍾鼓，大樂也。饗，盛禮也。設盛，所以重彤弓之賜也。」朱子云：「後之賞賜，非出於利誘，則迫於事勢。至有朝賜鐵券而暮屠戮者，則與『中心貺之』者異矣。屯膏吝賞，功臣解體，至有印刓而不忍予者，則與『一朝饗之』者異矣。」○彤弓弨兮，受言載叶實韻，子利翻。之。我有嘉賓，中心喜叶實韻，許既翻。之。鍾鼓既設，一朝右叶實韻，於記翻。韓本作「佑」。之。賦也。「載」，毛云：「載以歸也。」鄭云：「出載之車也。」「喜」，悅也，悅其有功也。《詩詁》云：「古者饗燕有物，以章其意，謂之右。」嚴云：「右與宥、侑通，皆助也。莊十八年，《左傳》：『王饗醴，命之宥。』《注》謂『以幣物助歡也』。僖二十五年、二十八年皆云『饗醴，命宥』，是饗禮必有賜以為宥。」○彤弓弨兮，受言櫜叶號韻，右號翻。亦叶宥韻，疾救翻。之。我有嘉賓，中心

好叶號韻，呼報翻。亦叶宥韻，許救翻。**之。鍾鼓既設，一朝酬**叶號韻，大到翻。亦叶宥韻，承咒翻。陸德明本作「酧」。**之。**賦也。「櫜」，毛云：「韜也。」陸德明云：「弓衣也。」《說文》云：「車上大櫜」，引《詩》「載櫜弓矢」。又按：《樂記》：「倒載干戈，包之以虎皮，名曰建櫜。」《注》謂「兵甲之衣曰櫜」。蓋兵甲弓矢皆以皮為之衣，故皆以櫜名。據《說文》言櫜在車上，則上章所云「受言載之」，為載之於車明矣。「好」，亦悅也。喜好皆悅，但喜淺而好深。「酬」，鄭云：「猶厚也，勸也。」《說文》或從州作「酧」。《儀禮·士冠禮》：「主人酬賓。」《注》謂「飲賓客而從之以財貨曰酬，所以申暢厚意也」。愚按：禮於食有侑賓勸飽之幣，上章言「右」是也；於飲有酬賓送酒之幣，此章言「酬」是也。飲為饗禮，兼言「右」、「酬」者，以饗亦兼食故也。孔云：「飲食必酬侑之者。按：《公食大夫禮》：『賓三飯之後，公授宰夫束帛以侑。』《注》謂『君以為食賓殷勤之意未至，復發幣以勸之，欲其深安賓也』。又，《聘禮》云：『若不親食，使大夫朝服致之以侑幣。』《注》謂『君有疾病及他故，必致之者，不廢其禮』。又曰：『致饗以酬幣，亦如之。』然則不親饗，以酬幣致之，明親饗有酬幣矣。侑幣，《公食大夫》用束帛，其酬幣則無文。《聘禮注》又引《禮器》曰：『琥璜爵，蓋天子酬諸侯也。』必疑琥璜為天子酬諸侯之幣，以琥璜非爵名，而云爵，明以送酒也。食禮無爵可送，則琥璜饗酬所用也，謂饗時酬賓，以琥璜將幣耳。《小行人》：『合六幣，琥以繡，璜以黼。』則天子酬諸侯以黼繡而琥璜將之。」嚴云：「鄭以酬為獻酬，但酬酢是燕禮，其饗禮為訓共儉，爵盈而不飲，未必有酬酢也。」愚按：此詩三章所言雖無淺深，而未嘗無條理。首章其總也，其言彤弓，當先言櫜之，既乃載以歸，後始藏於家，以示子孫。此先言藏者，以藏為重，故致意言之。因藏而推始於載，又因載而推始於櫜，皆丁寧鄭重意也。先言貺之者，實指其事；次乃推言其喜之，又推言其好之，正發明「中心」二字意，以見其貺之之有所自來也。先言饗之，是大禮之總名；後言右之、酬之，皆饗中事。必至右、酬兼舉，而饗禮斯畢，亦見其愛賓之無已也。言酬於右後，饗以飲為主，故結言之也。

《彤弓》二章，章六句。《左傳》之說甚明。《子貢傳》但謂「天子之燕諸侯」，混矣。

緜蠻

《緜蠻》，諸侯貢士也。疑即《崇丘》。說見《草蟲》篇《小引》下。
《崇丘》為六笙詩之一，見於《儀禮》。此詩又為諸侯貢士於天子之詩，當作於成王之世。

緜蠻黃鳥，止于《注疏》作「於」，恐誤。**丘阿。**歌韻。**道之云遠，我勞如何。**歌韻。**飲之食**音嗣。後同。**之，教之誨**隊韻。**之。命彼後車，謂之載**隊韻。**之。**興也。「緜」，《說文》云：「聯微也。從系從帛。」蓋纘之精者。「蠻」，即南蠻之蠻。「緜蠻」連文，朱《傳》以為鳥聲，甚是。以其聲之微細相連，不絕如緜，而鳥語不可與人解，又似蠻也。《孟子》擬南蠻為鴃舌，同此。「黃鳥」，解見《葛覃》篇，亦名倉庚。陸佃云：「凡詩言『黃鳥』者，興也；言『倉庚』者，賦也。倉庚鳴於仲春，其羽之鮮明在夏。」又名鸎。《格物總論》云：「鸎三四月鳴，音聲圓滑。」此詩特取興黃鳥者。按：《月令》：「季春，勉諸侯，聘名士，禮賢者。孟夏，命太尉，贊傑俊，遂賢良，舉長大。」黃鳥善鳴，正在斯時，故觀之而起興。「止」，鄭玄云：「謂飛行所止託也。」「丘」，《說文》云：「土之高也。」《爾雅》云：「非人為之丘。」李巡云：「謂非人力所為，自然生為丘也。」「阿」，非大陵之阿，與《菁莪》「在彼中阿」同義，謂曲也。孔穎達云：「以下『丘側』、『丘隅』類之，則『丘阿』非二物也。」《卷阿》曰「有卷者阿」，知丘阿是丘之曲中也。取興「丘阿」者，士聲譽著聞，超出齊民之上，則「止於丘」之況，然尚未離臭溇，則又「止于丘阿」之況也。「道之云遠」者，謂自侯國而升之王朝，其道路甚遠也。「我」，代為諸侯自我也。「勞」，猶煩也，因遠道而欲資遣其行，故籌度之至於煩勞，為下文「命彼後車」發端也。「飲之食之，教之誨之」，追言其平日盡心教養之事也。渴則予之飲，饑則予之食，養之義也。《說文》云：「教，上所施，下所效也。誨，曉教也。」徐鍇云：「丁寧誨之，若決晦昧也。」又，鄭云：「事未至則豫教之，臨事則誨之。」《荀子》云：「治國者不富，無以養民情；不教，無以理民性。故家五畝，宅百畝，使田務其業，而勿奪其時，所以富之也；立大學，設庠序，修六禮，明十教，所以導之也。《詩》曰：『飲之食之，教之誨之。』王事具矣。」《春秋繁露》云：「君子內治，反理以正身，據祉以勸福；外治，推恩以廣施，寬制以容眾。孔子謂冉子：『治民者，先富之而後加教。』語樊遲曰：『治身者，先難後獲。』以此之謂治身之與治民，所先後者不同焉矣。《詩》云：『飲之食之，教之誨之。』先飲食而後教誨，謂治人也。又曰：『坎

坎伐輻，彼君子兮，不素餐兮。』先其事，後其食，謂之治身也。」按：《王制》云：「凡居民，量地以制邑，度地以居民。地邑民居，必參相得也。無曠土，無游民。食節事時，民咸安其居，樂事勸功，尊君親上，然後興學。司徒修六禮以節民性，明七教以興民德，齊八政以防淫，一道德以同俗，養者老以致孝，恤孤獨以逮不足，上賢以崇德，簡不肖以詘惡。六禮：冠、婚、喪、祭、鄉、相見也。七教：父子、兄弟、夫婦、君臣、長幼、朋友、賓客也。八政：飲食、衣服、事為、異別、度量、數制也。」凡此皆先飲食而後教誨之事，意侯國制亦同此也。「命」，諸侯命之也。「後車」，鄭云：「倅車也。」按：《周禮》：王之五路皆有副車，謂之倅。五路之中，金路以封同姓，象路以封異姓，革路以封四衛。然則諸侯之乘此路者，亦必皆有倅車矣。「謂」，即命也。「載」，《說文》云：「乘也。」諸侯將貢士於天子，命彼典車者，以己所有之倅車與之乘之，敬愛之至也。又按：彭更言孟子「後車數十乘」，則凡從君行之車皆名後車，不必路車之倅矣。《漢書》：高帝下詔求賢，令「御史中執法下郡守，其有意稱明德者，必身勸，為之駕」。《注》謂「郡守身自往勸，勉令至京師，又駕車遣之」。是則後車載士之風，漢世猶存，益信此詩為諸侯貢士詠也。孔安國《書傳》云：「古者諸侯之於天子也，三年一貢士，一適謂之好德，再適謂之賢賢，三適謂之有功。有功者，天子賜以衣服弓矢，再賜以秬鬯，三賜以虎賁百人。一不適謂之過，再不適謂之敖，三不適謂之誣。一詘以爵，再詘以地，三詘而地畢。」《漢志》云：「先王之制，里有序而鄉有庠。序以明教，庠以行禮，而視化焉。八歲入小學，學六甲、五方、書計之事，始知室家長幼之節。十五歲入大學，學先聖禮樂，而知朝廷君臣之禮。其有秀異者，移鄉學於庠序。庠序之異者，移國學於少學。諸侯歲貢少學之異者於天子，學於太學，命曰造士。行同能偶，則別之以射，然後爵命焉。」○緜《大學》作「緡」。**緜蠻黃鳥，止于丘隅**。虞韻。**豈敢憚行，畏不能趨**。虞韻。**飲之食之，教之誨**韻見前。**之。命彼後車，謂之載**韻見前。**之**。興也。「隅」，《說文》云：「陬也。」鄭云：「丘隅，丘角也。」《大學》引《詩》，云：「邦畿千里，惟民所止。《詩》云：『緡蠻黃鳥，止于丘隅。』子曰：『於止知其所止，可以人而不如鳥乎？』」今按：此詩皆以丘為言，蓋取高夐之義。鳥置身於高夐之地，則患害莫之能及，故謂之「其所止」。《大學》引此，與「邦畿」對言，正以邦畿為四方之極，丘隅為至高之處，俱是欲人止於至善影子〔註114〕。

〔註114〕「影子」二字，俟考。

善而曰至，所謂至精至粹，無以復加，如仁敬孝慈信各造其極之類，乃絕頂之名人能止於此，亦如黃鳥之止丘隅，可望而不可即。舊說以丘隅為岑蔚安閒之地，鳥擇此地而止處之，為得所止，則與止至善之義漠不相涉，故知非詩意也。「憚」，《說文》云：「忌難也。」「行」，指後車載之言。「畏」，猶慮也。劉熙云：「疾行曰趨。」我豈敢憚命後車一行乎，誠慮賢人在道，不能疾行，以至王國，故此命不容已耳。《韓詩外傳》云：「客有見周公者，應之於門，曰：『何以道旦也？』客曰：『在外即言外，在內即言內。入乎將毋？』周公曰：『請入。』客曰：『立即言義，坐即言仁。坐乎將毋？』周公曰：『請坐。』客曰：『疾言則翕翕，徐言則不聞。言乎將毋？』周公唯唯：『旦也喻。』明日興師而誅管、蔡。故客善以不言之說，周公善聽不言之說。若周公可謂能聽微言矣，故君子之告人也，微其救人之急也。《詩》曰：『豈敢憚行，畏不能趨。』」按：此雖非本文正解，然摹寫慇勤之意若有合焉。「飲之食之」以下，解已見前上章，言「命彼後車」，尚未就道。此則行而在道矣。又上興「丘阿」，此興「丘隅」者，丘阿為人所不見之地，進而丘隅，則人咸得見之，喻士之離衡茅而至，止於射宮也。《射義》云：「古者天子之制，諸侯歲獻貢士於天子，天子試之於射宮。」又云：「天子將祭，必先習射於澤宮。澤者，所以擇士也。已射於澤，而後射於射宮。」按：射宮乃王國之小學，即虞庠是也，在西郊。澤宮在近水澤之地，皆非當國之中。此其為「丘隅」之況與？云「歲貢」者，鄭氏亦以為三歲一貢，大國三人，次國二人，小國一人。○**緜蠻黃鳥，止于丘側**。職韻。豐氏本作「仄」。**豈敢憚行，畏不能極**。職韻。**飲之食之，教之誨**韻見上。**之。命彼後車，謂之載**韻見上。**之。**興也。「側」，《說文》云：「旁也。」射宮試士之後，得與於祭者有慶。謂之慶，則當授以爵祿矣。《王制》所謂「司馬辯論官材，論進士之賢者，以告於王而定其論，論定然後官之，任官然後爵之，位定然後祿之」。此時在王左右，故以「丘側」起興。與「丘隅」不同。隅是丘之一角。進而「丘側」，則在丘當中之側矣。「極」之為言至也。《國語》云：「齊朝駕，則夕極於魯國。」道之云遠，恐不能至其所，故不得不命後車以載之也。當周盛時，諸侯貢士之典如此。

《緜蠻》三章，章八句。朱子云：「此微賤勞苦，而思有所託者，為鳥言以自比。」細按「飲之食之」以下，語氣如何可通？五「之」字，皆自我施人而言，豈人來施我之謂乎？《申培說》云：「大夫適位他國，其遏賓之主人閔之而作是詩。」蓋彷彿詩辭而為之說，然殊鄙迂，不成義理。《子貢傳》

則但存「王之時，大夫避」六字，而上下俱缺文。鄒忠胤云：「夫以王朝大夫，踉蹌出奔，而乞憐於人如此，聖人奚取而錄之？如謂其能見幾而作，則宜超然高舉以保貞。而曉曉然飲食是冀，似不辭雁鶩之餘粒者，志何憊也！岐路堪悲，導迷登覺，誠不無需於教誨。乃以墜風之羽，思振翩軒毳之間，輒希後車命載，願又何奢也。豈其從大夫之後，不可徒行故耶？然《易》不云『捨車而徒，義弗乘』乎？《剝》之上九：『碩果不食，君子得輿。』此則出於眾心之願載。若夫俛仰號呼，如戰國歌長鋏者流，斯亦鄙矣。」《序》以為「微臣刺亂也。大臣不用仁心，遺忘微賤，不肯飲食教載之，故作是詩也」。愚按：《序》說於詩意較近。所謂「大臣」，即指諸侯也。不能飲食之，所謂「不用仁心」也。不能教誨而薦揚之，所謂「遺忘微賤」也。但詩無刺意，《序》以為「刺亂」者，直以其篇次在《白華》後，並繫之幽王耳。必謂追述往時盛事以傷今之不然，亦屬附會。又，王符云：「行人定而《緜蠻》諷」，其意亦與《序》同。

吉日

《吉日》，成王蒐岐陽也。《竹書》紀「成王六年，大蒐於岐陽」。《左傳·昭四年》：「楚椒舉言於楚子曰：『臣聞諸侯無歸，禮以為歸。夏啟有鈞臺之享，商有景亳之命，周武有孟津之誓，成有岐陽之蒐。』」杜預云：「成王歸自奄，大蒐於岐山之陽。」按：《晉語》：「叔向曰：『昔成王盟諸侯於岐陽，楚為荊蠻，置茅蕝，設望表，與鮮牟守燎，故不與盟。』」即此時事也。所以知此詩為蒐岐陽者，以「漆沮之從」一語知之。《詩》言田獵，不及會盟之事，蓋成王於此時先蒐而後盟。是詩之作，但為大蒐詠耳。《周禮》：「中春教振旅，遂以蒐。」《公羊》、《穀梁》皆謂夏曰蒐，當以《周禮》之義為正。愚又疑此詩即六笙詩中之《由庚》，說見《草蟲》篇《小引》下。

吉日維戊，叶有韻，莫後翻。《風俗通》「維戊」作「庚午」。**既伯**音禡。《說文》作「禡」。**既禱。**叶有韻，當口翻。《說文》、豐氏本俱作「禂」。**田車既好，**叶有韻，許厚翻。**四牡孔阜。**有韻。豐本作「駏」。**升彼大阜，**同上。豐本作「㠛」。**從其群醜。**有韻。豐本作「䚮」。○賦也。「吉」，善也。《楚辭》云：「吉日兮辰良。」天干為日，地支為辰。日干五剛五柔，甲丙戊庚壬五奇〔註115〕為剛，乙丁己辛癸五偶為柔。十二支六陽六陰，子寅辰午申戌為

〔註115〕「奇」，底本作「寄」，據四庫本改。

陽，丑卯巳未酉亥為陰。對月言日，以日統辰，故此章單言戊，稱吉日，而後章兼言庚午，亦稱吉日也。《曲禮》云：「外事以剛日，內事以柔日。」鄭玄皆主祭祀言，而以「出郊之祭為外事，郊內之祭為內事」。孔穎達駁之，謂：「郊天是國外之事，應用剛日，而《郊特牲》云『郊之用辛』，非剛也。社稷是郊內，應用柔日，而《郊特牲》云『祀社日用甲』，非柔也。」崔靈恩則謂「外事指用兵之事，內事指宗廟之祭。所以不及郊社者，以郊社之禮尊，不可以外事內事律之」。崔說比鄭為允。《孔叢子》云：「凡類禡，皆用甲丙戊庚壬之剛日。」此詩所詠「既伯既禱」，禡祭之禮也。然則「吉日維戊」，即田獵之日，以次章「庚午」推之，後於庚午八日，於辰屬寅。朱子以為戊辰，非也。何以知之？以後章「既差我馬」之句知之。若果此日為戊辰，則既言「四牡孔阜，從其群醜」矣，何待閱二日後始行差擇其馬乎？又按：寅、午同氣。孟康云「南方火，火生於寅，盛於午。火性炎猛，其氣精專嚴整，故為廉貞」是也。詳見次章。「既伯既禱」，田祭也。「伯」，通作「貊」，亦作「貉」，鄭司農讀為「禡」。《王制》云：「天子將出征，類於上帝，宜乎社，造乎禰，禡於所征之地。」《孔叢子》云：「已克敵，使擇吉日，復禡於所征之地，柴於上帝，祭社奠祖，以告克。」鄭云：「禡，師祭也，為兵禱。其禮亡。」其田獵之祭，則名之為貊。《周禮》：蒐苗獮狩，「有司皆表貉於陳前」。又，《肆師》職云：「凡四時之大田獵，祭表貉，則為位。」《甸祝》職云：「掌四時之田，表貉之祝號。」鄭《注》謂「貉讀為千百之百。於立表處為師祭，祭造軍法者，禱氣勢之增倍也。其神蓋蚩尤，或曰黃帝」。杜子春讀亦同，云：「貉，兵祭也。田以講武治兵，故有兵祭。習兵之禮，故貉祭，禱氣勢之十百而多獲。」邢昺云：「貉之言百。祭祀此神，求獲百倍也。」愚按：貉、貊本是一字，以百解貊，無乃強解。讀貊為百，亦未必然。又有言祭貊以導獸者，要皆附會之說。以愚意揣之，政緣古人讀「貊」與「禡」同音，遂訛「禡」為「貊」耳。禡，祭名也，故字從示。其以馬諧聲，義必有取，或殺馬為牲，或以馬者國之大事，克敵必藉馬，故為馬祈福。亦未可知。師、田皆行軍之事，其同有禡祭焉，宜也。觀《說文》「既伯」作「既禡」可證。今《韻會》中「伯」字亦有「禡」音，蓋緣「伯」、「貊」相訛而然，無足疑者。此「既伯」即田獵之日，表貊之祭也。毛《傳》以「伯」為「馬祖」。按：《周禮·較人》職云：「春祭馬祖，執駒；夏祭先牧，頒馬攻特；秋祭馬社，臧僕；冬祭馬步，獻馬講御夫。」馬祖，鄭以為天駟。天駟，房也。《晉·天文志》云：「天駟為天馬，主

車駕。南星曰左驂，次左服，次右服，次右驂，亦曰天廄。」孔云：「馬與人異，無先祖可尋，故取《孝經說》『房為龍馬』，是馬之祖。」先牧，始養馬者。馬社，舊說謂始乘馬者，或云廄中土神也。馬步，舊謂神為災害馬者。一云行神。四時之祭，各有所為。未聞田獵有馬祖之祭，亦從未聞馬祖有伯之稱也。祖者，始也。伯者，長也。二義懸殊，何得以伯當祖乎？祈福曰禱。毛以為「禱獲」是也。戰必禱，克田必禱。獲，《說文》作「禂」，云：「禱牲馬祭也。」按：禱牲馬祭分為二事。《周禮·甸祝》職云：「禂牲、禂馬，皆掌其祝號。」杜子春《注》云：「為田禱多獲禽牲，為馬禂無疾。」觀此，禂牲即貉祭所禱，禂馬即較人四時之祭，所禱皆名為禂也。此詩「既伯既禱」，乃甸祝所職也。《爾雅》以為馬祭，似誤以禂牲為禂馬耳。又，《小宗伯》職云：「凡王之會同軍旅田役之禱祠，肄儀為位。」則以伯為小宗伯，亦通。惟於「既」字文理似不甚順。「田車」二句，解見《車攻》篇。《周禮·田僕》職云：「掌馭田路以田，掌佐車之政，設驅逆之車。」田路，王所乘，即此「田車」是也。驅逆之車，謂之佐車，下章「既差我馬」，皆用之於驅逆者。「阜」，《說文》云：「山無石者。」《爾雅》：「高平曰陸，大陸曰阜，大阜曰陵。」今曰「大阜」，正當名陵耳。「從」，從禽也。以追逐其後，故曰從。「醜」，鄭云：「眾也。」謂禽獸之群眾也。孔云：「車牢馬健，故得歷險從禽。」嚴粲以田車四語皆禱辭，言「告神以將田獵，其實戊日未田也」。亦似可通。但以《車攻》篇「田車既好，四牡孔阜」二語例之，明是紀事語耳。《左·昭三年》：「鄭伯如楚，子產相。楚子享之，賦《吉日》。既享，子產乃具田備，王以田江南之夢。」楚靈賦詩，自擬天子，其汰如此。○吉日庚午，虞韻。既差我馬。叶語韻，滿補翻。獸之所同，麀豐本作「麌」。鹿麌麌。韻。《說文》作「噳噳」。漆沮之從，天子之所。叶麌韻，讀如數，爽主翻。○麌賦也。「庚」，剛日也。外事以剛日。擇馬以田，亦外事也。孔云：「必用午日者，蓋於辰午為馬故也。」邢凱云：「古今涓吉，外事用剛日，內事用柔日。如甲子為剛，乙丑為柔，至為簡易。甲午治兵，壬午大閱。『吉日庚午，既差我馬』，皆外事也，故用剛日。丁丑燕之，乙亥嘗之，凡祭之用丁用辛，內事也，故用柔日。社祭用甲，郊以日至，亦不拘也。後世術家既多，互相矛盾。褚先生云：『武帝聚會，占家問某日可娶婦乎？五行家曰可，堪輿家曰不可。又有建除、叢辰、天人、太乙、曆家，凡七種，所言吉凶相半。制曰：避諸死亡，以五行為主。』今觀諸曆，一日之內有吉有凶，當如武帝主一家可也。鄭鮮之啟宋武

帝，明旦見蠻人，是四廢日。答曰：『吾初不擇日。』此亦可法。」又，翼奉
云：「北方之情，好也。好行貪狼，申子主之。東方之情，怒也。怒行陰賊，
亥卯主之。貪狼必待陰賊而後動，陰賊必待貪狼而後用。二陰並行，是以王
者忌子卯也。禮經避之，《春秋》諱焉。南方之情，惡也。惡行廉貞，寅午主
之。西方之情，喜也。喜行寬大，己酉主之。二陽並行，是以王者吉午酉也。
《詩》曰：『吉日庚午。』上方之情，樂也。樂行姦邪，辰未主之。下方之情，
哀也。哀行公正，戌丑主之。辰未屬陰，戌丑屬陽，萬物各以其類應。」「差」，
《廣韻》云：「次也，不齊等也。」按：《爾雅》云：「田獵齊足」，即差等其足
力之謂也。此以給從王於田者。「吉日庚午」，乃追述之辭，言先此已差馬以
待矣，見戒備有索也。凡四足而毛者謂之獸，總名也。《禮記注》云：「獸者，
守也，言力多，不易可擒，先須圍守，然後可獲。」「同」，合會也。《爾雅》
云：「鹿，牡麚牝麀。」嚴云：「言牝鹿則見蕃息之意。」又，羅願云：「鹿自
有無角者，名為麌鹿。」「麌」，當依《說文》作「噳」，云：「麋鹿群口相聚
也。」若如字解，則麋牡曰麌。《爾雅》「麋，牡麌，牝麜」是也。鄭云：「麌
復麌，言多也。於鹿則舉牝，於麋則舉牡，足盡乎麋鹿之類矣。」二說皆通。
「漆」、「沮」，二水名，即《緜》篇之「沮漆」是也。在漢扶風之地。漆水出
杜陽縣岐山北，沮水與漆水合流，至岐山入渭。詳見《緜》篇。與《潛》之
「猗歟漆沮」不同。愚所以定此詩為成王大蒐岐陽之詩者，正以此一語定之。
「從」，猶循也，言循漆沮之濱以行也。漆沮與岐陽相近，故云然。「天子」，
謂成王也。岐陽之地為天子大蒐之所在也。○瞻彼中原，其祁《爾雅》作
「麎」。孔有。韻。亦叶紙韻，羽軌翻。儦儦《說文》、豐本俱作「伾伾」。
陸德明本作「麃麃」，一作「爊爊」。《後漢書注》、《韓詩》俱作「駓駓」。俟
俟，紙韻。《文選注》、薛君《章句》俱作「駭」。《韓詩》作「駿駿」。或群
或友。有韻。亦叶紙韻，羽軌翻。悉率左右，叶有韻，雲九翻。亦叶紙韻，
羽軌翻。以燕天子。紙韻。亦叶有韻，濟口翻。○賦也。仰視曰瞻。「中原」，
朱子云：「原中也。」「祁」，通作「岐」，謂山道之旁出者。愚意當即指岐山
也。山有兩岐，故名。「孔有」，甚有也，指獸言。「儦」，《說文》云：「行貌。」
「俟」，《說文》云：「大也」，言儦然而來者皆獸之大者也。又，薛君《章句》
及毛《傳》云：「趨則儦儦，行則俟俟。」則此「俟」當通作「竢」，言相待而
緩行也。《周語》云：「獸三為群。」毛《傳》云：「獸二曰友。」孔云：「或三
三為群，或二二為友，是其甚有也。自三以上皆稱群，不必要三也。」「悉」，

盡。「率」，循。「燕」，安也。鄭云：「悉驅禽，順其左右之宜，以安待王之射也。」孔云：「趨逆之車，驅而至於彼防。虞人乃悉驅之，循其左右之宜，以禽必在左射之，或令左驅令右，皆使天子得其左廂之便也。」○**既張我弓，既挾我矢**。紙韻。**發彼小豝，殪**豐本作「壹」。**此大兕**。紙韻。**以御賓客，且以酌醴**。叶紙韻，力紙翻。○賦也。「張」，《說文》云：「施弓弦也。」「我」，主天子而言。《儀禮注》云：「方持弦矢曰挾。」郝敬云：「挾，夾同。兩物夾一曰挾。矢在弦上，以大二指夾而引之也。」「發」，發矢。「豝」，解見《騶虞》篇。嚴云：「傳言百發百中，則發有中否。今曰『發彼小豝』，言發則中豝，矢無虛發，不待言中也。」「殪」，毛云：「壹發而死也。」「兕」，獸名。羅願云：「重千斤。或曰即犀之牸者。兕似牛，犀似豕。兕青而犀黑，兕一角而犀二角，以此為異。然兕之革堅，故犀甲只壽百年，而兕甲壽二百年。射以得兕為雋，故周時美殪此大兕。唐叔虞射兕於徒林，殪，以為大甲為是武也，以享晉封。其後世之臣相與傳道之。而楚人《招魂》稱『君王親發兮耽青兕』，以為物之偉觀，可以娛魂而來之云爾。」孔云：「虞人既驅禽待天子，故言既張我天子所射之弓，既挾我天子所發之矢，發而中彼小豝，亦又殪此大兕也。小豝大兕俱是發矢殺之，但小者射中必死，苦於不能射中；大者射則易中，惟不能即死。小豝云發，言發則中之；大兕言殪，言射著即死。異其文者，言中微而制大也。」或云：發見其巧，殪見其力。勸侑曰御。「賓客」，謂從王大蒐之諸侯也。孔云：「《周禮》六服之內，其君為大賓，其臣為大客。彼對文則君為大賓，臣為大客。若散則賓亦客也。故此賓客並言之。」劉公瑾云：「此言進禽於賓客，亦猶《車攻》言『大庖不盈』之意。」「酌」，《說文》云：「盛酒行觴也。」「醴」，《說文》云：「酒一宿熟也。」《文選注》云：「甜而不泲也。」《周禮·酒正》職云：「辨五齊之名，一曰泛齊，二曰醴齊，三曰盎齊，四曰緹齊，五曰沈齊。」《注》云：「泛者，成而滓浮泛泛然。醴，猶體也，成而滓汁相將。盎，猶翁也，成而翁翁然蔥白色。緹者，成而紅赤。沈者，成而滓沈。自醴以上尤濁，盎以下差清。謂之齊者，每有祭祀，以度量節作之也。」「且以酌醴」者，鄭云：「酌而飲群臣，以為俎實。」孔云：「《左傳》：『天子饗諸侯，每云：緫醴，命之宥。』是饗有醴也。」杜預云：「先置醴酒，示不忘古也。」嚴云：「《周官》：『五齊味薄，所以祭也。三酒味厚，人所飲也。』《坊記》：『醴酒在室，醍酒在堂。』則五齊亦曰酒醴，味甜於餘齊，與酒味殊。穆生不嗜酒，故元王每置酒，常為穆生設醴。見醴與酒味異也。饗為盛禮，惟

王饗諸侯則設醴，示不忘古禮之重也。」既得禽獸，則以為俎實，進於賓客。
又且以酳醴而饗，舉行盛禮也。呂祖謙云：「《車攻》、《吉日》皆以蒐狩為言，
何也？蓋蒐狩之禮，所以見王賦之復焉，所以見軍實之盛焉，所以見師律之嚴
焉，所以見上下之情焉，所以見綜理之周焉。欲明文、武之功業者，觀諸此足
矣。」馬融云：「夫樂而不荒，憂而不困，先王所以平和府藏，頤養精神，致之
無疆〔註116〕，故『戛擊鳴球』，載於虞謨；《吉日》、《車攻》，序於周詩。聖主
賢君以增盛美，豈徒為奢淫而已哉？」

《吉日》四章，章六句。《序》云：「美宣王田也。能慎微接下，無不
自盡以奉其上焉。」朱子謂：「『慎微』以下非詩本意。或曰：篇中兩誘『吉
日』，所謂『慎微』也；『既差我馬』，所謂『接下』也。若悉率左右，以燕天
子，則所謂無不自盡以奉其上者也。」以此解《序》，得矣。然究於詩義何涉？
《申培說》謂「宣王畋獵復古，史籀美之」。《焦氏易林》亦云：「《吉日》、《車
攻》，田弋獲禽。宣王飲酒，以告嘉功。」總之，因毛《傳》篇次以類系此詩
於《車攻》之後，遂並屬之宣王耳。然宣王自圃田一狩之外，其他皆不見於
史。即岐陽石鼓，舊相傳為宣王獵碣，而楊慎援據《左傳》，且疑為成王時詩
矣。若《子貢傳》以為「宣王閱武」，其謬益甚。愚疑此詩為即《由庚》，蓋以
「吉日庚午」之句取之。篇末曰「以御賓客，且以酳醴」，故燕饗通用。果爾，
則是詩在周公作《儀禮》時已有之，其為成王之詩明矣。

振鷺

《振鷺》，《禮記》作《振羽》。**周成王時，微子來助祭於祖廟，先習
射於澤宮，周人作詩以美之。**此與《有瞽》、《有客》皆一時之詩，為微
子作也。何以知其為微子也？微子之封宋也，統承先王，修其禮物，作賓於
王家，故《有客》之詩曰「亦白其馬」。商尚白也，鷺乃白鳥，而我客之容似
之。意者其衣服車旂之類皆用白與？此以知其為微子也。何以知其在成王時
來助祭也？《書序》云：「成王既黜殷命，殺武庚，命微子啟作《微子之命》。」
是則微子之封宋也，自成王始命之。而《詩·大雅·文王》篇乃周公所作以訓
成王者，其曰：「商之孫子，侯服于周。厥作祼將，常服黼冔。」《白虎通》謂
「言微子服殷之冠，助祭於周」。此以知微子在成王時來助祭也。何以知其習

〔註116〕「疆」，底本作「彊」，據四庫本改。

射於澤宮也？禮，天子將祭，必習射於澤。澤者，所以擇士也。已射於澤而後射於射宮，射中者得與於祭，不中者不得與於祭。此詩言「西離」，離者，天子之辟雝，正澤宮也。此以知其為將祭而先習射也。澤宮自習射而外，亦有以他事至者與？曰：有之。其一為郊祀。《家語》及《郊特牲》皆云：「卜郊之日，王親立於澤宮，以聽誓命，受教諫之義也。」其一為養老。《樂記》云：「食三老、五更於太學，天子袒而割牲，執醬而饋，執爵而酳，冕而總干，所以教諸侯之弟也。」然則此客之在西離也，何以知其不為彼二者而至與？曰：以《有瞽》之詩例之。彼祭祖廟之詩也，而曰「我客戾止」；此亦曰「我客戾止」，大抵同時詠耳，故知其為助祭祖廟也。

振鷺于飛，于彼西離。冬韻。薛君《章句》作「雝」。**我客戾止，亦有斯容。**冬韻。○興中有比也。「振」，錢氏云：「自振其羽也。」「鷺」，毛《傳》云：「白鳥也。」陸璣云：「水鳥也。好而潔白，故謂之白鳥。齊、魯之間謂之春鉏，遼東、樂浪、吳、楊人皆謂之白鷺。大小如鴞，青腳，高尺七八寸，尾如鷹尾，喙長三寸。」陸佃云：「鷺步於淺水，好自低昂，故曰舂鋤。色雪白，頂上有絲，毿毿然長尺餘，欲取魚則弭之。亦或謂之白露。今人畜之，極有馴擾者。每至白露降日，則定飛揚而去，不可復畜矣。俗說雌雄相眂則產。」羅願云：「鷺，潔白而善為容，其集必飛舞而下。其翅背上皆有長翰毛，江東人取為接離。」《海錄》云：「一名帶絲。」《禽格物論》云：「一名屬玉。」「離」，當通作「廱」。王氏云：「辟廱也。」辟廱有水，鷺所集也。辟廱，解見《靈臺》篇。朱子云：「先儒多謂辟廱在西郊，故曰西離。」王應麟云：「即旋丘之水，其學即所謂澤宮也。」鄭玄云：「白鳥集於西離之澤，言所集得其處也。」「我客」，微子也。尊之曰客，親之曰我客，愛敬兼至也。按：《有客》之詩，《序》以為「微子來見祖廟」。《左·昭二十五年》：「宋樂大心曰：『我於周為客。』」然則此客之為稱微子明矣。孔穎達云：「客者，敵主之言。諸侯之於天子，雖皆有賓客之義，但先代之後，時王偏所尊敬，特謂之客。」「戾」，通作「麗」，《說文》云：「旅行也。」「止」，息也。「戾止」，據「西離」而言。我客與眾諸侯來助祭者偕行而止息於此，將習射以與祭也。「斯」，指鷺也。「容」，自禮物言之，如車旂、服御之類，從其先代所尚，亦如鷺色之潔白然也。孔云：「受命之祖皆聖哲之君，故能克成王業，功濟天下。後世子孫無道，喪其國家，遂令宗廟絕享，非仁者之意也。故王者既行天罰，封其支子，爵為上公，使得行其正朔，用其禮樂，所以尊賢德，崇三統，明王位非一家之有也。」○

在彼無惡，叶遇韻，烏故翻。**在此無斁**。叶遇韻，都故翻。《中庸》及薛君《章句》俱作「射」。**庶幾夙夜，以永終譽**。叶遇韻，讀如裕，俞戍翻。○賦也。「彼」、「此」，主客相對之辭。「惡」，猶怨也。「斁」，《說文》云：「解也。」謂恩禮衰替也。錢天錫云：「為勝國之遺易起猜嫉，在革命之際易生厭薄。」陳氏云：「在彼不以我革其命而有惡於我，知天命無常，惟德是與，其心服也。在我不以彼墜其命而有厭於彼，崇德象賢，統承先王，忠厚之至也。」輔廣云：「『在彼無惡』，其心公也。『在此無斁』，其心厚也。公則順天，厚則盡道。」萬尚烈云：「說者於《有客》章以『白其馬』、『追琢其旅』為『在彼無惡』，以去而留、追而綏為『在此無斁』。」曰「庶幾」者，期望之也。「夙夜」，乃循環無窮之意。「永」，《說文》云：「長也。」「終」者，對今之辭。「譽」，《說文》云：「稱也。」此日彼此各盡其道，固為人所稱譽矣。自今以往，庶幾時時如此，而後可以終有此譽。成王告微子曰：「與國咸休，永世無窮」。又曰：「以蕃王室，毗予一人，俾我有周無斁。」皆此意也。《中庸》云：「君子動而世為天下道，言而世為天下法，行而世為天下則，遠之則有望，近之則不厭。《詩》曰：『在彼無惡，在此無射。庶幾夙夜，以永終譽。』君子未有不如此而蚤有譽於天下者也。」引《詩》之意，謂君子與天下精神意慮兩兩絪結，無時不然，故能終譽，亦與此詩意彷彿相近。陳際泰云：「仍以國制而不改，周以後無此也。待以客禮而不臣，周以後無此也。微子之命，猶有戒敕之辭，至《振鷺》而益渾融矣。『無惡無斁，夙夜終譽』之語，抑何愛而婉也，若惡傷其意者然。噫嘻！後世無望此矣。當塗之待山陽，典午之待歸命，始終保全，其去古猶近。乃劉豫獨何心也哉！」羅泌云：「武王既勝商，殺紂，即武庚而立之。夫弔其民，誅其君〔註117〕，而乃立其子，獨不以其他日之將不利而廢之，此周之至德也。及武庚之作難，三監、淮夷並起應之。當此之時，周之事亦洶矣。周公於是焉濯〔註118〕征龕伐，至久而後克之。茲宜深監武庚之事，而乃更立商王之元子微子啟。夫以微子之賢，吾君之子，顧乃使之代商後而邦之宋。宋為故亳，商之舊都，民之被其澤者固未忘也。使微子而非人，少異其志，則全商之地恪〔註119〕非周矣。而成王、周公方且晏然命

〔註117〕 「君」，底本誤作「居」，據四庫本、《路史》卷二十七《國名紀四·陶唐氏後》改。
〔註118〕 「濯」，底本誤作「灌」，據四庫本、《路史》改。
〔註119〕 「恪」，《路史》同，四庫本作「確」。

之，統承先王，修其禮物，不少為疑。而宋之臣人卒以按〔註120〕堵，非聖人之盛德，能如是乎？於以是知立國惟在於賢，而不在於疑之多也。秦、漢而下，不原仁義，而徒汲汲以防虞天下為心，豈不大可慚哉！」《禮·仲尼燕居》篇：「子曰：『禮有九焉，大饗有四焉。苟知此矣，雖在畎畝之中，事之，聖人已。兩君相見，揖讓而入門，入門而縣興，揖讓而升堂，升堂而樂闋，下管《象》、《武》，夏籥序興，陳其薦俎，序其禮樂，備其百官，如此而後君子知仁焉。行中規，還中矩，和鸞中《采》，齊客止以《雕》，徹以《振羽》，是故君子無物而不在禮矣。』」《注》謂：「《振羽》，即《振鷺》。『徹以《振羽》』者，言禮畢徹器之時歌《振鷺》也。」「在彼無惡，在此無斁」，主賓歡洽，於斯為盛，故歌之。

　　《振鷺》二章，章四句。舊作一章八句。○《序》及蔡邕《獨斷》、朱《傳》皆以為「二王之後來助祭之詩」。鄭玄云：「二王，夏、殷也。其後，杞也、宋也。」按：《書傳》云：「天子存二代之後，與己三，所以通夫三統，立三正。」《郊特牲》亦云「天子存二代之後，猶尊賢也。尊賢不過二代」而已。然又有所謂三恪者何？鄭《駁異義》曰：「三恪尊於諸侯，卑於二王之後。」則杞、宋以外，別有三恪。《樂記》曰：「武王克商，未及下車，而封黃帝之後於薊，帝堯之後於祝，帝舜之後於陳。」所謂三恪者，其是乎？惟杜預云：「周封夏、殷二王後，又封舜後，謂之恪。並二王之後為三國。其禮轉降，示敬而已。」此解未確。陵川郝氏曰：「三皇始制封建，著為令。諸侯有罪，方伯連帥請於天子而征之。天子無道，三恪之國遍告方伯連帥，率天下諸侯而伐之。此三恪所從來矣。」《左傳》曰：「武王以元女大姬配胡公而封諸陳，以備三恪。」蓋薊祝待陳而備，非杞、宋待陳而備也。若夫二王之後，亦有隆殺。《左傳》：「皇武子曰：『宋，先代之後也，於周為客。天子有事膰焉，有喪拜焉。』女叔侯曰：『杞，夏餘也。』子太叔曰：『夏肆是屏。』」此雖以其後世即東夷故，然周之尊杞，不及其尊宋，明矣。此詩以振鷺發詠，明是以宋從殷尚為言，固非兼杞。《申培說》但以為「先代之後助祭於周而勞之之歌」。混稱先代，了無主名，要是夢論。朱子又云：「看此文意，都無告神之語，恐是獻助祭之臣。古者祭每一受胙，主與賓尸皆有獻酬之禮。既畢，然後亞獻。至獻畢，復受胙。如此禮意甚好，有接續意思。到唐時尚然。今並受胙於諸獻既畢之後，主與賓意思皆隔了。」黃光升駁之

〔註120〕「按」，《路史》同，四庫本作「安」。

云：「按：正祭時未有獻助祭之臣之樂歌者，統於尊也。祭後歸諸侯賓客之
俎，獨留同姓燕飲，亦未見二王之後在此。想別日燕飲，故歌此詩耳。」濮
一之亦謂「疑此微子來朝，始至而王燕勞之所奏之樂歌」。今按果如所說，
則此詩當班在《雅》中，不得列之於《頌》，且「西雝」二字竟無著落。季
本又謂「此詩必專為武庚而發，蓋武庚庸愚，不知天命，故欲使之觀樂辟雝
以養德，庶幾其能忠順耳」。鄒忠胤亦以為：「周之嘉客，孰先武庚？作賓王
家，豈微子哉？」是皆鑿空無據之談，不足信也。

有瞽

《有瞽》，成王大祫也。合諸樂於太廟奏之，微子以客禮來助祭，
詩人紀述其事。《序》云：「始作樂而合乎祖也。」朱《傳》及《申培說》
因之。愚按：《序》意謂成王至是始行合祖之禮，大奏諸樂云爾，非謂以新樂
始成之，故合乎祖也。合祖者，祫祭之謂。其禮有二：曰時祫，曰大祫。《王
制》曰：「天子犆礿、祫禘、祫嘗、祫烝。」四時之祭，惟春礿不祫，夏禘、
秋嘗、冬烝皆祫。此時祫也。對大祫而言，亦曰小祫。《春秋》：文二年八月，
「大事於太廟。」《公羊傳》曰：「大事者何？大祫也。大祫者何？合祭也。其
合祭奈何？毀廟之主，陳於太祖。未毀廟之主，皆升合祭於太祖。」此所謂大
祫也。小祫止及未毀廟之主，大祫則並及於毀廟之主。以禮文徵之。《禮器》
曰：「周旅酬六尸」，此天子之禮也。《曾子問》曰：「祫於太廟，祝迎四廟之
主」，此諸侯之禮也。夫天子旅酬，止於六尸；諸侯迎主，止於四廟；則小祫
之僅及於未毀廟之主明矣。杜預曰：「《逸禮》記祫於太廟之禮云：『毀廟之主，
升合食而立二尸。』」此則大祫並及於毀廟之主，與《公羊》說吻合者也。但
大祫年月，經無明文。鄭玄謂「魯禮，三年喪畢而祫於太廟。明年春，禘於群
廟。自爾以後，五年而再盛祭，一禘一祫」。杜佑闡其說，謂「古者天子、諸
侯三年喪畢，皆合先祖之神而享之，以生有慶集之歡，死亦應備合食之禮，
緣生以事死，因天道之成，而設禘祫之享，皆合先祖之神而享之」。按：喪畢
而致新主於廟，謂之吉禘。《公羊》解大事為大祫，即吉禘也。雖其以新主合
於舊主不妨得祫之名，而大祫自有大祫之禮，未容以吉禘當之。至鄭氏所謂
禘祫相因，蓋本於《公羊傳》「五年而再殷祭」之說。楊氏闡之，謂：「殷祭乃
大祫之祭也。『五年而再殷祭』，即三年一祫，五年再祫，猶天道三歲一閏，五
歲再閏耳。於禘祭乎何與？」此其說殊朗然可信。乃大祫之月，崔靈恩則謂

「祭以秋，以合聚群主，其禮最大，必秋時萬物成熟，大合而祭之。」東漢張純則謂「祫以冬十月，五穀成熟，物備禮成，故合聚飲食」。二說意頗相近，而未知孰是。至此詩之所以定為大祫者，以《楚茨》，祫嘗之詩也，則有「祝祭于祊」之語；《信南山》，祫烝之詩也，則有「是烝是享」之語；而此詩但渾言「先祖是聽」而已，非大祫而何？嘗考《竹書》：「成王九年春正月，有事於太廟，初用勺。」意者其即此時乎？抑又有疑焉。《王制》所謂祫禘者，夏祭也。自周公升禘為大祭，更名夏祭為礿，先儒謂礿祭以樂為主，故其字從龠。龠者，樂之竹管，三孔，以和眾聲也。是詩所舉，不及品物，惟悉數樂器而已。則謂即祫禘之祭，亦無不可，請以俟知者。

有瞽有瞽，霰韻。**在周之庭**。豐氏本作「廷」。**設業設虡**，叶霰韻，讀如枸，果羽翻。**崇牙樹**《樂書》作「植」。**羽**。霰韻。**應田**《爾雅》、《周禮注》、豐本俱作「棥」。**縣鼓**，霰韻。**鞉**陸德明本、豐本俱作〔註121〕韜。**磬柷圉**。叶霰韻，讀如麌，魚矩翻。豐本作「敔」。**既備乃奏**，**簫管備舉**。叶霰韻，讀如踽，果羽翻。**喤喤厥聲**，庚韻。**肅雝**《禮記》作「雍」。《爾雅注》作「噰」。和去聲。**鳴**，庚韻。**先祖是聽**。豐本作「聇」。**我客戾止，永觀厥成**。庚韻。○賦也。「瞽」，《說文》云：「目但有眹也。」徐鍇云：「按《書》說，言漫若鼓皮也。眹，但有黑子，外微黑影而已。」此有瞽，毛《傳》以為樂官也。重言「有瞽」者，見所有者非一瞽也。鄭玄云：「瞽，矇也。目無所見，於音聲審也。《周禮》：『上瞽四十人，中瞽百人，下瞽百六十人。』有眡瞭者相之。」陳暘云：「耳目，形也。聰明，神也。聾瞶者，其神在目，不在耳，故以之司視而掌火。瞽矇者，其神在耳，不在目，故以之司聽而鼓樂。其使人也，可謂器之矣。《傳》曰：『黃帝使神瞽考中聲。』《夏書》曰：『瞽奏鼓。』《禮》曰：『御瞽幾聲之上下。』《詩》曰：『矇瞽奏公。』《國語》曰：『矇瞍修聲。』則瞽矇之職自古以固然，非特周也。」「在周之庭」，孔穎達云：「皆在周之廟庭也。」黃佐云：「曰周庭，則非復商之庭矣。」陳暘云：「『有瞽有瞽』，兼上中下瞽而言之也。其來則大司樂詔之，其歌則太師帥之，相之則在眡瞭焉。孔子言相師之道，豈非視瞭之職與？『在周之庭』，蓋有眡瞭相之，不特及階及席而已。」又，《韓詩外傳》云：「太平之時，無痞、瘇、跛、眇、尪蹇、侏儒、折短，父不哭子，兄不哭弟，道無繈負之遺育，然各以

〔註121〕「作」，四庫本誤作「本」。

序終者，賢醫之用也。故安止平正除疾之道無他焉，用賢而已矣。《詩》曰：
『有瞽有瞽，在周之庭。』紂之餘民也。」此全非詩旨。「設」，《說文》云：
「施陳也。從言從殳。」殳，所以驅遣使人也。「業虡」，解見《靈臺》篇。
毛云：「植者為虡，橫者為栒。」「業」，大版也，所以飾栒為縣也。捷業如
鋸齒。孔云：「虡者立於兩端，栒則橫入於虡。其栒之上加之以業，所以飾
此栒而為縣設也。」栒，亦作簨，又作筍。按：《考工記》有鐘虡、磬虡。而
《說文》解虡為鍾鼓之柎，則鍾鼓磬皆有虡也。其所以縣，則在於業也。「設
業設虡」，乃謂設業於所設之虡耳。「崇牙」，業上之飾。毛云：「卷然可以縣
也。」孔云：「栒之上加以大板，側著於栒，其上刻為崇牙，似鋸齒捷業然，
故謂之業牙，即業之上齒也。以其形卷然得掛繩於上，故言可以為縣也。」
「樹羽」，毛云：「置羽也。」朱子云：「置五采羽。」孔云：「置之於筍虡之
上角。」按：《禮·明堂位》篇云：「夏后氏之龍簨虡，殷之崇牙，周之璧翣。」
據《考工記》，筍飾以鱗屬，故曰龍簨虡也。殷又於龍上刻畫之為重牙，以
掛懸紞，名曰崇牙者，以牙為業之上齒，所處者高故也。璧翣者，《注》謂
「周人畫繪為翣樹於翣之角上，載以璧，垂五采羽其下也」。陳暘云：「筍之
上有業，業之上有崇牙，筍之兩端又有璧翣。鄭氏謂『載璧垂羽』是也。蓋
筍虡所以架鍾磬，崇牙璧翣所以飾筍虡。夏后氏飾以龍而無崇牙，商飾以崇
牙而無璧翣，至周則極文，而三者具矣。故《周頌》曰『設業設虡，崇牙植
羽』是也。」《爾雅》云：「大鼓謂之鼖，小者謂之應。」毛《傳》訓「應」
為「小鞞」。孔云：「此《大射禮》應鞞也。」「田」，通作「朄」。鄭云：「應
鞞之屬也。聲轉字誤，變而作『田』。」孔云：「朄字以柬為聲，聲既轉去柬，
惟有申在，申字又誤去其上下，故變作田也。」愚按：《書·君奭》篇：「申
勸文王之德。」《禮記》亦訛作「田觀文王之德」。「申」、「田」相混，鄭、孔
之說可信。陳祥道云：「大射有朔鼗、應鼗。《詩》又以『應』配『朄』，則朔
鼗乃朄鼓也。以其引鼓焉，故曰朄。以其始鼓焉，故曰朔。是以《儀禮》有
朔無朄，《周禮》有朄無朔，猶《儀禮》之玄酒，《周禮》之明水，其實一也。
鄭氏以應與朄及朔為三鼓，恐不然也。大射，建鼓南鼓，應鼗亦南鼓，而居
其東；建鼓東鼓，朔鼗亦東鼓，而居其北。則鼗與鼓皆建，而鼗常在其左矣。
朔作而應應之，朔在西，應在東，則凡樂之奏，常先西矣。」按：《周禮·
太師》職云：「大祭祀，帥瞽登歌，令奏擊拊。下管，播樂器，令奏鼓朄。
大饗亦如之。」《小師》職云：「大祭祀，登歌擊拊。下管，擊應鼓。徹，歌。

大饗亦如之。」是則鼓棘、擊應皆在堂上擊拊之時。而鼓棘職於太師，擊應職於小師，則應比棘為賤矣。《儀禮》：「應鼙。朔鼙。」舊說謂應鼙者，應朔鼙也。朔者，始也。先擊朔鼙，次擊應鼙。然則堂下鼓棘與堂上之擊拊同時，而擊應繼鼓棘而起，亦取其與棘相應，故名應耳。陳暘云：「於歌言登，則知管之為降。於管言下，則知歌之為上。堂上之樂眾矣，其所待以作者，在乎奏擊拊。堂下之樂眾矣，其所待以作者，在乎奏鼓棘。舜之作樂，言拊詠於上，言韜鼓於下。《樂記》亦曰：『會守拊鼓。』蓋拊為眾器之父，鼓棘為眾聲之君。以拊為父，凡樂待此而作者有子道焉。以鼓棘為君，凡樂待此而作者有臣道焉。」又云：「堂下之樂，以管為本，器之尤小者也，應之為鼓鞞之尤小者也。《禮器》曰：『縣鼓在西，應鼓在東。』作樂及其小者，乃所以為備也。太師大祭祀，擊拊鼓棘，亦此意歟？當堂上擊拊之時，則堂下擊應鼓棘以應之，然後播韜而鼓矣。應施於擊拊，又施於歌徹，其樂之終始歟？」「縣鼓」，毛云：「周鼓也。」《明堂位》云：「夏后氏之足鼓，殷人楹鼓，周人縣鼓。」陳暘云：「昔少昊氏造建鼓，夏后氏加四足，商人貫之以柱，周人縣而擊之。縣鼓本出於建鼓，則縣鼓大鼓也。應田縣鼓，先小後大，所以為備樂也。」愚按：路鼓、鼛鼓皆為大鼓。以《周禮》考之，則此縣鼓乃路鼓。陳祥道以為晉鼓，非也。《周禮·鼓人》職云：「以雷鼓鼓神祀，以靈鼓鼓社祭，以路鼓鼓鬼享。」此祭宗廟，故知為路鼓也。「鼗」，鄭玄云：「如鼓而小，持其柄搖之，旁耳還自擊。」劉熙云：「鼗，導也，所以導樂作。」亦作「韜」。《爾雅》云：「大韜謂之麻，小者謂之料。」又作「鞀」。《月令》云：「修鞀鞞。」先儒謂小鼓有柄曰鞀，大韜謂鞞。愚按：此韜即路韜也。《周禮·大司樂》職云：「靁鼓靁韜，冬日至，於地上之圜丘奏之，若樂六變，則天神皆降，可得而禮矣。靈鼓靈韜，夏日至，於澤上之方丘奏之，若樂八變，則地示[註122]皆出，可得而禮矣。路鼓路韜，於宗廟之中奏之，若樂九變，則人鬼可得而禮矣。」陳暘云：「韜於鼓為小，所以兆奏鼓者也。鼓以節之，韜以兆之，作樂之道也。鼓則擊而不播，韜則播而不擊。雷鼓雷韜六面，而工十有二，以二人各直一面。左播韜，右擊鼓故也。靈鼓靈韜八面，而工十有六。路鼓路韜四面，而工八人，亦若是歟？《商頌》言『置我鼗鼓』，則韜與鼓同植，非有播擊之異，與周制差殊矣。《鬻子》曰：『禹之治天下也，縣五聲以聽，曰：語寡人以獄訟者揮韜。』《呂氏春秋》

曰：『武王有戒謹之詔。』繇是觀之，欲誡者必播鞀鼓矣。蓋鞀兆〔註123〕奏
鼓者也。作堂下之樂，必先鞀鼓者，豈非《樂記》所謂先鼓以警戒之意歟？」
又云：「鞉、鼓二者以同聲相應，故祀天神以雷鼓、雷鞀，祭地示〔註124〕以
靈鼓、靈鞀，享人鬼以路鼓、路鞀。《樂記》亦以鞉鼓合而為德音，《周官‧
少師》亦以鞉鼓並而鼓之也。」「磬」，頌磬、笙磬也。陳暘云：「大射之儀，
樂人宿縣於阼階東，笙磬西面，西階之西，頌磬東面。蓋應笙之磬，謂之笙
磬；應歌之磬，謂之頌磬。笙磬在東而面西，頌磬在西而面東。頌磬歌於西，
是南向北向以西方為上，所以貴人聲也。笙磬吹於東，是以東方為下，所以
賤匏竹也。大射，鞀倚於頌磬西紘。頌磬在西而有紘，是編磬在西，而以頌
磬名之。特磬在東，而以笙磬名之。」又云：「鞀，堂下之樂也。磬，堂上
之樂也。堂下之鞀播，則堂上之磬作矣。故眡瞭以播鞀為先，而擊頌磬笙磬
次之。《商頌》言『鞀鼓淵淵』，繼之『依我磬聲』，亦是意也。」「柷」，毛云：
「木椌也。」郭璞云：「柷如漆筒，方二尺四寸，深一尺八寸，中有椎柄，連
底挏之，令左右擊。」「敔」，通作「敔」。毛云：「楬也。」郭云：「敔〔註125〕
如伏虎，背上有二十七鉏鋙刻，以木長尺櫟之。」《虞書》云：「合止柷敔。」
蔡沈云：「始作也，則擊柷以合之。及其將終也，則櫟敔以止之。蓋節樂之
器也。」陳祥道云：「柷方二尺四寸，陰也。敔二十七鉏鋙，陽也。樂作，
陽也，以陰數成之。樂止，陰也，以陽數成之。固天地自然之理。」徐光啟
云：「柷之制中虛〔註126〕，蓋聲之所出，以虛為本也。敔〔註127〕之制中寔
〔註128〕，蓋聲之所止，則歸寔〔註129〕也。」王邦直云：「《樂記》曰：『聖
人作為椌楬。』柷敔、椌楬，皆一物而異名。不言柷敔而言椌楬者，柷以中
虛為用而聲出焉，故又謂之椌；敔以伏虎為形而聲伏焉，故又謂之楬。蓋聲
之出也，樂繇之合；聲之伏也，樂繇之止焉。亦陰陽之義也。」陳暘云：「鞉
所以兆奏鼓，堂下之樂也。磬則上聲而遠聞，堂上之樂也。堂上堂下之樂備
奏，其合止有時，制命於柷敔〔註130〕而已。」「既備」者，鄭云：「懸也，

〔註123〕「兆」，陳暘《樂書》卷一百十七《樂圖論》同，四庫本作「鞀」。
〔註124〕「示」，四庫本作「祇」。
〔註125〕「敔」，《爾雅注》同，四庫本作「形」。
〔註126〕「虛」，四庫本作「空」。
〔註127〕「敔」，四庫本作「敔」。
〔註128〕「寔」，四庫本作「實」。
〔註129〕「寔」，四庫本作「實」。
〔註130〕「敔」，四庫本作「敔」。

陳也。皆畢已〔註131〕也。」「奏」者，動作之義，此則指金奏而言。凡樂必先奏鍾，以均諸樂。所謂鍾，即十二律之鍾也。以《周禮・大司樂》考之：「奏黃鐘，歌大呂，舞《雲門》，以祀天神；奏太簇，歌應鍾，舞《咸池》，以祭地示〔註132〕；奏姑洗，歌南呂，舞《大磬》，以祀四望；奏蕤賓，歌函鍾，舞《大夏》，以祭山川；奏夷則，歌小呂，舞《大濩》，以享先妣；奏無射，歌夾鍾，舞《大武》，以享先祖。」此詩言「先祖是聽」，則其所奏可知也。賈公彥云：「奏者，奏擊以出聲，故據鍾而言。歌者，發聲出音，故據聲而說。亦互而通也。欲作樂，先擊此二者之鍾，以均諸樂，是以《鍾師》云『以鍾鼓奏九夏』，鄭云『先擊鍾，次擊鼓』，《論語》云『始作，翕如』。鄭云：『始作，謂金奏也。』」陳暘云：「言奏則堂下之樂，言歌則堂上之樂。《春秋傳》曰：『晉侯饗穆叔，奏《肆夏》，歌《文王》、《大明》、《緜》。』又曰：『晉侯歌鍾二肆，取半以賜魏絳。』則奏之與歌，雖有堂上下之辨，其實不離於六律六同也。」按：六同即六呂也。《樂叶圖徵》有云：「撞鍾以知君，鍾調則君道得。」得非謂鍾所以均樂，故以為諸樂之君與？又按：《周禮・》「鍾師掌金奏，凡樂事，以鍾鼓奏九夏。《大司樂》職亦云：「凡大祭祀，王出入則令奏《王夏》，尸出入則令奏《肆夏》，牲出入則令奏《昭夏》。」彼所謂奏，雖兼用鍾鼓，而以金為主，故名金奏。則此詩云「乃奏」，或即指三夏之奏，亦未可知。要之，當據鍾而言也。「簫」，郭璞云：「大者編二十三管，長尺四寸；小者十六管，長尺二寸。一名籟。」《爾雅》云：「大簫謂之言，小者謂之筊。」陳暘云：「謂之言，以其管二十四，無底而善應故也。謂之筊，以其管十六，有底而交鳴故也。」孔云：「《易通卦驗》云：『簫長尺四寸。』《風俗通》云：『簫參差象鳳翼，十管，長二尺。』其言管數長短不同，蓋有大小故也。要是編小竹管為之耳。」管以笙言，與《商頌》「嘒嘒管聲」不同。笙之為物，列管匏中，施簧管端，以管為用者也。觀《執競》篇言「磬筦將將」，明管與磬之相應也。磬管之相應者，惟笙磬耳。笙磬者，應笙之磬。《鼓鍾》之詩曰「笙磬同音」，蓋亦指此。益可以明此管為笙之管也。又按：陰竹之管，用於宗廟。《周禮》固有明文。愚獨以此詩備舉眾音，不應缺匏，故定主前說。「舉」，《說文》云：「對舉也。」簫管之樂，俱在堂下，備舉而作之，則堂下之器無或遺者矣。上文但述樂器之名而已，此或言奏，或言舉，互相備也。陳暘云：「《周官》，瞍瞭掌凡樂事，播鞉，擊頌磬、笙磬；小師掌教

〔註131〕「畢已」，四庫本作「已畢」。
〔註132〕「示」，四庫本作「祇」。

－580－

鼓韶柷敔塤簫管；瞽矇掌播韶柷敔塤簫管，是皆先韶而磬次之，先柷敔而簫管次之。是詩言『韶磬柷敔』，繼之『簫管備舉』，固作樂之序也。論備樂而不及舞者，舞所以節八音也。言八音則舞舉矣。「喤喤厥聲」二句，以堂上之樂言。「喤」，《說文》云：「小兒聲。《詩》『其泣喤喤』」是也。毛《傳》解「鍾鼓喤喤」為「和也」。按：《老子》云：「含德之厚，比於赤子。終日號而嗌不嗄，和之至也。」正「喤」字義疏。「厥聲」，人聲，謂登歌也。《周禮‧大司樂》職云：「九德之歌於宗廟之中奏之。」《太師》職云：「大祭祀帥瞽登歌。」《瞽矇》職云：「掌九德六詩之歌，以役太師。」陳暘云：「聲，樂之象也。金石絲竹，樂之器也。象形而上，器形而下。故《郊特牲》曰：『歌者在上，匏竹在下，貴人聲也。』」「肅」，敬。「雍」，和也。舊解如此。但「雍」字，《說文》不載其訓。為「和」義，亦未詳。如通作「饗」，則取煎和五味之和。或通作「雝」，則取雝渠音聲之和耳。和，《說文》云：「相應也。」作去聲讀，乃唱和之和。《增韻》云：「凡出聲者皆曰鳴。」和鳴指琴瑟，言琴瑟之聲與人之聲相應而鳴，肅肅然使人敬，雍雍然使人和也。《記》曰：「樂在宗廟之中，上下同聽之，莫不和敬。」於此見矣。按：《周禮》：「小師掌教絃歌。」鄭云：「弦，謂琴瑟也。歌，依詠詩也。」賈云：「工歌詩，依琴瑟而詠之。詩，即《詩傳》云：『曲合樂曰歌』也。故鄉飲酒之屬，升歌皆有琴〔註133〕也。若不依琴瑟，即《爾雅》『徒歌曰謠』也。」陳暘云：「嘗考之《虞書》『琴瑟以詠』，則琴瑟之聲所以應歌者也。歌者在堂，則琴瑟亦宜施之堂上矣。」又云：「古之君子反情以和其志，比類以成其行，然後發以聲音，文以琴瑟，而堂上之樂作矣。動以干戚，飾以羽旄，從以簫管，而堂下之樂作矣。琴瑟作於堂上，象廟朝之治。簫管作於堂下，象萬物之治。」或問：子何據而以「肅雍和鳴」指絃歌也？曰：吾有所本之也。《周禮》鄭司〔註134〕農《注》引古樂詩曰：「敕爾瞽，率爾眾工，奏爾悲誦，肅肅雍雍，無怠無凶。」所謂悲，指琴瑟也。《樂記》曰：「絲聲哀，哀以立廉」，悲之義也。所謂誦，即歌也。《文王世子》：「春誦。」《注》謂「歌樂」。以配樂而歌，故云「歌樂」也。合悲與誦並奏，而期之以肅肅雍雍，則是詩之所指肅雍，其為堂上之絃歌明矣。《樂記》篇：「子夏曰：『鄭音好濫淫志，宋音燕女溺志，衛音趨數煩志，齊音敖辟喬志。此四者，淫於色而害於德，是以祭祀弗用也。《詩》云：肅雍和鳴，先祖是聽。夫肅，肅

〔註133〕四庫本此下有「瑟」字。
〔註134〕「司」，底本誤作「師」，據四庫本改。

－581－

敬也。雍，雍和也。夫敬以和，何事不行？」」愚按：此詩所紀，大合諸樂，唯有七音。應、田、縣鼓、鞀，革也；磬，石也；柷，敔，木也。乃奏，金也。簫，竹也。管，匏也。和鳴，琴瑟也。但不及土。陳暘云：「八音以土為主，故《虞書》、《樂記》之論八音皆不言土。」又云：「《左氏傳》曰：『為之七音，以奉五聲。』《左氏》為七音之說，蓋八音耳。八音以土為主，而七音非土不和，故《書》之《益稷》、《禮》之《樂記》其言八音，皆虛其土，猶大衍之數虛其一也。大衍之數虛其一，無害為五十。七音之數虛其土，無害為八音也。」又云：「《詩》、《書》不言土音，《易》於《比》、《離》、《坎》獨言缶，不及七音者，蓋八音以土為主，猶五事以思為主也，故七音非土不和，土非七音不備。《詩》、《書》舉七音以見土，推用以見體也。《易》舉缶以見七音，明體以見用也。」自「先祖是聽」以下蒙上文，亦皆主堂上而言。觀《書‧益稷》篇言「琴瑟以詠」，而屬以「祖考來格，虞賓在位，群后德讓」等語可見。若「鳥獸蹌蹌」、「鳳凰來儀」，則繫之堂下之樂矣。「先祖」，謂后稷也。《周官‧大司樂》先妣文在先祖之上。此但言先祖，不及先妣，故知斷自后稷也。后稷而下，毀廟、未毀廟之主皆得合食於廟，謂之祫祭。成王之禰，武王亦當與焉。而但以「先祖」總之者，統於尊也。「我客戾止」，與《振鷺》篇義同。劉公瑾云：「『虞賓在位』，則舜之作樂，以此為盛。『我有嘉賓』，則商人作樂，以此為盛。『我客戾止』，則周人作樂，以此為盛也。」「永」，《說文》云：「長也。」樂有聲有形。「先祖」，神也。神以聲感，故曰「聽」。「我」，客人也。人以形感，故曰「觀」。此皆兼及眾樂，非止絃歌，特以尊神貴人，故言之於堂上耳。「成」，朱子云：「樂之一終也。」按：樂以象成，故曰成。舜樂九成，武樂六成。「永觀厥成」，猶云自今以往，我客來助祭，觀樂於周，未之有艾焉而已。陳暘云：「武樂六成，周始作備樂而合乎祖，不過主《大武》而已。《記》曰：『武始而北出，再成而滅商，三成而南，四成而南國是疆，五成而分，周公左，召公右，六成復綴，以崇天子。』」武樂之成，終於崇天子，『戾止』而『觀成』，得非所以崇天子之意歟？《商頌》『我有嘉賓，亦不夷懌』同義。」

《有瞽》一章，十三句。蔡邕《獨斷》云：「始作樂，合諸樂而奏之所歌也。」詩固不為始合樂作，果為始合樂作也，則無助祭之事，我客何以來歟？鄧元錫又引或人之說曰：「《序》所云『合於祖』者，謂合於樂祖，祭瞽宗樂歌也。」夫然，則篇中明有「先祖是聽」之語，將何以稱焉？《子貢傳》但存「瞽合」二字，而其餘闕文。

武

《武》，《大武》一成之歌。出《申培說》。**首紀北出伐商之事，為《武》樂六成之始，故專得武名。在九夏中，疑即《納夏》亦名為《遏》。**《序》云：「奏《大武》也。」唐孔氏及朱子皆謂「周公象武王之功，作《大武》之樂。」蓋本於《明堂位》篇言「周公攝政，六年，制禮作樂」之說。武王以武功定天下，故樂以武名。四代之樂，如《大磬》、《大夏》、《大濩》、《大武》皆稱大者，以功成作樂，為一代大事故耳。《樂記》：「子曰：『夫樂者，象成者也。且夫武始而北出，再成而滅商，三成而南，四成而南國是疆，五成而分，周公左，召公右，六成復綴，以崇天子。』」鄭玄云：「成，猶奏也。每奏《武》曲，一終為一成。」賈公彥云：「舞人須有限約，立四表，以與舞人為曲別也。舞人從南表向第二表為一成，從第二至第三為二成，從第三至北頭第四表為三成。舞人各轉身南向，於北表之北還，從第一至第二為四成，從第二至第三為五成，從第三至南頭第一表為六成。」陳祥道云：「周都商之西南，商都周之東北，故舞始而北出，則出表之東北，以商居東北故也；三成而南，則入表之西南，以周居西南故也。疆南國然後可得而分治，分治然後可得而復綴。分治繫於臣，故散而為二；復綴統於君，故合而為一。」陳暘云：「文舞九成，武舞六成，何也？曰：二與四為六，而坤用之，兩地之數也。一三五為九，而乾用之，參天之數也。文樂，陽也，其成以參天之數。武樂，陰也，其成以兩地之數。亦節奏自然之符也。」又云：「《周官》：『大司樂奏《無射》，歌夾鍾，舞《大武》，以享先祖。』然則《武》，奏《大武》，歌是詩而舞之可知矣。《記》有言：『八佾以舞《大武》』，語其數也；『朱干玉戚，以舞《大武》』，語其器也；『冕而舞《大武》』，語其服也。《周官》、《樂記》皆先《大夏》，後《大武》，以世次先後言之。《祭義》、《明堂位》皆先《大武》、後《大夏》者，尊時王之制故也。古者帝王之於天下，入則揖遜，出則征誅，其義一也。然以文得之者必先乎文，以武得之者必先乎武，各適其時故也。」又，季本云：「天子廟樂，禮宜九成，意必尚有文舞九成，如《禮記》所謂『八佾以舞《大夏》』者，不在此武舞六成之數歟？」愚按：聲以節舞。唐賈氏謂「詩為樂章，與舞人為節」是也。《序》於《象舞》、《大武》皆言奏，然《象舞》，管奏也，《大武》疑即《納夏》，乃九夏之一，則金奏也。《大武》之所以疑為《納夏》者，以《國語》別名為《遏》，而篇中有「勝殷遏劉」之語知之。詳見《時邁》篇《小引》下。

於音烏。皇武王，無競維《左傳》作「惟」。烈。通篇俱無韻。○賦也。
「於」，歎辭。「皇」，君也。武王為天下君之稱，即所謂皇王也。「無競維烈」，
義與《執競》同。愚按：此二句乃檃括武樂六成之起語。舊說專主克商言，亦
通。《左·宣十二年》：「晉師救鄭。隨武子曰：『兼弱攻昧，武之善經也。《仲
〔註135〕虺》有言曰：取亂侮亡，兼弱也。《汋》曰：於鑠王師，遵養時晦，耆
昧也。《武》曰：無競維烈。撫弱耆昧，以務烈所，可也。』」一說：季本云：
「『無競』者，不爭而不見其強也。言大哉武王之功，不以力爭天下，維以德
服之，執競而無競者也。」萬尚烈云：「人知武王之烈而不知武王之烈以無競
也。」皆通。○允文文王〔註136〕，克開厥後。嗣武受之，勝殷遏劉，
耆定爾功。賦也。此推言武王之善繼述也。黃佐云：「文王之在周也，功德
最盛，故《天作》頌太王而下及文王，《武》頌武王而上及文王。蓋太王之功
非文王無以底於成，武王之功非文王無以肇其始。」「允」，《說文》云：「信也。」
「允文文王」，言信哉有文德之文王也。文王之文德，於愛民而不忍殘民上見
之，惠鮮懷保，視民如傷，文王之所以為文也。「克」，能。「開」，啟也。「後」，
後人也。「克開厥後」，鄭玄云：「能開其子孫之基緒也。」與下文「爾功」對
看，三分有二肇，造區夏是也。「嗣」，《說文》云：「諸侯嗣國也」，字「從冊
從口，司聲」。徐鍇云：「按：《尚書》：『史祝冊。』謂冊必於廟史讀其冊，故
從口。」會意。「嗣武受之」，鄭云：「嗣子武王受文王之業也。」孔云：「既言
文王開後，即云嗣武受之，其文相承，故以為嗣子武王也。」「勝殷遏劉」，擬
議之辭，必勝商而後可以遏劉，武王之北出伐商，為是故也。「殷」，指紂也。
商自盤庚後改稱殷。「遏」，《爾雅》云：「止也。」《說文》云：「微止也。」徐
云：「繳統使止也。」「劉」，本作「鎦」，《說文》云：「殺也。」「遏劉」，有以
止紂殺言者，有以武王自止其殺言者，其實二意皆有。紂之作威殺戮，毒痛四
海，固為殺機。紂既播虐，則武之干戈必不可戢，弓矢必不可囊，亦殺機也。
獨夫一殄而殺機杜矣，此勝殷之所以不容已也。《武成》曰：「予〔註137〕據小
子敢祗承上意，以遏亂略」，《孟子》曰：「救民於水火之中，取其殘而已矣」，
皆此意也。李氏云：「《大武》之意，在於止戈；《大武》之詩，在於止殺。」
「耆」，鄭云：「老也。」按：《曲禮》云：「六十曰耆。」《汲冢周書》及《史

〔註135〕「仲」，底本誤作「伸」，據四庫本改。語見《尚書·仲虺之誥》。
〔註136〕「文王」，四庫本作「允武」。《毛詩注疏》、《詩集傳》俱作「文王」。
〔註137〕「予」，底本、四庫本誤作「子」。據《尚書·武成》改。

—584—

記》皆載武王告叔旦曰：「惟天不享於殷，發之未生，至於今六十年」，此則武王以耆歲伐殷之明據也。「定」，即天下大定之定。「爾功」者，「克開厥後」之功，對上文「文王」言，故稱「文王」為「爾」。鄭云：「年老乃定汝之大功，言不汲汲於誅紂。」按：《書・武成》篇：「王若曰：『惟先王建邦啟土〔註138〕』，公劉克篤前烈，至於太王，肇基王跡，王季其勤王家。我文考文王克成厥勳，誕膺天命，以撫方夏。大邦畏其力，小邦懷其德。惟九年，大統未集，予小子其承厥志。」此所謂「定爾功」者也。然以除暴救〔註139〕民，安定天下，則武之為武，亦不出於文之外矣。徐光啟云：「文王事殷，守其常也。武王伐紂，通其變也。紂惡已稔，天下歸心，武王於此，勢不得以已也。不得已而為之，乃所以善承其變之節也。二聖於此，易地皆然，故曰聖達節。夫子為之廣其說，曰『善繼善述』，曰『踐其位，行其禮，奏其樂』，而子思子引之以明中庸之道。中者，隨時處中之謂也。」嚴云：「殷虐未除，則文王之文德未能盡達於天下。非武王之武，無以成文王之文也。《武》頌言文王之德，不可無武王之功，為奏《大武》而言之；《維清》言周之成功，皆本於文王之德，為奏《象》舞而言之。各有攸當也。」

《武》二章，一章二句，一章五句。舊只作一章七句。按：《左傳》引「耆定爾功」一語，為《武》之卒章，故知當分二章也。朱子誤引《傳》，以此為《大武》之首章。今考《傳》文，乃「卒」字，非「首」字。○蔡邕《獨斷》云：「周武所定一代之樂之所歌也。」按：《左・宣十二年》：「楚莊王曰：『武王克商，作頌曰：載戢干戈，載櫜〔註140〕弓矢。』又作《武》，其卒章曰：『耆定爾功。』其三曰：『鋪時繹思，我徂惟求定。』其六曰：『綏萬邦，屢豐年。』」《竹書》載「武王十二年，作《大武》樂」。《呂氏春秋》云：「武王即位，以六師伐殷。六師未至，以銳兵克之於牧野。歸，乃薦俘馘於京太室，乃合周公，為作《大武》。」《墨子》亦云：「武王因先王之樂，又自作樂，命曰《象武》。」《象武》即《大武》也。諸說俱相吻合。朱子謂「篇內已有武王之諡，則其說誤矣」。愚按：《周禮》言「舞《大武》」，意者《大武》之舞已作於武王之世，特其詩未備，及周公時，乃始成之耳。愚於《武》、《賚》、《桓》三詩外，更定《酌》為《大武》之再成，《般》為《大武》之四成，《時邁》即

〔註138〕「土」，底本誤作「上」，據四庫本改。
〔註139〕「救」，底本誤作「敕」，據四庫本改。
〔註140〕「櫜」，底本作「樂」，據《左傳》、四庫本改。

《肆夏》,為《大武》之五成。合此六詩,而《大武》六成之樂章俱無欠闕,真千古快事,然亦非強為之附會牽合也。或又因《左傳》以「耆定」一語為《武》之卒章,則所引其三、其六當在其前,何以綴之於後?斯可以見此語但是《武》詩一篇之卒章,而非《大武》全樂之卒章,瞭然無疑矣。《子貢傳》闕文。

酌

《酌》,《儀禮》、《禮記》、《漢書》、《風俗通》、《樂書》、《申培說》、豐氏本俱作「勺」。《左傳》、《荀子》俱作「汋」。《白虎通》作「酌合」。**告成《大武》也。**出《序》。**周公所作,言能斟勺先祖之道也。**出應劭〔註141〕《風俗通》。又,班固《漢書》同,但「勺」上無「斟」字。顏師古云:「勺讀曰酌,酌取也。」**是為《大武》之再成,象武王滅商之事,亦名《武宿夜》。**《大武》之舞作於武王之世,而樂章未備,周公先後襍取諸詩可與舞容相附者以為之節,至最後《酌》詩作,而六成之樂章始完。故《序》曰:「告成《大武》也。」《竹書》:「成王九年春正月,有事於太廟,初用《勺》」,其即告成之日乎?張子謂「《勺》是周公制禮樂時,於《大武》有所增添」,其說是也。乃朱《傳》謂「此詩與《賚》、《般》皆不用詩中字名篇,疑取樂節之名」。今按:「勺」字,《說文》訓為「挹取」,則固有其義矣。「酌」,只當依《儀禮》、《禮記》諸書通作「勺」。「先祖」,則指文王也。周公何以稱文王為先祖?以此詩作於成王之世,主成王而言耳。其曰「斟勺先祖之道」者,以末二句取之。詩意與《武》篇文義相屬,彼曰「嗣武受之,勝殷遏劉」,此曰「載用有嗣,實惟爾公」。武王「勝殷遏劉」,乃以嗣文王至公為民之心,非富天下也,所謂挹取先祖之道者如此。《禮·祭統》篇云:「夫祭有三重焉,獻之屬莫重於祼,聲莫重於升,歌舞莫重於《武宿夜》。」此周道也。孔穎達云:「《武宿夜》是《武》曲之名。」皇氏云:「師說《書傳》云:『武王伐紂,至於商郊,停止宿夜,士卒皆歡〔註142〕樂,歌舞以待旦,因名焉。』」熊氏云:「此即《大武》之樂也。」今按:詩中言「遵養時晦」,即「宿夜」之說也。至「純熙」而「大介」,則「甲子昧爽」之事也。戎衣一著而遂滅商,自是周有天下,故

〔註141〕「劭」,底本作「邵」,據四庫本改。
〔註142〕「歡」,底本作「勸」,據四庫本改。

諸舞之中莫重於此。或引《左傳》「隨武子云：『《汋》曰於鑠王師，《武》曰無競維烈』」，以《汋》與《武》並言，疑《汋》不在《武》樂六成之數。不知《武》、《汋》俱是樂章之名，其全樂則名《大武》，非謂《武》之一章可以盡之。不然，何以三章別名《賚》，六章別名《桓》也？

於音烏。鑠王師，支韻。遵養時豐氏本作「峕」。後同。晦。時純熙支韻。矣，是用大介。我龍豐本作「寵」。受之，支韻。蹻蹻王之造。豐本「造」下有「時」字。載用有嗣，叶支韻，祥慈翻。實維爾公，句。允師。見上。○賦也。「於」，歎辭。「鑠」，即「非鑠外鑠」之鑠。朱子云：「以火銷金之名，自外以至內也。」「王師」，武王伐商之眾也。八百諸侯皆已從周，紂所有者，惟畿內耳。武王一旦稱兵臨之，外援已絕，內勢將潰，其象猶之鑠也。「遵」，《說文》云：「循也。」循道而行，以達於商郊也。「養」，謂養威蓄銳，不遽戰也。「晦」，《爾雅》云：「冥也。」「時晦」，謂時當晦冥，即停止宿夜之事也。《書·武成》篇言「癸亥，陳於商郊，俟天休命」，《周語》伶州鳩言「王以二月癸亥夜陳」者，指此。《樂記》：「孔子曰：『總干而山立，武王之事也。』」又曰：「久立於綴，以待諸侯之至也。」皆謂是時，故舞象之也。又，《左·宣十二年》：「晉師救鄭。隨武子曰：『兼弱攻昧，《武》之善經也。《仲虺》有言曰：取亂侮亡，兼弱也。《汋》曰：於鑠王師，遵養時晦。耆昧也。』」其解《詩》、《書》俱誤。「純」之言「全」，音之近也。「熙」，《爾雅》云：「光也。」「時純熙矣」，謂辨色大明之時，《詩》之所謂「會朝」，《書》之所謂「甲子昧爽」者也。「介」之言「甲」，亦音近也。「是用大介」，朱子云：「所謂一戎衣也。」「我龍」，指武王也。龍能變化，武王變侯為王，故以龍稱。「受之」者，受天命而有商之天下也。「蹻」，《說文》云：「舉足行高也。」「造」，《說文》云：「就也。」言卓越哉武王之所成就，謂為天子也。吾師蔡中山先生云：「『遵養時晦』，龍躍在淵也。『蹻蹻』，則飛龍在天矣。此《易》所謂大人之造也。」「載」，始也，當通作「才」。「嗣」，繼也，即「嗣武受之」之「嗣」，謂嗣文王也。「爾」，指武王也。「公」者，無私之名，字從八從厶。八，猶背也。厶，音私。《韓非子》云：「自營為私，背私為公。」「允」，《說文》云：「信也。」「師」，即王師之師，言推原武王用兵之始，有所以繼嗣文王者。實惟爾武王得文王至公無私之心，第欲除暴安民，非以富天下為念，信乎其為王者之師也。使有一毫闇干天命之意褻於其間，則人之稱是師也其謂之何，而慚德於文王多矣。歐陽修云：「武王用師，實天下之至公，信可為王師矣。」

《酌》《白虎通》篇名作《酌合》。一章，九句。毛、鄭、嚴本皆如此讀，諸本但作八句。○《序》云：「告成《大武》也。」復繼之曰：「言能酌先王之道以養天下也。」蔡邕《獨斷》因之。《韓詩外傳》三條，意亦本此。其一曰：「太平之時，民行役者不踰時，男女不失時以偶，孝子不失時以養，外無曠夫，內無怨女，上無不慈之父下，無不孝之子，父子相成，夫婦相保，天下和平，國家安寧，大事備乎下，天道應乎上〔註143〕。故天不變經，地不易形，日月昭明，列宿有常，天施地化，陰陽和合，動以雷電，潤以風雨，節以山川，均以寒暑，萬民欲生，各得其所而制國用。故國有所安，地有所主，聖人刳木為舟，剡木為楫，以通四方之物，使澤人足乎水，山人足乎魚，餘衍之財有所流。故豐膏不獨樂，磽确不獨苦，雖遭凶年饑歲，禹、湯之水旱，而民無凍饑之色。故生不乏用，死不轉壑。夫是之謂樂。《詩》曰：『於鑠王師，遵養時晦。』」其一曰：「能治天下，必能養其民也。能養民者，為自養也。飲食適乎藏，滋味適乎氣，勞佚適乎筋骨，寒煖適乎肌膚，然後氣藏平，心術治，思慮得，喜怒起居而遊樂，事時而用足。夫是之謂能自養者也。故聖人不淫佚侈靡者，非鄙夫色而愛財用也。養有適，過則不樂，故不為也。是以冬不數浴，非愛水也；夏不頻湯，非愛火也；不高臺榭，非無土木也；不大鐘鼎，非無金錫也；不沉於酒，不貪於色，非闢醜也。直行性情之所安，而制度可以為天下法矣。故用不靡，則足以養其生，而天下稱其仁也；養不害性，足以成教，而天下稱其義也；適情闢餘，不求非其肴，而天下稱其廉也；行成不可掩，息刑不可犯，執一道而輕萬物，天下稱其勇也。四行在乎民，居則婉媮，怒則勝敵，故審其所以養而治道具矣，治道具〔註144〕而遠近畜矣。《詩》曰：『於鑠王師，遵養時晦。』言相養者之至於晦也。」其一曰：「夫百姓內不乏食，外不患寒，則可教御以禮義矣。《詩》曰：『蒸畀祖妣，以洽百禮。』百禮洽則百意遂，百意遂則陰陽調，陰陽調則寒暑均，寒暑均則三光清，三光清則風雨時，風雨時則群生寧。《詩》曰：『於鑠王師，遵養時晦。』言相養之至於晦也。」總為經文「養」之一字所誤，在經中實無此意。至其解「晦」字，更不可曉。朱《傳》但以為「頌武王之詩」，而不知其即為《大武》之樂。《申培說》知其為《大武》矣，而謂「蓋《大武之》五成」。夫分周公左，召公右，此《大武》五成之樂也。《酌》

〔註143〕 「上」，底本誤作「止」，據四庫本改。
〔註144〕 「具」，底本誤作「其」，據四庫本改。

詩中曾有分周、召之意否？若《白虎通》之說更異矣，云：「周公之樂曰《酌合》，言周公輔成王，能斟酌文、武之道而成之也。」張子厚亦云：「周公沒，嗣王以武功之成繇周公，告其成於宗廟之歌也。」然則所謂「爾公」者，豈即指周公耶？夫周公安得有樂耶？至於陳暘不知《勺》之即《武宿夜》，而妄為之辨曰：「《燕禮》言『若舞則《勺》』，《記》言『十有三年，舞《勺》，成童舞《象》』，皆小舞也；『朱干玉戚，冕而舞《大武》』，則大舞也。《周官》大舞以大司樂掌之，小舞以樂師掌之。然則周之舞豈不重於《武宿夜》乎？此《勺》、《象》所以不言大，異乎《大武》配六樂而謂之大也。」今按：古人舞《勺》舞《象》之意，誠不測其云何？愚意或祗欲其知祖宗之德耳。《傳》有曰：「舜樂莫盛於《韶》，周樂莫盛於《勺》。」《勺》豈小舞之謂耶？《子貢傳》闕文。

賚

《賚》，武王滅殷，南還於周，遍封諸侯，命之大賚。是為《大武》之三成。《樂記》所謂「三成而南」者也。殷在河北，周在河南，既渡河滅殷，至是始南旋也。《序》云：「賚大封於廟也。」「賚」，予也，言所以錫予善人也。愚按：《論語》曰：「周有大賚，善人是富。」《序》之所謂「錫予善人」者本此。其實發政施仁，統名大賚。《論語》之意，特謂於眾民之中有善人焉，則又別有以加厚之，非謂必待善人方以賚及之也。《書·武成》篇曰：「大賚於四海，而萬姓悅服。」觀其言四海，言萬姓，則周之所謂賚者，其非專指善人可知已。或者又因上文言「散鹿臺之財，發鉅橋之粟」，以為此即大賚之事，又非也。散財發粟，不過一時矯革之政，所及幾何？必藉眾諸侯之來旬來宣，而後天子之德澤始遍，是則《賚》之詩所為作，而《賚》之所繇名也。《序》首以「大封於廟」為言者，蓋敘述當時告廟封諸侯之後，即以大賚之意告之，乃紀事之辭，全與此詩立言之指無涉。而舊說相沿，皆以封當賚，誤矣。篇中無武王字，疑如《左傳》言，此詩乃武王所自作，意即在封建策遣之際乎？皇甫謐云：「武王伐紂之年，夏四月乙卯，祀於周廟，將率之士皆封，諸侯國四百人。」孔穎達云：「《樂記》說『武王克殷，未及下車，而封薊、祝、陳，下車而封杞、宋』。《左傳》曰：『武王克商，光有天下，其兄弟之國者十五人，姬姓之國者四十人。』《古文尚書·武成》篇說『武王克殷而反，祀於周廟，列爵惟五，分土惟三』。皆是武王

大封之事也。」《荀子》則云:「周公立七十一國,姬姓獨居五十三人。周之子孫苟不狂惑者,莫不為天下之顯諸侯。」

文王既勤叶支韻,渠羈翻。**止,我應受之**。支韻。**敷**《左傳》作「鋪」。**時繹思**,支韻。**我徂維**《左傳》作「惟」。**求定**。時豐氏本作「峕」。**周之命,於**音烏。**繹思**。見上。○賦也。「勤」,《爾雅》、《說文》皆云:「勞也。」「止」,通作「只」,《說文》云:「已辭也。」文王陳錫哉周,乃既勤之實。當日自朝至旲,食之不遑,遹求厥寧,心之無逸,其勤可知。《左·宣十一年》:「晉郤成子求成於眾狄。眾狄疾赤狄之役,遂服於晉。是行〔註145〕也,諸大夫欲召狄。郤成子曰:『吾聞之,非德莫如勤,非勤何以求人?能勤有繼,其從之也。《詩》曰:文王既勤止。文王猶勤,況寡德乎!』」「我」,武王自我也。「應」,《爾雅》、《說文》皆云:「當也。」「受之」,受天命也。蘇轍云:「文王之勤勞天下至矣,其子孫應受而有之。」孔云:「『我當受之』,謂受其位為天子也。」愚按:首章言「允文文王,克開厥後」,次章言「我龍受之」,至此復合言之,所以歸受命之自於文王,而不敢自以為功也。「敷時」以下,敕勉諸侯就國之辭,欲其皆師文王也。「敷」,《說文》云:「施也。」孔云:「敷者,分散之言。」杜預云:「布政陳教也。」「時」、「繹」二字連文。「繹」,《說文》以為「抽絲也」,聯續不絕之義。時繹者,民遭紂虐久矣,今新政始更,當以布德施仁為先,又當時時聯續之,勿以一敷而遽止,是所謂大賚也。「思」,杜預、蘇轍皆云:「辭也。」愚按:此與《風》之「不可求思」,《雅》之「式燕又思」一例,後放此。「徂」,往。「定」,安也。俱見《說文》。我自今日以往,維欲求天下之安定,所以深屬望於諸侯之敷而時繹也。「命」,即上文敷繹求定之命。曰「時周之命」者,言是我周新命,非殷之舊政,爾諸侯當時時以此命,自為提撕,不可忘也。既又歎而敕之,仍於時繹倦倦焉。武王安民之心與文王之既勤,後先同揆矣。

《賚》一章,六句。蔡邕《獨斷》以為「大封於廟,賜有德之所歌也」。徐幹《中論》亦云:「先王將建諸侯而錫爵祿也,必於清廟之中,陳金石之樂,宴賜之禮,宗人擯相,內史作策也。其頌曰:『文王既勤止,我應受之。敷時繹思,我徂維求定。時周之命,於繹思。』繇此觀之,爵祿者,先王之所重也。」朱《傳》亦以為「頌文武之功而言其大封功臣之意」。皆為《序》之首

〔註145〕「行」,《左傳》同,四庫本作「役」。

句所誤。無論以肇造區夏為文王之勤勞既非終身服事之心，而所謂繹思者只是欲群臣知今日大封皆是文、武之恩澤，則淺陋甚矣。陳際泰乃為之說曰：「『文王既勤止，我應受之』，似數其祖父之勤勞以告天下。若曰：我當受天命久矣，天下之人亦可以自靖而相安矣。舜、禹以匹夫受唐、虞之天下，嘿無一言，若以為固然，而天下亦遂安之。至武周之際，岌岌也，世變也。夫聖人因世變，不得已而為此。聖人為之風俗，於是乎遂成，後世循焉，而又為其每下者。噫！聖人之心戚矣。『敷時繹思』，可繹而思者何物？大封同姓，大封異姓。神明之後，或在畎畝。夏、商未有三恪之備也，至周亦求諸民間而胙之以土。夫以文之勤〔註146〕而及諸人，人人得以自利。欲人繹思而不明告其所以，若曰我周無所私利如此，是亦足以答天下矣。此正所以慰安天下之人之心，以求天下之安定，而又恐天下之不吾以也。復曰『時周之命』，不可不繹思也。使商不亡，周不興，彼南面而稱寡者，不幾以簒人子終？是可不深思以無忘其勤勞也哉！噫！其意抑何含蓄而不露也。蓋其事難言之，姑微示其意焉耳。」愚按：此近於以市心窺聖人者。子瞻持論，往往若此。政恐武、周聞之，必大捧腹。《申培說》沿襲舊義，既以為「武王大封於廟之詩」，而又以為「《大武》之二成」。夫武再成而滅商，大封於廟，於滅商何預？且《左傳》明以此為《武》之三章，又何以稱焉？《子貢傳》闕文。

般

《般》，述武王巡守之事，為《大武》之四成。出《申培說》。所謂「南國是疆」者也。商在河北，周在河南。曰「南國是疆」者，言自南國之周而疆理及於天下也。按：《竹書》：「武王嗣位之十五年，初狩方岳，誥於沬邑。」即滅殷之四年也。《武》樂於四成之時，舞以象之。其詩篇名《般》者，曹氏引《說文》云：「般，旋也」，象舟之旋，「從舟從殳。殳，所以旋也」，巡守而遍乎四嶽，所謂盤旋也。郝敬云：「娑姍勃窣，行路之貌。天子巡守，按節徐行，故謂之般。」

於音烏。皇時《白虎通》作「明」。周，陟其高山。隳陸德明本作「墮」。山喬嶽，豐氏本作「岳」。允猶翕河。敷天之下，裒時豐本作「岢」。下同。之對，時周之命。通篇俱無韻。齊、魯、韓三家詩篇末有「於繹思」

〔註146〕「勤」，底本誤作「勒」，據四庫本改。

句。崔靈思《集注》同。○賦也。「於」，歎聲。「皇」，君也。「於皇時周」，歎言君天下者，此時之周天子也。「陟」，《說文》云：「登也。」「陟其高山」，燔柴以祭天也。《郊特牲》云：「天子適四方，先柴。」《禮器》云：「因名山升中於天。」陳澔云：「中者，平也。巡守而祭方岳之下，必因此有名之大山，陟進此方諸侯治功平成之事，以告於天也。」愚按：此「高山」即下文所云「喬嶽」。觀《舜典》篇紀舜東巡守，至於岱宗，而即繼之以柴望，則其於岱宗之上行禮可知已。「隋山」二句，望秩以祀山川也。《爾雅》云：「巒山曰隋。」《說文》云：「山之隋隋者。」郭璞云：「山狹而長也。」按：《月令疏》云「似方非方，似圓非圓」是也。《祭法》謂「山林川谷丘陵能出雲雨、見怪物者皆曰神」，《公羊傳》謂「山川有能潤於百里者，天子秩而祭之」，此望祀之所以及於隋山也。「喬」，通作「嶠」，《說文》云：「山銳而高也。」「嶽」，五嶽也。詳見《崧高》篇。《白虎通》云：「嶽之為言埆也，埆，功德也。」按：「喬嶽」與「高山」文異，而實則一。尊之為嶽，所以別異於諸山也。「允」，信。「猶」，似。「翕」，合也。「隋山」與「喬嶽」並祭，信乎其似諸川之合流於河者，亦並河而望祭之也。《書傳》云：「五嶽視三公，四瀆視諸侯，其餘山川視伯，小者視子男。」劉向《說苑》云：「五嶽者，何謂也？泰山，東嶽也。霍山，南嶽也。華山，西嶽也。常山，北嶽也。嵩高山，中嶽也。五嶽何以視三公？能大布雲雨焉，能大斂雲雨焉。雲觸石而出，膚寸而合，不崇朝而雨天下，施德博大，故視三公也。四瀆者，何謂也？江、淮、河、濟也。四瀆何以視諸侯？能蕩滌垢濁焉，能通百川於海焉，能出雲雨千里焉，為施甚大，故視諸侯也。山川何以視子男也？能出物焉，能潤澤物焉，能生雲雨，為恩多，然品類以百數，故視子男也。」此詩言武王先於喬嶽之上祭天，又旁及諸山川，皆在喬嶽之上，望而祭之，無所不遍。蓋天子省方告祭，所以承天命而答人心，禮當如此。而《白虎通》乃云：「陟其高山，言周太平，封太〔註147〕山也。」或又〔註148〕以此詩為頌成王而作，而引《管子》言「周成王封泰山，禪社首」為據。然經傳無文，孔子不道，殆不足信。《文中子》曰：「封禪，非古也，其秦、漢之侈心乎？」斯論正矣。「敷天」以下，則《孟子》所謂「巡所守」者也。「敷」，即「敷時繹思」之「敷」。曰「天之下」者，總四方而言。「裒」，《爾雅》訓眾多，又訓聚也。按：《說文》有「褒」字，無「裒」字。衣之博

〔註147〕「太」，四庫本作「泰」。
〔註148〕「又」，四庫本作「云」。

裾者名褒。故顏師古訓褒衣為褒大之衣，以其廣大有餘裕，所以《爾雅》轉訓眾多，又轉訓為聚。然則「衰」字乃「褒」字之訛也。褒又對貶之稱，因褒有饒益之義，貶乃損乏之名，故獎人名褒，譏人名貶。若此詩之意，正主褒獎諸侯而言。「對」者，應答之義，言能與上命相應也。「時周之命」，解與《賚》同，亦丁寧之語。武王巡行方岳，當祭告之時，其方之諸侯畢至，武王欲使仁政之施遍於天下，無處不然，於是褒獎其一時之能奉宣德意以應上命者為諸侯勸，如《王制》所謂「有功德於民者加地進律」是也。且囑之曰：自今以往，爾其時時念我周向者敷時繹思，徂維求定之命，毋或忘也。言褒而不及貶者，一王更始，憲度惟新，有土之君固宜人懷警省，未敢越軼。《時邁》篇所謂「薄言震之，莫不震疊」者，其謂是與？篇中曰「敷天之下」，曰「時周之命」，皆承上章《賚》之語；曰「隳山喬嶽」、「允猶翕河」，又起下章「及河喬嶽」之語。然則次此詩為《大武》之四成，或不誣矣。

　　《般》一章，七句。朱子云：「《般》義未詳。」《序》云：「巡守而祀四嶽河海也。」蔡邕《獨斷》同。孔穎達云：「嶽實有五而稱四者，天子巡守，遠適四方，至於其方之嶽，有此祭禮，於中嶽無事，故《序》不言焉。經無海而《序》言海者，海是眾川所歸。經雖不說，祭之可知，故《序》特言之。」愚按：祭祀特巡守中之首事。諸侯各朝於方岳，尚有考制度、明黜陟等事，則篇中後三句是也。《記》所謂「南國是疆」者指此，而《序》不之及，何也？若《般》之名，不離般旋者近是。鄭玄《注》云：「《般》，樂也。」固甚謬。而崔靈恩《集注》乃用此《注》句為《序》文，誤矣。《子貢傳》闕文。又，鄒忠胤云：「《史記》：『武王憂天保之未定，謂周公曰：自雒汭延於伊汭，居易無固，其有夏之居。我南望三塗，北望嶽鄙，顧瞻有河，粵瞻伊雒，毋遠天室。』將營周居於雒邑。夫三塗、嶽鄙之望，高山是陟矣。有河伊雒之瞻，翕河是縣矣。雒居中土，可以隆上都而觀萬國，為朝覲者所走集，故是冬遂遷鼎焉。」按：驟觀此論，亦似近於《樂記》所云「南國是疆」者。及細味詩中語意，原與前後章為關合。此畢竟不類，故不敢從。

時邁

《時邁》，一名《肆夏》，為《大武》之五成，巡行方岳後，分周公左、召公右之事也。孔穎達云：「宣十二年《左傳》云：『昔武王克商，作頌曰：載戢干戈。』明此篇武王事也。《國語》稱周文公之頌曰：『載戢干

戈。』明此詩周公作也。」劉瓛云:「《時邁》一篇,周公所制。哲人之頌,規式存焉。」按:所以知為《大武》之五成者,以《般》篇有「嶞山喬嶽,允猶翕河」之語,而此詩亦言「懷柔百神,及河喬嶽」,明是次《般》之後而申言之。所云「式序在位」,則正指分陝事也。《白虎通》云:「《春秋公羊傳》曰:『自陝已東,周公主之。自陝已西,召公主之。』不分南北何?東方被聖人化日少,西方被聖人化日久,故分東西。使聖人主其難者,賢者主其易者,乃俱致太平也。」《時邁》,亦名《肆夏》。按:《周禮‧鍾師》:「凡樂事,以鍾鼓奏九夏:《王夏》、《肆夏》、《昭夏》、《納夏》、《章夏》、《齊夏》、《族夏》、《祴夏》、《驁夏》。」夏之為言大也,蓋歌之大者。杜子春曰:「王出入,奏《王夏》。尸出入,奏《肆夏》。牲出入,奏《昭夏》。四方賓來,奏《納夏》。臣有功,奏《章夏》。夫人祭,奏《齊夏》。族人侍,奏《族夏》。客醉而出,奏《祴夏》。公出入,奏《驁夏》。」鄭司農謂「九夏皆篇名,頌之類也。載在樂章。樂崩,亦從而亡,是以頌不能具」。《左‧襄四年》:「穆叔如晉,晉侯享之。金奏《肆夏》之三,不拜。工歌《文王》之三,又不拜。韓獻子使行人子員問之。對曰:『三夏,天子所以享元侯也,使臣弗敢與聞。《文王》,兩君相見之樂也,臣不敢及。』」《魯語》亦載:「叔孫穆子聘於晉,晉悼公饗之。樂及《鹿鳴》之三,而後拜樂三。晉侯使行人問焉。對曰:『夫先樂金奏《肆夏》、《繁》、《遏》、《渠》,天子所以享元侯也。夫歌《文王》、《大明》、《緜》,則兩君相見之樂。皆非使臣之所敢當也。臣以為肄業及之,故不敢拜。今伶簫詠歌及《鹿鳴》之三,君之所以況使臣,臣敢不拜?』」杜預、韋昭皆謂《肆夏》一名《樊》,《樊》即《繁》也;《韶夏》一名《遏》,《韶夏》即《昭夏》也;《納夏》一名《渠》。擊鍾而奏此三夏曲。呂叔玉則云:「《肆夏》、《繁》、《遏》、《渠》皆周頌也。《肆夏》,《時邁》也。《繁遏》,《執競》也。《渠》,思文也。」杜、韋之說三夏,蓋牽於《周禮》九夏序次,而呂之說三詩又惑於毛《傳》篇次,意謂《文王》之三、《鹿鳴》之三,《傳》既明指為《文王》、《大明》、《緜》及《鹿鳴》、《四牡》、《皇皇者華》,則《肆夏》之三必為《時邁》、《執競》、《思文》矣。劉公瑾駁之云:「《時邁》、《思文》皆周公所作,而《周禮》九夏亦制作於周公,固可以《時邁》為《肆夏》,《思文》為《納夏》矣。至於《執競》,則昭王以後之詩而乃以為《韶夏》,《左傳》、《國語》之注恐難盡信。」乃愚所尤疑者,「繁遏」二字,杜、韋既分為二,叔玉乃合為一,殊不可曉。再四尋繹,始恍然悟《國語》句讀誤也。

「夫先樂金奏肆夏繁遏」九字當自為絕句，「肆夏」也、「繁」也、「遏」也，正《左傳》所謂「金奏肆夏」之三者。以詩語求之，《時邁》之詩曰「肆於時夏」，則《肆夏》也；《雝》之詩曰「介以繁祉」，疑即《繁》也；《武》之詩曰「勝殷遏劉」，疑即《遏》也。「渠」字帶下讀，古以為呼彼之稱，杜詩「只有不關渠」是也，言此《肆夏》、《繁》、《遏》三詩，渠乃天子所用以享元侯者，豈使臣所敢聞乎？與下文「則兩君相見之樂」則字對看。更以詩意求之，《時邁》言「莫不震疊」、「式序在位」，《雝》言「相維辟公」、「相子肆祀」，俱指諸侯而言，而《武》則追述其「勝殷遏劉」，以有天下，而為共主，故宜皆為享元侯所用。若合之《周禮》九夏序次，則《肆夏》之後，《繁》當為《韶夏》，《遏》當為《納夏》。《時邁》言「昊天其子」，「懷柔百神，及河喬嶽」，乃柴望祭告之事，故於尸出入奏之也。《繁》言「於薦廣牡」，乃用大牲之事，故於牲出入奏之也。《遏》言「勝商遏劉，耆定爾功」，則我周得統受命之事，故於四方賓來奏之。亦與「享元侯」同意者也。是則子春之說不為無據，而於《左》、《國》二書俱可以渙然矣。若夫三夏之外，愚疑《王夏》即「文王在上」之詩，以皆陳戒修德之言，故於王出入奏之，而《傳》稱「兩君相見亦用此樂」，則意者金奏與工歌異耳。《章夏》即《棫樸》之詩，其四章曰「倬彼雲漢，為章于天」，以其紀六師伐崇之事，故於臣有功奏之。《齊夏》即《思齊》之詩，以文王聖德繇於母教，太任、太姒兩世踵美，故於夫人祭奏之。《族夏》，鄒忠胤以為《行葦》之詩，其首章曰「戚戚兄弟，莫遠具爾」，是族燕也，故於族人侍奏之。《祴夏》，《周禮》所謂祴樂。「笙師」職云：「春牘應雅，以教祴樂。」意即《楚茨》之詩。按：《說》文訓「祴」字云：「宗廟奏祴樂」，故字「從示」。是則《祴夏》本宗廟所用。《楚茨》之詩，祭宗廟之詩也。《祴夏》又名《陔夏》。徐鍇謂「擊鼓為登階之節」。而鄭玄則謂「陔之言戒也」，蓋以「陔」、「祴」通用，而祴偏旁作戒，故即以戒為義。《楚茨》之五章曰「禮儀既備，鍾鼓既戒」，是即其所以名祴者。而又曰：「神具醉止，皇尸載起。鼓鍾送尸，神保聿歸。諸宰君婦，廢徹不遲。」夫神以既醉而言歸，則賓醉之當出可知矣，故於客醉而出奏之，以神道尊人，致敬之至。《儀禮》鄉射，賓興，樂正命奏《陔》；燕禮、大射禮，賓降俱奏《陔》。即其事也。《驁夏》即《桑扈》之詩。其四章曰：「彼交匪敖，萬福來求。」古文「敖」、「驁」字皆通作「傲」。《禮記》「敖不可長」、「毋憮毋敖」，《莊子》「惠以歡為驁」，《前漢書·竇嬰傳》「諸公稍自引而怠驁」，皆「傲」

字也。此詩詠饗諸侯，故於公出入時奏之。公者，諸侯之稱。又，《儀禮·大射》「公入奏《驁》」，則意亦取「毋憮毋敖」之義耳。然則九夏之篇犁然具在，劉敞、鄭樵謂「九夏有聲無辭」，既屬臆說，唐皮日休作《補九夏歌》，義殊淺陋，不作可也。又，《周禮·樂師》：「教樂儀，行以《肆夏》，趨以《采齊》，車亦如之。」按：《肆夏》既為金奏，則《采齊》當亦是金奏，疑即《祴夏》也。《祴夏》乃《楚茨》之詩，在鄭玄時本尚作《楚薺〔註149〕》。《國風·牆有茨》，《說文》亦作《牆有薺》。可知古文「茨」、「薺」通用。而「言抽其棘」，亦采之義。「行以肆夏」，取其言柴望祭告之事。「趨以采薺〔註150〕」，取其言祭宗廟之事。古人心存恭敬，一行一趨，欲其如承大祭云爾。乃《儀禮·大射》：「公即席，奏《肆夏》」；《燕禮》：「賓及庭，奏《肆夏》。」《郊特牲》：「《記》曰：賓入大門而奏《肆夏》，示易以敬也。」其義不知何所取之，意者欲四方之諸侯皆震疊於王靈與？《郊特牲》又云：「大夫之奏《肆夏》，自趙文子始也。」則越禮無章，猶之魯三家以《雝》徹而已。

時邁其邦，昊天其子之，實右序有周。薄言震《後漢書》作「振」。**之，莫不震疊。**《爾雅》作「慴」。**懷柔**陸德明本作「濡」。**百神，及河喬**《淮南子》作「嶠」。**嶽，**陸本作「岳」。**允王維后。**賦也。「時邁其邦」，即「於皇時周」篇事也。「邁」，《說文》云：「遠行也。」錢天錫云：「應天時行，故曰時邁。」「邦」，朱子云：「諸侯之國也。」萬尚烈云：「古之得天下者必告於名山大川，禮也。舜受堯之天下，望於山川，遍於群神，蓋受命之始，不得不爾。故武王革命之始，凱歌方終，天下初定，遂有方岳之行，告以革命之事。」「時邁其邦」，言以此時而往諸侯之邦，乃時之不得不然也，非周十二年王巡守殷之常制也。「昊天其子之」二句，贊辭也。呂祖謙云：「人之宗子，主一家者也。天之子，主天下者也。」嚴粲云：「有天下曰天子，子之謂使之為王也。」「右」，鄭玄云：「助也。」「序」，鄭云：「次序也。」曹氏云：「帝王之傳序也。」錢氏云：「謂以周繼夏商也。」季本云：「『實右序有周』，猶曰『曆數在爾躬也』。蓋天命所右，次序及之之意。」言天以武王為子，實扶助之，使膺曆數而為人神主。下文「震疊懷柔」，正其實也。「薄」，發語辭。「震」，《易》及《爾雅》皆以為動也。錢云：「『震之』，只是朝會舉而示以更始之意，如頒正朔、一律度、修五禮、如五器是也。」按：《王制》云：「天子五年一巡

〔註149〕 「薺」，四庫本誤作「齊」。
〔註150〕 「薺」，四庫本誤作「齊」。

－596－

守，柴而望，祀山川。觀諸侯，問百年者，就見之。命太師陳詩，以觀民風。命市納賈，以觀民所好惡。命典禮，考時月，定日，同律、禮、樂、制度、衣服，正之。山川神祇有不舉者為不敬。君削以地。宗廟有不順者為不孝。君絀以爵。變禮易樂者為不從，君流。革制度衣服者為畔〔註151〕，君討。有功德於民者加地進律。」「莫」，通作「無」，音之轉也。「疊」，毛《傳》云：「懼也。」按：「疊」字本作「疊」，從三日從宜。揚雄說：「古理官決罪，三日得其宜，乃行之。王莽嫌三日太盛，改為三田。」今訓為懼者，以罪既定，則將施刑，故有恐懼之義。或通作「慴」，《爾雅》、《說文》皆云：「懼也。」「莫不震疊」者，言有邦諸侯莫不因王之震動而各懷恐懼也。《後漢書》：「李固云：『夫表曲者景必邪，源清者流必潔，猶叩樹本，百枝皆動也。《周頌》曰：薄言震之，莫不震疊。此言動之於內而應於外者也。』」「懷」者，招來使就己之義。「柔」者，和順不相拂之義。曹云：「《祭法》曰：『山林川谷丘陵能出雲雨，見怪物，皆曰神。』有天下者，祭百神。諸侯在其地則祭之。溥天之下，莫非王土。故巡守所至者，神皆祭焉。」楊氏曰：「所謂『懷柔百神』者，言合祭四方山川之神，故云百神，非必兼上下之神也。」愚按：《般》詩所云隨山之附於喬嶽者，川之翕於河者，皆百神也。「河嶽岳」，解見《般》篇。「河」，水之大者。「喬嶽」，山之高者。皆望而祭之。胡氏云：「望祭各設於巡守之方，具位，茅以辨之，而植表於中。《周禮》所謂『旁招以茅』，《晉語》所謂『置茅蕝，設表望』是也。」錢云：「河無汎濫，嶽無騫崩，便是『懷柔』處。河嶽感格，百神可知。」《淮南子》云：「聖人者，懷天心，聲然能動化天下者也。故精神感於內，形氣動於天，則景星見，黃龍下，祥鳳至，醴泉出，嘉穀生，河不滿溢，海不溶〔註152〕波，故《詩》云：『懷柔百神，及河喬嶽。』」《荀子》云：「天能生物，不能辨物也。地能載人，不能治人也。宇中萬物生人之屬，待聖人然後分也。《詩》曰：『懷柔百神，及河喬嶽。』此之謂也。」蔡汝楠云：「諸侯所懷也，而曰『震疊』，仁義之盡也。百神所欽也，而曰『懷柔』，和敬相生也。」愚按：「薄言震之，莫不震疊」，正承《般》篇「敷天之下」三句而言。「懷柔百神，及河喬嶽」，正承《般》篇「陟其高山」三句而言。人神受職，而時巡之事終矣。「允王維后」，亦贊辭也。諸侯服之，鬼神享之，信哉，王者之為天下君，皆本於天心右序之而然也。對天言則為子，對神

〔註151〕「畔」，《王制》同，四庫本作「叛」。
〔註152〕「溶」，四庫本作「揚」。

人言則為后，以位言則為王。〇**明昭有周，式序在位。載戢干戈，載櫜弓矢。我求懿德，肆于**《鹽鐵論》作「於」。**時夏，允王保之。**賦也。「昭」者，光明著見之意。「明昭有周」，言天表揚我周，宜為共主，如《書‧武成》篇所云「昭我周王，天休震動」者。上文人神受職，則其事也。「式」，發語聲。武王身任曆數之重，以天下不能獨理，巡行既畢，乃次序諸侯之在位者，立周、召為東西二伯，使之分陝而治，其餘五等諸侯各依其方而聽命焉。《樂記》言「《大武》之樂，五成而分周公左，召公右」，正是詩之所為作。然但言「式序在位」而已，略不及分陝之文者，以是詩作於周公，嫌自誇張，故渾之也。舊說謂「式序」指慶讓黜陟言，理亦可通。但上章云「薄言震之，莫不震疊」，則此等事已包其內，不應復說。鄭《箋》以為「用俊乂次第處位」，《韓詩外傳》有數條引此，其意亦同，以非作詩之意，今皆不取。「載戢干戈」以下，言偃武修文之事。武王所以「式序在位」者，其注念全在於此。「載」之言「則」也。「戢」，《說文》云：「藏兵也。」「干戈」，解見《公劉》篇。「櫜」，毛云：「韜也。」詳見《彤弓》篇。陳祥道云：「韔皷韣櫜鞬，皆弓衣也，亦曰弓室，以皮為之。」按：櫜為弓衣，而下文以矢並言者，《樂記》言「包干戈以虎皮，名曰建〔註153〕櫜」，則櫜之為用，不獨施於弓可知矣。「弓矢」，字皆象形。《史記》云：「揮作弓。」陳云：「弓以木為身，以角為面，筋所以為深，絲所以為固。」《說文》云：「古者夷牟初作矢。」劉熙云：「矢，指也，有所指而迅疾也。」班固云：「出軍行師，把旄仗鉞，誓士眾，抗威武，所以征叛逆，止暴亂也。《詩》云：『有虔秉鉞，如火烈烈。』又曰：『載戢干戈，載櫜弓矢。』動靜應誼，說以犯難，民忘其死。」「我」，代為武王自我也。「求」者，講求之義。「懿」，《爾雅》、《說文》皆云：「美也。」美德即文德，凡可以綏太平者皆是。李氏云：「文猶膏粱，武猶藥石。藥石可以治病而不可以養生。武王取天下矣，必求文德而施之也。」「肆」，《說文》云：「極陳也。」「時」，通作「是」。鄭云：「樂歌大者稱夏。」「肆於時夏」，言以武王偃武修文之意，陳於是夏而歌之也。「保之」，以保在位言。文德誕敷，兵端不起，則凡列爵分土者可永無變置之虞，故曰信哉王者之能保此有位也。言此以起《桓》篇「保有厥士」之意。《呂氏春秋》云：「武王以武得之，以文持之，倒戈弢弓，示天下不用兵，所以守之也。」《鹽鐵論》云：「兵者，兇器也。甲堅兵利，為天下殃。以母制子，

〔註153〕「建」，四庫本作「鞬」。

故能久長。聖人法之，厭而不揚。《詩》云：『載戢干戈，載櫜弓矢。我求懿德，肆於時夏。』」《周語》：「穆王將征犬戎，祭公謀父諫曰：『不可。先王耀德，不觀兵。夫兵戢而時動，動則威，觀則玩，玩則無震。是故周文公之頌曰：載戢干戈，載櫜弓矢。我求懿德，肆於時夏，允王保之。先王之於民也，茂正其德而厚其性，阜其財求而利其器用，明利害之鄉，以文修之，使務利而避害，懷德而畏威，故能保世以滋大。』」

　　《時邁》二章，一章八句，一章七句。舊作一章十五句。○《序》及蔡邕《獨斷》皆云：「巡守告祭柴望也。」朱子以為「巡守而朝會祭告之樂歌」。今按：詩不專述祭告，兼朝會言之是已。然此詩實不為巡守發，因巡守事畢後「式序在位」也。先舉朝會祭告等事者，蒙《般》篇之文耳。《申培說》同。朱《傳》且亦知為《大武》之樂，而但以為三成之歌。夫《記》言「三成而南」也，與是詩之義何涉乎？《子貢傳》闕文。

桓

《桓》，武志也，出《序》。是為《大武》之六成。《申培說》同。復綴以崇天子之所歌也。武亂，皆坐周、召之治也。出《樂記》。○郝敬云：「言其志在安民、保士、定家，非利天下也，故曰『武志』。」黃佐云：「周公作《大武》以象武王之功，不盛陳其殺伐之功，而獨敘其用賢圖治之事，若不稱其名者，何哉？曰：此聖人之所謂武也。噫！武一也，而古今異焉。此擇術者之所當知也。」按：此詩當次在《時邁》之後，是謂《大武》之六成。其曰「保有厥士，於以四方」，即《時邁》所云「式序在位」者。「復綴以崇天子」，則其舞之容也。「綴」者，連絡之義。鄭玄以為酇也。孔穎達謂「酇者，酇聚也。舞人行位之處，立表酇以識之也」。陳暘謂「位則酇也，所以為綴。列則佾也，所以為行」。先是舞者在南頭第一位，所謂綴也。已而北出，則已離乎綴。又繼而滅商，又繼而南，又繼而南國是疆，又繼而分周公左、召公右，皆未復乎綴也。及夫六成，而舞事將終矣。然後復其本位。《樂記》所謂「復亂以飭歸」是也。樂卒曰亂，故曰復亂也。其所謂「崇天子」者何也？則《武》亂皆坐是也。《樂記》：「賓牟賈侍坐於孔子，孔子與之坐。及樂，曰：『夫《武〔註154〕》之備戒之已久，何也？』對曰：『病不得其眾也。』『詠歎

〔註154〕「武」，《樂記》同，四庫本作「樂」。

之,淫佚之,何也?』對曰:『恐不逮事也。』『發揚蹈厲之已蚤,何也?』對曰:『及時事也。』『武坐致右憲左,何也?』對曰:『非武坐也。』子曰:『惟丘之聞諸萇弘,亦若吾子之言是也。夫樂者,象成者也。總干而山立,武王之事也。發揚蹈厲,太公之志也。武亂皆坐,周、召之治也。』」按:「坐」者,跪也。「致」,謂至也。「憲」,通作「軒」,謂起也。「致右憲左」者,王肅謂「右膝至地,左膝去地也」。若夫皆坐,則是俱跪也。「致右憲左」,似將復起而有所事者然,故曰非《大武》之坐也。武王一怒而安天下之民,固將與天下相安於無事矣,而致右憲左,何為乎?然則所謂武坐者何也?曰:《武》亂皆坐,是武坐也。舞者既象周、召之分陝,以分左右矣。既乃復綴而俱跪,不復如向之回移轉動者,所以致敬乎天子,亦偃武修文之意也。唐孔氏謂以「文止武,象周、召之治」是也。詳見《武》篇《小引》下。《左·宣十二年》:「楚師敗晉師於邲。潘黨曰:『臣聞克敵必示子孫,以無忘武功。』楚子曰:『非爾所知也。夫文,止戈為武。武王克商,作頌曰:載戢干戈,載櫜弓矢。我求懿德,肆於時夏,允王保之。又作《武》,其卒章曰:耆定爾功。其三曰:鋪時繹思,我徂維求定。其六曰:綏萬邦,屢豐年。夫武,禁暴、戢兵、保大、定功、安民、和眾、豐財者也,故使子孫無忘其章。今我使二國暴骨暴矣,觀兵以威諸侯,兵不戢矣。暴而不戢,安能保大?猶有晉在,焉得定功?所違民欲猶多,民何安焉?無德而彊爭諸侯,何以和眾?利人之幾,而安人之亂,以為己榮,何以豐財?武有七德,我無一焉,何以示子孫?』」今按:楚子所引四詩,雖篇名錯雜,然皆以為《武》之樂章,則愚所定六詩皆《大武》,或亦不妄。

綏萬邦,屢毛、鄭、嚴本皆此字,音屢。《左傳》作「屢」,今諸本俱從之。**豐年。天命匪解,**音懈。**桓桓武王。**陽韻。**保有厥士,于以四方,**陽韻。**克定厥家,**於音烏。**昭于天,**先韻。**皇以間**叶先韻,居賢翻。**之。**賦也。「綏」,《爾雅》云:「安也。」按:「綏」,本車中靶之名。人升車,所以安者,故謂之「安也」。「萬邦」,諸侯之國也。此克商以後事。萬邦之安,實繇懿德之求。「屢」,《說文》云:「數也。」「豐年」,大有之年也,解見《多黍》、《多稌》篇。《左·僖十九年》:「衛大旱。甯莊子曰:『昔周饑,克殷而年豐。』」《竹書》紀「武王克商之明年,其秋大有年」。舊說皆引《老子》言「大軍之後,必有凶年」,謂武王誅無道,以安天下,故能召天地至和之氣,而獲

豐年之報。此於理誠有之。然此「婁豐」乃在周、召分陝之後，詩特以此表天
眷周之篤，非就克商時言也。「天命」，謂天眷也。「匪」，通作「非」。「解」，
通作「懈」，《說文》云：「怠也。」天命之於周，久而不倦，於「婁豐年」見
之。「桓桓」以下，則著天命所緣。此詩家倒插體也。「桓桓」，《爾雅》云：「威
也。」《書》：「勖哉夫子，尚桓桓。」義與此同。按：桓本亭郵表之名，以其
傑搆竦峙，足以聳人觀望，故以狀威武之貌。《謚法》：「闢土服遠曰桓。」亦
取此也。「保」承《時邁》篇「允王保之」而言，能保而後能有之也。「厥士」，
謂昔與武王共定天下者，凡分封為諸侯者皆是。《書·康王之誥》篇曰：「則亦
有熊羆之士，不二心之臣」是也。此不專指周、召言。周、召為東西二伯，乃
其統領之人耳。按：《時邁》篇言「戴戢載櫜，以求懿德」，則兵革不試，帶礪
晏如，故能「保有厥士」。《左傳》云：「能左右之曰以。」「于以四方」者，猶
言使之宰制運量乎四方也。按：《書·武成》篇言「列爵惟五，分土惟三，建
官惟賢，位事惟能」，此皆可以厥士稱。然建官、位事乃王朝之職，此舉「於
以四方」為言，其為特指列爵、分土者可知矣。「克」，能也。「克定厥家」者，
朱善云：「天子以天下為家者也，必四方安定而後克定乎厥家也。」夫武王之
得天下，雖以桓桓，而其究也，能「保有厥士」，以綏萬邦如此，此天命之所
以不解而有「婁豐年」之應也。「於昭于天」，指文王也。「皇」，指武王也。
「間」，《韻會》云：「廁也。」猶言雜廁於其間也。「文王在上，於昭于天。」
今武王能定文王之功，其靈爽在天，亦與文王相為間雜也。因《武》樂告終而
極致其頌美之意。《樂記》所謂「樂終而德尊」也。首章曰「允文文王，克開
厥後」，此曰「於昭於天」；首章曰「於皇武王，無競無[註155]烈」，此曰「皇
以間之」；蓋相為首尾之辭。

《桓》一章，九句。《序》以桓為「武志」，而先之云「講武類禡也」。
蔡邕《獨斷》因之，亦云：「師祭講武類禡之所歌也。」今按：詩中語意絕與
師祭不類。朱子但以為「頌武王之功」，而疑《序》之所謂「講武類禡」者或
「後世取其義而用之於其事」，似猶可信。《子貢傳》闕文。又按：《左傳》以
《賚》為《大武》之三章，此詩為《大武》之六章，深為得之。賴《傳》有此
條啟其端，遂使《武》樂六成之詩篇復明今日。杜預拘泥毛詩篇次，以此三六
之數為楚樂歌之次第，誤矣。

[註155]「無」，四庫本同，《武》作「維」。

有客

《有客》，微子助祭於周，畢事而歸，王使人燕餞之，而作此詩。
《詩小序》、蔡邕《獨斷》及朱《傳》皆以為「微子來見祖廟之詩」。按：微子名啟，紂同母庶兄也。當殷之世，封於微而爵為子。微蓋殷畿內國名。及武王克商，改封微子於宋。《樂記》所謂「未及下車而投殷之後於宋」是也。其時武庚尚在，故不得為殷後。及武庚叛，成王誅之，而湯祀斬矣，於是即微子始封之宋國，進爵上公，命為殷後，以主湯祀。《史記・世家》言「周公既承王命，誅武庚，乃命微子代殷後，奉其先祀，作《微子之命》以申之」是也。黃佐云：「《微子之命》一篇乃申命之書。凡策命諸侯，必有初封之辭，如蔡仲之命乃命諸王邦之蔡之類。此篇初無此等語也，則《史記》申命之言信不誣矣。且武王猶封箕子於朝鮮，豈有捨微子不封，待成王而後封乎？」孔穎達云：「《序》言見於祖廟，必是助祭，知非此時召來受命見祖廟者。以經言『亦白其馬』、『敦琢其旅』，是自國而來之辭。若未受命，不得已乘白馬，明是受命而後乃來，與上《有瞽》、《振鷺》或亦一時事也。」《白虎通》云：「『有客有客，亦白其馬』，謂微子來周也。《尚書大傳》云：『微子朝周，過殷故墟，見麥秀之漸漸兮，禾黍之蠅蠅也，曰：此故父母之國。乃為麥秀之歌。歌曰：麥秀漸兮，禾黍油油。彼狡童兮，不我好仇〔註156〕。』」

有客有客，亦白其馬。叶囊韻，滿補翻。有萋有且，豐氏本作「苴」。敦琢其旅。叶囊韻，讀如縷，隴主翻。○賦也。篇中言「有客」者不一而足，有欣然創見之意。「客」，指微子也。《左傳》云：「宋，先代之後，於周為客。」朱子云：「以客禮待之，不敢臣也。」《白虎通》云：「王者有不臣者三：二王之後，妻之父母，夷狄也。」重言「有客」者，上「有客」據下文「亦白其馬」而言，在道時所見也；下「有客」據下文「有萋」二句而言，陳玉帛時所見也。其實止一人耳。「亦」，蘇轍云：「仍也。」言仍殷之舊也。「亦白其馬」者，毛《傳》云：「殷尚白也。」《檀弓》云：「殷人尚白，戎事乘翰。」《注》云：「以建丑之月為正，物牙色白。翰，白色馬也。《易》曰：『白馬翰如。』《明堂位》云：『殷人白馬黑首。』」愚按：此亦修先王禮物中之一事。李氏云：「殷士祼將常服黼冔。微子助祭，乘其白馬，蓋其一代之所尚，雖已易代矣，而其臣猶服其冠，乘其馬也。」一說：鄭玄云：「『亦』，亦武庚也。武庚

〔註156〕「不我好仇」，四庫本作「不與我仇」。

為二王後，乘殷之馬，乃叛而誅，不肖之甚也。今微子代之，亦乘殷之馬，獨賢而見尊異，故言亦，駮而美之也。」「有萋」二句，微子至周所獻之禮也。上言帛，下言玉。「萋」，即「萋兮斐兮」之「萋」，當通作「縷」，《說文》云：「白文貌。」殷尚白，故所執之帛亦以白，此又「萋」當作「縷」之明據。「且」，即「籩豆有且」之「且」，《說文》云：「薦也」，字「從幾，足有二橫，一其下地也」。且乃薦帛之具。薦縷於且，故曰「有萋有且」也。「敦」，通作「琱」，訛作「雕」。孔云：「敦、雕，古今字。」雕、琢，《說文》皆云：「治玉也。」《爾雅疏》以治其璞未成器者為雕，以治器加工而成之者為琢。「旅」，陳也。軍之五百人為旅，以其陳而成列，故舊說亦訓旅為陳。「庭實旅百」，即此旅也。按：《禮器》篇云：「三牲魚臘，四海九州之美味也。籩豆之薦，四時之和氣也。內金，示和也。束帛加璧，尊德也。龜為前列，先知也。金次之，見情也。丹漆絲纊竹箭，與眾共財也。其餘無常貨，各以其國之所有，則致遠物也。」《郊特牲》篇云：「旅幣無方，所以別土地之宜而節遠邇之期也。龜為前列，先知也。以鍾次之，以和居參之也。虎豹之皮，示服猛也。束帛加璧，往德也。」夫《禮器》言諸侯助祭之事，《郊特牲》言諸侯朝享之事，而皆有束帛加璧之禮，則此詩言「有萋有且」之即為束帛，「敦琢其旅」之即為加璧明矣。萬時華云：「微子受封於宋，以存先王之祀，殆如虞賓之類。彼視天下非吾家物，而惡得專之？此正堯、舜揖讓公天下之心，在夷、齊兩賢之上，第難向三代以下人說耳。」朱子云：「此一節言其始至也。」○**有客宿宿，有客信信。言授之縶，以縶其馬。**此章無韻，殊不可曉。○賦也。「宿」，《說文》云：「止也。」《左傳》云：「再宿為信。」有客來此，已一宿矣，復又一宿，是「宿宿」。「有客宿宿」，則已經一信矣，又復經一信，則共為四宿，是「信信」也。「言」者，發語辭。「授」，《說文》云：「予也。」「縶」，本作「馽」，《說文》云：「絆馬足也。」孔云：「至已多日，可以去矣。我周人授之縶絆，以絆其馬，愛而留之，不欲使去也。古之朝聘，停留日數不可得而詳。《易·豐》卦：『初九，遇其配主，雖旬无咎。』《注》謂『初修禮，上朝四，四以匹敵恩厚待之，雖留十旬不為咎』。正以十日者，朝聘之禮，止於主國以為限。又，《聘禮記》云：『既致饗，旬而稍。』於大禮之後，每旬而稍，稍者供其芻秣，亦非一旬即歸。且諸侯朝王，必待〔註157〕助祭。祭前齋，齋猶十日，明非一旬而反。不知於信信之後幾日乃可去也。」徐光啟

〔註157〕「待」，底本作「侍」，據四庫本、孔《疏》改。

云：「微子尹茲東夏，本不可留，留之只是愛之無已。」朱子云：「此一節言
其將去也。」○**薄言追**支韻。**之，左右綏**支韻。**之。既豐**本作「無」。**有
淫威，降福孔夷**。支韻。○賦也。「薄言」，發語辭。「追」，鄭云：「送也。」
孔云：「謂已發上道，逐而送之左右。」鄭云：「左右之臣也。」「綏」，安也。
孔云：「左右之臣從而安樂之，亦猶顯父餞之，與之歡燕，以安樂其心，是厚
之無已。」愚按：追、綏總是一事。微子禮畢當去，本不可留，王乃遣左右
之臣尾追其後而餞送之，以盡其禮，非微子不告而去，亦非有去而復還之事
也。輔廣云：「蔞、且、敦琢，其始至也。慎重其事如此，非以媚乎周也，誠
之至也。所謂『在彼無惡』也。宿宿、信信，不欲其去。去而追之，慇懃之
意如此，非以私商也，厚之至也。所謂『在此無斁』也。」「淫」之為義，放
也，過也，即「淫人懼焉」之「淫」。「威」即「天降威」之「威」。郝敬云：
「『淫』，凶淫，指紂與武庚也。『威』，謂誅紂、討武庚也。」「降」，《說文》
云：「下也。」劉氏云：「有德而神降之福，故以降福終焉。」「夷」，《爾雅》、
毛《傳》皆云：「易也。」「降福孔夷」者，鄭云：「神與之福，亦甚易也。」
按：「夷」本訓「平」，惟平則易，故又訓為「易」。天道福善禍淫，紂亡未幾
而武庚以淫德繼之，既有誅滅之威及之矣。今日能反武庚之所為，則變降威
為降福，亦甚易易，蓋勉之也，亦祝之也。《書·微子之命》篇：「王若曰：
猷！殷王元子！惟稽古，崇德象賢。統承先王，修其福〔註158〕物，作賓於王
家，與國咸休，永世無窮。欽哉！往敷乃訓，慎乃服命，率繇典常，以藩王
室。弘乃烈祖，律乃有民，永綏厥位，毗子一人。世世享德，萬邦作式。俾
我有周無斁。」凡此正「降福孔夷」之實也。郝云：「成王誅武庚，遂命微子
後殷，故舉武庚事以諷之。曰威曰福，尋常祭享不及此，辭雖頌客，而亦告
於廟，故皆為頌。」王樵云：「自後世論之，懲管、蔡事，鮮不疑同姓。懲武
庚事，少有能善處前代後者。周家則不然。管、蔡敗而並建親賢，以藩屏周
者為益盛。武庚敗而建微子於上公，其待遇為益加。此周德之為至也。」羅
泌云：「武王既勝商殺紂，即武庚而立之。夫弔其民，誅其君，而乃立其後，
獨不以其他日之將不利而廢之。此周之至德也。至於周公，則使管、蔡二叔
監商。監之云者，所以制止其沉湎淫奔之俗而納之道耳。土地人民皆我之有，
固非利其國而欲之，如宇文之於蕭氏也。及武庚作難，三監、淮夷並起應之，
當此之時，周之事亦洶矣。周公於是征伐，至久而後克之，茲宜深監武庚之

〔註158〕「福」，四庫本、《尚書·微子之命》作「禮」。

事，而乃更立商王之元子啟。夫以微子之賢，吾君之子，而商人父師之，顧乃使之代商後而邦之宋。宋為故亳，商之舊都民之被其澤者固未忘也。使微子而非人，少異其志，則全商之地確非周矣。而成王、周公方且晏然命之統承先王，修其禮物，不少為疑，而宋之臣人卒以按[註159]堵，非聖人之盛德能如是乎？於是知立國惟在於賢，而不在於疑之多也。秦、漢而下，不原仁義，而徒汲汲以防虞天下為心，豈不大可慚哉！」

　　《有客》一章，十二句。《白虎通》云：「《詩》：『有客有客，亦白其馬。』謂周子朝周也。」按：朝周實為助祭。《振鷺》之言「西雝」，《有瞽》之言「先祖」，皆助祭事也。或謂微子始封，必受命於周之祖廟，於是朝周，誤矣。《申培說》則云「成王既誅[註160]武庚，封微子啟於宋，來朝於周，見於祖廟，此其燕樂之歌。」今詳詩中有「薄言追之」之語，則此詩乃微子賓行燕餞時所作，不得以為燕樂也。《子貢傳》闕文。

文王

《文王》，周公陳文王受命作周，以告成王也。疑即九夏中之《王夏》。《詩》本《序》云：「文王受命作周也」。《呂氏春秋》云：「周文王處岐，諸侯去殷之淫而翼文王。散宜生曰：『殷可伐也。』文王弗許。周公旦乃作詩曰：『文王在上，於昭於天。周雖舊邦，其命維新。』以繩文王之德。」按：繩之為言譽也。《左傳》「蔡侯繩息媯以語楚子」是也。《世說新語》載荀慈明云：「公旦《文王》之詩，不論堯、舜之德而頌文、武者，親親之義也。」朱子則以為「周公追述文王之德，明周家所以受命而代商者，皆緣於此，以戒成王」。《子貢傳》亦以為「訓成王之詩」。《申培說》與朱《傳》同，而云：「作詩歌奏於清廟受釐陳戒之時。」今按：所以知為戒成王詩者，以篇中有「無念爾祖」之語。若《呂氏春秋》所言，文王不許伐殷，正以見其無圖度天命之意。所謂至德，莫著於此。其後周公追感往事，因而作詩耳。荀言公旦作此詩，與呂合。然以為「頌文、武」，則篇中無及武王之事。申以為奏於受釐之時，朱子亦有此說。觀篇首「在上」、「於昭」二語及篇中敘述「祼將於京」之事，殆若可信。朱又以為「天子諸侯朝會之樂歌」，則因

[註159]　「按」，《路史》卷二十七《國名紀四·陶唐氏後》同，四庫本作「安」。
[註160]　「誅」，底本誤作「許」，據四庫本改。

《左》、《國》有「兩君相見之樂」一語而臆之耳。嚴粲云：「《序》言『受命作周』者，推本之辭也。作，造也。造周之王業，猶《康誥》言『肇造區夏』也。天命歸於文王，而文王退然不敢當，故在文王時無受命之說。《泰誓》、《牧誓》猶皆不言文王受命，至《大誥》、《武成》乃曰『我文考文王誕膺天命』，蓋武王既得天下之後，推本言之。凡經中稱文王受命，皆謂天命歸之而已，文王未嘗當而受之也。《中庸》記孔子之言曰：『武王未受命。』武王末年方受命，文王何嘗受命乎？史遷因《詩》、《書》有受命之語，因謂文王受命稱王，而斷虞芮之訟。漢儒又襍以讖緯之說，則亦誣矣。」游氏云：「君臣之分，猶天地尊卑。紂在上而文王稱王，是二天子也，服事殷之道固如是耶？觀武王於《泰誓》三篇稱文王為文考，至《武成》而柴望，然後稱文考為文王，則可知矣。孰謂至德如文王，一言一動，順帝之則，乃盜虛名而拂天理乎？」歐陽修云：「文王之甚盛德所以賢於湯武者，事殷之大節爾。而後或誣其與紂並立而稱王，然而學者可以斷然而不惑者，以孔子之言為信也。孔子曰：『三分天下有其二，以服事殷。』此一言者，揚子所謂眾言淆亂，則折諸聖者也。至於虞芮質成，毛、鄭之說雖疑過實，然考《傳》及《箋》，初無改元稱王〔註161〕之事，未害文王之為文王也。惟《雅》之《序》言『文王受命』，毛以為『受天命而王天下』，鄭又謂『天命之以為王』云者，惑後世之尤甚者也。詩人之意，以為周自上世以來，積功累仁，至於文王攻伐諸國，威德並著，周國自此盛大。至武王因之，遂伐紂滅商而有天下。然以聖人為天所相，而興周者自文王始也。其義詩如此而已，故《序》但言『受命作周』，不言受命稱王也。且述新周之業，歸功於其父，而言國之興也，有命自天，此古今之常理，初無怪妄之說也。《書》曰『天之曆數在爾躬』，又曰『天既訖殷命』，又曰『勸絕天命』之類，其言甚多。蓋古人於興亡之際，必推天以為言者，尊天命也。如毛、鄭之注文王，則是天諄諄命西伯稱王爾，此所以失詩本義而使諸家得肆其怪妄也。」胡宏云：「君子小人之不可相處，如水火也。況文王大聖，受辛下愚乎！惟文王致紂敬信，得專征伐，紂雖名為天子，其實與天下諸侯及萬民均入化育之中矣，此文王受命之實也。先儒不識天道，乃以改元稱王為受命，陋之甚也。文王得征伐之柄，九年而薨，故《泰誓》曰：『皇天震怒，命我文考，肅將天威。惟九年，大統未集。』既曰『大統未集』，則

〔註161〕「王」，底本誤作「正」，據四庫本、歐陽修《詩本義》卷十《文王》改。

安有改元稱王之事？先儒不本經文推原義理，而妄生此論，是以文王為曹操、司馬懿之流矣。吁！操與懿尚不改元稱帝，而謂文王為之，甚哉！」朱子云：「文王之德，上當天心，下為天下所歸往，三分天下而有其二，則已受命而作周矣。武王繼之，遂有天下，亦率文王之功而已。然漢儒惑於讖緯，始有赤雀丹書之說，又謂文王因此遂稱王而改元，殊不知天之所以為天者，理而已矣。理之所在，眾人之心而已矣。眾人之心，是非向背若出於一而無一毫私意雜於其間，則是理之自然。而天之所以為天者，不外是矣。今天下之心既以文王為歸矣，則天命將安往哉？《書》所謂『天視自我民視，天聽自我民聽』，所謂『天聰明自我民聰明，天明威自我民明威』，皆謂此爾，豈必赤雀丹書而稱王改元哉？」張子厚云：「文王之於天下，都無所與，惟正己而已。後世多疑文王行善，以傾紂之天下，正猶曹丕語禪讓之事，曰：『舜、禹之事，吾知之矣。』觀《文王》一篇，便知文王之德性。文王之德業固美，更得詩人能道之。」真德秀云：「《文王》之詩七章，蓋周公親筆。後之王者欲保天命，所宜列之屏幛，書之簡牘，晝讀而夜思之，則將若上帝之實臨其上，雖欲斯須之自放，有不可得。」愚疑此詩即九夏中之《王夏》，說見《時邁》篇《小引》下。

文王在上，於音烏。**昭于天。**先韻。亦叶真韻，汀因翻。**周雖舊邦，其命維**《禮記》作「惟」。**新。**真韻。亦叶先韻，蕭前翻。豐氏本作「親」。**有周不顯，帝命不時。**叶尤韻，時流翻〔註162〕。亦叶紙韻，上紙翻。**文王陟降，在帝左右。**叶尤韻，夷周翻。亦叶紙韻，羽軌翻。○賦也。「文王在上」二句，為告王唱首之語，尊瞻之辭也。只以文王之神言，疑於祭祀受釐之後，因而陳戒者。「文王」，商西伯，名昌。嚴云：「文王未嘗稱王。曰『文王』者，追稱之也。」董鼎云：「人之死，各返其根。體魄陰也，故降而在下。魂氣陽也，故升而在上。況聖人清明在躬，志氣如神，故其沒也，精神在天，與天為一。」「於」，本鳥名，古文「烏」字。陸佃云：「烏又為歎辭。隹見虎則鳴，烏見異則噪，故以為烏虖，歎所異也。」「昭」，《說文》云：「日明也。」我周一代，王葉始自文王。文王往矣，而其神赫然臨之在上，於哉如日之明於天，嗣王所當仰觀而敬念也。錢天錫云：「生前為德，死後為神，神之昭即德之顯處也。德若有愧於天，其神必且磨滅矣。」萬尚烈云：「聖人之學本諸

〔註162〕「翻」，底本作「韻」，據四庫本改。

天。儒者本天自生，而死不能與天為一，非聖人之學也，非儒者也。『維天之命，於穆不已。』文王之德之純與天為一，乃古帝王學脈本自如是，而成王未必知之，故首揭而言之，使之聞之，而知帝王祈天永命、求福成孚之道盡在於此，庶幾日用凜然，一出入，一起居，一食息，斯須頃刻無敢與天相違也。」自「周雖舊邦」以下，始追述文王之所以造周而受命者皆繇於德。鄭玄云：「太王聿來胥宇而國於周。」孔穎達云：「言太王已來居此地，是『周雖舊邦』也。」「命」，說見本篇《小引》下。朱子云：「命如何受於天，只是人與天同。周自后稷以來，積仁累義，到此時人心奔趨，自有不容已。」「新」，《說文》云：「取木也」，字「從斤」。按：新以取木為義，則是除舊之意。而今皆以為反舊之名者，蓋除舊則新矣。《大學》引此而足之曰：「是故君子無所不用其極。」夫「用其極」，乃所以為新命之本，則「止於至善」之謂也。止至善所以自新，即所以新民。「無所不」者，兼該散見之辭，若下文以仁敬孝慈信釋文王敬止之類。其後孟子對滕文公為國之問，亦引此詩，且云：「子力行之，亦以新子之國。」然滕豈能師文王者乎？毛《傳》云：「『有周』，周也。」孔云：「以『周』文單，故言『有』以助之。《烝民》曰『天監有周』，《時邁》曰『昭明有周』，皆同也。猶《左傳》謂『濟』為『有濟』也。」「不」，楊慎、陸深皆讀作「丕」，謂古通用，當從之。今按：《書》言「丕顯哉文王謨」，即此之言「不顯」也。又言「在讓後人於丕時」，即此之言「不時」也。「丕」，《說文》云：「大也。」「顯」，《說文》云：「頭明飾也。」借用以為光明之義。「帝」，朱子云：「上帝也。」程子云：「天以形體言，帝以主宰言。」「時」者，方應其期之謂。天運肇啟，旺氣大來，所謂丕時也。「陟」，登。「降」，下也。俱見《說文》。毛云：「言文王上接天，下接人也。」鄭云：「『在』，察也。文王能觀知天意，順其所為，察而行之。」孔云：「文王升則以道接事於天，下則以德接治於人。常觀察天帝之意，隨其左右之宜，順其所為，從而行之。」愚按：《書》曰：「予欲左右有民。」《易》曰：「後以財成天地之道，輔相天地之宜，以左右民。」此云「左右」，即其義也。《爾雅》云：「左右，導也。」又云：「助也。」詩言文王所襲者，雖太王岐封之舊，而天之眷命周家，則始自文王而新。因贊之曰：『有周何其丕顯乎』，以新之象言也；『帝命何其丕時乎』，以新之機言也。又推其故，謂文王何以能致此哉？繇其平日注精凝神，陟觀於天，降觀於民，知天之與民為一，必察帝則之所在，奉而行之，以左右民，民心既合，天意斯得，命之維新，固其所也。昔孟子之贊文王也，曰「望

道而未之見」,「在帝」之謂也;曰「視民如傷」,「左右」之謂也。篇中言命而本之德,言德而本之敬,非欲嗣王求之杳冥玄默而已。「敬」者,敬天也。勤民乃所以敬天也。曰「左右」,曰「陳錫」,正文王敬德之實。文惟得民,用能得天;殷以喪師,遂致喪命。此是通篇骨子,故末章結之曰「儀刑文王,萬邦作孚」,亦以為必孚萬邦之民心而後可以徵德耳。又,程子云:「『文王陟降,在帝左右。不識不知,順帝之則。』不作聰明,順天理也。」此意甚佳。愚取以為「在帝」二字訓釋。若《亢倉子》引此詩而釋之云:「文王坐作進退,天必贊之,故紂不能害。此則是帝在左右,非在帝左右矣。」而《墨子》則云:「若鬼神無有,則文王既死,彼豈能在帝之左右哉?此吾所以知《周書》之鬼也。」舊說多與《墨》同。然於發首二語殊復,故不從。又,《左·襄三十年》:「為宋災故,諸侯之大夫會,以謀歸宋財。冬十月,叔孫豹會大夫於澶。既而無歸於宋,故不書其人。君子曰:『信其不可不慎乎!澶淵之會,卿不書,不信也。故曰:文王陟降,在帝左右。信之謂也。』」此全〔註163〕與詩旨無涉。○亹亹崔靈恩《集注》、豐本俱作「娓娓」。宋氏《國語補音》云:「《說文》無『亹』字,徐鉉以為字當從女從尾,改之,驚俗。」《墨子》作「穆穆」。文王,令聞音問。不已。紙韻。陳錫哉《左傳》、《國語》、《史記》、陸德明本俱作「載」。周,侯文王孫子。紙韻。文王孫子,本支《左傳》作「枝」。百世。叶實韻,讀如翅,施智翻。凡《後魏·禮志》作「惟」。周之士,叶實韻,側吏翻。不豐本作「丕」。顯亦《左傳》、《後魏·禮志》、豐本俱作「奕」。世。見上。○賦也。「亹亹文王」,申上章「陟降」二句言。《爾雅》訓「亹」為「勉」。鄭云:「勉勉乎不倦,文王之勤用明德也。」或謂《說文》無「亹」字,通作「娓」,其義訓順,乃順帝則之意。二訓皆通。「令聞」,善譽也。鄭云:「其善聲聞,日見稱歌,無止時也。」此以文王當日言,《康誥》所謂「庸庸祗祗,威威顯民,我西土惟時怙冒,聞於上帝」者。「陳」,韋昭云:「布也。」按:「陳」,當通作「敶」,《說文》云:「列也。」因行列為名,故有敷布之義。「錫」,通作「賜」,上予下也。「哉」,《爾雅》云:「始也。」按:「哉」字從口而諧𢦏聲,𢦏字從戈而諧才聲,以「始」訓「哉」,當通作「才」。《尚書》「往哉汝諧」,古文作「往才汝諧」,此見「哉」、「才」通也。邢昺云:「《說文》:『才,草木之初也。』聲相近,借哉,亦為才也。」「陳錫哉周」者,王肅云:「文王能布陳大利,以錫予人。」鄭云:「緐能敷恩惠之

施，以受命造始周國也。」嚴云：「『陳錫』，敷施也。推懷保惠鮮之澤也。言
『亹亹』而繼以『陳錫』，絲精神心術而達於政事設施，同此一誠之運，不誠
則不溥也。」《周語》：「厲王說榮夷公，芮良夫曰：『王室其將卑乎？夫榮公好
專利而不知大難。夫利，百物之所生也，天地之所載也。而或專之，其害多
矣。天地百物皆將取焉，胡可專也？所怒甚多，而不備大難，以是教王，王能
久乎？夫王人者，將利導而布之上下者也，使神人百物無不得其極，猶日怵
惕，懼怨之來。《大雅》曰：陳錫載周。是不布利而懼難乎？故能載周以至於
今。今王學專利，其可乎？』」《左·宣十五年》：「晉侯賞桓子狄臣千〔註164〕
室，羊舌職說是賞也，曰：『《周書》所謂庸庸祗祗者，謂此物也夫。文王所以
造周，不是過也。故《詩》曰：陳錫哉周。能施也。率是道也，其何不濟？』」
又，昭十年，「齊樂施、高彊來奔，陳、鮑分其室。晏子謂桓子：『必致諸公。
凡有血氣，皆有爭心，故利不可彊，思義為愈。義，利之本也。蘊利生孽。姑
使無蘊乎，可以滋長。』桓子盡致諸公，而請老於莒。凡公子、公孫之無祿
者，私分之邑；國之貧約孤寡者，私與之粟。曰：『《詩》云：陳錫哉周。能施
也。』」愚按：上章言「其命維新」，所謂「哉周」也。「侯」，毛云：「維也。」
《爾雅》亦訓「維」為「侯」，蓋互相訓。「侯」、「維」皆發語辭。《詩》「侯誰
在矣」是也。嚴云：「不曰子孫而曰孫子，謂孫又生子，言其遠也。」愚按：
此對成王言，故首稱孫。繫子於孫後，則謂成王及其後人耳。以第五章「無念
爾祖」句形之可見。「侯文王孫子」者，言文王造周，維文王之孫子能膺此方
新之天命，非他人所能與也。毛云：「『本』，本宗也。『支』，支子也。」「支」，
依《左傳》通作「枝」。孔云：「適譬本幹，庶譬其支。」「本支百世」者，嚴
云：「其本宗百世為天子，其支庶百世為諸侯，盛德必百世祀也。」愚按：「本
支」二字亦當玩。殊本於支，則名分明；以支扶本，則氣勢厚。有本有支，此
其所以能百世，《大學》所謂「君子親其親」也，非徒贊其慶澤之長而已。《左
傳》：「衛左公子泄、右公子職立公子黔牟，惠公奔齊。」莊六年，「衛侯入，
放公子黔牟於周，殺左公子泄、右公子職，乃即位。君子以二公子之立黔牟
為不度矣。夫能固位者，必度於本末而後立衷焉。不知其本，不謀。知本之不
枝，弗彊。《詩》云：『本支百世。』」又，陸云：「照後命不於常，何能保得百
世？只就文王以不已之德，流不已之聞，理當如此耳。隱隱諷王修德。」「凡
周之士」，孔云：「凡於周為臣之士。以士者，男子成名之大號。下至諸侯，及

〔註164〕「千」，《左傳》同，四庫本誤作「于」。

王朝公卿大夫，總稱亦可以兼士也。凡為總辭。」「不顯亦世」是倒句文法，言周士之子孫世世亦不顯也。長享祿位謂之不顯。孔云：「前『本支百世』，謂繼世在位，知此亦世世在位也。《王制》言『大夫不世爵』，《公羊傳》曰『世卿非禮』，《左氏》說『卿大夫得世祿，不得世位，父為大夫死，子得食其故采，而有賢才則復升父故位』，故傳曰：官有世功，則有官族也。」《白虎通》曰：「諸侯繼世者，南面之君，體陽而行陽，道不絕。大夫人臣，北面體陰而行陰，道有絕故也。」此託之陰陽之義，其實諸侯以大功而封故也。卿大夫本以佐君行令，非賢不可，所以不世也。其得世者，又違常法，以大功而許之耳。嚴云：「文王惟知錫民，而錫民者乃所以錫孫子也。不特孫子之盛如此，凡周之士亦世世相傳，與周匹休焉。」○**世之不**豐本作「丕」。**顯，厥猶**豐本作「猷」。**翼翼。**職韻。**思皇多士，生此王國。**職韻。**王國克生，**庚韻。**維周之楨。**庚韻。**濟**上聲下同。**濟多士，文王以寧。**叶庚韻，讀如苧，泥耕翻。豐本作「寍」。○賦也。「厥」，發語辭，解見《生民》篇。「猶」，鄭云：「謀也。」「翼」，即羽翼之翼。《書》曰「庶明勵翼」，《左傳》曰「翼戴王室」，皆其義也。言此周士所以能光顯其後人，世世勿絕者，緣其當日所謀無一不以輔翼文王為事。《緜》之詩云：「予曰有疏附，予曰有先後，予曰有奔奏，予曰有禦侮。」《周書‧君奭》篇云：「惟文王尚克修和我有夏，亦惟有若虢叔，有若閎夭，有若散宜生，有若泰顛，有若南宮括」；又曰：「無能往來，茲迪彝教，文王蔑德降於國人。」《晉語》：「胥臣云：『文王之即位也，詢於八虞而諮於二虢，度於閎夭而謀於南宮，諏於蔡原而訪於辛尹，重之以周、召、畢、榮。』」即此所云「厥猶翼翼」者也。「思」，發語辭。「皇」，通作「煌」，光明之義。徐鍇云：「皇之為言煌煌然也。」毛《傳》解「皇皇者華」，亦云：「猶煌煌也。」「多士」，眾多之士，上章所云「凡周之士」也。「王國」，我周王之國。文王時尚為諸侯，而國以稱王者，追尊之辭也。《春秋繁露》云：「周國多賢，至於四產而得八〔註165〕男，皆君子俊雄也，此天之所以興周國也。」「王國克生」者，嚴云：「惟周王之國能生此眾士也。『生此王國』，天生之也。『王國克生』，文王教化作成之也。」朱善云：「緣天命之保佑，而多士以生。緣聖化之造就，而王國克生。」《史記》云：「文王篤仁，敬老慈少，禮下賢者，日中不暇食以待士，士以此多歸之。伯夷、叔齊在孤竹，聞西伯善養老，往歸之。太顛、閎夭、散宜生、鬻子、辛甲大夫之徒皆往歸之。」王褎云：「世

必有聖智之君而後有賢明之臣，故虎嘯而風烈，龍興而致雲，蟋蟀俟秋吟，蜉蝣出以陰。《易》曰：『飛龍在天，利見大人。』《詩》曰：『思皇多士，生此王國。』故世平主聖，俊艾〔註166〕將自至。」張耒云：「『思皇多士』何也？皇，美且大者也。美且大者，非一二而已故也。夫士之美者，常難致也，而得一二焉，亦足以為善矣，而況於多士皆美乎！故士之美者可致也。至於多士皆美，所以為難也。然則文王之能養士作人，以招納天下之俊又可知矣。雖然，文王豈有他術哉？致禮以來其所已成，勤教以養其所未就而已。敦養老之禮，則太公、伯夷欣然而歸之，天下之賢者蓋未有不能致者也。此之謂『致禮以來其所已成』。示之以法象，如雲漢之文章；以道藝，如金玉之文質。此之謂『勤教以養其所未就』也。」「楨」，《爾雅》、毛《傳》皆云：「榦也。」邢昺云：「築牆所立兩木也，所以當牆兩邊，障土者也。」按：楨、榦相似而實有異。《費誓》「峙乃楨榦」，兩舉之，知其非一物也。《書傳》謂「題曰楨，旁曰榦」，《疏》謂「楨當牆兩端者，榦在牆兩邊者」，其說確矣。楨、榦皆四旁障土之具。以國楨目多士，亦取輔翼之義。「濟」之為言齊也。曰「濟濟」者，班列整齊之貌。「寧」，通作「寍」，《說文》云：「安也。」嚴云：「牆恃榦而立，國恃人而立，故濟濟然眾盛之多士，文王賴之以為安也。」王吉云：「謹選左右，審擇所使。左右，所以正身也。所使，所以宣德也。《詩》云：『濟濟多士，文王以寧。』此其本也。」黃佐云：「《書》曰：『自朝至於日中昃，不遑暇食，用咸和萬民。』言文王心在乎民，不自知其勤勞如此。《立政》言『罔攸兼於庶言、庶獄、庶慎』，則文王又若無所事者。不讀《無逸》，無以知文王之勤。不讀《立政》，無以知文王之逸。合而觀之，則『文王以寧』，從可知矣。上必無為而用天下，執其要也；下必有為而為天下用，執其職也。君得臣而萬化行。」《左·成二年》：「楚令尹子重曰：『君弱，群臣不如先大夫，師眾而後可。《詩》曰：濟濟多士，文王以寧。夫文王猶用眾，況吾儕乎！』」《荀子》云：「牆之外，目不見也。里之前，耳不聞也。而人主之守司，遠者天下，近者境內，不可不略知也。天下之變，境內之事，有弛易齵差者矣，而人主無繇知之，則是拘脅蔽塞之端也。耳目之明，如是其狹也；人主之守司，如是其廣也；其不可以不知也，如是其危也。然則人主將何如知之？曰：便嬖左右者，人主之所以窺遠收眾之門戶牖向也，不可不早具也。故人主必將

〔註166〕「艾」，四庫本作「乂」。按：《文選》卷四十七王子淵《聖主得賢臣頌》亦作「乂」。

有便嬖左右足信者然後可，其知惠足使親物、其端誠足使定物然後可，夫是之謂國具。人主不能不有遊觀安燕之時，則不得不有疾病物故之變焉。如是國者，事物之至也如泉源，一物不應，亂之端也。故曰人主不可以獨也。卿相輔佐，人主之基杖也，不可不早具也。故人主必將有卿相輔佐足任者然後，可其德音足以鎮撫百姓、其智慮足以應待萬變然後可，夫是之謂國具。四鄰諸侯之相與，不可以不相接也，然而不必相親也。故人主必將有足使喻志決疑於遠方者然後可，其辨說足以解煩、其智慮足以決疑、其齊斷足以距難、不還秩、不反君、然而應薄捍患足以持社稷然後可，夫是之謂國具。故人主無便嬖左右足信者謂之闇，無卿相輔佐足任者謂之獨，所使於四鄰諸侯非其人者謂之孤，孤獨而晻謂之危。國雖若存，古之人曰亡矣。《詩》曰：『濟濟多士，文王以寧。』此之謂也。」梅福云：「士者，國之重器。得士則重，失士則輕。《詩》云：『濟濟多士，文王以寧。』」王褒云：「聖主必待賢臣而弘功業，後士亦俟明主以顯其德，上下俱欲驩然交欣，千載壹合，論說無疑，翼乎如鴻毛遇順風，沛乎如巨魚縱大壑。其得意若此，則胡禁不止，曷令不行？化溢四表，橫被無窮，遐夷貢獻，萬祥畢臻。是以聖主不遍窺望而視已明，不單傾耳而聽已聰。恩從祥風翱，德與和氣遊，太平之責塞，優游之望得，遵遊自然之勢，恬淡無為之場，休徵自至，壽考無疆。《詩》云：『濟濟多士，文王以寧。』蓋信乎其以寧也！」劉彝云：「『濟濟多士』，本繇文王教化陶範而後生也。而文王又待多士之濟濟以為安寧焉，猶人勤於菑田，反以自養；樂於植材，反以自庇。」錢云：「反覆言多士之為周楨，見修德不可無輔也，有欲當時君臣交儆意。」又，《管子》云：「濟濟者，誠莊事斷也。多士者，多長者也。周文王誠莊事斷，故國治。其群臣明理以佐主，故主明。主明而國治，境內被其利澤，殷民舉首而望文王，願為文王臣。」此以「濟濟」指文王言，其解特異。○**穆穆文王**，於音烏。**緝熙敬止**。紙韻。假豐本作「格」。**哉天命，有商孫子**。紙韻。**商之孫子，其麗不億**。職韻。**上帝既命，侯于周服**。叶職韻，畀墨翻。○賦也。「穆」，據《說文》訓「禾」，於義無取。當是通作「㣎」，《說文》云：「細文也。」字從彡從㐱省。彡者，文之義。者，細之義。蓋謂文理之細密者。加禾為穆，因而通用。故《謚法》「布德執義」、「中情見貌」並曰穆。「中情見貌」，其文可知。「布德執義」，其細可知。「於」，歎辭。「緝」，《說文》云：「績也。」績麻者，縷縷而分之，又因而連續之，謂之緝也。「熙」字從火，光明之義。「敬止」者，敬於其所當止之地，《大學》

所謂「至善」是也。至善者，事理當然之極。「止」者，依據之謂。此承上章言文王既得多士之助，疑若可以端拱而少休矣。然文王在帝之心終不敢以自已，於凡事事物物之理必窮極其精微至當之處，但見其穆穆然，文則極文，細則極細，故又歎息而美之。文王心通夫理，隨處露其光明，而皆積累而聯續之，以會於一，蓋事物有異而至善無異。「緝熙」之後，自見有一境焉，為我所當止之處，而不容少出入者。一念兢兢，惟期合乎是而已。「穆穆」以文王之成德言，「緝熙敬止」以文王之用心言。《大學》深探此理，故為之條析，以著其類，曰：「為人君止於仁，為人臣止於敬，為人子止於孝，為人父止於慈，與國人交止於信。」分之則為仁、敬、孝、慈、信，合之則總是一至善。格物、致知，「緝熙」也。誠意、正心，「敬止」也。繇緝熙而知止，則自然能敬止。《大學》所以先格致而後誠、正也。格者，格式之格，有一物必有一格，不可移易。《大學》所謂「矩」，孔子所謂「不踰矩」，《詩》所謂「天生烝民，有物有則」是也。統之有宗，會之有元，《易》所謂「繼之者善」是也。悟此，則詩人以穆穆詠文王，乃盡乎精微之辭。而以為虛摹其深遠之意者，謬矣。又，《緇衣》篇：「子曰：『君子道人以言而禁人以行，故言必慮其所終而行必稽其所敝，則民謹於言而慎於行。《大雅》曰：穆穆文王，於緝熙敬止。』」味此，君子於一言一行無所不究心焉，則緝之為義可識，而穆穆之義亦可識矣。「假」，通作「徦」，《說文》云：「至也。」天命捨商而集於周，如自外而至也。「有商孫子」，鄭云：「天命之使臣有商之子孫。」按：商者，契所封之地，湯取契之所封以為代號。不曰子孫而曰孫子者，以主孫為言。其繫子於孫後者，則謂孫之子耳。嚴云：「文王之時，未能有商之孫子，蓋推原周之代商繫於文王，故以為文王能有之也。」「麗」，《說文》云：「旅行也。」古數以十萬為億。嚴云：「商之孫子，其附麗之者實繁有徒，不止於一億也。」「上帝既命」者，既命周也，與「假哉天命」相應。「侯」，亦維也。「服」，《周禮注》云：「屬也。」按：車衡下夾轅兩馬曰服。人之受制於人，亦如馬之受制於衡，故謂之服也。天命歸周，商孫子維於周而臣服焉，其徒黨雖眾，不能勝天也，故孔子云：「仁不可為眾也。」○**侯服于周**〔註167〕，**天命靡常**。陽韻。**殷士膚敏，祼將于京**。叶陽韻，居良翻。《春秋繁露》引此，以「殷士」二句繫於「侯服」二句之前。**厥作祼將，常服黼冔**。麌韻。**王之藎臣，無念爾祖**。麌韻。○賦也。陸云：「『侯服于周』句，疊上起下，蓋自周以命之

〔註167〕「侯服于周」，四庫本誤作「侯于周服」。

集，致商之服，在商則豈非以命之去致服於周，故遂揭出命之靡常，語極感慨。」「靡」，無也。按：《爾雅》訓「靡」、「罔」皆為「無」。張萱云：「靡者，非而靡焉。罔者，亡而罔之。」愚意「靡」之訓「無」，當是古讀如「礳」，音與「無」同耳。「莫」之訓「無」，亦以音通也。「常」者，旗名。日月為常，謂畫日月於其端，天子所建，言常明也，故為常久之義。《書》云：「盤庚遷於殷。」張守節云：「自湯已下號商，至盤庚改號曰殷。」上章言「商」，此變言「殷」者，彼主孫子之世系言，則溯其開基之始；此主國亡而臣服於周言，則但以亡時所稱之國號稱之。各有攸當也。朱子云：「諸侯之大夫入於天子之國曰某士。則『殷士』者，商孫子之臣屬也。」葉氏云：「《春秋傳》『晉士起』是也。」「膚」，本「臚」字，當通作「旅」，言眾也。解見《六月》篇。「敏」，《說文》云：「疾也。」殷士眾多，皆疾行，從商之孫子以助祭也。「祼將于京」二句，一氣讀下，不接「殷士」句，言當王行祼禮之時，而殷士之助祭者皆服常服以趨事，有如此也。「祼」，《說文》云：「灌祭也。」《周禮·大宗伯》：「以肆獻祼，享先王。」《注》：「祼之言灌，灌以鬱鬯，謂始獻尸求神時也。《郊特牲》云：『魂氣歸於天，形魄歸於地。故祭，所以求諸陰陽之義也。殷人先求諸陽，周人先求諸陰。』灌是也。祭必先灌，乃後薦腥薦熟〔註168〕。」賈公彥云：「凡宗廟之祭，迎尸入戶，坐於主北，王以圭瓚酌鬱鬯以獻尸，尸得之，瀝地。祭訖，啐之，奠之，不飲。尸為神象，灌地所以求神也。」《祭統》云：「祭有三重焉，獻之屬莫重於祼。」《周禮注》云：「將，送也。」按：將字從寸。寸者，手也，謂以手送之也。孔云：「宗廟之祭以祼為主。於禮，王正祼而後亞祼。則祼將，主人之事矣。周人尚臭，舉祼將以表祭事，見殷士助祭耳，不必專助行祼也。」愚按：「祼將」與「將祼」不同。《周禮·天官·小宰》：「凡祭祀，贊祼將之事。」《小宗伯》：「辨六彝之名物，以待祼將。」《鬱人》：「詔祼將之儀與其節。」此祼將皆指王言，謂王行祼禮，以圭瓚酌酒送與尸也。《小宗伯》職又云：「凡祭祀賓客，以時將瓚祼。」此將祼指小宗伯言，謂送瓚於王，以行祼禮也。今此詩明言「祼將」，非言「將祼」，正如孔氏舉祼將以表祭事之說，其非指殷士助送祼明矣。「京」，周京也。按：《說文》，人所為絕高丘曰京。故天子所居，亦以京名。《孟子》引孔子讀《詩》至此而曰：「仁不可為眾也。」夫國君好仁，天下無敵。劉向云：「王者必通三統，明天命所授者博，非獨一姓也。孔子論《詩》，至於『殷士膚敏，祼將於京』，喟

〔註168〕「薦腥薦熟」，《周禮》鄭玄《注》同，四庫本作「獻腥獻熟」。

然歎曰：『大哉天命！善不可不傳於子孫，是以富貴無常。不如是，則王公其何以戒慎，民萌〔註169〕何以勸勉！』蓋傷微子之事周而痛殷之亡也。」「厥作祼將」，指王也。「作」，猶行也。「常服」，猶云舊服，即下文「黼冔」是也。朱子云：「先代之後，統承先王，修其禮物，作賓於王家。時王不敢變焉，而亦所以為戒也。」「黼」，繡於裳，解見《采菽》篇。於章服之中專舉黼者，未知何意。殷制無考。「冔」，殷冠名。《說文》無「冔」字。按：冔字從曰籲聲，與冕同意。古必有其字，但《說文》偶遺之耳。《禮記》云：「周弁，殷冔，夏收。」又云：「有虞氏皇而祭，夏后氏收而祭，殷人冔而祭，周人冕而祭。」又云：「周人弁而葬，殷人冔而葬。」蔡邕云：「冕冠，周曰爵弁，殷曰冔，夏曰收，皆以三十升漆布為殼，廣八寸，長尺二寸。加爵冕其上，周黑而赤，如爵頭之色，前小後大。殷黑而微白，前大後小。夏純黑而赤，前小後大。皆有收以持笄。」《禮記注》云：「冔名出於幠。幠，覆也，言所以自覆飾也。」《白虎通》云：「殷冔謂之詡者，十二月之時，施氣受化，詡張而後得牙，故謂之詡。」又云：「『厥作祼將，常服黼冔』，言微子服殷之冠，助祭於周也。」熊禾云：「此見周家忠厚之至。一代之興，雖改正朔，易服衣，以示作新之政。然考之詩書，則一代之禮樂固未嘗廢也。『常服黼冔』，猶用商之衣冠也。『王訪於箕子』稱『十有三祀』，『奔走臣我監』稱『五祀』，猶用商之紀年也。一則曰商王士，二則曰殷多士，何嘗敢有一毫鄙夷之心。其視後世亡人之國則絕人之祀，衣冠禮樂能存先代之舊亦鮮也。此皆出於疑慮之過，而不知以公天下為心者，周家忠厚之澤所以為不可及也。」「藎」，本草名。《爾雅》訓「進」，未詳其義。舊說相傳皆訓為「忠藎」，絕無稽據。按：《方言》：「子，藎，皆餘也。周、鄭之間曰藎，或曰子。青、徐、楚間〔註170〕曰子。自關而西，秦、晉之間，炊薪不盡曰藎。」此其說可信。上施草，下施盡。薪者，草之類也。盡與燼通，火之餘也。又按：《桑柔》篇「具禍以燼」，陸德明本「燼」作「藎」，則古文「燼」、「藎」通用，益知藎之即為燼也。「王之藎臣」，以目商孫子及殷士乃勝國餘燼云耳。自「祼將于京」至此五句，是一氣語，言王方舉祼將之禮於周京，凡助祭者畢至，故當王行祼將之時，而此商之孫子率其臣屬皆服其故國黼冔之常服，助祭於廟，為王之藎臣也。上言商之孫子，與「文王孫子」相照。此言「殷士」，與「凡周之士」相照。疑周公因成王祭文王廟遂陳及此，

〔註169〕 「萌」，《漢書》卷三十六《楚元王傳・劉向》同，四庫本作「氓」。
〔註170〕 「間」，底本誤作「問」，據四庫本改。

非文王時事也。「無念」，朱子云：「猶言豈得無念也。」「爾祖」，指文王也。殷滅而周興，非文王之德不至此，爾得無念爾祖文王之德乎？此與上章皆歸重文王得天，不重商家命去悽惻上。其監殷之意，尚留在下章。○無《孝經》、《左傳》俱作「毋」。念爾祖，聿《漢書》作「述」。脩厥德。職韻，亦叶屋韻，都木翻。永言配命，自求多福。屋韻。亦叶職韻，筆力翻。殷之未喪去聲。師，克配上帝。叶實韻，丁異翻。宜《大學》作「儀」。鑒《大學》作「監」。于殷，駿《大學》作「峻」。豐本作「俊」。命不易。叶實韻，羊吏翻。○賦也。「聿」，通作「欥」，《說文》云：「詮辭也。」徐鍇云：「詮理也。理其事之辭也。」「脩」，通作「修」，《說文》云：「飾也。」「聿脩厥德」三句，俱主文王言。「德」字從彳，謂德之見於行者。內得於心曰德，外見於行曰德。承上章言成王得無念爾祖文王之能修飾其德乎？曰「左右」，曰「陳錫」，文王修德之實也，所以得民心而受天命者，其原正在於此。漢元帝時，頗改宣帝之政，言事者多進見，人人自以為得上意。匡衡上疏曰：「陛下聖德天覆，子愛海內。然陰陽未和，姦邪未禁者，殆論議者未丕揚先帝之盛功，爭言制度不可用也，務變更之。所更或不可用而復復之，是以臣下更相是非，吏民無所信。臣竊恨國家釋樂成之業，而虛為此紛紛也。願陛下詳覽統業之事，留神於遵制揚功，以定群下之心。《大雅》曰：『無念爾祖，聿脩厥德。』孔子著之《孝經》首章，蓋至德之本也。」按：漢宣之德無足言者，而匡之說《詩》，則可謂深得其意矣。《左·昭二十三年》：「楚囊瓦為令尹，城郢。沈尹戌曰：『古者，天子守在四夷。天子卑，守在諸侯。諸侯守在四鄰。諸侯卑，守在四境。《詩》曰：無念爾祖，聿脩厥德。無亦監乎若敖、蚡冒至於武、文〔註171〕，土不過同，慎其四境，猶不城郢。今土數圻，而郢是城，不亦難乎！』」引《詩》之意，亦以修德屬爾祖。時說皆指為勸王之辭，非是。又，《孝經》：「子曰：『愛親者不敢惡於人，敬親者不敢慢於人。愛敬盡於事親，而德教加於百姓，刑於四海，蓋天子之孝也。』」章首引此詩，其意以愛親、敬親解念祖，以不敢惡人、不敢慢人解修德，則修德乃自修其德，亦斷章取義。「永言」者，謂長言之，即歌是也。《虞書》曰：「詩言志，歌永言。」《樂記》曰：「言之不足，故長言之。長言之不足，故嗟歎之。」蓋作此詩者欲王聞而警念，故自言其歌，詠於王側，以動王聽，猶上言「於昭」，言「於緝熙」，亦雜用嗟歎之聲於句中也。「配」，匹也。「命」，即「假哉天命」之「命」。文王有左右陳

〔註171〕「文」，《左傳》同，四庫本作「王」。

錫之德，足與天命相匹敵，故多福歸之，是其致福之縣，皆自實有以求之，非倖致也。文王無求福之心，然修德而福來應，即謂之自求可矣。與《旱麓》篇之「干祿求福」義同。「多福」，如上言福及子孫、多士皆是。《孟子》引此詩及太甲「自作孽，不可活」之語，而總斷之曰：「禍福無不自己求之者」。又云：「愛人不親，反其仁。治人不治，反其智。禮人不答，反其敬。行有不得者，皆反求諸己。其身正，而天下歸之。」亦引此詩。《左·昭二十八年》：「晉魏獻子為政，以賈辛為祁大夫。將適其縣，見於魏子。魏子曰：『辛來！今汝有力於王室，吾是以舉汝。行乎！敬之哉！毋墮乃力！』仲尼聞魏子之舉也，以為義。又聞其命賈辛也，以為忠。《詩》曰：『永言配命，自求多福。』忠也。魏子之舉也義，其命也忠，其長有後於晉國乎！」觀此可以得詩人立言之意。又，桓六年，「鄭太子忽辭齊昏，曰：『人各有耦，齊大，非吾耦也。《詩》云：自求多福。在我而已，大國何為？』」則尤明於「自」之解者。「喪」，失。「師」，眾也。「未喪師」三字最重。命之去留，只視師之喪與否耳。朱子云：「上帝，天之主宰也。」「克配」者，殷先王之德能與之相匹敵也。《周書·多士》篇云：「自成湯至於帝乙，罔不明德恤祀，亦惟天丕建保乂有殷，殷王亦罔敢失帝，罔不配天其澤。」此所謂「殷之未喪師，克配上帝」也。今其後人何如哉？詩人於此處偏含蓄不忍說出，益覺其辭凜凜。「宜」，猶當也。「鑒」，孔云：「鏡也。鏡照物知善惡，故以殷為鏡，知存亡。」言爾不可不鑒於有殷，蓋近事不遠，周所代也。「駿」，當依《大學》通作「峻」，《說文》云：「高也。」莫高非天。「峻命」，即天命也。「易」，通作「傷」，《說文》云：「輕也。」「不易」者，得之不輕傷，守之亦不當輕傷也。《大學》「平天下」章引「殷之未喪師」四語，而解之云：「道得眾則得國，失眾則失國。」《孟子》云：「桀、紂之失天下也，失其民也。失其民者，失其心也。」漢翼奉上元帝疏云：「臣聞三代之祖，積德以王，然皆不過數百年而絕。周至成王，有上賢之材，因文、武之業〔註172〕，以周、召為輔，有司各敬其事，在位莫非正人，天下甫二世耳。然周公猶作《詩》、《書》，深戒成王，以恐失天下。《書》則曰『王毋若殷王紂』，其《詩》則曰『殷之未喪師，克配上帝。宜鑒于殷，駿命不易。』」鄒忠胤云：「周室方新之命，即商邑已陳之命。而今日天所降喪之殷，即異時天所保乂之殷。殷禮陟配天，多歷年所久矣。其在于今，麗億在廷，何如本支之奕葉；膚敏在廟，何如周楨之贊襄。黼冔、祼將，見為假哉可，見為靡常亦

〔註172〕 「業」，《漢書》卷七十五《翼奉傳》同，四庫本誤作「葉」。

可。倘未能亹亹如文，緝熙敬止如文，厥德既墜，爾躬是遏，其為喪師之續不難耳。」○**命之不易**，音異。**無遏**陸云：「或作『謁』。」**爾躬**。叶先韻，居員翻。**宣昭義問**，豐本作「聞」。**有**豐本作「又」。**虞殷自天**。先韻。亦叶真韻。見首章。**上天之載，無聲無臭**。宥韻。亦叶尤韻，初尤翻。**儀刑**《潛夫論》作「形」。**文王，萬邦**《禮記》作「國」。**作孚**。叶尤韻，敷救翻。亦叶尤韻，芳尤翻。○賦也。「遏」，《爾雅》云：「止也。」郭璞云：「今以逆相止為遏。」徐鍇云：「徼繞使止也。」「躬」，《說文》云：「身也。」歐陽修云：「知天命之不易，無使天命至爾躬而止。」真德秀云：「周至成王，再世耳，周公已憂其命之不延。讀『無遏爾躬之』一語，至今猶使人凜然震懼。況周公親言之而成王親聽之乎！亦猶堯之告舜曰『天祿永終』也。以後世言之，必且謂此不祥之語。而古者君臣更相告戒，不諱危亡如此，斯其所以不危亡也。」「宣」字下從亘，象回轉周匝之形，故《爾雅》以為「遍也」。「昭」，明也。「宣昭」者，遍求此理之明徹，與「緝熙」同義。「昭」即「熙」也，「宣」即「緝」也。「義問」，以義理相詢問也。呂祖謙云：「『宣昭義問』，所謂闢四門，明四目，達四聰。蓋天命之大，非小智偏學所能與也。」「有」，通作「又」。鄭訓「有」為「又」。孔云：「以上已有所行之事，下復言之，故知宜為又也。」「虞」，《爾雅》云：「度也。」按：古者山澤之官名曰虞，以其能相度山澤，故又訓虞為度。《周官》「出入自爾師虞」是也。又其字形聲皆與「慮」字相近，疑古文「慮」、「虞」通用。「殷」，專指已亡之殷，不兼指未喪師之殷。以上既言「宜鑒于殷」，又言「命在爾躬」，則意主於鑒，其亡可知。「自天」，與《周書·召誥》「矧曰其有能，稽謀自天」語氣正同。嚴云：「以義理詢問於人，而又虞度殷之所以自天者。殷之亡也，實自於天。天命無私，可以為鑒也。鑒殷之所以失，必法文王之所以得。」愚按：殷之所以見棄於天，不過在失民心耳。蔡汝楠云：「『宣昭義問，有虞殷自天』，蓋體文王翼翼之心法也。德之顯可繼，命之時可久，總在敬。不惟問察之廣，而又虞度於心，其敬也至矣。」曰「上天」者，見其高高在上，與人相隔絕，非人意所能測也。「載」者，乘車之名。唐、虞號歲為載，取物終更始，以年運而往為義。此言「載」者，亦謂天意轉運無常，其予其奪，不可控揣，故以「無聲無臭」形容之。「臭」者，氣之總名。天地間，惟聲傳於虛，臭達於微，已非有形之物。此並聲臭而亦無，則窈冥之極也。《中庸》因之，以精擬至德之合天，曰：「《詩》云『予懷明德，不大聲以色』。子曰『聲

色之於以化民，末也。』《詩》云：『德輶如毛。』毛猶有倫。『上天之載，無聲無臭。』至矣。」「儀」，朱子云：「象也。」按：《左傳》：「有儀可象之謂儀。」「刑」，毛云：「法也。」按：訓法之刑當作荊，字從井。《易》曰：「井，法也。」《復古編》云：「今經史皆通作刑，而從井從刀之刑字不復用矣。」「萬邦」，謂萬國之民也。「作」，《說文》云：「起也。」「孚」，毛云：「信也。」按：「孚」之為義，卵孚也，從爪從子。徐鍇云：「鳥之乳卵，皆如其期，不失信也。鳥抱，恒以爪反覆其卵。」故從爪也。象法文王，如其「陟降」、「在帝」、「緝熙敬止」，以「左右」「陳錫」乎斯民，則萬邦起而信我，亦如文王矣。人歸之外，豈別有天與哉？《左・襄十三年》：「晉諸卿讓，晉國之民是以大和，諸侯遂睦。君子曰：『讓，禮之主也。晉國以平，數世賴之。』刑善也夫！一人刑善，百姓休和，可不務乎！周之興也，其《詩》曰：『儀刑文王，萬邦作孚。』言刑善也。」昭六年，：「鄭人鑄刑書，叔向使貽子產書曰：『昔先王議事以制，不為刑辟。《詩》曰：儀刑文王，萬邦作孚。如是，何辟之有？』」《緇衣》篇：「子曰：『好賢如《緇衣》，惡惡如《巷伯》，則爵不瀆而民作願，刑不試而民咸服。《大雅》曰：儀刑文王，萬邦作孚。』」按：二書所引，總借「儀刑」一語以明當取法前修之意，於經旨無涉。凌濛初云：「此篇詩體，自二章以下，首尾相銜。王元美謂曹子建《白馬篇》祖此。」

　　《文王》七章，章八句。《左・襄四年》：「穆叔如晉，晉侯享之，工歌《文王》之三，不拜。韓獻子使行人子員問之。對曰：『《文王》，兩君相見之樂也，臣不敢及。』」《魯語》亦云：「叔孫穆子聘於晉，晉悼公饗之，樂及《鹿鳴》之三，而後拜樂三。晉侯使行人問焉。對曰：『夫歌《文王》、《大明》、《緜》，則兩君相見之樂也，皆昭令德，以合好也，非使臣之所敢聞也。臣以為肄業及之，故不敢拜。』」朱子云：「今按：此詩一章言文王有顯德，而上帝有成命也。二章言天命集於文王，則不惟尊榮其身，又使其子孫百世為天子諸侯也。三章言命周之福，不惟及其子孫，而又及其群臣之後嗣也。四章言天命既絕於商，則不惟誅罰其身，又使其子孫亦來臣服於周也。五章言絕商之禍，不惟絕其子孫，而又及其群臣之後嗣也。六章言周之子孫臣庶當以文王為法，而以商為監也。七章又言當以商為監，而以文王為法也。其於天人之際、興亡之理丁寧反覆，至深切矣，故立之樂，而因以為天子諸侯朝會之樂，蓋將以戒乎後世之君臣，而又以昭先王之德於天下也。《國語》以為『兩君相見之樂』，特舉其一端而言耳。」

蟋蟀

《蟋蟀》，唐風也。成王十年，封弟叔虞於唐，其國風如此。班固《地理志》云：「河東土地平易，有鹽鐵之饒，本唐堯所居，《詩·風》唐、魏之國也。周至成王滅唐，而封夷叔虞於唐，其民有先王遺教，君子深思，小人儉陋，故唐詩皆思奢儉之中，念死生之慮。吳札聞唐之歌曰：『思深哉，其有陶唐氏之遺民乎！』《孔叢子》載孔子曰：「於《蟋蟀》見陶唐儉德之大也。」《左·襄二十七年》：「鄭伯享趙孟於垂隴，印段賦《蟋蟀》。趙孟曰：『善哉，保家之主也！吾有望矣。』」愚按：此詩乃班《書》所謂深思之君子所作，蓋唐叔虞始封時之風也。

蟋蟀《說文》作「螆」。**在堂，歲聿其**豐氏本作「云」。**莫。**叶遇韻，莫故翻。**今我不樂，**音絡。後同。**日月其除。**叶遇韻，讀如戌，春遇翻。**無已**杜預《左傳注》作「以」。**大**音泰。後同。**康，職思其居。**叶遇韻，讀如屨，俱遇翻。**好**去聲。後同。**樂**音絡。後同。**無荒，良士瞿瞿。**遇韻。豐本作「眲眲」。○賦也。「蟋蟀」，《說文》作「蟋螆」。毛《傳》云：「蛬也。九月在堂。」陸璣云：「蟋蟀似蝗而小，正黑，有光澤如漆，有角翅。一名蛬，一名蜻蛚，楚人謂之蛬孫，或作王孫。」《廣雅》，一名趣織。幽州人謂之趨織，督促之言也，俚語曰「趨織鳴，懶婦驚」是也。蜻蛚，一作青蛚，又名吟蛬，亦作吟蛩。羅願云：「其聲如急織，故幽州謂之促織。又其鳴時，正織之候，故以戒婦功。《春秋說題辭》曰：『趨織為言趨織也。織興事遽，故趨織鳴，女作兼。』而崔豹云：『濟南人謂蟋蟀為懶婦』，非也。許叔重謂蟋蟀為即且，亦非也。以夏生，秋始鳴。《周書》：『小暑之日，溫風至。又五日，而蟋蟀居壁。』《淮南》則云：『蟋蟀居奧。奧者，西南隅也。比寒，則漸近人。』《易通卦驗》曰：『立秋，蜻蛚鳴。白露下，蜻蛚上堂。』」按：據此，則「蟋蟀在堂」，蓋自七月已然矣。毛以為「九月在堂」者，以《豳風》有「十月蟋蟀入我床下」之言，可知九月尚在堂也。「聿」，通作「欥」，《說文》云：「詮詞也。」引《詩》「欥求厥寧」，今文亦作「聿」。徐鍇云：「詮理也。理其事之詞也。」「莫」，晚也。歲將盡，如日且冥也。孔云：「時當九月，則歲未為暮。而言『歲聿其暮』者，言其過此月後則歲遂將暮耳。謂十月以後為歲暮也。此月未為暮也。《小明》云：『歲聿云暮，采蕭穫菽。』采、穫是九月之事也。云『歲聿云暮』，其意與此同也。」「除」，去也。鄭玄云：「今不自樂，日月且過，去不復暇為之也。」首二句言物不能安其常，時不能限其去，有無限諮

嗟。及時為樂,正見過時則職業復生矣,有不盡驚慌,非泛泛言日月逝矣之謂。「已」,過。「大」,極也。「康」,本作「穅」,從禾從米,庚聲。今文作「糠」,省作「康」。徐鍇云:「康,空也。米皮去其內以空之也。」《詩》「酌彼康爵」,亦取空義。又按:《史記‧前諸侯王表》:「有中山糠王。」師古注:「糠,惡諡也。好樂怠政曰糠。」蓋以其蕭然自放,無所用心,如米皮之空其內而從風簸揚者。然「糠」、「康」字義俱同,故後人因又轉訓康為安樂也。「職」,《爾雅》云:「主也。」「居」,張子厚云:「謂其位也。言心中之所專主者,惟在思其見在所居之位,各有當盡之業也。」「好」,猶愛也。「樂」,即「今我不樂」之「樂」。「荒」者,廣遠之義。好樂過甚,其情蕩然,無復簡制也。愚按:此詩原不為及時行樂發論,正意止在「好樂無荒」四字耳,卻從「今我不樂」倒翻來,而急以正意喚醒。唐中宗引群臣宴集,令各獻伎為樂。張錫為談客娘舞宗,晉卿舞渾脫,張洽舞黃獐,杜元琰誦波羅門咒,李行言唱駕車西河,盧藏用效道士上章,郭山惲誦古詩兩篇。誦《鹿鳴》、《蟋蟀》未畢,李嶠以詩有「好樂無荒」之語,止之。唐之君臣狂縱乃爾,如之何不啟亂也?「瞿瞿」,解見《東方未明》篇,有左顧右盼、計後思前之意。所謂「良士」,即於「瞿瞿」見之,虛摹讚歎,祗為思居者加鞭,非必真有此人而欲其就彼取法也。○**蟋蟀在堂,歲聿其逝。**霽韻。**今我不樂,日月其邁。**叶霽韻,力制翻。**無已大康,職思其外。**叶霽韻,以計翻。**好樂無荒,良士蹶蹶。**叶霽韻,姑衛翻。○賦也。「逝」,往也。「邁」,遠行也。「歲聿其暮」,可驚也,未幾而暮者又將逝矣。「日月其除」,可惜也,未幾而除者又已邁矣。「職思其外」者,歐陽脩云:「廣周慮也。」嚴粲云:「前言思所居之位,則在內之事皆入於念慮矣。至於在外之事,皆不可不慮。」朱子云:「蓋其事變或出於平常思慮之所不及,故當過而備之也。」「蹶」,有僵與跳二義。《呂氏春秋》云:「此蹶瘈之機」,僵也;「狐援聞而蹶往過之」,跳也。此當從跳義。「蹶蹶」,毛云:「動而敏於事也。」上章「瞿瞿」,第寫其顧慮周旋之狀,未見於為也,至此則亟見於為矣。輔廣云:「思之雖周,而為之不敏,則亦無益矣。」○**蟋蟀在堂,役車其休。**尤韻。**今我不樂,日月其慆。**叶尤韻,他侯翻。**無已大康,職思其憂。**尤韻。**好樂無荒,良士休休。**尤韻。○賦也。前章「其暮」、「其逝」,皆豫擬之辭。此「役車其休」,但據即境而言。《周禮‧春官‧巾車》職云:「庶人乘役車。」《注》云:「有方箱,載任器供役者。」孔云:「收納禾稼,亦用此車。」陳祥道云:「牛車也。」鄭玄云:「役車休,

農功畢，無事也。」輔廣云：「庶人之役車猶休矣，則君子可無一日之樂乎？」
「慆」，久也。《詩》「慆慆不歸」之「慆」。言「今我不樂」，則日月其尚肯久
留而待我耶？徐光啟云：「《唐》詩言『今我不樂，日月其除』、『今我不樂，日
月其慆』，有憂深思遠之意。《秦》詩言『今者不樂，逝者其耋』、『今者不樂，
逝者其亡』，有歎老拊髀之風。讀此二詩，可見風俗之異。」「職思其憂」，即
思其居、其外之所可憂者。不然，思居、思外，所思何事？惟專主於思憂，而
後憂庶乎可免也。「休」，《說文》云：「息止也。從人依木。」「休休」者，休
而又休。《爾雅》以為「儉也」。樂而不淫，不願乎外，皆儉意也。此「瞿瞿」、
「蹶蹶」之根本。舊以安閒自得解之，未是。鍾惺云：「《出其東門》以樂止
思，《蟋蟀》以思止樂，極善居心人也。」

　　《蟋蟀》三章，章八句。《序》云：「刺晉僖公也。儉不中禮，故作是
詩以閔之，欲其及時以禮自虞樂也。」馬融亦云：「孔子曰：『奢則不孫，儉則
固奢。』儉之中，以禮為界。是以《蟋蟀》、《山樞》之人，並刺國君，諷以『大
康』、『馳驅』之節。」郝敬為之說云：「國奢，濟之以儉；國儉，濟之以禮。
晉自僖公之世，俗尚固陋，儉不中禮，以《蟋蟀》比，諷其終歲廢禮也。蟋蟀
十月在堂，周以十一月為歲首，十月歲畢，是大蠟之時。終歲禮樂不止，十月
而歲暮猶寥寥，則禮壞樂崩矣。是詩不必即作於十月。一歲之中，朝廷有食
饗，宗廟有獻酬，邦國有賓興，鄉有射，里有社，食以時，用以禮，烏可無財
廢禮，當時而廢樂也？禮樂，先王所以和上下，調人情。勞身焦思，以天下為
桎梏，是墨道也。故詩人借為樂以廣其儉，即致『大康』之戒。所謂禮減而能
進，樂盈而能反，中和之道。忠臣弼諧之語，里巷歌曲焉得有此？」愚按：此
說敷衍《序》義，雖極闊大，然所謂勸君行樂，終非格訓。且一章之中，既勸
於前，復戒於後，依文鋪敘，覺費周旋。朱子謂「《序》與詩意正自相反」，其
見確矣。但以為「民間歲晚燕飲之作」，則似未然。繹「思居」、「思外」及「良
士瞿瞿」等語，自是士大夫聲口。又，《申培說》但云「唐人相戒之詩」，不詳
作者何人。《子貢傳》闕文。

天保

　　《天保》，祝王也。成王遣周、召二公營雒邑，既成報命，因致其
祝願之意。《子貢傳》云：「大臣所以報王也。」鄒忠胤云：「《史記》：『武王
克商，憂天保之未定，於是有營雒之意。』」此詩之作，蓋在東都既成後矣。

《傳》以為大臣報上，其即周、召之徒與？」按：《史記》所載與《逸周書》及《隨巢子》微有同異，今摘錄於此。武王至於周，自夜不寐。周公旦即王所，曰：「曷為不寐？」王曰：「告女。維天不饗殷，自發未生，於今六十年。麋鹿在牧，飛拾滿野，天不饗殷，乃今有成。今我未定天保，何暇寐？」又曰：「定天保，依天室，自雒汭延於伊汭，居易毋固，其有夏之居。我南望三塗，北望嶽鄙，顧詹有河，粵詹雒伊，毋遠天室。」蓋意欲營雒也。及成王即位，追武王之意，使召公相宅。周公復卜申視，卒營築，居九鼎焉。《書·召詔》、《雒誥》之所為作。此詩前三章俱以「天保定爾」一句發端，通章語意亦與三誥相出入，其為營雒後報命而致其祝願之辭，無可疑者。

天保《潛夫論》作「祿」。定爾，亦孔之固。叶遇韻，讀如倨，居御翻。俾爾單《潛夫論》作「亶」。厚，何《潛夫論》作「胡」。福不除。叶御韻，遲據翻。俾爾多益，以莫不庶。御韻。〇賦也。「保」者，抱持愛護之義。曰「天保」者，《召誥〔註173〕》云：「相古先民有夏，天迪從子保。今相有殷，天迪格保。」與此義同。「以受命於天」，故曰「天保」也。「定」者，不移之謂。「爾」，指王也。歐陽脩云：「詩人爾其君者，蓋稱天以為言。」又，劉辰翁云：「詩人爾君，雖古人爾汝之常，抑非此無以著其親愛諄至之情也。」「孔」，甚。「固」，堅也。雒邑既成，基命始定，卜世三十，卜年八百，固孰如之！又，《韓詩》解云：「言天以仁義禮智保定人之甚固也。」義與此異。「俾爾」以下，望之也。「俾」，使也。孰使之？天使之。「思若啟，行若翼」是也。君子謂之善頌善禱。曰「俾爾」者，猶《卷阿》言「俾爾彌爾性」。「單」，鄭玄云：「盡也。」即《禮記》「惟為社事單出里」之「單」，與「殫」通用。「厚」，謂忠厚。「俾爾單厚」，諷以仁也。周家以忠厚開基，今厚而益盡其厚，《書》所謂「乃單文祖德」也。「除」，沈括云：「猶易也。」以新易舊曰除，如新舊歲之交謂之歲除。《易》：「除戎器，戒不虞」，以新易敝也。程子云：「除有消去之義。福祉之來，不問多寡，其受之也，皆若消去而常有者。」「多益」，多受益也。惟虛能受。「俾爾多益」，諷以虛也。「庶」，《爾雅》云：「侈也。」鄧元錫云：「天下之益無方，俾王弘受，而何益不庶也？」《易·損》之六五曰：「或益之十朋之龜，弗克違。」「莫不庶」之謂也。夫「單厚」，自盡也；「多益」，盡人也。內盡於己，外盡夫物，然後善美盡而大備。下章所

〔註173〕「誥」，底本誤作「語」，據四庫本改。

謂「戩穀」也。詩人誦福,必本德言之。○**天保定爾,俾爾戩穀**。屋韻。
罄無不宜,受天百祿。屋韻。**降爾遐福**,屋韻。**維日不足**。叶屋韻。
讀如祝,之六翻。○賦也。自「俾爾戩穀」以下,亦以未然言,與首章同意。
「戩」,《說文》訓「滅」,《爾雅》訓「福」。今按:戩字從戈,似無福義,當
以《說文》之訓為正。引《詩》「實始戩商」。今文作「剪」,謂翦滅也。然此
「戩」字訓「滅」,則非詩意,當通作「晉」。晉,進也。「穀」,善也。言日進
於善而不已也。「罄」,《爾雅》云:「盡也。」盡無不宜,所謂「宜民宜人」是
也。「百祿」,謂多祿。「遐」,《說文》云:「遠也。」不但受天之百祿而已,天
又將下與爾以廣遠之福。百以盛言,遐以久言。「維日不足」,亦規勸之辭。嚴
粲云:「滿招損,謙得〔註174〕益。故福祿雖盛,而不自止足,所謂吉人為善,
維日不足也。天下無德外之福,詩人歸美之中,有貴難者寓。若盡以為言福
祿,則全篇皆容悅之辭矣。」○**天保定爾,以莫不興**。蒸韻。**如山如阜**,
豐本作「阜」。**如岡如陵**。蒸韻。**如川之方至,以莫不增**。蒸韻。○賦
也。自「以莫不興」而下,即上章所謂「降爾遐福」者。「興」,《說文》云:
「起也。」鄭玄云:「盛也。」《爾雅》云:「高平曰陸,大陸曰阜,大阜曰陵。」
李巡云:「謂土地豐正名為陸,土地獨高大名曰阜,最大名為陵。」應劭云:
「阜者,茂也,言平地隆踴,不屬於山陵也。」「岡」,《爾雅》、《說文》皆云:
「山脊也。」「陵」,《釋文》云:「隆也。體隆高也。」「川之方至」,鄭玄云:
「謂其水縱長之時也。」嚴云:「如山之高矣,又復如山脊之岡,則愈高矣。
如阜之大矣,又復如大阜之陵,則愈大矣。此所謂興也。山阜岡陵,猶有定
體,故又欲其福之增。增,言加益也。川本源深流長,而方至則又盛長之初,
其增不可量也。」鄒忠胤云:「古人文字,不拘拘板對。有一句而參錯者,如
《論語》『迅雷風烈』、《楚辭》『吉日兮〔註175〕辰良』是也。有兩句而參錯者,
如《楚辭》『蕙肴蒸兮蘭藉,奠桂酒兮椒漿』及韓退之『春與猿唫兮,秋鶴與
飛』是也。有一章而參錯以成文者,《天保》之三章是也。」以山川為祝者,
蓋亦賦景以見志。《逸周書》所謂「作大邑成周於土中,南繫於雒水,北因於
郟山,以為天下之大湊」者也。○**吉**《周禮疏》、《大戴禮注》俱作「絜」。**蠲**
《韓詩》、《儀禮注》、豐本俱作「圭」。**為**《韓詩》作「惟」。**饎,是用孝享**。

〔註174〕「得」,四庫本作「受」。
〔註175〕「兮」,底本誤作「分」,據四庫本、《楚辭‧九歌‧東皇太一》改。

—625—

叶陽韻，虛良翻。祠《禮記注》、《釋文》俱作「礿」。**祠烝嘗**，陽韻。豐本作「祠礿嘗烝」。**于公先王**。陽韻。**君曰卜爾，萬壽無疆**。陽韻。○賦也。「吉」，謂諏吉日。劉公瑾云：「君臣諏謀祭日，於旬有一日之先，至次日，乃卜所諏之日吉否。如《少牢饋食》，大夫先與有司諏丁巳之日，至明日，乃筮其日之吉凶也。」「濯」，通作「涓」。涓者小流，有潔之義。樊光謂「濯除垢穢，使令清明」，蓋以意通之也。朱子云：「言齋戒滌濯之潔。」按：齋戒謂七日齋、三日戒之類，致潔於內也。滌濯謂溉濯祭器、掃除宗廟之類，致潔於外也。「為」，猶備也。「饎」，《說文》云：「酒食也。」《方言》以為「熟食」。《儀禮》有「饎爨」，《注》：「炊黍稷曰饎。」按：饎字從食，當只作食解。兼酒言，非也。「享」，《說文》云：「獻也。」孝以盡志，享以盡物。《爾雅》云：「春祭曰祠，夏祭曰礿，秋祭曰嘗，冬祭曰烝。」孫炎云：「祠之言食。礿〔註176〕，新菜可礿。嘗，嘗新穀。烝，進品物也。」董仲舒云：「春上豆實，夏上尊實，秋上杌實，冬上敦實。豆實，韭也，春之始所生也。尊實，面也，夏之所受初也。杌實，黍也，秋之所先成也。敦實，稻也，冬之所畢實也。始生故曰祠，善其可也。夏約故曰礿，貴所初礿也。先成故曰嘗，嘗言甘也。畢熟故曰烝，烝言眾也。奉四時所受於天者而上之，為上祭，貴天賜且尊宗廟也。一年之中，天賜四至，至則上之，此宗廟所以歲四祭也。」礿，即禴。一說：夏祭以樂為主，故曰禴。祠之為義，謂品物少，多文詞也。按：仲春之月，祠不用犧牲圭璧及皮幣，但多其文詞而已。孔穎達云：「若以四時，當云祠、禴、嘗、烝，詩以便文，故不依先後。自殷以上，則春曰禴，夏曰禘，秋曰嘗，冬曰烝。《王制》文也。至周公，去夏禘之名，以春禴當之，更名春為祠，以禘為大祭。」「公」，鄭玄云：「先公也。」孔云：「周之所追，太王以下。其太王之前皆為先公。」朱子云：「謂后稷以下至公叔祖類也。」按：《史記》：「公叔祖類生古公亶父。」《世本》作「組紺」，鄭《箋》作「諸盩」，《世表》作「叔類」。「先王」，太王以下也。武王以王基肇於太王、王季、文王，故追王三王。孔云：「經於公上不言先者，以先王在公後。王上言先，則公為先可知。周禮：祀先王以袞冕，祀先公以鷩冕。」朱子云：「文王時，周未有曰先王者，此詩必武王以後所作也。」「君」，毛《傳》云：「先君也。」朱子云：「通謂先公先王也。」「君曰」者，皇尸傳先君之意，以嘏主人之辭。

〔註176〕此及下「礿」，底本作「汋」，據四庫本改。

尸以象神。《少牢禮》云「皇尸命工祝，承致多福無疆，於汝孝孫」之等，是傳神辭嘏主人也。「卜」者，前知之謂。前知爾萬年之壽，無有疆畔境界，使其長為天地山川之王，華夏民物之君，蓋極其盛而言。《雒誥》所謂「萬年厭於乃德」、「王伻殷乃承敘萬年」，皆此意也。黃佐云：「禮有五經，莫重於祭。此天保臣子所以欲人君奉祭而獲福也。春秋之時，有世室屋壞者，有四不視朔者，有烝以虡之餘者，不敬孰甚焉，惜無以是詩告之。」鄒云：「按：《雒誥》：『周公曰：王肇稱殷禮，祀於新邑，咸秩無文。』《竹書》：『成王七年，王歸自東都，立高圉廟。』此詩『吉蠲』、『孝享』，雖備舉四者之祭，然亦因祀新邑而述之也。」〇**神之弔**豐本作「逑」。**矣，詒爾多福。**叶職韻，筆力翻。**民之質矣，日用飲食。**職韻。**群黎百姓，**豐本作「百姓群黎」。**徧為爾德。**職韻。〇賦也。承上章祭祀言。「神」，即上先公、先王是也。「弔」，本作「迍」，《說文》云：「至也。」朱子云：「神之至矣，猶言『祖考來格』也。」一說：弔，恤也，猶「不弔昊天」之「弔」。義雖可通，而詞頗不倫。「詒」，通作「貽」，《說文》云：「贈遺也。」「多福」，即下文所稱是也。「質」，本以物相贅之義。徐鍇云：「實也。事疑虛，以人物實之也。」朱子云：「言其質實無偽，日用飲食而已。」「日」是日日之日。「用」者，轉字，如《易》「利用享祀之用」。李廷機云：「飲食，質也。質即平也。今人但肯耕食鑿飲，朝饔夕飧，此外無事，豈不是唐、虞世界？」蔣悌生云：「此詩不以福言福，而以德為福；不以德言德，而以質實為德。可謂知所本矣。人君茅茨土階，菲衣惡食，躬行於上，正欲導天下之人去奢而即儉，禁偽以存誠也。今也斯民惟事乎耕田鑿井，樂其日用之常，無慕乎浮華侈靡之習，無事乎虛妄譎詐之風，如是則民物安阜於下，人君端拱於上，所謂多福，孰有加於此哉！」又云：「周尚文，今詩人不以文稱周民而以質言，何哉？周之文所以美者，以其有質為之本也。文滅其質，又惡足稱乎？論周之文，當參考於此。」「群」，《說文》云：「輩也。」徐鍇云：「羊性好群，故從羊。」「黎」，通作「驪」，《說文》：「馬深黑色為驪。」故黎有黑義。《禹貢》「厥土青黎」，《史記》作「青驪」是也。朱子云：「猶秦言黔首也。」「百姓」，毛云：「百官族姓也。」繇群黎而推之百姓，蓋繇民而推之於臣，故下文以「徧」言之。「為爾德」者，鄭云：「言則而象之。」徧臣民之所為，皆爾之德。《堯典》所謂「百姓昭明，黎民於變時雍」是也。夫允升大猷，成王自謂膺受多福；道洽政治，康王自謂

膺受多福。使民若臣，皆徧為爾德，非多福之實而何？味「爾德」二字，亦含規諷。鄒云：「《召誥》曰：『其惟王位在德元，小民乃惟刑。用於天下，越王顯。』又曰：『予小臣，敢以王之讎民、百君子、越友民，保受王威命明德。』皆所謂『群黎百姓，徧為爾德』者也。」○**如月之恒**，蒸韻。《釋文》作「絚」。韻同。**如日之昇**。蒸韻。**如南山之壽，不騫不崩**。蒸韻。**如松柏之茂，無不爾或承**。蒸韻。○賦也。此一章俱承上章「徧為爾德」一句而言。「恒」，毛云：「弦也。」古本亦作「絚」。絚，大索也，有弦之義，當從之。鄭云：「月上弦而就盈。」孔云：「弦有上下。知上弦者，以對如日之昇，是益進之義，故知上弦矣。日月在朔交會，俱右行於天。日遲月疾，從朔而分。至三日，月去日已當二次，始死魄而出，漸漸遠日，而月光稍長。八日九日，大率月體正半，昏而中，似弓之張而弦直，謂之上弦也。後漸至十五十六日，月體滿，與日正相當，謂之望，云體滿而相望也。從此後漸虧，至二十三日二十四日，亦正半在，謂之下弦。於後亦漸虧，至晦而盡也。以取漸進之義，故言上弦，不用望。」「升」，通作「昇」，《說文》云：「日上也。」鄭云：「日始出而就明。」面所向之山，謂南山，非謂終南山也。壽以堅固言。「騫」，毛云：「虧也。」閔損，字子騫，取虧損之義。按：騫字從馬，《說文》云：「馬腹縶也。」徐鍇云：「馬腹病也。」今訓為虧者，當是馬腹以被縶而致虧損，故徐又解為「馬腹病也」。「崩」，《說文》云：「山壞也。」《曲禮疏》云：「自上墜下曰崩。」「不騫」是無虧損，指山之一處言。「不崩」是無傾覆，指山之全體言。「松」，解見《竹竿》篇。「柏」，解見《柏舟》篇。「茂」，《爾雅注》云：「枝葉婆娑也。」王逸子謂「木有扶桑、梧桐、松柏，皆受氣淳，異於群類者也」；《莊子》謂「受命於地，惟松柏獨也，在冬夏青青」；故獨舉松柏之茂言之。「恒」、「升」、「壽」、「茂」，皆以王者之遐福言，年壽悠長、運祚綿遠皆是也。「或」者，不知其誰何之辭。曰「無不」，曰「或」，皆指群黎百姓言也。「承」，《說文》云：「奉也，受也。」臣民承奉上德，從今依始，未有窮極，亦更無虧減，《雒誥》所謂「其永觀朕子懷德」是也。一說：「無不爾或承」，即蒙上松、柏言。亦通。言無不憑藉爾之大德而受其庇蔭也。

　　《天保》六章，章六句。《序》云：「下報上也。君能下下，以成其政。臣能歸美，以報其上焉。」朱子謂「人君以《鹿鳴》以下五詩燕其臣，臣受賜者，歌此詩以答其君」，與古注意同。是則群臣、嘉賓、使臣、兄弟、朋

友，凡有燕者，皆歌此詩，不幾於雷同虛文乎？善乎蘇子由之言曰：「古禮廢矣，不可得而知也。」愚不敢信。又按：翼奉學《齊詩》，聞五際之要。郎顗曰：「四始之缺，五際之厄。」應劭以五際為君臣、父子、兄弟、夫婦、朋友也。孟康則引《詩內傳》曰：「五際，卯、酉、午、戌、亥也。陰陽終始際會之歲，於此則有變改之政。」又，《汎曆樞》云：「午亥之際為革命。卯酉之際為改正。辰在天門出入候聽。卯，《天保》也。酉，《祈父》也。午，《采芑》也。亥，《大明》也。亥為革命，一際也。辰為天門出入候聽，二際也。卯為陰陽交際，三際也。午為陽謝陰興，四際也。酉為陰盛陽微，五際也。」又云：「《大明》在亥，水始也。《四牡》在寅，木始也。《嘉魚》在巳，火始也。《鴻雁》在申，金始也。」四始之說與毛詩《序》異，其理更不可曉，以俟知者。

清廟

《清廟》，雒邑既成，諸侯朝見宗祀，文王之所歌也。出蔡邕《獨斷》。○王襃云：「周公詠文王之德而作《清廟》。」《申培說》云：「周公成雒也，奉成王見諸侯，作明堂，宗祀文王，以配昊天上帝，率諸侯祀之而作此樂歌。」按：《尚書大傳》云：「周公將作禮樂，優游之三年，不能作。君子恥其言而不見從，恥其行而不見隨。將大作，恐天下莫我知。將小作，恐不能揚父祖功烈德澤。然後營雒，以觀天下之心。於是四方諸侯率其群黨，各攻位於其庭。周公曰：『示之以力役，且猶至，況導之以禮樂乎！』然後敢作禮樂。」又云：「卜雒邑，營成周，改正朔，立宗廟，序祭祀，易犧牲，制禮樂，一統天下，合和四海，而致諸侯，皆莫不依紳端冕，以奉祭祀者。太廟之中，繽乎其猶模繡也。天下諸侯之悉來進，受命於周公，而退見文、武之尸者，千七百七十三諸侯，皆莫不磬折玉音，金聲玉色，然後周公與升歌而弦文、武。諸侯在廟中者偡然淵其志，和其情，愀然若見文、武之身。然後曰：『嗟子乎！此蓋吾先君文、武之風也夫。』」鄭玄云：「文王遷豐、鎬，作靈臺辟雍而已，其餘猶諸侯制度焉。周公攝政，制禮作樂，乃立明堂於王城。」又，趙商問云：「說者謂天子廟制如明堂，是謂明堂即文廟耶？」鄭答曰：「明堂主祭上帝，以文王配耳。」愚謂明堂之作不始於周公。自武王之時，業已有之。〔註177〕

〔註177〕按：馬端臨《文獻通考》卷七十三《郊社考六・明堂》：「明堂之作，不始於周公，而武王之時有之。《記》曰『祀乎明堂而民知孝』是也。不特建之於內，而外之四嶽亦有之。孟子之時，齊有泰山之明堂是也。」

《樂記》曰「武王克殷，祀於明堂，而民知孝」是也。然亦不獨武王有之。《淮南子》言「神農之世，祀以明堂」。《新論》亦云：「神農氏祀明堂，有蓋而無四方。」又，《通典》曰：「黃帝拜祀上帝於明堂。」則明堂為祭祀之所，自上古而已然矣。諸儒皆言周公營雒邑，始立明堂，當自是雒邑之明堂。惟宗祀文王，以配上帝之禮，本昉於周公。《孝經》以此贊周公之孝，而曰「孝莫大於嚴父，嚴父莫大於配天」。所云嚴父，蓋主周公尊文王而言也。文王有盛德，宜享此盛禮。武王末受命，一切制度俱所未遑，至周公始能成之。假使文王無周公，則雖有盛德，亦遏佚而不彰矣。以此論孝，孝孰加焉。後世不達此義，但誤執「嚴父」二字，以為凡為人子而有天下者必尊崇其父以配天而後為孝。西漢孝武始建明堂，固以高帝配矣。其後又以景帝配。唐初以元帝配，其後以高祖、太宗配。及孝和時，以高宗配。明皇時，以睿宗配。永泰時，以肅宗配。元和時，以順宗配。穆宗即位，以憲宗配。宋初，以宣祖配，後以太祖配。既而真、仁、英、神、徽諸宗皆相繼而配。莫有能正其失者。惟東漢明帝時，以光武配饗明堂，迄章、安而後不變，識者稱為近古。善乎司馬光之推言之也，曰：「孝子之心，誰不欲尊其父者？聖人制禮，以為之極，不敢踰也。故祖己訓高宗曰『祀無豐於昵』。孔子與孟懿子論孝，亦曰：『祭之以禮。』然則事親者，不以數祭為孝，貴於得禮而已。《孝經》曰：『嚴父莫大於配天。』孔子以周公有聖人之德，成太平之業，制禮作樂，而文王適其父也。故引之以證聖人之德莫大於孝，答曾子之問而已。非謂凡有天下者皆當以父配天然後為孝也。」朱子亦曰：「此是周公創立一個法如此。將文王配明堂，永為定例，以后稷配郊推之，自可見。後來妄將『嚴父』之說亂了。」〔註178〕或又

〔註178〕按：嚴虞惇《讀詩質疑》卷二十七《周頌·清廟》：
顧夢麟曰：「明堂之作，不始於周公。自武王時已有之。《樂記》曰『武王克殷祀於明堂，而民知孝』是也。且不獨武王有之。《淮南子》曰：『神農之世，祀以明堂。』《新論》曰：『神農氏祀明堂，有蓋而無四方。』《通典》曰：『黃帝拜祀上帝於明堂。』則明堂為祭祀之所，上古已然。惟宗祀文王配上帝之禮，則昉於周公。文王有盛德，宜享此盛禮，故曰孝莫大於嚴父，嚴父莫大於配天。後世不達此義，誤執嚴父之說，以為凡有天下者，必尊崇其父以配天而後為孝。西漢孝武建明堂，固以高祖配矣。其後又以景帝配。唐初以元帝配，後以高祖、太宗配。孝和時，以高宗配。明皇時，以睿宗配。永泰時，以肅宗配。元和時，以順宗配。穆宗即位，以憲宗配。宋初以宣祖配，後以太祖配。既而真、仁、英、神、徽諸宗皆相繼而配。莫有能正其失者。惟東漢明帝時，以光武配明堂，迄章、安而後不變，識者稱為近古。善乎司馬光之推言之也，曰：『孝子之心，誰不欲尊其父者？

泥「嚴父」二字，謂此禮自周公言之，固謂〔註179〕嚴父。若以成王言之，則是嚴祖，何得云嚴父乎？又，《祭法》有「祖文王，宗武王」之語，《注疏》謂「祭五帝五神於明堂，以文王配五天帝，則謂之祖；以武王配五人神，則謂之宗。文王為父，配祭於上；武王為子，配祭於下」。何佟之議曰：「《孝經》是周公居攝時禮，《祭法》是成王反位後所行，故《孝經》以文王為父，《祭法》以文王為祖也。」此蓋惑於鄭氏諸儒之說。王肅駁鄭義曰：「古者祖有功而宗有德，祖宗自是不祧之名，非謂配食於明堂者也。審如鄭言，則經當言祖祀文王於明堂，不得言宗祀也。宗者，尊也，周人既祖其廟，又尊其祀，孰謂祖於明堂者乎？鄭引《孝經》以解《祭法》，而不曉周公本意，殊非仲尼之義旨也。」斯其論確矣。然《清廟》、《我將》同為宗祀文王之詩，豈祭時俱歌此二詩乎？今以《小序》及《獨斷》之說考之，《我將》是季秋大饗帝時所用，《清廟》乃雒邑初成，特奉文王以配帝之樂歌，觀篇中「秉文之德」、「對越在天」二語固自可見，即《雒誥》所謂「王肇稱殷，禮祀於新邑」者，非季秋大饗所用也。周公於雒邑宗祀制此詩，其季秋配帝，別有《我將》之篇，而此詩因移之以他用，蓋有五處焉。其一《祭統》，曰：「夫大嘗禘，升歌《清廟》，下而管《象》，天子之樂也。」周祖文王，故大嘗禘歌之也。其一《文王世子》，曰：「天子釋奠於先老，遂設三老、五更、群老之席位焉。適饌省醴，養老之珍具，遂發詠焉，反登歌《清廟》。既歌而語，以成之也。下管《象》，舞《大武》，大合眾以事，達有神，興有德也。」陳暘謂「養老必歌《清廟》，下管

聖人制禮，以為之極，不敢踰也。故祖己訓高宗曰祀無豐於昵，《孝經》曰嚴父莫大於配天。蓋孔子以周公有聖人之德，成太平之業，制禮作樂，而文王適其父也，故引之以證聖人之德莫大於孝，非謂凡有天下者皆當以父配天然後為孝也。』朱子亦曰：『此是周公創立一法如此。將文王配天，永為定制。以后稷配郊推之自可見。後世妄將嚴父之說亂了。』斯言足破千古之惑。」

顧鎮《虞東學詩》卷十一《周頌·清廟》：

家織簾曰：「明堂之作，武王時已有之。《樂記》曰『武王克殷，祀於明堂，而民知孝』是也。不獨武王時有之。《通典》曰：『黃帝拜祀上帝於明堂。』則明堂為祭祀之所，上古已然。惟宗祀配帝之禮，則昉於周公，故《孝經》以此贊周公之孝。後世誤執嚴父之說，以啟紛紜。惟東漢明帝時，以光武配明堂，迄章、安而後不識變者，以為近古。朱子謂此是周公創立一法，將文王配天永為定制，後世將嚴父之說亂了。斯言足破千古之惑。」

按：顧夢麟（時稱織簾先生）《詩經約說》卷二十五《周頌·清廟》未見此語。

〔註179〕「謂」，四庫本作「為」。

《象》者，以文王善養老故也」。其二〔註180〕《仲尼燕居》，曰：「大饗，兩君相見，升歌《清廟》，示德也。下而管《象》，示事也。」夫君燕其臣與四方之賓，第升歌《鹿鳴》，下管《新宮》而已。大饗及兩君相見皆歌《清廟》、管《象》者，以開國之諸侯得與於配帝之祭，肅雍顯相之贊播之聲詩，榮莫大焉，故於盛禮用之也。其一《明堂位》，曰：「以禘禮祀周公於太廟，登歌《清廟》，下管《象》。」夫周公之廟何以得用此詩，以此禮實始作於周公，故追思而報之以重祭，所以康周公，非以賜魯也。達此五者〔註181〕，而升歌《清廟》之義明矣。季本云：「自此至《維清》，似宜合為一篇。」是說也，愚有取焉。夫《維清》之詩，《序》所謂「奏《象》舞也」。凡禮之言歌《清廟》者，未嘗與管《象》相離，斯其證也。然而章分為三者，以登降時所奏各有節序，亦如古樂府一篇之中分為數解耳。而後人不察，乃真謂各自為一篇者，誤矣。試觀首章言「於穆」，而次章亦言「於穆」；首章言「不顯」，而次章亦言「不顯」；首章言「秉文之德，對越在天」，而次章即以「維天之命」與「文王之德」並言；又首章言「清廟」，而三章亦曰「維清」，其前後呼應，并然可數，此非同為一篇而何？特以古文章句相沿已久，姑仍其分篇之舊耳。至《孝經》明言「郊祀后稷以配天，宗祀文王於明堂以配上帝」，而此詩及《我將》之篇

〔註180〕按：據前後例，「二」當作「一」。

〔註181〕顧鎮《虞東學詩》卷十一《周頌·清廟》：

《古義》：「以《序》及蔡邕《獨斷》之說考之，《我將》是季秋大饗所用，《清廟》乃洛邑初成，特奉文王以配帝之樂歌。觀詩中『秉文之德』、『對越在天』可見。其季秋配帝，別有《我將》之篇，而此詩移以他用有五處焉。《祭統》云：『大嘗禘，升歌《清廟》，下而管《象》，天子之樂也。』周祖文王，故大嘗禘皆歌之也。《文王世子》云：『養老之珍具，遂發詠焉，反登歌《清廟》。既歌而語，以成之也，下管《象》，舞《大武》。』陳祥道謂『養老必歌《清廟》、下管《象》者，以文王善養老故也』。《仲尼燕居》云：『大饗，兩君相見，升歌《清廟》，示德也。下而管《象》，示事也。』以諸侯之長二王之後，得與配帝之祭，肅雍顯相之贊播之聲詩，榮莫大焉，故於盛禮用之也。《明堂位》云：『以禘禮祀周公於太廟，登歌《清廟》，下管《象》。』以此禮始作於周公，故報以重祭，所以康周公，非以賜魯也。達此五者，而升歌《清廟》之義明矣。」

按：《虞東學詩》節略《詩經世本古義》。《詩經世本古義》前稱「蓋有五處焉」，然僅引《祭統》、《文王世子》、《仲尼燕居》、《明堂位》，共四處。檢《禮記》共提及《清廟》五次，除此引四處之外，《樂記》曰：「是故樂之隆，非極音也。食饗之禮，非致味也。《清廟》之瑟，朱弦而疏越，壹倡而三歎，有遺音者矣。大饗之禮，尚玄酒而俎腥魚，大羹不和，有遺味者矣。」

乃但以天為言者，蓋上帝原兼昊天及五帝而言，以昊天尊於五帝，故特舉天以該之。詳見《生民》篇。又按：《樂記》云：「樂之隆，非極音也。食饗之禮，非致味也。《清廟》之瑟，朱弦而疏越，一唱而三歎，有遺音者矣。大饗之禮，尚玄酒而俎腥魚，太羹不和，有遺味者矣。」鄭玄云：「朱弦練，則聲濁。越，瑟底孔也。疏之，使聲遲也。唱，發歌句也。三歎，三人從歎之耳。」孔穎達云：「樂歌文王之德，不極音聲，故但以熟弦廣孔，少唱寡和。」程大昌云：「凡瑟之弦，練而朱之，則其聲濁。底竅洪疏，則其聲遲。用絲本以取聲，而時貴其遲濁者，正與玄酒、太羹薦味而棄味者同一意度，故曰『遺音』、『遺味』也。遺味、遺音，即與上文之謂非極音、非致味者相發相應也。鄭氏釋遺為餘，失其旨矣。至於一唱三歎，則鄭謂三人從而歎之，《大戴禮傳》亦曰『《清廟》之瑟，一唱而三歎之也』。漢去古未遠，一唱三歎，其言如此，必有所受也。陳僧匠智敘《古今樂錄》引《尚書大傳》云：『古者帝王升歌清廟之樂，大琴練弦達越，大瑟朱弦達越，以韋為鼓，謂之搏拊。何以也？君子有大人聲，不以鍾鼓竽瑟之聲亂人聲。』《清廟》升歌者，歌先人之功烈德澤也，故欲其清也，其歌之呼也，曰『於穆清廟』。於者，歎之也。穆者，敬之也。清者，欲其在位者遍聞之也。故周公升歌文王之功烈德澤，苟在廟中見文王者，愀然如見文王。故《書》曰『搏拊琴瑟以詠，祖考來格』，此之謂也。據此而言，其三人從旁歎之者，從『於穆』等語申以嗟歎，至於三人也。」鄧元錫云：「郊之用繭栗也，廟之用犧牲也，頌之歌《清廟》也，一也。《清廟》之歌，一唱而三歎。懸一鍾，尚拊膈，朱弦而通越，皆交於神明之道也。」朱子云：「漢因秦樂，乾豆上，奏登歌，獨上歌不以管絃亂人聲，欲在位者遍聞之，猶古《清廟》之歌也。」

於音烏。**穆清廟，肅雍顯相**。去聲。**濟濟多士，秉文之德。對越在天，駿**《禮記注》作「逡」。**奔**豐氏本作「犇」。**走在廟。不**豐本作「丕」。**顯不**豐本作「丕」。**承，無射**《禮記》作「斁」。**於人斯**。倪氏云：「《詩傳》謂《周頌》多不疊韻。」未詳其說。然朱子又言：「一唱三歎者，一人唱之，三人和之，如今人換歌之類。蓋每句而四人歌之則成四句，已似一章，而句末一字自然成韻。」○賦也。「於」，毛《傳》云：「歎辭也。」「穆」，通作「穋」，《說文》云：「細文也。」《爾雅》訓「穆」為「美」義，蓋取此。「清廟」，即明堂之太廟，《月令》所謂「中央土，天子居太廟太室」者是也。何以知之？以茅屋之制知之。《左傳》言「清廟茅屋」，而《大戴禮》亦言「明堂以茅蓋

屋，上圓下方，所以明諸侯尊卑」。漢濟南公玉帶上黃帝時《明堂圖》，其制，中有一殿，四面無壁，覆之以茅，環之以水，斯知清廟即明堂矣。蔡邕《月令論》謂「明堂者，天子太廟，所以宗祀。夏世室，商重屋，周謂明堂。東曰青陽，南曰明堂，西曰總章，北曰玄堂，中曰太室。人君南面，故主以明堂為名。在其五室之中央皆曰太廟，饗射、養老、教學、選士皆於其中，故取其宗祀之清貌則曰清廟，取其正室之貌則曰太廟，取其尊崇則曰太室，取其堂則曰明堂，取其四門之學則曰太學，取其周水圓如璧則曰辟雍。雖各異名，而事實一也」。晉袁準非之，謂「明堂、宗廟、太學，事義不同，各有所為，而世之儒者合為一體，取《詩》、《書》放逸之文、經典相似之語推而致之，考之人情，失之遠矣。宗廟之中，人所致謹，幽隱清靜，鬼神所居，而使眾學處焉，饗射於中，人鬼慢黷，死生交錯，囚俘截耳，瘡痍流血，以干犯鬼神，非其理也。茅茨采橡，至質之物，建日月，乘玉輅，以處其中，非其類也。夫宗廟，鬼神之居，而祭天於鬼神之室，非其處也。王者五門，宗廟在一門之內。若在廟而張三侯，又辟雍在內，人物眾多，非宗廟之中所能容也。明堂太廟者，明堂之內太室，非宗廟之太廟也。明堂，法天之宮，故可以祭天而以祖配之」。按：邕所言明堂為五室之一，自不可易。其以明堂之太廟為宗廟，則非也。如準所論，故為得之。而漢儒相傳，或以明堂為文王廟，謬矣。又或謂文王廟如明堂制，亦屬附會。陳祥道云：「明堂之中堂曰太廟，以其大享在焉故也。古者鬼神所在，皆謂之廟。《書》與《士虞》以殯宮為廟，則大享在焉，謂之太廟可也。」楊氏云：「明堂者，王者所居，以出教令之堂，非王者之常居也。疏家謂明堂在國之南，丙己之地，三里之外，七里之內，此言雖未可以為據，然其制必凜然森嚴，肅然清靜，王者朝諸侯、出教令之時而後居焉，而亦可以事天地、交鬼神於此地而無愧焉。周人祀上帝於明堂，而以文王配之者，此也。說者乃以明堂為宗廟，又為大寢，又為太學，則不待辨說而知其謬矣。惟《考工記》謂『明堂五室』，《大戴禮》謂『明堂九室』，二說不同，前代欲建明堂者，往往惑於二說，莫知所決而遂止。愚謂五室取五方之義也，九室則五方之外而必備四隅也。九室之制視五室為尤備，然王者居明堂，必順《月令》。信如《月令》之說，則為十二室，可乎？此又不通之論也。漢承秦後，《禮經》無全。姑以《考工記》觀之，亦粗可見。《考工記》曰：『周人明堂，度九尺之筵。』東西九筵為八丈一尺，言明堂之廣也。南北七筵為六丈

三尺，言明堂之脩也。五室象五行之方位，有五方，則有四隅，不言可知也。
夫有五方四隅，則一堂之地裂而為九室矣，又安得通而為一，復有九筵之廣、
七筵之脩乎？蓋明堂云者，通明之堂也，所以朝諸侯、行王政者在是，所以
享上帝、配祖考者在，是非七筵九筵之脩廣不能行也。五方四隅亦惟辨其方，
正其位，隨王者所居之月，掌次以帷幕幄帟為之，以詔王居，以順《月令》，
以奉天道耳。亦如所謂『隨其時之方位開門』是也。此其大略也。」廟以清
名，獨見於此。賈逵、杜預皆以為「肅然清靜之稱」。孔謂：「廟者，人所不
居。雖非文王，孰不清靜？何獨文廟顯清靜之名？」鄭以為「祭有清明之德
者之宮，謂祭文王也」。愚按：《說文》訓「清」為「明」，鄭說近之，而義有
未盡。此當合天與文王而言。以文王在此配帝，故周公創為之名。孔所謂「天
德清明。文能象天清明，故《樂記》曰『清明象天』，是天德清明。《孔子閒
居》曰『清明在躬』，是聖人之德亦清明」，此其義也。「肅雍」二句相連說。
「肅」，《說文》云：「持事振敬也。」「雍」，毛云：「和也。」解見《思齊》篇。
孔云：「既內敬於心，且外和於色，顯明相助也。」鄭云：「有光明著見之德者
來助祭也。」呂祖謙云：「《士虞禮》祝辭曰：『孝子某，孝顯相，夙興夜處。』
然則自主人之外，餘皆顯相也。成王，祭主也。周公及助祭之諸侯皆顯相也。」
嚴粲云：「稱助祭之人曰顯相者，謂其有顯著之德，美稱之也。」「濟濟多士」，
解見《文王》篇。呂云：「廣言助祭之人，凡執事者皆在也。」「秉文之德」二
句亦相連說。「秉」，持也，手持禾為秉也。「文之德」，即所謂文王之德之純
者。「對」，猶配也，「帝作邦作對」之「對」。解見《皇矣》篇。「越」，鄭訓為
「於」，蓋音之轉也。「在天」之「在」，指昊天上帝及五帝而言。文王與天合
德，故此顯相多士輩皆持舉文王之德，謂可以配於在天之帝。周公因之舉行
宗祀明堂配帝之禮，見其出於天下之公議，而非周公以己意私為之也。「駿」，
當依《禮記注》作「逡」，《說文》云：「復也。」凡有事於廟中者，往復行禮，
必非一次，故曰逡。「奔」，走也。「奔」，《爾雅疏》云：「大走也。」走，《說
文》云：「趨也。」鄭玄云：「行而張拱曰趨。」又，劉熙云：「疾行曰趨，疾
趨曰走。」「在廟」之「在」，指助祭者言。「廟」，即清廟也。「不」，通作「丕」，
《說文》云：「大也。」解見《文王》篇。「承」，《說文》云：「奉也。」「不
顯」，即《書》之言「丕顯哉，文王謨」也。「不承」，即《書》之言「丕承哉，
武王烈」也。想穆王命君牙之辭，必本諸此。「射」，彈射也。解見《思齊》

篇。「人」，汎指天下人，言奉祭之顯相多士亦在其中。「斯」，語辭，言文王有大明之德而武王能遵奉而大承之，此其所以使天下人心悅誠服，不起彈射之端。假使丕顯不若文王，則無以為後人丕承之地，而指謫之來亦將有所不免矣。語意只歸重文王上。《泰誓》曰：「維我文考，若日月之照臨，光於四方，顯於西土。惟我有周，誕受多方。」此之謂也。又，《禮記・大傳》篇云：「自仁率親，等而上之，至於祖。自義率祖，順而下之，至於禰。是故人道親親也。親親故尊祖，尊祖故敬宗，敬宗故收族，收族故宗廟嚴，宗廟嚴故重社稷，重社稷故愛百姓，愛百姓故刑罰中，刑罰中故庶民安，庶民安故財用足，財用足故百志成，百志成故禮俗刑，禮俗刑然後樂。《詩》云：『不顯不承，無斁於人斯。』此之謂也。」按：此文引《詩》之意，蓋主文王為周公之禰而言，亦如《孝經》「嚴父」之說耳。

《清廟》一章，八句。《序》云：「祀文王也。周公既成雒邑，朝諸侯，率以祀文王焉。」朱《傳》從之。鄭云：「成雒邑，居攝五年時。」李氏云：「周公之營雒邑，見於《召誥》、《雒誥》。」按：《召誥》曰：「周公乃朝用書，命庶殷侯甸男邦伯。」則是周公營雒邑之時，諸侯在也。至於雒邑以朝諸侯，則於《書》無所見。呂云：「朝諸侯者，特相成王以朝諸侯而已，周公非自居南面而受諸侯之朝也。」愚按：朝諸侯率以祀文王之說，蓋本於《明堂位》所云「周公踐天子之位，以治天下。六年，朝諸侯於明堂」者，其誣妄不經，不待言矣。或又謂此詩即《雒誥》所云「王在新邑，烝祭歲」者，然彼言「文王騂牛一，武王騂牛一」，則是文、武並祭，此獨言「秉文之德，對越在天」，既非兼武而言，又武王亦無配天之事，烏可強合也？《子貢傳》闕文。

【維天之命

《維天之命》，《清廟》之第二章也。說見《清廟》篇。以太平告。《序》云：「太平告文王也。」蔡邕《獨斷》亦云：「告太平於文王之所歌也。」蘇轍云：「文王受命，未終而沒，成王、周公繼之。天下太平，以為文王之德之致也，故以告之。」郝敬云：「頌告成功者也。成王、周公之世，天下和平，制禮作樂，皆文德所貽，故以告廟。」愚按：觀篇中有「假以溢我」二語，則所謂告太平者固亦近之。但章首以天與文王對言，明是宗祀配帝之語。而篇末

亦有冀望於天之意，則此頌非但告文王，乃所以告天耳。善哉！毛《傳》引孟仲子之言曰：「大哉，天命之無極，而美周之禮也。」夫所謂「天命之無極」，即此詩所云「假以溢我」也；其所謂「美周之禮」者，則美周公宗祀文王於明堂以配帝之禮也。孟仲子親受學於孟子，彼所得於《詩》深矣，後人自不解其義耳。

維天之命，於音烏。下同。**穆不已。**孟仲子本作「似」。鄭《譜》云：「子思論《詩》『於穆不已』，仲子曰：『於穆不似。』」**於乎不顯，文王之德之純。假**《左傳》作「何」。《說文》作「訛」，云：「嘉善也。」**以溢**《左傳》作「恤」。《廣韻》作「謐」。**我，我其收之。駿惠我文王，曾孫篤之。**通章俱無韻。○賦也。「維」，發語辭。「命」，鄭玄云：「猶道也。」程子云：「天命即天道也。以其用言之則曰命，造化之謂也。」又云：「言天之自然者曰天道，言天之賦與萬物者曰天命。」「於穆」，贊辭，解見《清廟》篇。《箋》訓為「於乎美哉」，是也。「不已」，嚴粲云：「天之運行不已也。造化之機或息，則其賦物者窮矣。」《禮記》：「哀公問於孔子曰：『敢問君子何貴乎天道也？』孔子對曰：『貴其不已，如日月東西相從而不已也，是天道也。不閉其久，是天道也。無為而物成，是天道也。成已〔註182〕而明，是天道也。』」「於乎不顯」，亦贊辭也。「於乎」者，歎美之聲，若烏之籲乎也。「不顯」，即丕顯也。黃佐云：「在天為命，即所謂元亨利貞。在人為德，即所謂仁義禮智。」「純」本訓「絲」，以音同「全」，亦通作「全」。《禮記・投壺》「二算為純，一算為奇」是也。愚按：《大學》解《文王》之「緝熙敬止」曰：「為人君止於仁，為人臣止於敬，】〔註183〕為人子止於孝，為人父止於慈，與國人交止於信。」此所謂文王之德之全也。《中庸》論「至誠無息」而引此詩曰：「『維天之命，於穆不已』，蓋曰天之所以為天也。『於乎不顯，文王之德之純』，蓋曰文王之所以為文也，純亦不已。」世之說者謂「純」釋「至誠」，「不已」釋「無息」，愚以為非也。夫「純」與「不已」對言，皆無息之謂，非謂純然後能不已也。「純」者，全也。德既無不全矣，夫何止息間斷之有？謂文王之純，即天之不已可也。若推其所以能純能不已者，則誠實為之，故曰「誠者，天之道也。」又曰：「誠者，不勉而中，不思而得。從容中道，聖人也。」此《中庸》之義，亦此詩之義也。《大學》之言「緝

〔註182〕「成已」，《禮記・哀公問》作「已成」。
〔註183〕【】內文字，底本缺頁，據四庫本補。

熙」，則「純」之謂也；言「敬止」，則「誠」之謂也。程子云：「天道不已，文王純於天道亦不已。純則無二無襍，不已則無間斷先後。」范景文云：「《大雅》『於昭於天』、『在帝左右』，已見文王與天合德。此兩兩〔註184〕詠歎深長，更不若他處贊聖者言配言如，分明文王一天矣。」鄒忠胤云：「此之謂配帝之樂歌乎？」「假」，通作「格」，升聞之義。按：「假」與「徦」字形相似，而「徦」或作「徦」，因訛作「格」。《古文易》：「王假有廟。」今文作「王徦有廟」。是「假」與「徦」通也。《方言》云：「梁、益之間謂登曰徦。」而《禮記》曰：「天王登假。」是「假」與「格」通也。《爾雅》訓「格」為「陞」，即「徦」字義，是「徦」與「格」通也。《古文書》：「假於上下。」今文作「格於上下」。是「格」與「假」通也。「溢」，鄭云：「盈溢之言也。」朱子云：「盈而被於物也。」「我」，周公代成王自謂也。嚴云：「『其』者，自期之辭。」「收」，《爾雅》、毛《傳》皆云：「聚也。」孔穎達云：「收者，斂聚之義，故為聚也。」郝云：「文王以聖德格天，其餘澤波及我後人，我當收之，不敢失墜也。」愚按：《序》以此詩為「告太平」者，其意本此。天休滋至，惟敬德誠民，以祈天永命，則所謂「我其收之」者也。又，《左·襄二十七年》：「宋左師請賞，公與之邑六十，以示子罕。子罕曰：『以誣道蔽諸侯，罪莫大焉。縱無大討，而又求賞，無厭之甚也。』左師辭邑。向氏欲攻司城，左師曰：『我將亡，夫子存我，德莫大焉，又可攻乎？』君子曰：『彼其之子，邦之司直。樂喜之謂乎！何以恤我，我其收之。向戍之謂乎！』」杜預《注》謂「『何以恤我』二句為逸詩」。今按：「假」字同「遐」，而「遐」通作「何」，故朱子以為「聲之轉也」。「溢」字近「恤」，故朱子以為「字之訛也」。似乎宜即此詩矣。然如此說，則是望天與文王之有以恤我，既於上下文氣不甚浹洽，又不見《序》中「告太平」之意，故定主前說。「駿」，通作「峻」。《大學》引「駿命不易」作「峻命不易」可證。「峻」，《說文》云：「高也。」莫高非天，故以峻言。「惠」，《說文》云：「仁也。」「曾」，鄭云：「猶重也。」自孫之子而下，事先祖皆稱曾孫。孔云：「哀二年《左傳》云：『曾孫蒯聵，敢告皇祖文王，烈祖康叔。』是雖歷多世，亦稱曾孫也。」「篤」，即《中庸》「必因其材而篤焉」之「篤」，通作「竺」，《說文》云：「厚也。」此屬望於天之辭，言我於文王為孫，既幸藉文王以受天之祐矣。今日高穹之上，庶其愛念我文王，自我而後，凡為曾孫者皆益篤厚之而不替也。前以天

〔註184〕「兩」，四庫本作「句」。

與文王對言，既又承言文王以德格天，故福及於我；末復欲天念文王之德，而益厚其福於後人。蓋交互言之，以足其意。

《維天之命》一章，八句。朱《傳》、《申培說》皆但以為「祭文王之詩」，而不能明其所用之地。《子貢傳》闕文。

維清

《維清》，《清廟》之第三章。說見《清廟》篇。奏《象舞》時之所歌也。《序》云：「奏《象舞》也。」蔡邕《獨斷》云：「奏《象武》之所歌也。」《申培說》以為「亦祭文王於明堂而奏《象舞》之詩」。按：樂有歌有舞，歌以為聲，舞以為容，聲容備謂之奏容，所以象也，故謂之象。《象舞》者，鄭玄以為象用兵時刺伐之舞，武王制焉。《春秋繁露》云：「武王作《象》樂，繼文以奉天。」《墨子》亦云：「武王勝殷殺紂，環天下自立，以為王事成，功立，無大後患，因先王之樂，又自作樂，命曰《象》也。」孔穎達謂「文王時，有擊刺之法，武王作樂，象而為舞。至周公、成王之時，用而奏之於廟。詩人以今太平繇彼五伐，覩其奏而思其本，故述之而為此歌也」。《象舞》，亦名《象武》。《禮·仲尼燕居》篇所謂「下管《象武》」是也。或分《象》為《維清》，《武》為《大武》者，非是。而孔又謂「《象舞》之樂象文王之事，《大武》之樂象武王之事，二者俱是為《象》」，尤屬臆說。推原其故，以鄭於《禮記·文王世子》、《明堂位》、《祭統》諸篇所言「升歌《清廟》，下管《象》」者，彼皆解《象》為武王之舞，其意蓋謂《清廟》與《象》若皆是文王之事，不容一升一下耳，故孔申其義，謂「周推文德，以先文王，則武王為子道，子道在堂下者，上下之義也」，其迂滯不經，至於如此。嚴粲駁之云：「古樂歌者在上，以人歌者，皆曰升歌，亦曰登歌。匏竹在下，以管奏者，皆曰下管。《春官》『太師帥瞽登歌，下管，奏樂器』、《益稷》『下管，鼗鼓』是也。《清廟》以人歌之，自宜升。《象》以管奏之，自宜下。凡樂皆有堂上堂下之奏也。」季本亦云：「升歌在堂上，所貴人聲。象管在堂下，則合樂而舞矣。」此其說良是，所以知《象舞》為武舞者，以《左傳》言「舞《象箾》、《南籥》」知之。襄二十九年，「吳公子札來聘。見舞《象箾》、《南籥》者，曰：『美哉！猶有憾。』」杜預《注》云：「文王樂也。」又，「見舞《韶箾》者。」杜云：「舜樂也。」曹氏云：「《象》有箾，《韶》亦有箾，說者謂以竿擊人曰箾。然則執箾以舞，

即干舞也；執籥以舞，即籥舞也。」愚按：舞《象箭》而歌《維清》。賈氏謂「詩為樂章，與舞人為節」，殆近之。若舞籥，則歌《二南》鼓鍾之詩，所謂「以籥以南」是也。武舞，左執朱干，右秉玉戚；文舞，則左執籥，右秉翟。故知《象箭》之舞原係武舞，康成之解非無據而云然也。蘇轍云：「文王之舞謂之《象》，武王之舞謂之《武》。《記》曰：十三舞《勺》。勺，大武也。十五舞《象》。《象》，《象箭》也。〔註185〕孔云：「《春官・大司樂》：『六代之樂。』此《象》舞不列於六樂，蓋大合諸樂，乃為此舞。或祈告所用，《周禮》無之。」愚按：此詩因雒邑成而宗祀正，所謂告成事之祭耳。又，《竹書》：「成王八年，作《象》舞。」《呂氏春秋》云：「民反，王命周公伐之。商人服象，為虐子東夷。周公遂以帥逐之，至於江南，乃作《三象》，以嘉其德。」《淮南子》亦云：「周樂：《大武》、《三象》、《棘下》。」今按：《三象》之樂無可考據，要是成王所作，固非武王之《大武》，亦非文王之《象舞》也。

維清，二字為句。庚韻。**緝熙文王之典**。六字為句。**肇禋**，二字為句。**迄用有成**，庚韻。**維周之禎**。庚韻。陸德明本作「祺」。按：《清廟》「維天之命」二章以唱歎，故皆不用韻。而此章獨用韻者，時當合樂而舞，非唱歎之時也。○賦也。「維」，發語辭。「清」，即清廟也。「緝熙」，解見《文王》篇。朱子云：「緝，繼續也。熙，光明也。」「典」，莊都云：「大冊也。字從冊在丌上，尊閣之也。」曰「文王之典」者，猶云文王之故事也。此蓋據《象舞》而言。文王當時有七年五伐之事，即《尚書傳》所云「二年伐邘，三年伐密須，四年伐犬夷，五年伐耆，六年伐崇」者，今悉以其功次第象之為舞，而奏之於清廟之中，則文王所行之往事明白如見，故曰維此清廟之中，所繼續而重為闡揚者，乃文王之典故也。然文樂有文、武二舞，而此獨奏武舞者何？《大雅》曰：「文王受命，有此武功。」故大其事而於配帝之祀，特奏之也。《禮・祭統》篇亦云：「及入舞，君執干戚就舞位，君為東上，冕而總干，率其群臣，以樂皇尸。是故天子之祭也，與天下樂之；諸侯之祭也，與境內樂之。冕而總干，率其群臣，以樂皇尸，此與境內樂之之義也。」是則祭禮之用武舞，經有明文。《詩》、《禮》所載，若合符節。又按：《禮・仲尼燕居》篇云：「孔子曰：『升歌《清廟》，示德也。下而管《象》，示事也。』」陳祥道云：「德莫

〔註185〕《禮記・內則》：「十有三年，學樂，誦《詩》，舞《勺》；成童，舞《象》，學射御。」鄭玄注：「先學《勺》，後學《象》，文、武之次也。成童，十五以上。」

－640－

盛於文王之《清廟》，事莫先於文王之《象》。」《白虎通》云：「歌在堂上，舞在堂下。歌者象德，舞者象功。君子上德而下功也。」繇此以觀，是則管與舞皆在堂下，於以示事，於以象〔註186〕功，則此詩所言「文王之典」，其為指文王征伐之事明矣。文王有此大功，宜王而不王，此季札所以曰「美哉！猶有憾也」。「肇」，《爾雅》云：「始也。」當通作「肇」。解見《生民》篇。「禋」，孔云：「祭天之名。」《周禮‧大宗伯》職云：「以禋祀祀昊天上帝。」鄭玄云：「禋之言煙。周人尚臭，煙氣之臭聞者也。」鄭玄云：「文王始祭天而枝伐也。」孔云：「《中候我應》云『枝伐弱勢。』《注》謂『先伐紂之枝黨，以弱其勢，若崇侯之屬是也』。《皇矣》說伐崇之事云：『是類是禡。』類即祭天也。」愚按：《棫樸》之詩曰：「芃芃棫樸，薪之槱之。」亦言文王將伐崇而先祭天之事。「迄」，《爾雅》、《說文》皆云：「至也。」「用」，猶以也。黃佐云：「如《小旻》『是用不集』、『是用不得于道』、『是用不潰于成』，用字同。」「迄用有成」者，謂至今日用能成此王業也。「禎」，《說文》云：「祥也。」孔云：「祥者，徵兆之先見者也。」周家有天下之祥，早已見於文王肇禋之日，其感格天心，舊矣。然則今日明堂之祀，舉以配帝，不亦宜乎！一說：周公始創宗祀之禮，所謂肇禋，以文王配帝，始於此也。曰「迄用有成」者，言舉行此禮，至九獻之後，此禮已告成也。祭則受福，故曰「維周之禎」。周禎自鬼神享配上見，猶《禮運》所言「修其祝嘏，以降上神，與其先祖，以正君臣，以篤父子，以睦兄弟，以齊上下，夫婦有所，是謂承天之祜」者，亦通。並存之。鄧元錫云：「曰『迄有成』，豈送神樂與？推之，豈《清廟》登歌樂，《維天之命》將饗樂與？」

　　《維清》一章，五句。朱子以為「亦祭文王之詩」，而謂「詩中未見奏《象舞》之意」，且「疑其有闕文」，皆繇不深考詩義故也。《子貢傳》闕。

斯干

《斯干》，落新宮也。詩作於肇建雒邑之時，亦名《新宮》。《子貢傳》以為「落寢宮也」。《申培說》云：「王者落其新宮，史佚美之。」愚按：此即古《新宮》詩也。《儀禮‧大射之儀》云：「乃歌《鹿鳴》三終，乃管《新宮》三終。」《燕禮‧公與客燕儀》云：「升歌《鹿鳴》，下管《新宮》。」鄭《注》云：「《新宮》，《小雅》逸篇也。」賈公彥云：「知在《小雅》者，以配

《鹿鳴》而言。《鹿鳴》是《小雅》，明《新宮》、《小雅》可知。」朱子亦疑為此篇，但謂「未有明證」。愚以《左傳》「宋元公賦《新宮》」事繹之，斷其為此篇無疑也。《左·昭二十五年》：「宋元夫人生子，以妻季平子。叔孫昭子如宋聘，且逆之。宋公享昭子，賦《新宮》，昭子賦《車轄》。」《車轄》，即《車舝》篇。杜《注》謂「《小雅》。周人思得賢女以配君子，昭子將為季孫迎宋公女，故賦之」。然則宋公所賦，必是此詩之末章。詠「乃生女子」事，正為昏[註187]姻發耳。若《大射》、《燕禮》下管俱用此詩，所以答《鹿鳴》而寓祝頌之意。其云「三終」者，當以首章發端語，先為一終；「似續」以下四章言宮室，為二終；「下莞」以下四章言生育，為三終。如謂此詩非《新宮》，而《新宮》之詩果亡，則後漢明帝永平二年詔亦曰「升歌《鹿鳴》，下管《新宮》」，是《新宮》詩至後漢尚在，何云亡也？《新宮》之詩不亡，則非此詩無以當之。其不取詩中字為篇名，而特以其事名篇者，亦如《常武》之例。《儀禮》定於周公，此詩在《儀禮》中已有，意必作於成王營雒之時。所以知非遷豐時作者，以文王時尚未有子，文王身為西伯，不應「生男」章言君而兼及王也，所以知非都鎬時作者。沈約謂武王既有天下，始都於鎬。今考武王在位六年而崩，成王即位，年已十三，則當武王為西伯時，成王已生，無緣此時方祝武王生子為王也。所以斷為成王營雒時詩者，以《召誥[註188]》中有「庶殷攻位於雒汭」之語。舊說謂位乃「左祖右社，前朝後市」之位，正與此詩言「築室百堵相」合。又考營雒事在成王七年，其時成王年甫二十，春秋方壯，正生子之時，故並祝其生育之蕃，而所生元子釗果能守文、武之業，繼統之後，天下安寧，刑錯不用，號為賢王，終周之世，成、康並稱，差於熊羆之夢無忝。且首章即以兄弟「式相好」、「無相猶」為言，蓋感管、蔡之事，惻乎有餘悲焉。此詩殆必周公所作。申說歸之史佚，或未足信。

秩秩斯干，叶先韻，經天翻。**幽幽南山**。叶先韻，翰㽵翻。**如竹苞**叶有韻，補苟翻。**矣，如松茂**叶有韻，莫口翻。**矣。兄及弟**矣，**式相好**叶宥韻，許候翻。**矣，無相猶**叶宥韻，余救翻。豐氏本作「猷」。**矣。**賦也。毛晃云：「秩本再生稻之名，借為秩序字。」重言「秩秩」者，毛《傳》云：「流行也。」徐鍇云：「有序之貌。」兼此二義方明，言其流行之有序也。「斯」，此也。「干」，毛云：「澗也。」按：「干」，通作「澗」。《韓詩》「考槃在澗」作

〔註187〕「昏」，四庫本作「婚」。
〔註188〕「誥」，四庫本誤作「詔」。

「考槃在干」可證。山夾水曰澗。又此敘雒邑風景，則指澗水東之澗，亦未可知。「幽」者，深隱之義。《春秋元命苞》云：「幽之為言窈也。」深而又深，故曰「幽幽」。南面所對之山曰南山，非終南山也。《天保》篇亦雒邑既成之詩，所云「如南山之壽」即此。陸佃云：「干言源流之長也，山言基址之固也，竹言根本叢致，松言枝葉繁衍，苞言其本，茂言其末。」孔穎達云：「竹言苞而松言茂，明各取一喻，以竹筍叢生而本概，松葉隆冬而不凋也。」愚按：竹苞、松茂皆表此地地色之美，乃枚舉之辭。其云「如」者，孰如之？主下文「兄及弟矣」為言。兄弟相好，則其根本堅固而不可搖，其枝葉茂盛而不可替，所以擬之竹苞、松茂也。「兄及弟矣」，謂同姓兄弟之國，郕、霍、邢、晉之屬皆是。「式」，發語辭。「相好」，言相親愛也。「無」與「毋」異，乃見成語，非禁止之辭。「猶」，朱子云：「謀也。」言此時兄弟幸皆和好，無有如昔日管、蔡之相圖謀者，故可以肇建新邑，為四方朝會之地，而鞏萬世子孫不拔之業也。○似豐本作「佀」。**續妣祖**，霽韻。**築室百堵**，麌韻。**西南其戶**。麌韻。**爰居爰處**，叶語韻，敞呂翻。**爰笑爰語**。韻。○賦也。《曲禮》云：「君子將營宮室，宗廟為先，廄庫為次，居室為後。」此章言宗廟也。「似」，《說文》云：「象也。」按：《古今注》：「廟之為言貌也，所以彷彿先人之容貌。」即此「似」字意也。「續」，《說文》云：「連也。」自妣而下，祖廟不一，連續而立之，謂之為續，即天子七廟是也。又，鄭玄讀「似」如「巳午」之「巳」。孔氏解之，謂「周禮左宗廟在雉門外之左，門當午地，則廟當巳地」，此其說不經甚矣。「妣」，鄭云：「先妣姜嫄也。」孔云：「知妣是姜嫄者，以特牲、少牢祭祀之禮皆以其妃配夫而食，無特立妣之廟者。《春官·大司樂》職：『舞《大濩》以享先妣，舞《大武》以享先祖。』妣先於祖，用樂別祭，則周之先妣有不繫於夫而特立廟矣。《閟宮》、《生民》說姜嫄生后稷以配天，為周之王業，則周之先妣特立廟者，惟姜嫄耳。此妣文亦在祖上，故知是姜嫄也。祖，先祖，不斥號謚，則后稷、文、武兼親廟亦在其中。司樂七廟同用樂，言先祖以總之，明先祖之文兼通諸廟也。」按：古樂祀姜嫄為先妣，尊之也。今樂祀后稷以下之先祖，親之也。又，《周禮·春官·守祧》職下「奄八人」。《注疏》以為天子七廟，通姜嫄為八廟，廟一人，故奄八人。「築」，《說文》云：「搗也。」主下文「百堵」而言。「室」者，總名，對堂則自半已前虛之謂堂，自半已後實之為室。通舉則與宮皆為所居之通稱。《爾雅》：「宮謂之室，室謂之宮」是也。《爾雅》又云：「室有東西廂曰廟，無東西廂有室曰寢。」「百堵」，

解見《鴻雁》篇。「堵」，高廣各一丈。「百」者，非一之辭，槃舉之也。以其為宮室之堵牆，故曰「築室百堵」。下文「西南其戶」，則又特於百堵內首指宗廟而言。《考工記》云：「匠人營國，方九里。左祖右社，前朝後市。」《周禮·小宗伯》職云：「掌建國之神位，右社稷，左宗廟。」《注》以為「在庫門內、雉門外之左右，皆夾治朝」，何休云：「質家右宗廟，尚親親。文家左宗廟，尚尊尊。」半門曰戶，單舉之也。合二戶則為門矣。廟在朝之左，與朝皆南向，其內則南其戶，其外之通於朝者適在廟之西，故曰西其戶。今〔註189〕朝內太廟，制可想見。自外以及內，故先言西而後言南。古人立言各有依據。或謂舉西南以該東北，非是。「爰」，《爾雅》云：「於也。」宗廟非居處笑語之地，此皆主妣祖而言。《禮》曰：「思其居處，思其笑語。」蓋事死如事生，事亡如事存，故廟貌之中，恍若妣祖於焉陟降，於焉優游。上文之所謂「似」，意正如此。觀下三章皆言「君子」，而此章獨無之，則可以悟詩人之意之所屬矣。○**約之閣閣**，藥韻。《周禮注》作「格格」。**椓之橐橐**。藥韻。陸德明本作「柝柝」。**風雨攸除**，叶御韻，遲據翻。**鳥鼠攸去**，御韻。**君子攸芋**。叶御韻，讀如豫，羊茹翻。陸本作「籲」。○賦也。此章言廄庫也。首二句主垣牆言，中二句兼棟宇言。「約」，《說文》云：「纏束也。」鄭云：「謂縮板也。」孔云：「若今之牆。」「衽」，《爾雅》云：「械謂之杙，大者謂之棋，長者謂之閣。」按：今築牆者，每束一版，必以二長杙貫其兩端，使不動搖，所謂閣閣也。「椓」，通作「捄」，《說文》云：「擊也。」孔云：「如椓杙之椓，正謂以杵築之也。」「橐」，所以盛土。徐鍇云：「《字書》：『有底曰囊，無底曰橐。』」以非一橐，故曰「橐橐」。按：鄭以「椓」為「擂土」。孔謂「擂者，以手平物之名」。取壞土投之版中，擂使平均，然後椓之，此所以有資於橐也。《易》云：「上古穴居而野處，後世聖人易之以宮室，上棟下宇，以待風雨。」「除」，朱子云：「亦去也。」鄭云：「其牆屋弘殺，則風雨之所除；其堅致，則鳥鼠之所去。」朱子云：「言其上下四旁皆牢密也。」「君子」，謂王者也。後放此。「芋」，毛訓為「大」，鄭訓為「憮」，陸改為「籲」，義俱難通。按：戴侗云：「芋，嘑鴟也。古通作『預』，別作『蕷』。」然則「芋」即是「預」，蓋取預備之義，知其主廄庫而言也。廄乃畜牧之所，庫則財用攸藏，若風雨鳥鼠，最為廄庫之害，故特言之。古人云「壯哉鼠雀」，亦庫中之事也。○**如跂斯翼**，職韻。**如矢斯棘**，職韻。《韓詩》作「朸」，云：「隅也。」豐本同。**如鳥斯**

革，叶職韻，訖力翻。《韓詩》、豐本俱作「翰」，云：「翅也。」**如翬斯飛**，叶支韻，讀如犧，虛宜翻。**君子攸躋**。叶支韻，讀如脂，蒸夷翻。○賦也。此下三章始言所居之宮室。何休云：「天子諸侯皆有三寢，曰高寢、路寢、小寢。」今按：高寢之制未詳。路寢，亦名大寢，所以聽政，制如明堂。《三禮義宗》云：「天子宮方一千二百步。三分，四為路寢之前，一為路寢之後。」此章所言，則路寢也。「跂」，通作「企」，《釋文》云：「腳跟不著地也。」「翼」，嚴粲云：「如《論語》『翼如也』之『翼』。人舉踵〔註190〕則竦臂翼然，如鳥舒翼也。」蓋堂既高，而體勢又方嚴，故其象如此。「棘」，通作「亟」。歐陽修云：「急也。矢行緩則枉，急則直。謂廉隅繩直如矢行也。」陸佃云：「自其四中視之，則『如跂斯翼』。自其四角視之，則『如矢斯棘』。」「革」，本作「鞥」，《說文》云：「急也。」徐鍇云：「束物之急莫如鞥。今文省〔註191〕作革。」按：鳥隼之屬，古謂之革鳥，言其急疾也。此以簷阿軒翥之勢言。簷是屋之前後正簷，阿是棟邊飄出之側簷。「翬」，雉名。《爾雅》云：「伊雒而南，素質五采皆備成章曰翬。」呂大臨云：「覆以瓦而加丹膆，有文采而勢騫舉也。」陸云：「《左傳》曰：『五雉為五工正。』翬其一也。翬蓋中央之雉。南方曰翟，東方曰鷂，北方曰鵗，西方曰鷷。『如鳥斯革』，以言其勢之騫揚。『如翬斯飛』，以言其文之奐散。」「躋」，《爾雅》云：「陞也。」君子陞之，以視朝聽政事也。按：周制，天子之堂九尺。以堂高言，故曰陞。○**殖殖其庭，有覺其楹**。庚韻。**噲噲其正**，叶庚韻，諸盈翻。**噦噦其冥**，青韻。豐氏本作「宦」。**君子攸寧**。青韻。豐本作「窴」。○賦也。此章言小寢也。在路寢之後，亦名燕寢。「殖」，通作「直」。按：自堂下至門謂之庭。庭與門相直，故或又訓「庭」為「直」。曰「殖殖」者，合路寢、燕寢之庭而通言之也。《逸周書·大正解》云：「王乃召冢卿、三老、三吏、大夫、百執事之人，朝於大庭。」蓋謂路寢之庭。又，《酆保解》云：「王在酆，昧爽，立於少庭。」則燕寢之庭耳。「覺」，通作「梏」。《禮記·緇衣》引《詩》「有覺德行」作「有梏德行」可證。「梏」者，械也。《廣雅》云：「楹謂之柱。」《說文》云：「楹之言盈盈然對立之狀。」《釋名》云：「楹，亭也。」亭亭然孤立，旁無所依也。齊、魯讀曰「輕」。輕，勝也。孤立獨處，能勝任上重也。今按：柱之上有橫木承棟者，其形似笄，因名為枅，亦名為欂，又名為櫨。漢《栢梁臺》詩所謂

〔註190〕「踵」，底本誤作「腫」，據四庫本、《詩緝》卷十九《小雅·斯干》改。
〔註191〕「文省」，四庫本作「省文」。

－645－

「柱枅樽櫨相支持」是也。刻枅為坎，傳〔註192〕於柱端，有械之象，故曰「有梐其楹」。「嚖」，《說文》云：「咽也。」重言「嚖嚖」，人眾而聲氣雜也。「正」，謂正朝之所在，指路寢也。「噦」，《說文》云：「氣牾也。」重言「噦噦」，屋深而響逆也。「冥」，《說文》云：「幽也。」《爾雅》云：「幼也。」「幼」，通作「窈」。李巡曰：「深間之窈也。」指燕寢也。其地淵邃，故以「冥」稱。「寧」，通作「寍」，安也。庭之直、楹之梐，路寢、燕寢同之。而路寢則百官聚會之所，但聞人聲氣嚖嚖。然君子於此聽政而出治。燕寢則人跡不容易至，間有至者，則其聲必噦噦然，乃君子之所以休息而安身也。「攸寧」專承「其冥」一句言。○**下莞上簟**，叶寢韻，徒錦翻。亦叶琰韻，徒點翻。**乃安斯寢**。韻。亦叶琰韻，於儉翻。**乃寢乃興**，蒸韻。亦叶東韻，火宮〔註193〕翻。又叶陽韻，虛良翻。**乃占我夢**。東韻。亦叶蒸韻，莫滕翻。又叶陽韻，謨郎翻。豐本作「寢」。**吉夢維何？**維《潛夫論》作「惟」。下同。**熊維羆**，支韻。**維虺維蛇**。叶支韻，余支翻。豐本作「它」。後同。○賦也。「莞」，草色。《爾雅》云：「苻蘺也。」顏師古云：「今謂蔥蒲。」《本草》云：「楚謂之莞蒲。」陸德明云：「草叢生水中，莖圓，江南以為席，形似小蒲，而實非也。」濮氏云：「莞，又名燈心草。」「下莞」，是鋪席，其上則竹葦之簟，所以覆席。孔云：「以常鋪在上，宜用堅物，故知竹簟也。」鄭以為「寢既成，乃鋪席，與群臣安燕為歡以樂之」。董氏駁之云：「按：几筵、莞筵、蒲筵則有之，而葦竹無施於席，則知所以為寢也。」此承上章「君子攸寧」而言，因紀當日獲夢之奇。「乃安斯寢，乃寢乃興」，二「寢」字與「燕寢」之「寢」不同，皆謂臥也。「興」，夙興也。「我」，代為成王之自我也。「乃占我夢」，詢之人也。「占」，《說文》云：「視兆問也。從卜從口。」會意。問卜曰占。今據夢而問其吉凶，亦同於卜，故曰「占」也。「吉夢維何」，占者問也。「維熊」二語，成王自述其夢也。「熊」、「羆」，皆獸名。羅願云：「熊類犬〔註194〕豕，人足，黑色。春出冬蟄。輕捷，好緣高木，見人自投而下，亦以革厚而筋駑，用此自快，故稱熊經。」《爾雅》云：「羆如熊，黃白文。」郭璞云：「似熊而長，頭似馬，有髦，高腳，猛憨多力，能拔樹木。關西呼曰貑羆。」「蛇」、「虺」，蟲名。張奐云：「蛇能屈伸，配龍騰蟄。」陸佃云：「虺狀似蛇而小。語曰：『為虺弗摧，

〔註192〕「傳」，四庫本作「傅」。
〔註193〕「宮」，底本誤作「官」，據四庫本改。
〔註194〕「犬」，四庫本同。然羅願《爾雅翼》卷十九《釋獸二・熊》作「大」。

為蛇奈何』，以此故也。」或以為蝮蛇者，非。果蝮蛇入夢，將懼有凶徵，而何吉之與有？錢天錫云：「熊、羆、虺、蛇，俱耳目心思不及，則朕兆之異可知。」王符云：「凡夢，有直有象，有精有想，有人有感，有時有反，有病有性。《詩》云：『維熊維羆，維虺維蛇』；『眾維魚矣，旐維旟矣』。此謂象之夢也。」○**太人占之**，支韻。之、羆、蛇三字叶。**維熊維羆**，見上。**男子之祥**；祥、祥相應為韻，亦與下章叶。**維虺維蛇**，見上。**女子之祥**。賦也。「太人」之稱，非王莫當之。所以知非指王者，以前章皆稱王為君子，故此太人，朱子以為「太卜之屬」，是也。按：《周禮·太卜》職云：「掌三夢之灋：一曰致夢，二曰觭夢，三曰咸陟。其經運十，其別九十。」致夢，蓋謂有所以致是夢者。觭夢，異夢，蓋謂非意所及者。咸陟，蓋謂無心之感，神魄升遊，所至有見者。其屬有占夢之官，「掌其歲時，觀天地之會，辨陰陽之氣。以日月星辰占六夢之吉凶：一曰正夢，二曰噩夢，三曰思夢，四曰寤夢，五曰喜夢，六曰懼夢。季冬，聘王夢，獻吉夢於王，王拜而受之，乃舍萌於四方，以贈惡夢。」愚按：此六夢者，以三夢之別取之，則正夢、思夢即致夢也，噩夢、寤夢即觭夢也，喜夢、懼夢即咸陟也。若此詩所夢熊、羆、虺、蛇，當屬噩夢。噩者，驚愕之義。「祥」，猶兆也。徐鍇云：「祥之為言詳也。」天欲降以禍福，先以吉凶之兆，詳審告悟之也。陸云：「熊、羆，陽物也。強力壯毅，故為男子之祥。虺、蛇，陰物也。柔弱隱伏，故為女子之祥。蓋人之精神與天地陰陽流通，故夢之吉凶各以其類至。」嚴云：「心清神定，則有開必先；博物通達，則占事知來。熊、羆，猛獸，為男之祥；虺、蛇，陰類，為女之祥。昔人謂占夢無書，以意言之，殆近是矣。」輔廣云：「詳占夢之意，則先王致察於天人之際，可謂密矣。惜哉其法之不傳。然後世之人，情性不治，盡之所為，猶且昏惑迷亂而不自知覺，則其見於夢寐者率多紛紜乖戾，未必與天地之氣相流通。其間縱有徵召之可驗者，亦須迂迴隱約，必待其既驗而後可知。想古占法雖存，亦未必能盡信也。」○**乃生男子，載寢之床**，陽韻。**載衣**去聲。後同。**之裳**，陽韻。**載弄之璋**。陽韻。**其泣喤喤**，陽韻。**朱芾**豐本作「市」。**斯皇**，陽韻。豐本作「煌」。**室家君王**。陽韻。○賦也。此下二章皆未然事，蓋因夢兆而預卜其將然，亦頌禱之意也。「乃」者，將然之辭。古者男女初生，即表異之。「載」之言「則」，蓋音近也。後俱放此。「床」，《說文》云：「安身之座也。」莞、簟所施之處。寢之以床，貴之也。「裳」者，下之飾。衣之以裳，臣道也。孔云：「王子孫當為君而言臣者，王

蕭謂『無生而貴之也，明欲為君父，當先知為臣子也』。」或云：以他日袞繡之榮貴之。亦通。「弄」，《說文》云：「玩也。從廾持玉。」「弄之璋」者，以玉為戲具也。毛云：「半圭曰璋。」孔云：「知璋半圭者，以《典瑞》云『四圭有邸以祀天，兩圭有邸以祀地，圭璧以祀日月璋，邸射以祀山川。』從上而下，遞減其半，故知半圭也。玉不用圭而以璋者，明成人之有漸璋是圭之半，故言漸也。」嚴云：「今考《大宗伯》『以赤璋禮南方』，《注》謂『圭銳，象春物初生。半圭曰璋，象夏物半死』。然則圭之首銳，璋則圭體之半也。一圭中分，則為二璋也。瓚有圭瓚、璋瓚。瓚，勺也，以圭璋為瓚之柄，以祼於宗廟也。又有璋玉，以禮神及朝聘以為瑞。此生男弄璋，必不用祭器之璋瓚，當止是璋玉也。」又，《詩故》云：「赤璋以禮南方。弄璋，南面之象也。」亦通。此上三句俱見古人早豫教之法。後章放此。「喤」，《說文》云：「小兒聲。」孔云：「其泣聲大，喤喤然。」按：「喤」字右施皇，皇者，大義，知為大聲也。后稷之呱，「實覃實籲」。楊食我之生也，聞其聲知其必滅羊舌氏。則「其泣喤喤」其為吉祥可知。東坡賀人生子詩云：「試教啼看定何如。」嚴云：「今人以兒初生，啼聲長而大為福壽。」「朱芾斯皇」，解見《采芑》篇。「朱芾」二字略斷，所謂天子之芾純朱也。「斯皇」者，朱色而襍之以黃，所謂諸侯之芾黃朱也。「室家」者，國與天下之通稱，如《瞻彼洛矣》所謂「保其室家」。胡安國亦曰：「王者以京師為室，天下為家」，是也。眾子為諸侯，以君稱；嫡長為天子，以王稱。言生子眾多，他日者必將服朱赤之芾，以保有其室家，而或為一國之君，或為天下之王也。先君於「王」取叶韻。○乃生女子，載寢之地。實韻。載衣之裼，叶實韻，徒四翻。《說文》、豐本俱作「禗」《韓詩》作「禘」。載弄之瓦。叶實韻，魚貴翻。無非無儀，支韻，亦叶實韻，宜寄翻。唯酒食是議，實韻，亦叶支韻，疑羈翻。無父母詒陸德明作「貽」。罹。支韻，亦叶實韻，力置翻。陸本作「離」。○賦也。寢之於地，卑之也。女人法地，以示天尊地卑之意，非謂賤之也。「裼」，通作「禘」，《說文》云：「褓也。」孔云：「縛兒被也。」《詩故》云：「男子裳之，出其手，示有志於四方。女子裼之，並手足而裹之，示無外務也。」「瓦」，毛云：「紡磚也。」孔云：「以璋是全器，則瓦非瓦礫，故云紡磚。婦人所用瓦，唯紡磚而已。」黃震云：「今所見紡，無用磚者，而瓦亦與磚為二物，恐風俗古今不同爾。嘗見湖州風俗，婦人皆以麻線為業，人各一瓦，覆膝而索麻線於其上，歲久瓦率成坎。古亦豈有此事，而詩人因指之與？」郝敬云：「紡用磚，以鎮車。」

朱子云：「弄之以瓦，習其所有事也。」曹大家云：「古者生女三日，臥之床下，弄之瓦磚。臥之床下，明其卑弱，主下人也。弄之瓦磚，明其習勞，主執勤也。」「非」，通作「誹」，訾議也。《左傳》云：「有儀可象謂之儀。」孔云：「以婦人少所交接，無如丈夫折旋揖讓棟棟之多。」丘氏云：「婦人尚靜默，不當有所是非；尚質慤，不當為威儀。」又，鄭云：「儀，善也。婦人無所專於家事，有非，非婦人也；有善，亦非婦人也。」鍾惺云：「『無非』易知，『無儀』難見。趙母敕其女，慎勿為好，好尚不可為，而況惡乎！即此意也。」亦通。「議」，《說文》云：「語也。」一曰謀也。「詒」，通作「貽」，《說文》云：「贈遺也。」「罹」，《說文》云：「心憂也。」惟酒食之事是謀，而無遺父母之憂，則可矣。朱子云：「《易》曰：『無攸遂，在中饋，貞吉。』而孟子之母亦曰：『婦人之禮，精五飯，羃酒漿，養姑舅，縫衣裳而已矣。故有閨門之修而無境外之志。』此之謂也。」自「無非無儀」以下，預期其長大有家之後，其行如此。

《斯干》九章，四章章七句，五章章五句。《儀禮》、《左傳》皆以為《新宮》。《序》云：「宣王考室也。」劉向亦云：「周德既衰而奢侈，宣王賢而中興，更為儉宮室，小寢廟，詩人美之，《斯干》之詩是也。上章道宮室之如制，下章言子孫之眾多也。」蓋本《序》說云爾。愚獨斷其不然者，以宣王既熊羆入夢，則所生必是賢子。乃繼宣者幽，至於身之不保，周室遂東，則此夢亦不靈甚矣。不靈之夢，是夢幻也，聖人何錄焉？舊所以相傳為宣詩者，意《無羊》之詩是宣王時事，篇中亦有「太人占夢」之語，因遂匯作一處而並屬之宣耳。又按：《禮》：「成廟則釁之。路寢成則考之而不釁。」考也，釁也，總名為落。落者，樂也。此詩不獨營宮室，亦立宗廟，而獨以「考」之一字該之，於義亦未為允。

泂酌

《泂酌》，召康公教成王以豈弟化庶殷也。豈以強教之，弟以悅安之。《序》以此詩為「召康公所作」。《申培說》及朱《傳》因之，皆以為「召康公戒成王之詩」。鄭玄云：「成王始幼少，周公居攝政。及歸之，成王將涖政，召公與周公相成王為左右。」《書序》云：「周公為師，召公為保。」公名奭，康其諡也。所以知為教成王化庶殷者，以《尚書·召誥》知之。其文曰：

「太保入錫，周公曰：『拜手〔註195〕稽首，旅王若公。』誥告庶殷，越自乃御事：『王先服殷御事，比介於我有周御事。節性，惟日其邁。其惟王勿以小民淫用匪彝，亦敢殄戮用乂民，若有功。其惟王位在德元，小民乃惟刑用於天下，越王顯。』」蓋召公惓惓欲王以德化庶殷若此。玩詩意，殊似。而古說又以為召康公之作，其與《召誥》相表裏明矣。強教悅安，則孔子之釋豈弟也，與興意合，定是正解。

泂酌彼行潦，舊皆為句。**挹彼注茲**，支韻。摯虞云：「古詩九言者，『泂酌彼行潦挹彼注茲』之屬是也。」讀與舊異。**可以餴**陸德明本作「饙」。豐氏本作「䭉」。**饎**。叶支韻，許羈翻。亦叶紙韻，昌里翻。**豈**《家語》、《荀子》、《呂覽》、《韓詩外傳》俱作「愷」。《禮記》作「凱」。**弟**《荀子》、《呂覽》、《韓詩外傳》俱作「悌」。**君子**，紙韻。亦叶有韻，濟口翻。**民之父母**。有韻。亦叶紙韻，姆鄙翻。○興也。「泂」，《說文》云：「滄也。」滄之為言寒也。《爾雅》云：「遠也。」按：「泂」字從〔註196〕冂。冂者，野外也。趙頤光謂「泂有遠義，遠有寒曠義」。「酌」，通作「勺」，《說文》云：「挹取也。」「行潦」，毛《傳》云：「流潦也。」孔穎達云：「行者，道也。潦者，雨水也。行道上雨水流聚，故云流潦也。」「挹」，《說文》云：「抒也。」徐鍇云：「從上酌之也。」「彼」，彼大器也。「注」，《說文》云：「灌也。」「茲」，此也。此小器也。孔云：「遠酌取置之大器，挹來乃注於小器。以潦水泥濁，置之大器以澄之，挹〔註197〕小器而用之，所以轉經二器也。」「餴」，《說文》云：「滫飯也。」滫者，久泔也。泔者，潘也。潘者，淅米汁也。淅者，汰也。《字書》云：「一炊米也。」朱子云：「炊米一熟，而以水汰之，乃再炊也。」「饎」，《說文》云：「酒食也。」「可以餴饎」者，嚴粲云：「言可灌沃餴米以為酒食也。」「豈」，通作「愷」，《說文》云：「康也。」「弟」者，次弟之義，順之意也。「君子」，朱子云：「指王也。」孔云：「一人之云父母，有父之尊，有母之親也。」《逸周書》云：「周公曰：『生之樂之，則母之禮也。政之教之，遂以成之，則父之禮也。父母之禮，以加於民。』」蘇轍云：「流潦，水之薄也。然苟挹而注之，則可以餴饎。言物無不可用者。是以君子之於人，未嘗有所棄，猶父母之無棄子也。或曰：雖行潦污賤之水，苟挹

〔註195〕「手」，底本誤作「乎」，據四庫本改。
〔註196〕「從」，底本作「以」，據四庫本改。
〔註197〕「挹」，四庫本作「注」。按：孔《疏》作「挹」。

之於彼而注之於此，則遂可以饎饎。《孟子》曰：『雖有惡人，齋戒沐浴，則可以祀上帝。』」季本云：「蓋欲人君舍短取長，不錄人過也。如此則中養不中，才養不才，而可以為民父母矣。」《表記》云：「子言之，君子之所謂仁者其難乎？《詩》云：『豈弟君子，民之父母。』豈，以強教之。弟，以悅安之。樂而無荒，有禮而親，威莊而安，孝慈而敬，使民有父之尊，有母之親，如此而後，可以為民父母矣。非至德其孰能如此乎？」《韓詩外傳》云：「《詩》曰：『愷悌君子，民之父母。』君子為民父母何如？曰：君子者，貌恭而行肆，身儉而施博，故不肖者不能逮也。殖盡於己，而區略於人，故可盡身而事也。篤愛而不奪，厚施而不伐。見人有善，欣然樂之；見人不善，惕然掩之。有其過而兼包之。授衣以最，授食以多。法下易繇，事寡易為，是以中立而為人父母也。築城而居之，別田而養之，立學以教之，使人知親尊。故父服斬縗三年，為君亦服斬縗三年，為民父母之謂也。」又云：「度地圖居以立國，崇恩博利以懷眾，明好惡以正法度，率民力稼，學校〔註198〕庠序以立教，事老養孤以化民，升賢賞功以勸善，懲奸絀失以醜惡，講御習射以防患，禁奸止邪以除害，接賢連友以廣智，宗親族附以益強。《詩》曰：『愷悌君子。』」《荀子》云：「彼君子者，固有為民父母之說焉。父能生之，不能養之。母能食之，不能教誨之。君者已能食之矣，又善教誨之者也。」以上數則俱是此詩本意。又，《呂氏春秋》云：「愷者，大也。悌者，長也。君子之德長且大者，則為民父母。」按：以長、大解愷、悌，於字義無據。《孔子閒居》篇云：「子夏曰：『敢問《詩》云：愷悌君子，民之父母。何如斯可謂民之父母矣？』孔子曰：『夫民之父母乎，必達於禮樂之原，以致五至而行三無，以橫於天下。四方有敗，必先知之。此之謂民之父母矣。』」《家語》云：「美功不伐，貴位不喜，不侮不佚，不傲無告，是顓孫師之行也。孔子言之曰：『其不伐則猶可能也，其不弊百姓則仁也。《詩》云：愷悌君子，民之父母。』」皆借辭立義，非為詩作解也。○**泂酌彼行潦，挹彼注茲，可以濯罍。**灰韻。**豈弟君子，民之攸歸。**叶灰韻，古回翻。○興也。「濯」，《說文》云：「浣也。」毛云：「滌也。」義同。「罍」，本作「櫑」。解見《卷阿》篇。孔云：「《春官·司尊彝》云：『四時之祭皆有罍。』是罍為祭器也。《卷耳》云：『我姑酌彼金罍。』則燕饗亦有罍。」愚按：罍者，貴器。「可以濯罍」，言其可以貴用之也。上章言「可以饎饎」，但譬養成其材；此

則材既成而將見之用矣。「攸」，所也。「歸」，猶依投也。君子以豈弟為德於天下之人，教之則無類，立之則無方，宜其為民之所歸心也。鄧元錫云：「豈弟，大德也。王者以無怨怒為大德。行潦耳，而洄酌之而挹之，又從而注之，雖濯罍以祀，可也。率斯術也以往，強教悅安，有一毫疾頑叛成心哉？是豈弟之德也。」○洄酌彼行潦，挹彼注茲，可以濯溉。隊韻。亦叶真韻，巨至翻。又叶未韻，居氣翻。豈弟君子，民之攸暨。真韻。亦叶未韻，於既翻。又叶隊韻，古代翻。○興也。「溉」，本水名，毛《傳》以為「清也」。孔云：「《特牲》注云：『濯溉也。』則溉亦是洗名。謂洗之使清潔也。」季云：「可以濯溉，則無物不可濯，非但一罍而已。以喻人才養成，無所用而不可也。」「暨〔註 199〕」，通作「臮」，與也，義與《假樂》篇同。「攸暨」，猶「攸歸」也。非君子有豈弟之德，能為民父母，其何以致之？《孟子》曰：「河海之於行潦，類也。聖人之於民，亦類也。」故行潦所以比民也。雖然，未盡也。夫行道上之流潦，其穢濁必與凡水不同。愚以是知詩意為殷之遺民染紂污俗者之況也。而舊說皆以行潦興豈弟君子，不倫甚矣。自召康公於《詩》、《書》以此義告成王，與周公申誥多士多方同一意緒。厥後周公既沒，王命君陳尹茲東郊，亦曰：「爾無忿疾於頑，無求備於一夫。必有忍，其乃有濟。有容，德乃大。簡厥脩，亦簡其或不脩。進厥良，以率其或不良。」蓋所得於周、召之訓者深矣。金履祥云：「殷自中葉以來，士大夫世家巨室殖貨慢令，風俗浸不美。盤庚一嘗正之。歷高宗諸賢君，風俗固嘗正矣。至紂，又以浮〔註 200〕酗驕奢唱〔註 201〕之，一時風靡，而又為天下逋逃主，聚諸亡命，是崇是長。凡億兆之心，如林之旅，計皆是物，蕩無廉恥。一旦周師至，則倒戈迎降之不暇爾。武王入殷，固已慮之，曰：『若殷之大眾何？』太公亦已有誅斥之意矣。獨周公不然，而兼包並容之。然商民之意得氣滿，終不若在紂之日，故其後從武庚以叛，於是分遷畿甸，而處之，而誘之，亦殊勞矣。跡商民之所為，自秦、漢言之，坑戮誅夷之而已矣。而乃待之如此，乃周公之德，而所以為周家之忠厚也。」王應麟云：「殷民既化，其效見於東遷之後。盟、向之民不肯歸鄭，陽樊之民不肯從晉。及其末也，周民東亡而不背事秦，王化之入人深矣。」

〔註 199〕「暨」，底本誤作「聖」，據四庫本改。
〔註 200〕「浮」，四庫本作「沈」。
〔註 201〕「唱」，四庫本作「倡」。

《泂酌》三章，章四句。舊本皆作章五句。○《序》云：「召康公戒成王也。言皇天親有德，饗有道也。」按：《左·隱三年》：「周、鄭交質。君子曰：『信不繇中，質無益也。明恕而行，要之以禮，雖無有質，誰能間之？苟有明信，澗溪沼沚之毛，蘋蘩蘊藻之菜，筐筥錡釜之器，潢污行潦之水，可薦於鬼神，可羞於王公。《風》有《采〔註202〕蘩》、《采蘋》，《雅》有《行葦》、《泂酌》，昭忠信也。』」《序》說本此。豈知《左氏》特斷章取義耳，而援以釋經，可乎？朱子訾其疏，是也。然朱子於取興之意，亦自未解。其云：「行潦尚可餴饎，豈弟君子豈不為民之父母乎？」或為之暢其說，謂「行潦無本，豈弟有源，餴饎濯罍之用可數，父母斯民之德無量」，是皆牽強附會，不成義理。《子貢傳》闕文。

卷阿

《卷阿》，召康公戒成王任賢保治也。成王三十三年遊於卷阿，召康公從，自「三十三年」至此，出《竹書紀年》文。因王之歌，作此以為戒。出自朱《傳》。申培說同。○愚按：周公之戒成王也，於《無逸》則曰「繼自今嗣王，則其無淫於觀、於逸、於遊、於田」，於《立政》則曰「繼自今立政，其勿用憸人，其惟吉士」。是詩為遊觀而作，而篇中又惓惓以吉士、吉人為言，其為告成王之詩明矣。況又有《竹書》足據乎！黃佐云：「《卷阿》之樂，固召公之所深慮也。然召公之作《旅獒》，恐武王之玩物而喪志也。其詞直者，何也？以武王大聖人也，而又當君臣同心之際，故直也。《卷阿》之作，蓋恐成王之逸遊，或至於流連也。其詞婉者，何也？以成王中材之主也，而又當君臣危疑之後，故不得而不婉也。要之，各有攸當焉耳。」

有卷者阿，歌韻。**飄**陸德明本作「票」。**風自南**。叶侵韻，乃林翻。**豈弟君子，來游**《列女傳》作「遊」。**來歌**，韻。**以矢其音**。侵韻。阿、歌、南、音，隔句各韻也。○興而賦也。「卷」，《說文》云：「膝曲。」故毛《傳》訓「曲也」。「阿」，《說文》云：「曲阜也。」按：曲阜名卷阿，則其曲之貌也。「飄」，《爾雅》、《說文》皆云：「迴風也。」孔穎達云：「阿之曲者，風無去路。」鄭玄云：「有大陵卷然而曲，迴風從長養之方來入之。興者，喻王當屈體以待賢者，賢者則猥來就之，如飄風之入曲阜。然其來也，為長養民。」王

〔註202〕此及下一「采」，底本誤作「菜」，據四庫本改。

安石云：「『有卷者阿』，則虛中屈體之大陸。『飄風自南』，則化養萬物之迴風。不虛中，則風無自而入；不屈體，則風無自而留。」愚按：此興意，但諷王受言，未及求賢之事。蓋〔註203〕召公將有所進戒於王，慮其捍格不入，故即所見以起興。「有卷者阿」興下文「豈弟君子」，「飄風自南」興下文「以矢其音」。「豈」，通作「愷」，《說文》云：「康也。」故晉世顧愷字長康。「弟」，《說文》以為「韋束之次第」，順之意也。「君子」，指成王也。曹居貞云：「『豈弟君子』，樂於循理而已，故詩人美人君之德，必以豈弟言之。」「游」，本旌旗之旒，藉以為飄揚自得之意。「來游來歌」，謂王來遊而歌也。末章「惟以遂歌」之「歌」指此。矢音，康公自言賡歌也。「矢」者，直指之意。臣以詩陳於君前，故曰「矢其音」。則此詩所言是也。輔廣云：「『有卷者阿』，言其地也。『飄風自南』，言其時也。『豈弟君子，來游來歌，以矢其音』，言其事也。召公從成王來遊於卷阿之上，時有飄風自南而來，成王樂而歌之，故公因陳此詩以為戒。」○**伴**豐氏本作「泮」。**奐**豐本作「渙」。**爾游**尤韻。**矣，優游爾休**尤韻。**矣。豈弟君子，俾爾彌爾性，**似《爾雅注》作「嗣」。**先公**《爾雅注》「公」下有「爾」字。**酋**尤韻。**矣。**賦也。「伴」，《說文》云：「大貌。」「奐」，《說文》云：「取奐也」，字「從廾，從夐省」。廾音拱，竦手也。徐鍇云：「夐，營求也。取之義也。」「爾」，指王也。後放此。「伴奐爾游」者，言大取此地而遊之。以為王所遊，故大之也。「優」，通作「優」，《說文》云：「行之和也。」「休」，《說文》云：「息止也」，字「從人依木」。「優游爾休」者，言王以神情和豫而來遊，遂止息於此也。「俾」，使也。此與下二章言「俾」字，詞雖若祝，而意實主諷。《說文》無「彌」字，本作「𤣪」，弛弓也。「性」，字從心從生。人受仁義禮智之德於天以生，而此四德皆藏於心，謂之性也。「彌性」與《周書·召誥》言「節性」反看。心放則性失，必時時檢束之，勿使放逸，節之義也。養定則性恬，縱任之而已，不事矜持，彌之義也。然此亦只在遊豫上說。按：鄭《箋》解「伴奐」為「自縱弛之意」。王肅非之，云：「周公著書，名曰《無逸》，而云「自縱弛」也，不亦違理哉！」孫毓亦云：「忠臣戒君，而發章令自縱弛，非直方之義也。」唐孔氏為申鄭意，云：「周公之言無逸者，心也。召公之言優游者，事也。心常戰兢，無時可逸。事若無為，自然逸矣。『子之燕居，申申如也。』是縱弛之狀。『無為而治，其舜也與？』是自逸之事。召公教其求逸，勸使任賢，此則達者之格言，萬世所不易，何以為違理之

〔註203〕「蓋」，底本誤作「益」，據四庫本改。

談，非直方之義也？」愚按：孔說辨矣。然召公實非教王以縱弛。其曰「俾爾彌爾性」者，微詞也，正意乃在「似先公酋」一語。若曰使王若能勤於政事，如當日之先公，則亦可以久享此逸矣。「似」，《說文》云：「象也。」呂祖謙云：「『似先公』者，召公周之尊老，故其祝成王遠本先公，不忘舊也。祝之所以戒之也。」「酋」，久也。按：酋本繹酒之名，其字從西，水半見於上。西者，酒也。酒久則水上見而糟少也。故《周禮注》云：「酋者，久遠之稱。酒以久熟者為善，因名酒官為大酋。」《方言》亦云：「久熟曰酋。」「似先公酋」，以壽考言。不曰先王而曰先公者，周之先公多壽，王季壽百歲，文王壽九十七歲，至武王為天子，而壽乃不及，故但言先公也。言外欲王思先公所以居此久者，其必非以逸遊為事可知矣。又，劉敞云：「召康公何以不欲成王似先王而獨曰似先公乎？曰：周王之時，周之先王惟有文、武。文、武皆聖人，不可似也。是以欲成王似其可及者，則莫若似先公也。然則聖人不可及而大賢有可到，非其不欲其似先王也，智不能也。」黃櫄云：「漢文之時，賈誼為之痛哭流涕，如禍患之迫乎其後。誼之憂國誠深矣，然其言太過，而無優游不迫之意。帝退而觀天下之勢，不至於此，則一不之信。然後知康公之戒君，其言亦有法也。」〇爾土宇昄章，亦孔之厚有韻。亦叶虞韻，後五翻。矣。豈弟君子，俾爾彌爾性，百神爾主麌韻。亦叶有韻，當口翻。矣。賦也。「土」，土地也。「宇」，本屋邊之名，此當以邊垂言。《左傳》：「在君之宇下」，是為邊垂也。「昄」，《說文》云：「大也。」「章」，通作「彰」，明也。「昄章」二字對言。蘇氏謂「大而且著」是也。「昄」屬「土」，謂混一無外；「章」屬「宇」，謂疆界劃然。「孔」，甚也。曰「厚」者，有基圖鞏固，不可動搖之意。「百神」，以土宇內之眾神言之。《祭法》云：「有天下者祭百神。」「主」，猶依也。周昌年云：「主字內便有常字意，凡不常者，只如過客一般，不得為主，必常而後可以言主。」呂云：「天子者，百神之主也。苟以逸欲虧其性，則天位難保，將無以主百神矣。」愚按：天子統臨萬方，諸侯咸視效焉。故皋陶戒舜曰：「無教逸欲有邦，兢兢業業。」王誠念及主萬方之百神也，將勤於政事之不暇，而何彌爾性之為乎？勸一諷百，召公之謂與！〇爾受命長陽韻。矣，茀《爾雅注〔註204〕》作「祓」。祿爾《爾雅注》無此字。康陽韻。矣。豈弟君子，俾爾彌爾性，純嘏爾常陽韻。矣。賦也。「受命」，謂受天命而為天子也。「長」，以歷年多言。黃佐云：「成王即位，共三十有七年。

〔註204〕「注」，底本誤作「法」，據四庫本改。

《無逸》謂自三宗後，人君類皆短折，『或十年，或七八年，或五六年，或四三年』。其稱祖甲享年之永，亦惟曰『三十有三年』。然則成王即位十年以後，三十七年以前，皆可謂之長，無疑也。況其初即位為三叔、武庚所擾，首尾凡六年矣。其時必不暇為卷阿之遊也。今得遊卷阿矣，而曰『伴奐優游』，曰『土宇昄章』，曰『茀祿爾康』，此亦可以見其歷年之久，非復《小毖》、《訪落》徬徨恐墜之時比矣。」「茀」，草本蔽盛之貌。「祿」，即福也。「茀祿」，言福祿之來亦如草木之盛蔽，無欠闕也。「康」，安矣，安於王之身也。「純」，通作「全」。「嘏」，《說文》云：「大遠也。」《郊特牲》亦云：「長也，大也。」皆指福言。純主言其備，嘏主言其久。「爾常」二字相連說，言爾常常享此純嘏之福也。先言「似先公」，既又進之於主百神，至此更推極之於天命，王而歷歷思及此也，雖欲彌爾性而自暇自逸，亦有所不能矣。輔云：「三章皆極言壽考福祿，以廣王心而歆動之。然後五章以下，乃告以所以致此之繇。則其言入之易而感之深也。召公可謂能盡師保之道者矣。」朱子云：「康公戒王，其始只說個好意思，告人法當如此。」○有馮陸本作「憑」。**有翼**，職韻。**有孝有德**，職韻。**以引以翼**。見上。**豈弟君子，四方為則**。職韻。○賦也。人君能用賢，然後可以優游而享盛治，故自此章以下，皆以用賢之事言之。「馮」，通作「憑」，《說文》云：「依幾也。」「翼」，通作「翊」，《說文》云：「輔也。」「有馮有翼」，指大臣言。蘇轍云：「在前則有馮，在側則有翼。」愚按：此與下文引翼相照。大臣日在王側，能引君，故君以之為馮；能翼君，故君以之為翼。漢世三輔郡，其左名馮翊，取義本此。孝者，百行之本。德者，及物之源。蘇云：「孝致於內，德施於外。」謝枋得云：「求賢不取非常之才，而止曰『有孝有德』，何也？曰：孝於親者必忠於君，取其孝，正求其忠也。唐、虞以上，取人以德，無才德之分，如皋陶九德，皆才也。舜舉八元八愷之才，皆德也。有德則才在其中矣。」「引」，本關弓之名，藉以為牽引之義。「以引」者，為引導其前，使不迷於所往，即《孟子》「引君當道」之「引」。「以翼」者，謂翼贊其左右，使不怠於所行，即《虞書》「子欲左右有民汝翼」之「翼」。皆主啟沃言。「則」，法也。王能得賢臣之引翼，則其德日修，而可以為四方之法則也。昔召公誥王倦倦，以「無遺壽考」為言。此詩作時，雖周公已喪，而芮伯、彤伯、畢公、衛侯、毛公之屬尚在。所云「孝德」，意即其人與？呂云：「是詩雖戒求賢，然詠歌以道之，故其辭從容不迫，至此章始明言賢者之益焉。」「有馮有翼」，自成王言之也。「以引以翼」，自賢者言之也。有孝有德之

人在王左右，以引以翼，然後王德罔怨，可以為四方之法也。賢者之行非一端，必曰「有孝有德」，何也？蓋人主常與慈祥篤實之人處，其所以興起善端，涵養德性，鎮其躁而消其邪，日改月化，有不在言語之間者矣。故宣王之在內者，唯云「張仲孝友」；而蕭望之亦謂「張敞材輕，非師傅之器」；皆此意也。○**顒顒卬卬**，陽韻。**如圭**《荀子》、《中論》俱作「圭」。**如璋**，陽韻。**令聞**陸本作「問〔註205〕」。**令望**。叶陽韻，武方翻。**豈**《中論》作「愷」。**弟**《中論》作「悌」。**君子，四方為綱**。陽韻。○賦也。「顒」，《說文》云：「頭大也。」《易》「有孚顒若」之「顒」，主君言。「卬」，徐鍇云：「傾首望也。」《說文》引《詩》：「高山仰止。」主臣言。承上章言君臣相與於一堂之上，君端拱以仰臨，其象則顒顒然；臣精白以仰對，其象則卬卬然。猶《書》言「穆穆在上，明明在下」也。「圭」者，君所執；「璋」者，臣所執。詳見《棫樸》篇。兩璋之合，則為一圭。王「有馮有翼」，與左右諸臣合為一體，如圭之象。左右諸臣「以引以翼」，亦協心內向，以趨乎王，如璋之象也。「令」，善也。「綱」者，網之大繩。君明臣良，同心同德，則令聞令望皆歸於王。遠者傳其聲譽，近者挹其丰采，如此則豈弟君子信乎可以制命於上而為四方之綱也。上章「為則」，以德言；此「為綱」，以位言。○**鳳皇**《大全》、朱《傳》、蘇《傳》、《讀詩記》俱作「凰」。後同。**于飛，翽翽**《說苑》作「噦噦」。**其羽，亦集**豐本作「欒」。**爰止**。紙韻。**藹藹王多吉士**，紙韻。**維君子使**，紙韻。**媚于天子**。紙韻。○賦之興也。呂云〔註206〕：「自此以下廣言人材之盛也。」「鳳皇」，毛《傳》云：「靈鳥，仁瑞也。雄曰鳳，雌曰皇。」《爾雅》云：「鶠鳳，其雌皇。」《禽經》「皇」作「翟」，云：「翟以鳴鳴鳳，鳳以儀儀翟。」《周書・王會》篇云：「西申以鳳鳥，方揚以皇鳥。」《大戴禮》云：「羽蟲三百六十而鳳為之長。」《詩義疏》云：「鳳在天為朱雀。」陸佃云：「鳳，鳥之美者，能君其類而知時，雌則美而不大。」按：《京房易傳》謂「鳳皇高丈二」，而郭璞則云「高六尺許」，豈亦雌雄之異與？又按：鳳皇之象，其說不一。《韓詩外傳》及《說苑》皆載：「黃帝召天老而問之曰：『鳳象何如？』天老對曰：『夫鳳，象鴻前麟後，蛇頸而魚尾，鸛顙而鴛思〔註207〕，龍文而龜身，燕頷而雞喙，駢翼而中注，首戴德，頂揭義，背負仁，心信智，翼挾義，

〔註205〕 「問」，底本誤作「間」，據四庫本改。
〔註206〕 「云」，四庫本作「氏」。
〔註207〕 「思」，四庫本作「腮」。

－657－

衷抱忠，足履正，尾繫武，延頸奮翼，五彩備明，光興八風，氣降時雨，食有質，飲有儀，往即文始，來即嘉成。惟鳳為能通天，祉應地靈，律五音，覽九德，去則有災，見則有福，嚴照四方，仁聖皆伏。天下有道，得鳳象之一，則鳳過之；得二者，則鳳下之；得三者，則春秋下之；得四者，則四時下之；得五者，則沒身居之。」羅願云：「鴻前者，軒也。麟後者，豐也。蛇頸者，宛也。魚尾者，岐也。鸛顙者，椎也。鴛思〔註208〕者，張也。龍文者，致也。龜身者，隆也。燕頷者，方也。雞喙者，鉤也。」又，說者曰：「出東方君子之國，翱翔四海之外，過昆崙，飲砥柱，濯羽弱水，暮宿風穴，見則天下大安寧。」《山海經》云：「丹穴之山有鳥焉，其狀如鶴，五采而文，名曰鳳。首文曰德，翼文曰順，背文曰義，膺文曰仁，腹文曰信。是鳥也，飲食自歌自舞。」《論語摘衰聖》云：「鳳有六象九苞。六象者：一曰頭象天，二曰目象日，三曰背象月，四曰翼象風，五曰足象地，六曰尾象緯。九苞者：一曰口包命，二曰心合度，三曰耳聽達，四曰舌詘伸，五曰彩色光，六曰冠矩朱，七曰距銳鉤，八曰音激揚，九曰腹文戶。」《孝經援神契》云：「王者德至鳥獸，則鳳皇翔。」《樂動聲儀》云：「鎮星不逆行，則鳳皇至。」《樂叶圖》云：「五音克諧，各得其倫，則鳳皇至。」又，《禽經》云：「青鳳謂之鶡，赤鳳謂之鶉，黃鳳謂之鵹，白鳳謂之鸏，紫鳳謂之鷟。」《樂叶圖徵》云：「五鳳皆五色，為瑞者一，為孽者四。其四皆似鳳，並為妖。一曰鸍鶝，鳩喙，圓目，至則疫之感也；二曰發明，烏喙，大頸，至則喪之感也；三曰焦明，長喙，疏翼，圓尾，至則水之感也；四曰幽昌，兌目，小頭，大身，細足，脛若鱗葉，至則旱之感也。」《人鏡經》云：「凡五方之鳥，皆似鳳而非也。東方發明，全身總青。西方鸍鶝，全身總白。南方焦明，全身總赤。北方幽昌，亦曰退居，全身總黑。中央鳥名玉雀，亦曰鳳皇，全身總黃。」以上諸說，紛紛詭異。羅氏謂：「其至蓋罕，故孔子稱之。而世好事者喜為之傳道，務奇怪其章，故千世而不合焉。既誇為希世之瑞。誇而無驗，極而必反，則又推之以為孽。皆不足取。」其論達矣。《竹書》紀「成王十八年，鳳凰見」。沈約《注》及《古樂府》皆言：「成王時，鳳皇翔舞於庭，王援琴而歌，作《神鳳操》，曰：『鳳皇翔兮於紫庭，予何德兮以感靈。賴先人兮恩澤臻，于胥樂兮民以寧。』」今按：操辭固疑假託，然觀《書》，周公留《君奭》篇曰：「耇造德不降，我則鳴鳥不聞。」耇指召公，鳴鳥指鳳也。則前此召公未求去之時，鳳固嘗至矣。周公以鳴鳥

〔註208〕「思」，四庫本作「腮」。

之聞為耇德之應，故此以鳳皇至止興大臣在朝，即前章所言「有孝有德」而居輔弼之位者也。「翽」，《說文》云：「飛聲也。」「翽翽其羽」，言眾鳥也。《說文》云：「鳳飛，群鳥從之以萬數。」陸佃云：「夫文，凡鳥為鳳，鳳總眾鳥者也。古文作朋，蓋四靈惟鳳能鳩其類，故以為朋黨之字。同門曰朋，其類不一，所從者一而已。」「亦」，指眾鳥也。對鳳皇，故言「亦」。「集」，《說文》云：「群鳥在木上也。」「爰」，於也。集於其所止之地，其即後章所云「高岡」乎？鄭云：「眾鳥慕鳳皇而來，喻賢者所在，群士皆慕而往仕也。因時鳳鳥至，因以喻焉。」嚴粲云：「鳳皇飛，眾羽亦集，猶大賢用而善類樂附之，從其類也。」舊說多以翽翽爰集為鳳鳥眾多。曹居貞謂「鳳皇，希見之鳥，不應群飛之眾若此」。此自是正理。若唐孔氏引《中侯握河紀》云「鳳皇巢阿閣讙樹」，言讙讙在樹，是鳳必群飛。《白虎通》亦云：「黃帝之時，鳳皇蔽日而至。」是來必眾多。要皆茫昧不足信。「藹」，《說文》云：「臣盡力之美也。」與《爾雅》解合。字從言葛聲，非從草藹聲也。或以為草木之盛多，誤矣。「王」，鄭云：「王朝也。」「吉」，《說文》云：「善也。從士從口。」徐鍇云：「口無擇言也。」會意。愚按：《易》云：「吉人之辭寡。」正與製字意合。大約有德者必簡於言。皋陶論人有九德：「寬而栗，柔而立，願而恭，亂而敬，擾而毅，直而溫，簡而廉，剛而塞，彊而義。」彰厥有常，吉哉！周公言立政，惟用吉士，而復申之曰：「繼自今後王立政，其惟克用常人。」可知吉士即常人也。身無擇行，則口無擇言，此吉士義疏也。「士」者，任事之稱。「君子」，即前數章所稱「豈弟君子」，指王也。「使」，謂任用之。「媚」，《說文》云：「悅也。」吉士雖多，惟在王之任用之，則必能各修其職，以博王之歡悅也。朱子云：「既曰君子，又曰天子，猶曰王于出征，以佐天子云爾。」黃佐云：「按：《書》：成王命君陳曰：『爾有嘉謀嘉猷，則入告爾後於內，爾乃順之於外』；曰：『斯謀斯猷，惟我后之德。』欲其媚于天子也。成王，中材之主，而其言若此。召公以老臣將順，其亦有諷諫之意乎？守成之世喜承順而惡忌諱，唐、虞言事君，則曰『汝無面從此』，豈成王之所能及哉！」○**鳳皇于飛，翽翽其羽，亦傅于天**。叶實韻，汀因翻。**藹藹王多吉人**，真韻。**維君子命**，叶真韻，眉辛翻。**媚于庶人**。見上。○賦之興也。「傅」，通作「附」，取附麗之義。「天」，以興王朝。「吉人」，即吉士也。就其人言，則但曰人。自其效用於王朝言，則變稱士。「命」，即使也。命之以所居之職，所為之事也。「媚于庶人」，言有以得民之歡心也。上章言「媚于天子」，嫌其類於以邪媚為悅也，故

此章質言之，若曰媚庶人乃所以媚天子耳。黃佐云：「成王之時，《泰》之時也。嘗讀《易》而得其說矣。《泰》之為卦，雖吉且亨，然聖人懼焉，○〔註209〕謂『無平不陂』。又慮陰皆失實者，蓋變二四則至於《豐》，可憂；變上下則又於《否》，不利。聖人深恤將來而預圖保之，其設戒深矣。惟九二一爻乃人臣之正位，上應六五之賢君，為得其中。周公立爻辭曰：『包荒，用馮河，不遐遺，朋亡。』以四者為治泰之道。蓋世道久安，則法度弛，而習成誕慢欺蔽矣。驟然改圖，近患先起，不可不包以大量也。人情久逸，則紀綱縱，而下趨委靡陵替矣。恬然安之，將又愈甚，不可不革以猛力也。眾志久寧，則變故少，而無復深謀矣。遠而慮之，必周庶事，不可以遺遐遠也。時勢久順，則人情肆，而至於私昵惡德矣。約而正之，必絕黨與，不可以私朋比也。召公欲用馮翼孝德之賢以成君德，而為四方之綱，是則慈祥者進，而有所謂『包荒』者矣；篤實者進，而有所謂『馮河』者矣。上而媚君，下而媚民，則『遐遺』〔註210〕無不周矣。吉人匯徵，憸壬自遠，則朋比無所私矣。召公立意，蓋與《易》合，其得保泰之道哉！」○**鳳皇鳴**庚韻。**矣，于彼高岡**。陽韻。**梧桐生**庚韻。**矣，于彼朝**豐本作「鼂」。**陽**。韻。王充《論衡》作「梧桐生矣，于彼高岡。鳳皇鳴矣，于彼朝陽」。**菶菶萋萋**，葉支〔註211〕韻，此移翻。**雝雝喈喈**《論衡》作「嗈嗈」。豐本作「邕邕」。**喈喈**。叶支韻，堅夷翻。又，豐本於此章之上增入一章，六句：「鳳皇于飛，其鳴將將。其翼若干，其音若蕭。有鳳有皇，樂帝之心。」云：「《石經》有之。」○賦之比也。此與下章較上三章又深一意。此章專言鳳皇所集之處，欲王優禮大臣，有加而無已，則有孝有德之大臣可以常留而不去也。先是周公有明農之語，而召公亦有求去之思，意成王所以待大臣必有未盡其道者，故惓惓及此。「高岡」，高山之脊也。「梧桐」，本二木名。《爾雅》云：「櫬〔註212〕梧。」又云：「榮桐木。」郭璞皆以為梧桐，後人遂混而一之，非也。羅願云：「梧者，植物之多陰，最可玩者。青皮而白骨，似青桐而多子。蓋桐有青赤白，而青桐又有有實無實之辨。今人以梧之青，亦曰青桐云。其生莢如箕，子〔註213〕相對綴箕上，多者至五六，成材之後，樹可得實一石，食之味如芡。古今方書稱丸藥如梧桐子者，蓋仿

〔註209〕 「○」，四庫本作「故」。
〔註210〕 「遺」，四庫本作「遠」。
〔註211〕 「支」，底本誤作「韻」，據四庫本改。
〔註212〕 「櫬」，底本誤作「襯」，據四庫本改。
〔註213〕 「子」，《爾雅翼》卷九《釋木一・梧》同，四庫本作「之」。

此也。《莊子》曰：『空閬來風，桐乳致巢。』蓋子生累然似乳，鳥悅於得食，因巢其上，亦猶枳棋之來巢，以味致之也。此木易生，鳥銜墜者，輒隨生殖。其畦種者，是歲可高一丈。古稱鳳皇集於朝陽梧桐之上，豈亦食其實耶？梧亦良木。《孟子》謂場師捨梧檟而養樲棘，則為賤場師，明梧者場中所貴也。此木雖不中樂器，然堪車板盤合木牒等用。」「桐名榮者，桐以三月華。蓋自春首東風解凍，蟄蟲魚獺鴻雁皆應陽而作，惟桃桐之作華乃在眾木之先，其榮可紀，故名桐為榮也。《周書・時訓》曰：『清明之日，桐始華』；『桐不華，歲有大寒。』蓋不華則陽氣微，陽氣微則寒可知己。又，《易緯》曰：『桐枝濡毳而空中，難成易傷，須盛氣而後華。』蓋以經言始華，有遲之之義。桐與梧既異，而桐之中又有數種。」陸佃亦云：「梧，一名櫬，即梧桐也。今人以其皮青，號曰青桐。華淨妍雅，極為可愛，故多近齋閣種之。梧橐鄂皆五焉，其子如乳，綴其橐鄂生，多或五六，少或二三，故飛鳥喜巢其中。桐木華而不實，即白桐也。白桐無子，冬結似子者，乃是明年之華房。《爾雅》曰：『榮，桐木』，即此是也。賈又曰：『華而不實者曰白桐。實而青皮者曰梧桐。』今炒其實啖之，味似菱芡。桐有三輩，青、白之外，復有岡桐，即油桐也。陶氏曰：『桐有四種。青桐，葉皮青似梧而無子。梧桐，色白，葉似青桐而有子。白桐與岡桐無異，唯有華子爾。岡桐無子，是作琴瑟者。』皆不足據。青桐，即今梧桐。白桐又與岡桐全異。白桐無子，材中琴瑟。岡桐子大有油，與陶氏之說正反。」今按：詳觀諸說，則此詩所云梧桐，乃《爾雅》所云「櫬梧」者，絕與「榮桐木」無預。櫬梧生實，故鳥喜棲之。《莊子》「桐乳致巢」之說可據。若桐有三種，其白桐與岡桐，或當如陸氏之說，惟青桐與櫬梧相似，而櫬梧有子，青桐無子，此其所以為別。櫬梧相似，故亦號之為桐。然不欲沒其本名，因又名之為梧桐也。陶隱居之說青桐、梧桐得之，然不宜以梧桐混於諸桐之中。若陸氏謂青桐即今梧桐，則尤混矣。《遁甲書》言「梧桐不生，則九州異主」，注云：「梧桐以知日月，正閏生十二葉，一邊有六葉，從下數，一葉為一月，至上十二葉，有閏則十三葉，視葉小者則知閏何月也。」《爾雅》云：「山東曰朝陽。」孫炎云：「朝，先見日也。」毛《傳》云：「梧桐不生山岡，太平而後生朝陽。」陸云：「梧性便濕，不生於岡。」邵博云：「梧桐，百鳥不敢棲止，遜鳳皇也。古語云爾，驗之果然。」舊說皆以鳳皇比臣，梧桐比君。愚謂陽乃君象，若梧桐為鳳皇所棲，在高岡朝陽之地，亦猶輔弼大臣所居，乃近君之位耳。「高岡」者，朝廷之比。「梧桐」者，大臣爵位之比。按：《白

虎通》云：「黃帝之時，鳳皇止於東園，食常竹實，棲常梧桐，終身不去。」「萋〔註214〕」、「萋」，《說文》皆云：「艸盛也。」此則藉以狀枝葉茂密之貌。「離」，本鳥名，即鷓鴣也。其同產者，飛鳴不相離，故狀聲之和者取之。「喈」，《說文》云：「鳥鳴聲。」徐鍇云：「聲眾且和也。」鳳雖希有之物，然經合雌雄而言，明非一鳳，比立朝之大臣亦非一人也。按：王充云：「《禮說瑞命》篇云：『鳳鳴曰即即，皇鳴曰足足。』《詩》云『離離喈喈』，此聲異也。使聲審，則形不同也。使審同，《詩》與《禮》異。世傳鳳皇之鳴，故將疑焉。」按：黃帝使伶倫製十二筒，聽鳳鳴，其雄鳴為六，雌鳴亦六，比黃鐘之宮，而皆可以生之，是為律本。少皞氏以其鳴不〔註215〕十二律，故設鳳鳥氏之官，以為曆正。舊謂鳳鳴若簫，故帝舜之世，作簫以象之。及簫韶九成，而鳳皇來儀。大〔註216〕老云：「晨鳴曰發明，晝鳴曰保長，飛鳴曰上翔，集鳴曰歸昌。小音金，大音鼓。」而《論語摘衰聖》則云：「行鳴曰歸嬉，止鳴曰提扶，夜鳴曰善哉，晨鳴曰賀世，飛鳴曰郎都。知我惟黃，持竹實來。」羅願以為「譯者即其音而附之聲也」，蓋其說之不一如此。蘇云：「鳳皇鳴於高岡，將欲得而畜之，則植梧桐於朝陽以待之。使梧桐之盛至於『萋萋萋萋』也，則鳳皇鳴於其上『離離喈喈』矣。」鄭云：「喻賢者待禮乃行，翔而後集。」劉公瑾云：「梧之『萋萋萋萋』者，人君待賢之盛禮也。鳳之『離離喈喈』者，群賢和集之德音也。比意蓋如此。」愚按：《中庸》言「官盛任使，所以勸大臣」，《孟子》言「與共天位」、「與治天職」、「與食天祿」，即此詩託喻「萋萋萋萋」之意。

○**君子之車，既庶且多。**歌韻。亦叶支韻，章移翻。**君子之馬，既閑且馳。**支韻。亦叶歌韻，唐何翻。**矢詩不多，**見上。**維以遂歌。**韻。亦叶支韻，居支翻。○賦也。此章言王朝雖多吉士，而猶恐野有遺賢，欲王之旁求之也。「車」、「馬」，皆所以待徵聘錫予之用者。「庶」，眾也。「多」，《說文》云：「重也」，字「從重夕。夕者，相繹也」。徐鍇云：「繹之言尋也。今日復尋前日之事，是為多也。故重日則為疊，重夕則為多。」「且多」云者，猶言不止於眾而已，且重一倍也。「閑」，當通作「嫻」，《爾雅》云：「習也。」「馳」，《說文》云：「大驅也。」「既閑且馳」者，言不徒閑習法度，能鳴和鑾清節奏

〔註214〕「萋」，四庫本作「萋」。據下曰「《說文》皆云」，則作「萋」是。
〔註215〕「不」，四庫本同。按：「黃帝使伶倫」至「鳳皇來儀」，見羅願《爾雅翼》卷十三《釋鳥·鳳》、毛晉《陸氏詩疏廣要》卷下之上《釋鳥·鳳皇于飛》，「不」作「合」，於意為長。
〔註216〕按：此一句出《說苑》卷十八《辨物》，原作「天老」。

而已，且可以疾驅直騁，無不如意。真良馬也。輔廣云：「王今既有車馬眾多，而且閑習，將安所用乎？亦惟招延禮待賢者於無窮可也。不明言其事，蓋欲王自得之也。」「矢詩」，即首章所云「矢音」。彭執中云：「詩所以言其志，而音則聲之成文者，其實一也。」曰「不多」者，見中心所欲言，非矢音所能盡。不然，此詩以章計者十，以句計者五十四，不為不多矣。「遂」，《禮記疏》云：「謂申也。」朱子云：「猶《書》所謂『賡載歌』也。」王來遊而作歌，計此時事亦甚快。臣之矢詩，維以申遂王之所歌，欲王長享此樂耳。此詩雖以戒成王，還為賡歌而發，故語多諷而無規切之詞。

　　《卷阿》十章，六章章五句，四章章六句。《序》云：「召康公戒成王也，言求賢用吉士也。」毛、鄭泥其說，謂「吉士必賢者而後能用」，因解「豈弟君子」為「賢者」。然篇中如「四方為則」、「四方為綱」明是贊天子之語，豈人臣所敢當？且通篇惟讚美賢臣，亦非賡歌王前之體。嚴氏則以為：「召公欲王留周公而作，謂周公有明農之請，將釋天下之重負以聽王之所自為。康公慮周公歸政之後，成王涉歷尚淺，任用非人，故作《卷阿》之詩，反覆歌詠，欲以動悟成王。若曰：是豈弟君子也，可以輔君德，可以儀百辟，可以總眾職，可以司進退人物之權。今欲歸政矣，王所倚仗者，誰歟？」以詩語印之，頗屬近似。然於末節言車之庶多、馬之閑馳終屬難解。及考《竹書》，成王十八年，鳳凰見。二十一年，周文公薨於豐。至三十三年，方有卷阿之遊。則此詩之作，乃在周公薨後。當成王初政，固未嘗遊卷阿，而亦未嘗有鳳鳴之事。嚴之臆說，不足信也。《子貢傳》闕文。

凱風

《凱風》，衛七子自責也。能盡孝道，以慰母心焉。季本云：「衛有七子，不能安其母之心，故作此詩以自責，無怨言也。《孟子》曰：『《凱風》，親之過小者也。親之過小而怨，是不可磯也。』所謂過小，必奉養有闕，而其母憤怒，諸子欲自勞苦耳。非謂衛之淫風盛行，而其母欲嫁也。如此尚得為小過哉？」愚按：武王之誥康叔曰：「子弗祇服厥父事，大傷厥考心。於父不能字厥子，乃疾厥子。女〔註217〕乃其速繇文王作罰，刑茲無赦。」所云「作罰」者，謂罰其子。繇子不孝，故致父不慈也。又曰：「矧今民罔迪不適，不

〔註217〕「女」，四庫本作「汝」。

迪，則罔政在厥邦。」蓋欲康叔以教化先之也。此詩邶人所作，以不能得母歡心而負罪引慝若此，其所感於康叔之化者深矣。昔者季札觀樂於魯，為之歌《邶》、《鄘》、《衛》，曰：「吾聞衛康叔武公之德如是，是其《衛風》乎！」今觀三國之詩，絕無有言及康叔之事者，愚特舉是詩以當之。又按：康叔封衛，在武王時。《書・康誥》篇言「孟侯，朕其弟小子封」是也。其兼有邶、鄘二國，在成王時。《逸周書・作雒》篇言「俾康叔宇於殷」，《史記》言「周公旦以成王命興師伐殷，以武庚殷餘民，封康叔居河淇間故商墟」是也。是詩乃《邶風》，故宜繫之成王之世。

凱風自南，叶侵韻，女今翻。**吹彼棘心**。侵韻。**棘心夭夭**，叶蕭韻，於喬翻。**母氏劬勞**。叶蕭韻，憐蕭翻。○興也。「凱」，本作「愷」。《說文》云：「康也。」《爾雅》云：「南風謂之凱風，東風謂之谷風，北風謂之涼風，西風謂之泰風。」陸佃云：「凱風言其情，谷風言其自，涼風言其德，泰風言其交。」李巡云：「南風長養萬物，萬物喜樂，故曰凱風。」「自南」者，從南方而來也。「棘」，《說文》云：「小棘叢生，從並束。」徐鍇云：「小棘故從並束，低小也。」《詩詁》云：「棘如棗而多刺，木堅，色赤，叢生，人多取以為藩。歲久無刺，亦能高大如棗。木色白者為白棘，實酸者為樲棘，亦名酸棗。」按：《傳》云「豫章以木稱郡，酸棗以棘名邦」，是酸棗即棘也。沈括云：「棗獨生高而少橫枝，棘列生卑而成林，以此為別。其文皆從束，束音刺，木芒刺也。束而相戴立生者棗，相併橫生者棘也。不識二物，觀文可辨。」陸佃云：「棘性堅強，費風之長養者，其心之生更難於榦。」《四時纂要》云：「四月，棗葉生。凱風之時也。」孔穎達云：「母性寬仁似凱風，已難長養似棘。」羅願云：「八風，南曰景風。凱風既曰自南，乃當景風。《白虎通》曰：『景風至，棘造寔。』蓋吹彼棘心者，將以趣其造寔。」郝敬云：「棘，小棗叢生，以比七子也。」「夭」，通作「杴」，《說文》云：「木少盛貌。」徐鍇云：「謂草木始生，未幾而先長大也。」「劬」，勤。「勞」，劇也。其勞頻數謂之劬勞。嚴粲云：「凱風自彼南方長養之方而來，吹彼稚弱之棘心，至於夭夭然少長，則風之為力多矣。興母以慈愛之情，養我七子之身，至於少長，則母亦病若矣。母之養子，於少時最勞苦，故於『夭夭』言『劬勞』。」朱子云：「本其始而言，以起自責之端也。」○**凱風自南，吹彼棘薪**。真韻。豐氏本作「新」。**母氏聖善，我無令人**。真韻。○興也。《月令注》云：「大者可析之謂薪。」孔穎達云：「上章言『棘心夭夭』，是棘之初生，風長之也。此不言長之狀而言『棘

薪』，則棘長已成薪矣。」鍾惺云：「『棘心』、『棘薪』，易一字而意各入妙。」
嚴粲云：「『棘心』，喻子之幼少。『棘薪』，喻子之成立。」朱子云：「棘可以為
薪則成矣，然非美材，故以興子之壯大而無善也。」「聖」者，明達之稱。「善」
者，賢淑之稱。鄭玄以為「有睿智之善德」。孔云：「此母氏聖善，人之齊聖，
皆以明智言之，非必要如周、孔也。」「令」，善也。朱子云：「以聖善稱其母，
而自謂無令人，其自責也深矣。」愚按：韓退之作《文王拘幽操》，云：「臣罪
當誅兮，天王聖明。」與此同意。〇爰有寒泉，在浚之下。叶瓊韻，後五
翻。有子七人，母氏勞苦。瓊韻。〇興也。《通典》云：「寒泉在濮州濮陽
縣東南濬城。」《水經注》云：「濮水枝津，東逕濬城南，而北去濮陽三十五
里，城側有寒泉岡，即《詩》『爰有寒泉，在浚之下』。世謂之高平〔註218〕渠，
非也。」言子賴母以有生，猶濬民賴寒泉以為養。舊以寒泉興七子，濬民興
母，難通。我七子向當幼小之時，固賴母氏劬勞，以有今日。即今成立之後，
而母氏之勞苦尚無時不然，所謂欲報之德，昊天罔極，愛慕之情，何能已已
乎？〇睍睆《太平御覽》作「簡簡」。黃鳥，載好其音。侵韻。有子七
人，莫慰母心。侵韻。〇興也。「睍」，《說文》云：「䁴目也。」一云好視
也。「睆」，本作「睕」，《說文》云：「大目也。」趙頤光云：「從完何？猶言目
全體也。」「睍」以視言，「睆」以目言，乃注視凝眸之貌。俗訛以為黃鳥之
聲，非也。「黃鳥」，解見《葛覃》篇。「載」之言「則」，蓋音近也。「好其音」
者，興其辭令順也。「慰」，《說文》云：「安也。」孔穎達云：「《論語》曰『色
難』，又《內則》云『父母之所，下氣怡聲』，是孝子當和顏色，順辭令也。今
有子七人，皆莫能慰母之心，緣顏色不悅，辭令不順故也。自責言黃鳥之不
如也。」愚按：七子怨艾之深，全在一「莫」字，見其中亦宜有一人能養且悅
者，而今無有也。不獨引為己非，亦寬為母地矣。

《凱風》四章，章四句。《序》云：「美孝子也。」衛之淫風流行，雖
有七子之母，猶不能安其室，故美七子能盡其孝道以慰其母心而成其志爾。
朱子則謂「此乃七子自責之辭，非美七子之作」。然此亦《序》錄詩者之意耳，
固未為甚謬。乃《集傳》亦取其「淫風流行」、「不能安室」之說，則恐未必
然。夫有子七人，既皆成立，母年亦當邁矣，而尚欲嫁耶？《子貢傳》亦云：
「寡母欲去，而子自訟焉，賦《凱風》。」《申培說》則云：「衛人母不安其室，
七子自咎而作。」總之勦襲《序》義，固不如季氏之說較為近於人情。乃自

〔註218〕「平」，四庫本作「下」。

《孟子》解此詩，而引孔子「舜其至孝矣，五十而慕」之言以明之，漢儒熊氏遂以舜彈琴歌南風為即此詩，則紕繆甚矣。